FRIEDRICH-WILHELM VON HERRMANN
HEIDEGGERS PHILOSOPHIE DER KUNST

FRIEDRICH-WILHELM VON HERRMANN

HEIDEGGERS PHILOSOPHIE DER KUNST

Eine systematische Interpretation der Holzwege-Abhandlung
„Der Ursprung des Kunstwerkes"

VITTORIO KLOSTERMANN FRANKFURT AM MAIN

CIP-Kurztitelaufnahme der Deutschen Bibliothek
Herrmann, Friedrich-Wilhelm von: Heideggers Philosophie der Kunst : e.
systemat. Interpretation d. Holzwege-Abh. „Der Ursprung des Kunstwerkes" / Friedrich-Wilhelm von Herrmann. Frankfurt am Main : Klostermann, 1980.
ISBN 3-465-01385-9 kart. ISBN 3-465-01389-1 Lw.

Satz und Druck: Poeschel & Schulz-Schomburgk, Eschwege
Printed in Germany

INHALT

VIII

ZWEITER ABSCHNITT
Das Kunstwerk und die Wahrheit

Erstes Kapitel

Zweites Kapitel

Drittes Kapitel

DRITTER ABSCHNITT
Die Wahrheit und die Kunst

Erstes Kapitel

XII

VORWORT

I.

Die *Grundzüge einer aus der Frage nach dem Sein entworfenen Philosophie der Kunst* auf dem Wege einer systematischen Interpretation von Heideggers Holzwege-Abhandlung „Der Ursprung des Kunstwerkes" zur Darstellung zu bringen ist die Absicht der nachfolgenden Untersuchung. Der Weg, den sie dazu wählt, ist der Weg, den Heidegger selbst in seiner Abhandlung einschlägt. Die Interpretation setzt daher mit dem Beginn der Kunstwerk-Abhandlung ein und folgt ihr *Satz für Satz* auf jedem ihrer Schritte. Heideggers Abhandlung beginnt mit einem einleitenden Teil, der die Aufgabe einer formalanzeigenden Exposition erfüllt, und gliedert sich in ihrem Hauptteil in drei große, je mit einer Überschrift versehene Abschnitte, in denen sie die drei Hauptschritte in der Ausarbeitung des Problems vollzieht. Die von Heidegger vorgegebene Großgliederung legen wir auch unserer Interpretation zugrunde. Weil wir bemüht sind, den in sich windungsreichen Gedankenweg der Kunstwerkabhandlung vollständig auslegend auszumessen, gibt in unserer Untersuchung die reiche Untergliederung der übernommenen Großgliederung die gedankliche Schrittfolge der Abhandlung wieder.

Als Grundzüge einer von Heidegger im Horizont seiner Seinsfrage erarbeiteten Philosophie der Kunst ergeben sich die *Wesensbestimmungen* des *Kunstwerkes*, des *Kunst-Schönen*, des *künstlerischen Schaffens*, des *Kunst-Betrachtens* und der *Kunst* selbst.

Unsere Interpretation versteht sich als *systematisch*, weil sie die Systematik des von Heidegger Gedachten in *dreierlei Hinsicht* verfolgt. Alle große Philosophie ist aus sich selbst systematisch. Eine Philosophie ist groß, wenn sie in der denkerischen

Auseinandersetzung mit der Überlieferung eine eigene denkerische Grundstellung bezieht. Wir verwenden hier die Worte ‚Systematik' und ‚systematisch' nicht in Anlehnung an einen inhaltlich bestimmten System-Begriff, erst recht nicht in der Bedeutung eines in sich abgeschlossenen gedanklichen Lehrgebäudes und auch nicht nur im Sinne der formellen Anordnung und Gliederung eines gedanklichen Stoffes nach seinen sachlich-logischen Zusammenhängen. Vielmehr verstehen wir das Systematische einer Philosophie in einem weiten, dennoch aber wesentlichen Sinne, wonach die Systematik die gegliederte Ganzheit ist, die im Grundgedanken einer Philosophie beschlossen liegt und in seiner Ausarbeitung offen zu Tage tritt. In *diesem* Sinne ist auch das Denken Heideggers in allen seinen Phasen systematisch. Die Systematik ist das Grundgefüge seines Grundgedankens, das sich in der von ihm bezogenen Grundstellung festgemacht hat.

Die *erste* Hinsicht, in der sich unsere Interpretation als systematisch versteht, zielt ab auf die *Systematik* der in der Kunstwerk-Abhandlung entfalteten *Philosophie der Kunst*. Sie zeigt sich in der Weise, wie die genannten fünf Wesensbestimmungen strukturmäßig in einem gegliederten Ganzen zusammengehören. Die sachliche Systematik der Kunst-Philosophie erwächst aber aus der Grundstellung in der Ausarbeitung der Seinsfrage zur Zeit der Abfassung der Kunstwerk-Abhandlung. Um das systematische Gefüge der Kunst-Philosophie in rechter Weise erblicken zu können, bedarf es daher *zweitens* eines ständigen Hinblickes auf die Systematik der gegenüber „Sein und Zeit" *gewandelten* Grundstellung Heideggers in der Mitte der dreißiger Jahre. Die Kunstwerk-Abhandlung enthält *beides*: die Ausarbeitung der gewandelten Grundstellung *und* innerhalb dieser das Gefüge, das die Grundzüge der Kunst-Philosophie bilden. Weil Heidegger beides in seiner Abhandlung zur Darstellung bringt, muß die Auslegung scheiden zwischen den allgemeinen ontologischen Bestimmungen, wie sie auch außerhalb des Bereiches der Kunst gültig sind, und ihren Modifikationen für den abgehobenen Bereich der Kunst. Doch die Wandlung der in der Kunstwerk-Abhandlung bezogenen Grundstellung – von Heidegger

XIV

selbst als Kehre bezeichnet und interpretiert – kann nur dann sachlich angemessen erfaßt werden, wenn *drittens* unsere Text-Interpretation unter ständiger Beachtung der ersten systematischen Ausarbeitung der Grundstellung in „Sein und Zeit" erfolgt. Der in unserer Untersuchung wiederholt vorzunehmende Rückgriff auf Analysen aus „Sein und Zeit" verfolgt nicht die Absicht, die Kunstwerk-Abhandlung auf dieses Werk zurückzuinterpretieren. Die Heranziehung von „Sein und Zeit" geschieht vielmehr aus der Einsicht in die Notwendigkeit, uns von diesem Grundwerk Heideggers den Grundriß seiner Grundstellung als einen Leitfaden an die Hand geben zu lassen. Dieser Leitfaden dient uns dazu, die in der Kunstwerk-Abhandlung nicht in dieselbe Ausdrücklichkeit wie in „Sein und Zeit" gehobene, faktisch jedoch in ihr beschlossene sachliche Systematik in ihrer gewandelten Gestalt aufspüren zu können. Heidegger *selbst* ist den Weg gegangen von „Sein und Zeit" zur Kunstwerk-Abhandlung. Dieser Weg bricht mit der Kehre nicht ab, um als ein neuer Weg zu beginnen. Es ist ein Weg, der in seiner Wandlung ein Selbiges an Grundzügen bewahrt, worin sich die Einheit des Denkens Heideggers bekundet.

Vielfach wird vorgebracht, daß Gedankenführung, Sprache und Begrifflichkeit der Kunstwerk-Abhandlung nicht mehr den Anforderungen einer philosophisch-*wissenschaftlichen* Darstellung genügen, ferner, daß Heidegger die in „Sein und Zeit" befolgte phänomenologische Methode des Aufweisens und Ausweisens hier und in allen späteren und späten Schriften aufgegeben habe. Doch wer es einmal unternimmt, eine Schrift wie die über den Ursprung des Kunstwerkes so nachzuvollziehen, daß er auf dem Wege einer Satz-für-Satz-Interpretation vor sich selbst Rechenschaft ablegt über die Bedeutung eines jeden Satzes in seiner Stellung zwischen dem ihm Voraufgehenden und dem ihm Nachfolgenden und über jede gedankliche und sprachliche Wendung innerhalb eines jeden Satzes, der sieht sich sehr bald vor eine völlig andere Sachlage gestellt. Er gerät in ein anhaltendes Staunen darüber, wie streng Heidegger in der Kunstwerk-Abhandlung seine Gedanken entfaltet, wie sehr sich seine Sprache dem streng Gedachten anmißt, wie präzise seine Begrifflichkeit gebildet ist. Die Strenge dieses Denkens bemißt sich aus dem hier nicht weniger als in „Sein und Zeit" geübten phänomenologischen Sehen und Aufweisen. Was für denjenigen, dem phänomenologisches Sehen und Aufweisen in der spezifisch Heideggerschen, von Husserl sich unterscheidenden Bestimmtheit fremd ist, wie ein beliebiges, zufälliges und fragmentarisches Denken und Sprechen erscheint, folgt in Wahrheit einer in der jeweils gesehenen Sache selbst liegenden Notwendigkeit, die jegliche Beliebigkeit vom aufweisenden Denken fernhält.

Der Leser, der sich auf den mühsamen, aber höchst fruchtbaren Satz-für-Satz-Nachvollzug der Kunstwerk-Abhandlung einläßt, macht überdies die erstaunliche Entdeckung, daß Heidegger hier nicht nur *auch* phänomenologisch aufweisend verfährt, sondern sich selbst und dem Leser ausdrücklich die Anweisung zum phänomenologischen Sehen und Aufweisen gibt. Mehr noch, die Anweisung erfolgt in deutlich vernehmbarer Anlehnung an die Formulierung, in der Heidegger in „Sein und Zeit" und in den „Grundproblemen der Phänomenologie" die phänomenologische Blickwendung beschreibt. Mit Recht sagt daher Gadamer: „daß auch auf diese Wendung Heideggers [die Kehre], die das hermeneutische Problem erst zu sich selbst befreit, das Prinzip phänomenologischer Ausweisung angewendet werden darf" (Wahrheit und Methode. 4. Auflage 1975, S. XXIV).

Wir lassen es aber nicht bei der Einsicht bewenden, daß Heidegger in der Kunstwerk-Abhandlung phänomenologisch aufweisend verfährt, sondern wir greifen in unserer Untersuchung die ausdrückliche Anweisung Heideggers für die phänomenologische Blickwendung auf als eine Aufforderung an unseren auslegenden Nachvollzug der Kunstwerk-Abhandlung. Die Methode unserer Untersuchung ist somit die phänomenologische. Dabei steht es nicht einmal in unserem Belieben, den phänomenologisch aufweisend gedachten Text auch phänomenologisch zu interpretieren. Denn die Sachverhalte, die in der Kunstwerk-Abhandlung gedacht werden, sind aufs engste geknüpft an den Weg des phänomenologischen Sehens und Aufweisens. Wer daher nicht bereit ist, das hier Gedachte seinerseits auf dem Wege phänomenologischen Erschauens und Auslegens nachzuvollziehen, verschuldet selbst seine Blindheit und Ratlosigkeit gegenüber dem Gedankengehalt der Kunstwerk-Abhandlung.

II.

Indessen scheint die Absicht unserer Untersuchung, die Abhandlung über den Ursprung des Kunstwerkes als eine aus der Frage nach dem Sein entworfene Philosophie der Kunst zu interpretieren, in diese Abhandlung etwas hineinzudeuten, was sie selbst gar nicht zu sein beansprucht. So lesen wir bei Otto Pöggeler: „Die Abhandlung *Der Ursprung des Kunstwerkes* gibt keine ‚Philosophie der Kunst‘“ (Der Denkweg Martin Heideggers. G. Neske Pfullingen 1963, S. 207). Pöggeler versucht diese Behauptung durch Berufung auf ein Zitat Heideggers aus dem 1956 verfaßten ‚Zusatz‘ zu stützen: „Die Besinnung darauf, was die *Kunst* sei, ist ganz und entschieden nur aus der Frage nach dem *Sein* bestimmt“ (Reclam-Ausgabe S. 99; Gesamtausgabe Bd. 5 (Holzwege) S. 73). Liest man diesen Satz Heideggers unmittelbar im Anschluß an die Behauptung Pöggelers, dann wird in der Tat dem Leser suggeriert, Heidegger habe seinen Satz im Sinne der Auslegung Pöggelers formuliert. Achtet man jedoch auf den Kontext des zitierten Satzes Heideggers, dann stellt sich das darin Gesagte in einem ganz anderen Licht dar. Der Satz Heideggers innerhalb seines Kontextes hört sich so an: „Die ganze Abhandlung ‚Der Ursprung des Kunstwerkes‘ bewegt sich wissentlich und doch unausgesprochen auf dem Weg der Frage nach dem Wesen des Seins. Die Besinnung darauf, was die *Kunst* sei, ist ganz und entschieden nur aus der Frage nach dem *Sein* bestimmt. Die Kunst gilt weder als Leistungsbezirk der Kultur, noch als eine Erscheinung des Geistes, sie gehört in das *Ereignis*, aus dem sich erst der ‚Sinn vom Sein‘ (vgl. Sein und Zeit) bestimmt“ (ebd.). Der letzte Satz der Passage ist entscheidend für das rechte Verständnis des in Frage stehenden Satzes. Unterstreicht Heidegger, daß die Besinnung auf die Kunst in der Kunstwerk-Abhandlung „ganz und entschieden nur aus der Frage nach dem *Sein* bestimmt" sei, dann will er damit sagen, daß hier die philosophische Frage nach dem Wesen der Kunst diese weder im modern-subjektivistischen Sinne als einen Bezirk kultureller Leistung noch etwa im Hegelschen Sinne als eine Objektivation des absoluten Geistes (das sinnliche Scheinen der Idee), sondern allein *innerhalb* des Horizontes der Seinsfrage in den Blick nimmt. Abgewehrt wird also nicht eine Philosophie der Kunst, sondern abgewehrt werden nur die geläufigen und überlieferten Bestimmungshorizonte, innerhalb deren wir gewohntermaßen nach der Kunst und dem, was sie sei, fragen. Abgewehrt wird jede Form der Ästhetik und ästhetischen Bestimmung der Kunst (vgl. hierzu das ‚Nachwort‘, Holzwege-Ausgabe S. 66, Reclam-Ausgabe S. 91). Aber mit der Zurückweisung der Ästhetik wird nicht auch die Philosophie der Kunst als solche zurückgewiesen. Was anderes ist denn eine „Besinnung darauf, was die *Kunst* sei", als eine philosophische Frage nach dem Wesen der Kunst, also eine Kunst-Philosophie? Daß die „Besinnung darauf, was die *Kunst* sei, ... ganz und entschieden nur aus der Frage nach dem *Sein* bestimmt" sei, heißt nicht, daß hier die Frage nach der Kunst lediglich als Mittel dient für die Frage nach dem Wesen des Seins. Die Kunst wird in der Kunstwerk-Abhandlung *nicht verbraucht* für die Seinsfrage, sondern die Kunst wird innerhalb der umfassenden Frage nach dem Wesen des Seins und im Zuge der neuen Ausarbeitung der Seinsfrage ausgewiesen als eine *ausgezeichnete* Weise, in der die Wahrheit des Seins als Unverborgenheit und Entbergung des Seienden geschieht. Von dieser ausgezeichneten Geschehnisweise her bestimmt sich das Werksein des Kunstwerkes im Unterschied zum Sein anderer Bereiche des Seienden, bestimmt sich das Wesen des Kunst-Schönen etwa im Unterschied zum Natur-Schönen, bestimmt sich das Eigentümliche des künstlerisch-schaffenden Hervorbringens in der Abhebung gegen andere Weisen des Hervorbringens, bestimmt sich auch das Eigene der Betrachtung von Kunstwerken im Unterschied zu anderen Weisen menschlicher Verhaltung zu Seiendem.

Die ausgezeichnete Geschehnisweise der Unverborgenheit in der Kunst wird von Heidegger zum Aufweis gebracht im grundsätzlichen Fragen nach dem Wesen des Seins, d. h. im grundsätzlichen Fragen nach der Wahrheit als Lichtung und Unverborgenheit. Das grundsätzliche Fragen nimmt dabei seinen Ausgang vom Kunstwerk. Die erst auf einem längeren Umweg gewonnene unmittelbare Erfahrung und die ihr nachgehende Auslegung der ausgezeichneten Geschehnisweise der Unverborgenheit im Kunstwerk ist ein ausgezeichneter Weg zur Einsicht in das Wesen des Seins überhaupt. Aber die Weise, wie die Unverborgenheit *im Kunstwerk* geschieht, ist als ausgezeichnete abzuheben von den formal-allgemeinen Strukturen des Unverborgenheitsgeschehens und von seinen anderen konkreten Geschehnisweisen außerhalb des Bereiches der Kunst. Das zu leisten ist die Anforderung, die die Kunstwerk-Abhandlung an den Interpreten stellt. Betont Heidegger, daß die Besinnung auf das Wesen der Kunst nur aus der Frage nach dem Sein bestimmt sei, dann spricht er darin allein seinen Anspruch aus, daß hier die *philosophische Frage nach der Kunst auf einen neuen Grund gestellt* wird, der in der Ausarbeitung der Seinsfrage gewonnen wird.

Pöggelers Auslegung der Kunstwerk-Abhandlung (Der Denkweg Martin Heideggers, S. 207-215) bleibt, weil er in ihr keine Philosophie der Kunst zu sehen vermag, einseitig und im ganzen unzureichend. Ihr Unbefriedigendes resultiert weitgehend aus ihrem Mangel an phänomenologischer Sichtweise. Ganz anders stellt sich die Interpretation der Kunstwerk-Abhandlung von Walter Biemel dar, die aus einem geübten phänomenologischen Sehen und Aufweisen des von Heidegger phänomenologisch Gedachten geschieht (vgl. Walter Biemel, Heidegger. Rowohlts Monographien. Hamburg, 2. Auflage 1975, S. 79-97).

In seinem Buch „Philosophie und Politik bei Heidegger", worin sich Pöggeler weitgehend vom Denken Heideggers ohne eigenen positiven Sachaufweis distanziert, spricht er erneut der Kunstwerk-Abhandlung die Bedeutung einer Philosophie der Kunst ab, dieses Mal unter Hinzufügung einer überraschenden Charakterisierung dieser Schrift. „Wenn man auf Heideggers

Denkweg im ganzen blickt, dann ist es freilich unzulässig, vom Kunstwerk-Aufsatz sich auch nur die Grundzüge einer Heideggerschen Kunstphilosophie zeigen lassen zu wollen: dieser Aufsatz gehört zu einer ‚romantischen‘ Position, die Heidegger später aufgegeben hat (so daß er in einer ergänzenden Arbeit hat zeigen wollen, wie Kunst im *technischen* Zeitalter möglich ist). Heidegger unternahm die Analyse des Kunstwerks, als er sich die Analyse des Staatswerks der politischen Verhältnisse wegen versagte. Damit ist die in sich schon ‚romantische‘ Analyse des Kunstwerks noch in einem zweiten Sinn romantisch (nämlich eine Flucht vor der politischen Wirklichkeit" (Philosophie und Politik bei Heidegger. Karl Alber Freiburg/München, 2. Auflage 1974, S. 122). Bald darauf heißt es weiter: „Vom Kunstwerk-Aufsatz von 1936 her Heideggers Politische Philosophie zu entwickeln (ohne dabei nach dem Stellenwert dieses Aufsatzes im Gesamtwerk Heideggers zu fragen), das heißt, in potenzierter Weise die ‚romantische‘ Phase von Heideggers Denken zur maßgeblichen machen" (a.a.O. S. 122/123). Und schließlich lesen wir in derselben Schrift: „Der Kunstwerkaufsatz ist aber deshalb noch romantisch, weil er einen Rückzug zur Kunst darstellt und Heidegger die Analyse des Staatswerks wegen der politischen Umstände aufgab. Dieser Aufsatz ist ferner in sich selbst romantisch, weil er die Kunst nicht im Bezug zur heutigen technischen Welt sieht und eine Erörterung moderner Kunst nicht ermöglicht (weshalb Heidegger ein Pendant plante, das sich vor allem mit den Grundzügen der modernen Kunst beschäftigen sollte)" (a.a.O. S. 157).

Nach Pöggeler ist die Kunstwerk-Abhandlung nicht nur keine differenziert ausgearbeitete Kunst-Philosophie, sondern sie gibt nicht einmal Grundzüge zu einer Philosophie der Kunst. Die nachfolgende Untersuchung und die in ihr vorgenommene Darstellung der Heideggerschen Wesensbestimmungen des Kunstwerkes, des Kunst-Schönen, des Kunst-Schaffens, des Kunst-Betrachtens und der Kunst selbst mögen als eine Antwort auf die unhaltbare, weil leere Behauptung Pöggelers aufgenommen werden.

Die überraschende Charakterisierung der Kunstwerk-Abhandlung als eine romantische Analyse des Kunstwerkes ist dazu geeignet, manchen Leser, der sich für die Zuwendung zu dieser Schrift Heideggers Hilfe von Pöggelers Auslegung erhofft, irrezuführen. Die Einordnung der Kunstwerk-Abhandlung in eine romantische Phase des Heideggerschen Denkweges, die Heidegger später wieder aufgegeben habe, kommt nicht über den Rang einer privaten Ansicht hinaus.

Diejenigen, die zu Lebzeiten Heideggers den Vorzug genossen, *einige* unveröffentlichte Manuskripte einsehen zu dürfen, würden sich und ihre eigene Fähigkeit überschätzen, aufgrund dieses Wissensvorsprunges „Heideggers Denkweg im ganzen" überblicken zu können. Angesichts des Ausmaßes des unveröffentlichten Nachlasses wird *keiner* der Lebenden sich anmaßen dürfen, den Denkweg Heideggers im ganzen schon überschauen und innerhalb dieses Ganzen „den Stellenwert" einer Schrift festlegen zu können. Abgesehen davon ist es letztlich ein unfruchtbares Unterfangen, das philosophische Interesse vorzüglich auf die historische Rekonstruktion des Denkweges und auf den Stellenwert der Schriften auf dem Denkweg zu lenken. Was dabei bestenfalls herausspringt, ist eine philosophiegeschichtliche Perspektive, nicht aber ein fruchtbares Sicheinlassen auf die gedachten Sachen selbst. Die innerhalb der II. Abteilung der Gesamtausgabe bisher erschienenen erstmals veröffentlichten Vorlesungen Heideggers sollten uns allen Bescheidenheit auferlegen in der Selbsterkenntnis, wie vorläufig und überholungsbedürftig alles das ist, was wir bisher interpretierend und kritisierend über die Schriften Heideggers gesagt und geschrieben haben. Die Veröffentlichung der bisher unveröffentlichten Schriften innerhalb der Gesamtausgabe sollte uns alle zu dem Eingeständnis führen, mit unserer Aneignung des Denkens Heideggers von vorn anfangen zu müssen.

Zutreffend ist, daß die Erörterung der Kunst in der Kunstwerk-Abhandlung die Frage nach der Kunst im technischen Zeitalter ausklammert und den Bezug der Kunst zur heutigen technischen Welt nicht eigens thematisiert. Daraus aber zu folgern, daß die Kunstwerk-Abhandlung „eine Erörterung moderner

Kunst nicht ermöglicht", ist zumindest voreilig. Wohl geht Heidegger in seiner Abhandlung von zwei Kunstwerken aus, die nicht zur sog. modernen Kunst gehören: von einem Gemälde van Goghs und von einem griechischen Tempel. In der Analyse des Werkseins dieser Kunstwerke werden jedoch formal-allgemeine Grundzüge gewonnen, die nicht nur an die älteren und ältesten Kunstepochen gebunden, sondern geschichtlich modifikabel sind. Es wäre eine reizvolle Aufgabe, mit Hilfe der in der Kunstwerk-Abhandlung gewonnenen Wesenseinsichten moderne Kunst und ihre theoretische Selbstauslegung analytisch zu befragen. Wem ein solcher Versuch gelänge, der dürfte von sich selbst sagen, daß er nicht nur interpretierend, sondern sachaufweisend zu philosophieren vermag. Um aber für ein solches Unternehmen zureichend gerüstet zu sein, bedarf es der sicheren Aneignung der in der Kunstwerk-Abhandlung neu gegründeten Blickweise auf den Bereich der Kunst. Hierzu könnte die vorliegende Untersuchung eine Hilfe sein.

Immer wieder wird auch bedauert, daß Heidegger in seiner Kunstwerk-Abhandlung nur Kunstwerke der bildenden Kunst zugrundegelegt habe und dabei die Tonkunst, das musikalische Kunstwerk, nicht zu Worte kommen lasse. Die Kunstwerk-Abhandlung will aber, wenn sie für ihre Analysen ein Gemälde van Goghs und einen griechischen Tempel zugrundelegt, nicht nur Grundzüge dieser Kunstgattung, sondern *aller* Kunstgattungen freilegen. In diesem Sinne sind die gelegentlichen Hinweise auf die anderen Kunstgattungen zu verstehen. Freilich ist es dann immer noch eine eigene und schwierige Aufgabe, im Blick auf die in der Kunstwerk-Abhandlung zum Aufweis gebrachten allgemeinen Grundzüge des Kunstwesens die Kunstwerke der unterschiedlichen Kunstgattungen und so auch das musikalische Werk zum Thema ontologischer Analysen zu machen. Das könnten Aufgaben für die Zukunft sein, die jedoch nur dann ergriffen werden können, wenn wir uns erst einmal unvoreingenommen in differenzierter Weise in die Grundlegung der Kunst-Philosophie einlassen, wie sie Heidegger in seiner Schrift über den Ursprung des Kunstwerkes gedacht hat.

XXII

Dafür, daß Heidegger die Kunstwerk-Abhandlung nicht als eine romantische Analyse erkannt und verworfen hat, gibt es auch für den Leser untrügliche Zeichen. Der erstmals in der Reclam-Ausgabe veröffentlichte ‚Zusatz' von 1956 enthält nichts von einer Distanzierung Heideggers dieser Schrift gegenüber. Im Gegenteil, die darin gegebenen Erläuterungen einiger möglicherweise mißverständlicher Textpassagen zeigen, wie Heidegger an der gedanklichen Substanz seiner Abhandlung auch in jener Zeit noch festhält, in der er nach Pöggeler die „romantische Position rückgängig gemacht" haben soll (Philosophie und Politik bei Heidegger, S. 157). Daß der von Pöggeler für die Abstützung seiner Behauptung aus dem ‚Zusatz' herangezogene Satz eine ganz andere Absicht verfolgt, wurde dargetan. – Auch die im 5. Band der Gesamtausgabe abgedruckten Randbemerkungen Heideggers zur Kunstwerk-Abhandlung lassen nichts von einem Abrücken erkennen. Im Gegenteil, die meisten der dort wiedergegebenen Randbemerkungen sind dem Handexemplar der Reclam-Ausgabe entnommen. Die 1960 erschienene Reclam-Ausgabe ließ sich Heidegger vom Buchbinder mit weißen Blättern durchschießen und neu einbinden. Ihrer Handlichkeit wegen wählte er sie zum bevorzugten Handexemplar, auf dessen durchschossenen Seiten er bis in die letzten Lebensjahre hinein seine Randbemerkungen notierte.

Schließlich hatte der Verfasser dieser Untersuchung während seiner wöchentlich regelmäßigen Arbeitsbesuche in den letzten vier Lebensjahren des Philosophen wiederholt Gelegenheit, in verschiedenen Gesprächen über die Kunstwerk-Abhandlung Zeuge davon zu sein, wie sehr sich Heidegger mit dieser Arbeit bis zuletzt identifizierte. Nach einer „maßgeblichen Phase" auf dem Denkweg Heideggers zu suchen, bleibt ein verfehltes Unterfangen. Jede Station seines Denkweges behält ihre Gültigkeit in dem, was auf ihr gesehen wurde. So jedenfalls verstand Heidegger selbst seinen Weg bzw. die vielen Wege auf seinem Weg, und in diesem Sinne ist auch der von ihm kurz vor seinem Tode verfaßte Leitspruch für seine Gesamtausgabe zu lesen: „Wege – nicht Werke".

III.

Als Text für die Untersuchung liegt „Der Ursprung des Kunstwerkes" in der Einzelausgabe der „Holzwege", von uns auch Holzwege-Ausgabe genannt, zugrunde: Holzwege. Vittorio Klostermann Frankfurt am Main. Fünfte Auflage 1972, S. 7-68. Die in unserer Interpretation fortlaufend gegebenen und in runde Klammern gesetzten Seitenzahlen beziehen sich auf diese Ausgabe. 1960 erschien in Reclams Universalbibliothek eine Lizenzausgabe der Kunstwerk-Abhandlung (auch Reclam-Ausgabe genannt), versehen mit der hilfreichen „Einführung" von Hans-Georg Gadamer. Ein Vergleich mit der Holzwege-Ausgabe zeigt, daß Heidegger den Text für die Reclam-Ausgabe an einigen Stellen leicht überarbeitet hat. Die Textvarianten halten sich jedoch auf derselben Besinnungsebene, auf der die Holzwege-Abhandlung zwischen 1935 und 37 gedacht und in Form von Vorträgen gesprochen wurde. Darüberhinaus wurde von Heidegger eine Reihe von längeren Absätzen für das kleinere Seitenformat aufgelöst. Durch Kursivdruck wurden Grundworte und Wesenssätze, in die sich eine vollzogene Schrittfolge zusammenzieht, hervorgehoben. Der 1956 verfaßte ‚Zusatz' wird von uns nach der Reclam-Ausgabe und nach der Gesamtausgabe zitiert. Dem Wiederabdruck der Kunstwerk-Abhandlung im 5. Band der Gesamtausgabe (Holzwege) liegt der durchgesehene Text der Reclam-Ausgabe zugrunde. Ihm wurde eine Anzahl von Randbemerkungen Heideggers in den Fußnoten beigegeben, die Heideggers Handexemplaren der Reclam-Ausgabe und der „Holzwege" entnommen sind (vgl. hierzu das Nachwort des Herausgebers zu Band 5 der Gesamtausgabe).

Weil die nachfolgende Untersuchung eine am Text Satz für Satz entlanggehende Interpretation der Kunstwerk-Abhandlung ist, kann sie auch wie ein Kommentar zu dieser Schrift gelesen werden. Für denjenigen, der nur die Reclam-Ausgabe zur Hand hat, bereitet das Aufsuchen der Zitate trotz der Seitenangaben aus der Holzwege-Ausgabe keine Schwierigkeit, wenn er Text und Auslegung von Beginn an satzweise verfolgt. Wer im Besitz des 5. Bandes der Gesamtausgabe ist, kann sich beim Verfolgen der Zitate an den dort seitlich angebrachten Ziffern (Seitenmarginalien) orientieren, die sich auf die Seitenzahlen der Einzelausgabe der „Holzwege" beziehen.

Zuletzt bleibt mir nur noch die angenehme Pflicht, Herrn Klaus Neugebauer, Fräulein Eva-Marie Hollenkamp, Herrn Walter Jakob Steiner und Herrn Hans-Helmuth Gander für die mühevollen und mit Sorgfalt ausgeführten Korrekturarbeiten sehr herzlich zu danken. Das Register wurde von Herrn Hans-Helmuth Gander in eigener Regie und mit großer Umsicht erstellt, wofür ihm mein besonderer Dank gilt.

Freiburg i. Br., Februar 1980

EINLEITUNG
FORMALANZEIGENDE EXPOSITION DES PROBLEMS IM AUSGANG EINER ERLÄUTERUNG DES TITELS DER KUNSTWERK-ABHANDLUNG

§ 1. Die Frage nach dem Ursprung des Kunstwerkes als Frage nach der Kunst. Kunst als Wesensherkunft des Kunstwerkes und des Künstlers in ihrem Wechselbezug

Der einleitende Teil der Kunstwerk-Abhandlung beginnt mit einer *formalanzeigenden Erläuterung des Titels.* Wenn die Abhandlung nach dem Ursprung des Kunstwerkes fragt, dann fragt sie nach dem, „von woher und wodurch" das Kunstwerk ist, ‚was es ist und wie es ist' (Holzwege, S. 7). Das Vonwoher und Wodurch nennen die *Herkunft,* das Was- und Wiesein das *Wesen.* Die Frage nach dem Ursprung des Kunstwerkes ist somit die Frage nach der *Herkunft des Wesens* des Kunstwerkes.

Die so gestellte Frage beantwortet sich nicht durch den Hinweis, daß das Kunstwerk aus der Tätigkeit des Künstlers entspringe. Diese ‚gewöhnliche Vorstellung' (ebd.) ist nicht nur gewöhnlich, weil sie eine äußerliche oder oberflächliche Betrachtungsweise ist. Sie ist vor allem deshalb gewöhnlich, weil sie in einer langen, geschichtlich herrschenden Gewohnheit beruht, wonach das Kunstwerk und die Kunst sich dem schöpferischen Akt des Künstlers verdanken. Es ist die subjektivistische Deutung des künstlerischen Schaffens, die mit der neuzeitlichen Gründung der Subjektivität des menschlichen Subjekts zur Herrschaft gelangte. Um diese selbstverständlich gewordene Auffassung vom Künstler von vornherein in ihrer leitenden Funktion fragwürdig zu machen, stellt Heidegger schon in dieser ersten formalanzeigenden Exposition seines Problems *dieselbe Frage nach dem Vonwoher und Wodurch auch in bezug auf den Künstler.* Wenn durch seine künstlerische Tätigkeit das Kunstwerk entspringt, dann muß die Frage nach der Wesensherkunft des Kunstwerkes

1

die Frage nach der Wesensherkunft des künstlerischen Schaffens mit einschließen. Mit einer solchen Frage wird hinter das schaffende Hervorbringen des Künstlers zurückgefragt in eine sachliche Dimension, der sich das Kunst-Schaffen des Künstlers verdankt. Eine erste Antwort auf die Frage nach der Wesensherkunft des Künstlers lautet, ebenfalls nur formalanzeigend: Der Künstler ist der, der er ist, durch das Kunstwerk. Denn das Kunstwerk läßt auf seine Weise „den Künstler als einen Meister der Kunst hervorgehen" (ebd.). Das besagt vorerst nur so viel: Der Künstler verdankt sich als der, der er ist, nicht sich selbst, sondern in *einer* Hinsicht dem Kunstwerk. Das Kunstwerk verweist auf den Künstler – nicht als auf seinen absoluten Herren, sondern auf denjenigen, der sich im schaffenden Hervorbringen des Kunstwerkes *zugleich* dem von ihm zu Schaffenden verdankt. Wohl ist damit gesagt, daß das Entspringen des Kunstwerkes durch die Tätigkeit des Künstlers nicht geleugnet werden soll. Zugleich ist aber darauf hingewiesen, daß das künstlerische Hervorbringen *nicht in sich selbst ruht,* sondern in ein wechselseitiges Verhältnis des Entspringenlassens gehört: In *einer* Weise ist der Künstler der Ursprung des Kunstwerkes; in einer *anderen* Weise ist das Kunstwerk Ursprung des Künstlers. Das wechselseitige Entspringenlassen bedeutet, daß keines der beiden Ursprungsverhältnisse ohne das andere ist, – daß sie einander fordern.

Doch darin erschöpft sich nicht die Formalanzeige der Frage nach dem Ursprung des Kunstwerkes. Die gesuchte Wesensherkunft ist nicht allein und *nicht zuerst* in der Richtung des formal angezeigten Wechselbezuges von Künstler und Kunstwerk zu finden. „Keines ist ohne das andere" (ebd.) heißt ins Positive gewendet: Der Künstler als Ursprung des Kunstwerkes trägt das Kunstwerk, und umgekehrt: Das Kunstwerk als der Ursprung des Künstlers trägt den Künstler. „Gleichwohl trägt auch keines der beiden allein das andere" (ebd.) bedeutet: *Keiner* der beiden Ursprungsbezüge trägt *nur aus sich selbst* den anderen dergestalt, daß der Wechselbezug sich selbst trüge. Weder trägt das künstlerische Schaffen aus sich selbst das geschaffene Kunstwerk, noch trägt das Kunstwerk in seiner Weise des Entspringenlassens aus sich selbst den Künstler. „Künstler und Werk *sind* je in sich und in ihrem Wechselbezug durch ein Drittes" (ebd.) will sagen: Der Künstler ist in seinem schaffenden Hervorbringen des Kunstwerkes und das Kunstwerk ist in seinem Entspringenlassen des Künstlers ermöglicht durch ein *Drittes.* Dieses Dritte außer dem Kunstwerk und dem Künstler ist die *Kunst.* Weil die Kunst aufgewiesen werden soll als das, was den Wechselbezug von Künstler und Kunstwerk tragend ermöglicht, ist sie der Sache nach das *Erste.*

Damit sind drei unterschiedliche Weisen des Ursprung-seins formal angezeigt: 1. die Kunst als das Entspringenlassen von Kunstwerk und Künstler, 2. der Künstler als der Ursprung des Kunstwerkes, 3. das Kunstwerk als der Ursprung des Künstlers. Das Ursprung-sein des Künstlers für das Kunstwerk und des Kunstwerkes für den Künstler ist in irgendeiner Weise fundiert im Ursprung-sein der Kunst.

Der gesuchte Ursprung des Kunstwerkes stellt sich heraus als die Kunst. Die Kunst soll sich zeigen als die Wesensherkunft des Kunstwerkes. Weil zum Kunstwerk auch der Künstler gehört, und zwar in der Weise des wechselweise Entspringenlassens von Kunstwerk und Künstler, schließt die Frage nach der Kunst als der Wesensherkunft des Kunstwerkes auch die Frage nach dem Ursprung des Wechselbezuges von Künstler und Kunstwerk ein. Und weil zum Kunstwerk nicht nur der Bezug des schaffenden Künstlers, sondern auch der des Kunst-Betrachters gehört, wird Heidegger im dritten Abschnitt seiner Abhandlung die *Bewahrung* als den vom Kunstwerk geforderten Bezug des Kunstbetrachters zu ihm bedenken und in das Ganze der Bezüge, die das Wesen der Kunst bilden, einfügen.

Es wird die Aufgabe der Kunstwerk-Abhandlung sein, die drei Weisen des Ursprungs in ihrem Eigenwesen, ihrer Unterschiedenheit und Zusammengehörigkeit zum Aufweis zu bringen. Die Frage nach dem Ursprung des Kunstwerkes hat sich insoweit verdeutlicht, als gefragt werden soll nach der *Kunst als der Wesenherkunft* des Kunstwerkes und des Künstlers in ihrem wechselweise Sichentspringenlassen. Das Wesen des Kunstwerkes hat

3

seine Herkunft aus der Kunst, so daß *die Frage nach der Herkunft des Wesens des Kunstwerkes sich in die Frage nach der Kunst und ihrem Wesen wandelt*, sofern dieses Wesen Kunstwerk und Künstler in ihrem Wechselbezug entspringen lassen soll.

Philosophisches Fragen hat seine Ausgangssituation wesenhaft in der vor- und außerphilosophischen Situiertheit des Fragenden. Die Exposition einer philosophischen Fragestellung ist immer auch ein Sichherausarbeiten aus der vorphilosophischen Situiertheit. Dazu gehört, daß die aus dem vorphilosophisch-natürlichen Daseinsvollzug und seiner Ausgelegtheit andrängenden Meinungen, Vorstellungen und Vorurteile eigens, wenn auch zunächst in vorläufiger Weise, zurückgewiesen werden müssen. Jetzt, da in der formalanzeigenden Problem-Exposition die Kunst sich als die zu befragende Wesensherkunft des Kunstwerkes herausstellt, drängt aus der vorphilosophischen Daseins-Ausgelegtheit das Vorurteil an, daß die Kunst kaum das zu leisten vermöge, was ihr zugemutet wird. Denn die Kunst scheint doch nur das Wort für eine Sammelvorstellung zu sein, in der man das zusammenfaßt, was von der Kunst allein wirklich ist: die wirklichen Kunstwerke und die wirklichen Künstler. Wollen wir wissen, was als Kunst zu verstehen ist, so müssen wir uns, wie man meinen möchte, dem allein Wirklichen zuwenden, nicht aber der Kunst im Unterschied zu den Kunstwerken und dem künstlerischen Schaffen. Denn die Kunst als solche im Unterschied zu Kunstwerken und Künstlern scheint doch nicht selbst etwas Wirkliches zu sein, das in seinem Wirklichsein die Wesensherkunft von Kunstwerk und Künstler sein kann. Aber auch dann, wenn das Wort ‚Kunst‘ mehr als eine bloße Sammelvorstellung sein, wenn ihr eine eigene Wirklichkeitsweise eignen sollte, so doch vermutlich nur aufgrund der unzweifelbaren Wirklichkeit, in der sich uns die Kunstwerke und die Künstler präsentieren. Eher scheint die Wirklichkeit von Kunstwerken und Künstlern Ursprung der Kunst zu sein, nicht jedoch umgekehrt, wie in der Formalanzeige behauptet wurde. In den anschließend gestellten Fragen: „Oder liegt die Sache umgekehrt? Gibt es Werk und Künstler nur, sofern die Kunst ist als ihr Ursprung?" (ebd.),

4

nimmt Heidegger das Ergebnis der Abhandlung vorweg. Es wird sich zeigen, daß nicht etwa die Wirklichkeit von Kunstwerk und Künstler die Wirklichkeit der Kunst entspringen läßt, sondern daß umgekehrt die 'Wirklichkeit' der Kunst der Ursprung für die Wirklichkeit von Kunstwerk und Künstler ist. Nur sofern die Kunst der Ursprung ist für Kunstwerk und Künstler, kann einerseits der Künstler Ursprung sein für das Kunstwerk und kann andererseits das Kunstwerk auf seine Weise Ursprung sein für den Künstler. Der Einwand aus der gewöhnlichen Vorstellungsweise ist damit, wenn auch nur in Form einer erst noch zu erweisenden Behauptung, entkräftet.

§ 2. Die Frage nach der Kunst als Anfrage beim wirklichen Kunstwerk. Der hermeneutische Zirkel

Wenn sich die Frage nach dem Ursprung des Kunstwerkes zur Frage nach dem Wesen der Kunst gewandelt hat, müssen wir, um die Kunst auf ihr Wesen hin befragen zu können, wissen, *wo* wir die Kunst antreffen. Wir sprachen von der 'Wirklichkeit' der Kunst. Das geschah aber nur innerhalb der Formalanzeige, die selbst noch keinen Sachaufweis darstellt. Es muß daher weiterhin offen bleiben, *ob* die Kunst *ist* und *wie* sie *ist*. Die Kunst, die der Ursprung von Kunstwerk und Künstler in ihrem Wechselbezug sein soll, gibt es *nicht neben* den wirklichen Kunstwerken und wirklichen Künstlern. Vermutlich hat sie, wenn sie nicht ontische Herkunft, sondern Wesensherkunft von Kunstwerk und Künstler ist, keine Wirklichkeit, die vergleichbar wäre mit der des Werkes und des Künstlers. Als nicht ontische, sondern ontologische Herkunft können wir auf sie nicht unmittelbar zugehen, so wie wir uns den Kunstwerken in gewisser Weise unmittelbar zuwenden können. Ist die Kunst als Wesensherkunft des Kunstwerkes auch nicht in der Weise wirklich wie das Kunstwerk, so *waltet sie doch als Wesensherkunft im Kunstwerk*, sofern sie es zu einem Werk der Kunst bestimmt. Das bedeutet für den *Weg*, den die Problem-Exposition einzuschlagen hat, daß das

5

gesuchte Wesen der Kunst dort zu finden ist, „wo Kunst ungezweifelt wirklich waltet" (S. 8), im Kunstwerk. In der Erstfassung der Abhandlung sagt Heidegger: „Die Kunst *steckt* im Kunst-Werk" (von uns ausgezeichnet); dagegen heißt es in der letzten Fassung für die Reclam-Ausgabe: „Die Kunst *west* im Kunstwerk" (von uns ausgezeichnet). Die Rede vom ‚stecken' ist wohl massiv, aber sie war wissentlich gewählt aus dem augenblicklichen Stand der Abhandlung, in dem wir noch nichts darüber wissen, wie die Kunst *im Kunstwerk ist*. Die Veränderung des ‚stecken' in ‚wesen' spricht dagegen aus dem Vorblick auf das Ergebnis der Abhandlung. Wenn wir beim Kunstwerk anfragen nach dem Wesen der Kunst, dann vollziehen wir den Rückgang vom Entsprungenen zum entspringenlassenden Ursprung.

Die Ausgangsfrage lautete: Was ist der Ursprung des Kunstwerkes? Die erste Formalanzeige führte uns zur Kunst. Daher wandelte sich die Ausgangsfrage in die Frage nach dem Wesen der Kunst. Weil aber das Wesen der Kunst nicht unmittelbar faßbar ist, sondern nur im Ausgang vom Kunstwerk als dem ihm Entsprungenen, muß die Frage nach dem Wesen der Kunst, soll dieses sich als Ursprung des Kunstwerkes zeigen, dennoch ansetzen beim Kunstwerk. Die Frage hat sich erneut gewandelt zur Frage nach dem, ‚was und wie ein Werk der Kunst ist'.

Die erneute Wandlung der Frage zeigt, daß es sich beim *zweifachen Wandel des Fragens* um ein Gehen im *Kreise* handelt. In der Frage nach dem Ursprung des Kunstwerkes wollten wir erfahren, worin das Wesen des Kunstwerkes beruht. Wir erhielten die Anweisung, daß die Antwort nur gefunden werden könne durch eine Befragung der Kunst und ihres Wesens. Um aber das Wesen der Kunst bestimmen zu können, müssen wir doch zunächst beim Kunstwerk ansetzen. Damit scheinen wir auf die Ausgangsfrage zurückgeworfen zu sein. Der Kreisgang, in den wir uns hineinbegeben haben, besagt: Um das Kunstwerk in seinem Wesen zu bestimmen, müssen wir das Wesen der Kunst befragen; um aber das Wesen der Kunst befragen zu können, sollen wir beim Kunstwerk anfragen. Befragen wir das Kunstwerk auf die Kunst hin, müssen wir, bevor wir die im Kunstwerk wie auch immer waltende Kunst auffinden, schon im vorhinein irgendwie wissen, was ein Werk der Kunst im Unterschied zu einem Werk des Handwerks ist. Mit anderen Worten: Um Kunstwerke auf die Kunst und ihr Wesen hin befragen zu können, müssen wir uns schon in einem Vorverständnis von Kunst halten, damit wir uns bei der Wahl des zu Befragenden nicht versehen. Was wir allererst erkennen wollen, die Kunst und ihr Wesen, setzen wir für den Ausgang unseres Erkenntnisweges als schon Verstandenes voraus. Scheinbar haben wir es hier mit der von der formalen Logik als circulus vitiosus im Beweisgang gekennzeichneten Kreisbewegung zu tun, die es zu vermeiden gilt. Die gewöhnliche Vorstellungsweise empfiehlt daher, um nicht dem fehlerhaften Zirkel zu verfallen, zwei andere Wege zur Wesensbestimmung der Kunst: das Aufsammeln von Merkmalen der Kunst durch eine vergleichende Betrachtung von Kunstwerken oder eine Ableitung des Wesens der Kunst aus höheren Begriffen. Aber auch diese von der gewöhnlichen Vorstellungsweise anempfohlenen Auswege aus dem drohenden circulus vitiosus bewegen sich in einem Kreisgang, der jedoch recht besehen kein logischer Zirkel, sondern der *zum Verstehen wesenhaft gehörende hermeneutische Zirkel* ist. Um Merkmale der Kunst an Kunstwerken abnehmen zu können, müssen wir *zuvor schon* irgendwie wissen, was Kunst ist. Nur so können wir dessen gewiß sein, daß wir es mit Kunstwerken zu tun haben. Auch die Ableitung des Wesens der Kunst aus höheren Begriffen ist *im voraus schon* geführt durch ein wie auch immer geartetes Wissen um Kunst. Sowohl die vergleichende Betrachtung von Kunstwerken für die Gewinnung eines Wesensbegriffes von Kunst als auch eine deduktive Ableitung des Begriffes der Kunst aus höheren Begriffen setzen ein *Vor-Verständnis* von Kunst und mit ihm die *Situation des hermeneutischen Zirkels* voraus.

Was bei jenem zweifachen Wandel der Ausgangsfrage wie ein circulus vitiosus erschien, ist in Wahrheit der zur Wesensverfassung des auslegenden Verstehens gehörende hermeneutische Zirkel. Mißdeutet die gewöhnliche Vorstellungsweise diesen Zirkel als circulus vitiosus und meint sie, durch die Anempfehlung jener beiden anderen Wege dem Kreisgang entkommen zu können, dann erliegt sie einer Selbsttäuschung. Diese besteht in der Verkennung des Tatbestandes, daß selbst dort, wo der circulus vitiosus mit Recht ausdrücklich umgangen wird, dem hermeneutischen Zirkel nicht zu entkommen ist. In „Sein und Zeit" § 32, der die ontologische Analyse des existenzialen Phänomens der Auslegung zur Ausführung bringt, hat Heidegger vom hermeneutischen Zirkel gehandelt. Bevor er dort auf die wissenschaftlich-theoretische Auslegung eingeht, zeigt er, daß die theoretische Verhaltensweise ihr existenzial-ontologisches Fundament in einer *vortheoretischen Seinsweise* des menschlichen Daseins hat, die er als *Auslegung* bezeichnet. Aber auch das vortheoretische, existenziale Phänomen der Auslegung ist kein unreduzierbares Urphänomen, sondern hat seine eigene ontologische Ermöglichung in dem, was Heidegger das Grundexistenzial des Verstehens bzw. des Entwurfs nennt. Das Fundierungsverhältnis zeigt sich im systematischen Aufriß von „Sein und Zeit" darin, daß der Analyse des Existenzials der Auslegung die Analyse des Existenzials des entwerfenden Verstehens unmittelbar voraufgeht (§ 31). Die Analyse der daseinsmäßigen Seinsweise der Auslegung setzt ein mit dem Satz: „Das Dasein entwirft als Verstehen sein Sein auf Möglichkeiten" (S. u. Z., S. 148). Dieser Satz faßt das Ergebnis der vorangegangenen Analyse zusammen. Das Dasein *ist*, indem es existiert; es existiert, indem es sich in seinem Sein *zu* seinem Sein *verhält*; es verhält sich in seinem Sein zu seinem Sein nicht in der Weise reflexiv thematischer Erfassung, sondern in der Weise eines vorreflexiven, unthematischen *Vollzugs*; in diesem Sein als Vollzugs-Sein geht es mir *um* mein Sein; es geht mir in meinem Sein um mein Sein, sofern ich *mich auf* mein Sein als auf das Existieren *verstehe*; ich verstehe mich auf das Existieren als *Seinkönnen*; das Existieren ist in einem zumal das Können und das Gekonnte dieses Könnens; Existieren als Seinkönnen aber heißt: existierendes *Ergreifen* von Möglichkeiten und existierendes *Sichhalten* in den so ergriffenen Möglichkeiten. Das Existieren, das den Charakter des Ergreifens hat, nennt Heidegger das *Sichentwerfen-auf*. Das Entwerfen ist die ontologische Struktur des Verstehens als eines fundamentalen Seinsphänomens der menschlichen Existenz. Die Möglichkeiten der Existenz, auf die sich das Dasein entwirft, sind solche des daseinsmäßigen *In-der-Welt-seins,* d. h. mögliche Weisen, wie das Dasein als In-der-Welt-sein existiert. Als In-der-Welt-sein existieren besagt: *selbsthaft-ekstatisch aufgeschlossen sein für die Aufgeschlossenheit (Da) von Welt sowie in den besorgenden Verhaltensweisen zu den aus der Aufgeschlossenheit von Welt begegnenden innerweltlichen Dingen.* Das ergreifende Entwerfen hat den Grundcharakter des *Aufschließens.* Weil jedoch die Möglichkeiten des In-der-Welt-seins, auf die das Dasein sein Sein entwirft, faktische, d. h. hier *geworfene* Möglichkeiten sind, – weil das Dasein in das Da, in die Erschlossenheit, in welcher es existiert, geworfen ist, hat das entwerfende Aufschließen den verendlichten Charakter des *Für-sich-aufschließens je schon mit der geworfenen Erschlossenheit des Daseins geworfener Möglichkeiten.*

Die Möglichkeiten sind als solche des In-der-Welt-seins *Grundmöglichkeiten* der Aufgeschlossenheit von Welt und des besorgenden Umgangs mit innerweltlich begegnendem Seienden. Indem das Dasein sein Sein auf eine Möglichkeit entwirft, entwirft es, d. h. schließt es für sich auf einen Welthorizont, der wesenhaft zu der geworfen-entworfenen Grundmöglichkeit des Existierens gehört. Der Welt-Entwurf ist die ontologische Bedingung der Möglichkeit für das Begegnen von innerweltlichen Dingen im besorgenden Umgang; er ist aber *auch* die ermöglichende Bedingung für das Sichverstehen in den Weisen des besorgenden Umgangs. Denn das vorgängige Weltverständnis führt meine besorgende Verhaltung zum innerweltlichen Seienden.

Die zur Existenz des Daseins gehörende Seinsweise der *Auslegung* ist es nun, deren analytischer Aufweis begreiflich macht, wie das geworfen-entworfene Weltverständnis das besorgende Verstehen dessen, womit ich zu tun habe, ermöglicht. Das verstehende Sein zu Möglichkeiten, als welches das Dasein existiert, ist nicht nur ein Seinkönnen als Sichentwerfen, sondern *in bezug auf die entworfenen Möglichkeiten* auch ein Seinkönnen als ein

Sichausbilden des Entworfenen. Die Ausbildung als Vollzugsweise des Existierens ist die vortheoretische Seinsweise der Auslegung. Im existierenden Vollzug der Auslegung eignet sich das Dasein das im Entwurf aufschließend Entworfene zu. Auslegung ist als Ausbildung des Entworfenen *Zueignung*. In der zueignenden Auslegung wird das im vorhinein verstehend Entworfene ‚es selbst‘, indem es „*ausdrücklich* in die verstehende Sicht" gelangt (ebd.).

Das vorläufige Ergebnis der Analyse, das in dem Wesenssatz liegt: „Auslegung gründet existenzial im Verstehen" (ebd.), läßt bereits den Sachverhalt des hermeneutischen Zirkels durchscheinen, auch wenn es sich bei ihm um den Wesenscharakter des theoretischen Auslegens handelt. Aber die Zirkelstruktur im hermeneutischen Zirkel hat ihre Ermöglichung in der Zirkelstruktur des vortheoretischen Auslegens im Existenzvollzug. Diese Zirkelstruktur besagt: Dem Verständnis, das sich in der existierenden Auslegung ausbildet, geht voraus das Verständnis des verstehenden Entwurfs. Nur sofern der Entwurf als primäres Verstehen ein Verstandenes (Entworfenes) aufgeschlossen hält, kann das so Vor-Verstandene eigens auslegend zugeeignet werden. Die weitere Analyse des existierenden Auslegens orientiert sich am Verstehen und Auslegen der vorentworfenen Welt. In der Analyse der Weltlichkeit der Welt stellte Heidegger die Welt als das formale Ganze von Verweisungsbezügen heraus, das er die *Bedeutsamkeit* nennt. Diese ist das formal-gleichbleibende Strukturgefüge aller möglichen konkreten Umwelthorizonte. Ein konkreter Umwelthorizont ist eine Bewandtnisganzheit, die zu einem konkreten Worumwillen, d. h. zu einer konkreten Möglichkeit des In-der-Welt-seins gehört, auf die sich das Dasein entwirft. Auf dem Grunde des Welt-Entwurfs, worin das Dasein eine Bewandtnisganzheit für sich aufschließt und horizontal sich vorhält, *legt es im besorgenden Umgang* und *für diesen* die je schon entworfene Welt *aus*. Das geschieht, indem es sich die jeweilige Bewandtnis, die es mit dem zu besorgenden Zeug hat, aus der erschlossenen Bewandtnisganzheit herauslegt. In solchem existierenden Herauslegen der jeweiligen Bewandtnis hält es sich diese ausdrücklich vor, so daß im Lichte des Bewandtnis-Verständnisses Seiendes als durch die Bewandtnis seinsmäßig bestimmtes begegnen kann. Erst durch das auslegende Herauslegen, das im besorgenden Umgang geschieht, kommt das besorgte Seiende für das Besorgen und innerhalb seiner Grenzen „ausdrücklich in die verstehende Sicht" (S. 148). Das im Existenzvollzug geschehende Auslegen ist ein schrittweises *Auseinanderlegen* der im Entwurf primär verstandenen Bewandtnisganzheit.

Nunmehr sind wir imstande, die dreigliedrige Vor-Struktur zu kennzeichnen, durch die zunächst die vortheoretische Seinsweise der Auslegung und darin fundiert die theoretische Verhaltungsweise der Auslegung bestimmt ist – jene Vor-Struktur, die auch den hermeneutischen Zirkel konstituiert. Sofern die im Entwurf aufgeschlossene Bewandtnisganzheit das Fundament ist für die zum besorgenden Umgang gehörende Auslegung, gründet diese jeweils in einer *Vorhabe*. Die Existenzweise der vortheoretischen Auslegung ist wesenhaft bestimmt durch die Vorhabe, in der sie im *vorhinein* schon das *hat*, was sie sich eigens zuzueignen trachtet. Das in der Vorhabe im vorhinein Verstandene ist im Vergleich mit dem Verständnis, das die Auslegung beistellt, ein Eingehülltes, dem gegenüber sich die Auslegung enthüllend verhält. Die auslegende Enthüllung des im Entwurf noch eingehüllt Verstandenen vollzieht sich „unter der Führung einer Hinsicht", die das in den Blick nimmt, woraufhin das eingehüllt Verstandene enthüllend ausgelegt werden soll (S. 150). Diese Sicht, welche die Auslegung führt, ist die *vorgängige Sicht* auf die bestimmte Auslegbarkeit des in der Vorhabe liegenden Verstandenen. Die Seinsweise der Auslegung gründet somit auch in der *Vorsicht*. Darüber hinaus bewegt sich die Auslegung in einem *Vorgriff*, indem sie sich im *vorhinein* in einer *Begrifflichkeit* hält, in der sie das Zugeeignete begreift.

Daher kann Heidegger sagen (S. 152), daß *alle* Auslegung sich in der dreifachen Vor-Struktur der Vor-Habe, Vor-Sicht und des Vor-Griffs bewegt. *Alle* Auslegung – damit lenkt er den Blick auch auf das *theoretische Auslegen* und Verstehen. Alle Auslegung, sowohl die des vortheoretischen Existenzvollzugs als auch die des theoretischen Verstehens, soll Verständnis beistellen. Das ist nur möglich, sofern das Auszulegende *je schon* verstanden ist – verstanden in einem Verstehen, das selbst nicht vom Charakter des auslegenden Verstehens ist. Auslegung – und wir meinen jetzt die theoretisch-wissenschaftliche – bewegt sich je schon im Verstandenen und nährt sich aus ihm. Dem Verständnis, das die Auslegung gewinnt, geht je schon voraus ein Verständnis, das wir als *Vor-Verständnis* bezeichnen können, weil es als eingehülltes Verständnis dem enthüllenden Verstehen der Auslegung vorausliegt.

Somit wird deutlich: Wenn wir für die Verständnisgewinnung, welche die Auslegung leisten soll, ein Vorverständnis voraussetzen, bewegen wir uns im wissenschaftlichen Fragen und Bestimmen, d. h. im wissenschaftlichen Auslegen, nicht in einem Kreisgang im Sinne des circulus vitiosus. Wir setzen nicht voraus, was in einem Beweisgang erst bewiesen werden soll, sondern wir setzen ein Vorverständnis voraus, das im nachhinein schrittweise enthüllt wird. „Aber in diesem Zirkel [des verstehenden Auslegens] ein vitiosum sehen und nach Wegen Ausschau halten, ihn zu vermeiden, ja ihn auch nur als unvermeidliche Unvollkommenheit ,empfinden‘, heißt das Verstehen [des Auslegens] von Grund aus mißverstehen.“ (S. 153) Wenn Heidegger in der Kunstwerk-Abhandlung sagt, daß wir den Kreisgang der fragenden Zuwendung vom Kunstwerk zur Kunst als Hinwendung von der Kunst zum Kunstwerk vollziehen müssen, dann hat er das im Blick, was er in „Sein und Zeit“ (S. 152/53) über das Wesen des Zirkels im auslegenden Verstehen ausgeführt hat. Wir *müssen* diesen Kreisgang vollziehen – nicht aus einem Mangel, einer Unvollkommenheit und einem Notbehelf heraus, sondern aus einem Einblick in die „Grundbedingungen möglichen Auslegens“ (S. 153).

Den Weg des fragenden Bestimmens zu betreten, der den Charakter des Kreisganges hat, ist die „Stärke“ des Denkens (Holzwege, S. 8), weil sich das Denken stark gemacht hat aus dem Einblick in die „wesenhaften Vollzugsbedingungen“ (S. u. Z., S. 153) des auslegenden Bestimmens. Von diesem Weg während

12

des auslegenden Bestimmens nicht abzuweichen, sondern sich auf ihm zu befestigen, ist das „Fest des Denkens" (Holzwege, S.8), sofern es sich seines Glückens gewiß ist. Wenn das Denken als das auslegende Bestimmen seiner wesenhaften Vollzugsbedingungen eingedenk ist, gleicht es dem „Handwerk" (ebd.). Denn wie der Handwerker aus einem sicheren Vollzugswissen heraus die einfachen Handgriffe ausführt, deren Aufeinanderfolge bestimmt ist aus dem Vorblick auf das herzustellende Werk, so vollführt der Denkende aus einem Wesenseinblick in die Vollzugsbedingungen seines auslegenden Bestimmens die Schritte des aufweisenden Enthüllens, deren Folge gefordert ist aus dem Vorverständnis dessen, was Thema der bestimmenden Auslegung ist. Das Denken gewinnt um so mehr den Charakter eines sicheren Handwerkes, je mehr es sich bemüht, in den Zirkel des auslegenden Verstehens „nach der rechten Weise hineinzukommen" (S. u. Z., S. 153). Das geschieht, wenn die erkennende Auslegung „verstanden hat, daß ihre erste, ständige und letzte Aufgabe bleibt, sich jeweils Vorhabe, Vorsicht und Vorgriff nicht durch Einfälle und Volksbegriffe vorgeben zu lassen, sondern in deren Ausarbeitung aus den Sachen selbst her das wissenschaftliche Thema zu sichern" (ebd.). Die drei Vollzugsbedingungen des auslegenden Verstehens – Vorhabe, Vorsicht und Vorgriff – bilden die ,hermeneutische Situation', deren sich das theoretische Auslegen ständig versichern muß. Solche Versicherung geschieht in ihrer Ausarbeitung aus den *Sachen selbst*. Das Problem des Zirkels im auslegenden Verstehen verbindet sich mit dem Problem der *phänomenologischen Methode*, die in der Forschungsmaxime 'Zu den Sachen selbst' zum Ausdruck kommt. Daß auch die Kunstwerk-Abhandlung sich der phänomenologischen Methode, wie sie Heidegger für seine eigene Grundstellung entworfen hat, bedient, zeigen wir in der Auslegung jener Textstelle der Abhandlung, in der er, wenn auch nicht dem Worte, so doch der Sache nach, auf sie Bezug nimmt.

§ 3. Das Dinghafte im Kunstwerk als seine 'unmittelbare und nächste Wirklichkeit'

Die bisherige Exposition der Problemstellung der Kunstwerk-Abhandlung hat den Stand erreicht, dem gemäß die Frage nach dem Ursprung des Kunstwerkes zur Frage nach der Kunst und ihrem Wesen wird, sofern die Kunst die Wesensherkunft des Kunstwerkes ist, die Frage nach dem Wesen der Kunst aber *nur im Ausgang vom Kunstwerk entfaltet werden kann*. Wenn wir uns dem Kunstwerk zuwenden, um in seiner Befragung das Wesen der Kunst zu suchen, sind wir dessen eingedenk, daß wir schon ein gewisses Vorverständnis von Kunst und Kunstwerk haben, das wir ausdrücklich in die Vorhabe nehmen und im fragenden Auslegen einer kritischen Prüfung und Klärung unterziehen.

Die Kunstwerk-Abhandlung schickt sich nunmehr an, sich den *wirklichen* Kunstwerken, in denen die Kunst *wirklich* ist, zuzuwenden, um sie auf das hin zu befragen, was und wie ein *Kunstwerk* ist. Die Frage soll nicht in einem einzigen Zugriff das Wesen des Kunstwerkes bestimmen, um damit auch schon im Besitz einer abschließenden Antwort zu sein. Die Erörterung des Kreisganges, den die Abhandlung im ganzen und in jedem ihrer einzelnen Schritte vollziehen muß, hatte ergeben, daß das erste Befragen des Kunstwerkes nur vorbereitenden Charakter haben kann. Über eine vorläufige Bestimmung dessen, was ein *Kunstwerk* ist, soll die Kunst in ebenfalls vorläufiger Weise zum Aufweis gebracht werden (I. Abschnitt der Kunstwerk-Abhandlung), um dann in vertiefter Weise nach dem Wesen des Kunstwerkes fragen zu können (II. Abschnitt). Dann erst läßt sich die im Kunstwerk waltende Kunst als Wesensherkunft des Kunstwerkes und des Künstlers in ihrem Wechselbezug struktural freilegen (III. Abschnitt).

Wie aber sollen wir die *Wirklichkeit* der Kunstwerke bestimmen? Sagen wir, die Kunstwerke seien neben den Künstlern das Wirkliche an der Kunst, wie verstehen wir dann die Wirklichkeit der wirklichen Kunstwerke? Die für jedermann nächstliegende

Wirklichkeitsweise der Kunstwerke liegt offenbar in ihrem *dinglichen Vorhandensein,* das ihnen aufgrund der zu ihnen gehörenden Materialität bzw. Stofflichkeit eignet und das sie mit allen anderen materiellen Dingen teilen. Kunstwerke – das sind Bauwerke, Bildwerke, plastische Werke, Musikwerke, Sprachwerke. Aufgrund ihrer unterschiedlichen Stofflichkeit, die wir wie alles Stoffliche sinnlich gewahren, können wir mit ihnen umgehen wie mit den Dingen, die keine Kunstwerke sind. Wenn wir den Blick auf diese vorhandene Stofflichkeit der Kunstwerke richten und daran ihre Wirklichkeit bestimmen, dann unterscheidet sich ein Gemälde nicht von einem Gebrauchsding wie Jagdgewehr und Hut, die wir wie das Bild an der Wand aufhängen können, – dann unterscheidet sich das Sprachwerk der gedruckten Hymnen Hölderlins im Tornister des Soldaten im Ersten Weltkrieg nicht von den daneben verpackten Gebrauchsgegenständen, – dann unterscheiden sich die gedruckten Noten der Quartette Beethovens in den Lagerräumen des Verlagshauses nicht von den im Keller gelagerten Kartoffeln. Diese bewußt kraß gewählten Beispiele für die gemeinsame Dinglichkeit von Kunstwerk und den übrigen materiellen Dingen wollen die Besinnung gewaltsam auf das Dingliche im Kunstwerk hinlenken und sie auf das darin noch verhüllte Problem vorbereiten.

Ist aber eine solche Beschreibung des Dinghaften im Kunstwerk nicht doch verfehlt, weil allzu grob und äußerlich? Spricht sich in ihr nicht die Ansicht vom Kunstwerk aus, wie sie nur derjenige haben kann, dem jedes ästhetische Verständnis von einem Werk der Kunst mangelt? Das ist der Einwand des Kunstverständigen. Er weist darauf hin, daß die Wirklichkeit eines Kunstwerkes nur dann angemessen beschrieben wird, wenn diese Beschreibung aus jenem Verständnishorizont erfolgt, in welchem die Kunstwerke als Werke der Kunst im Unterschied zu einem handwerklich hergestellten Gebrauchsding *ästhetisch erlebt* werden.

Bevor aber der Vertreter des ästhetischen Erlebnisses sich verdeutlichen kann, wird ihm entgegnet, daß auch er am Dinghaften des Kunstwerkes nicht vorbeikomme. Zugegeben, daß die

Kennzeichnung der dinglichen Wirklichkeit der Kunstwerke, wie sie in den oben genannten Vergleichen mit Gebrauchs- und Naturdingen vorgenommen wurde, allzu grob ist. Gewiß aber ist, daß das Dinghafte im Kunstwerk das Steinerne ist, wie es zum Bauwerk gehört, das Hölzerne, wie es dem Schnitzwerk eignet, oder das Farbige, wie es dem Gemälde eigen ist. Weil dieses Dinghafte die jeweilige stoffliche Grundlage der Kunstwerke ist, legt sich sogar die umgekehrte Ausdrucksweise nahe. Nicht nur ist das Steinerne im Bauwerk oder das Farbige im Gemälde, sondern das Bauwerk im Stein, das Gemälde in der Farbe. Hierauf entgegnet der Befürworter des ästhetischen Erlebnisses, daß es einer solchen Hervorhebung des Dinghaften am Kunstwerk nicht bedürfe, werde doch dadurch nur Selbstverständliches in übertriebener Weise betont. „Aber was ist dieses selbstverständliche Dinghafte im Kunstwerk?" (Holzwege, S. 9) lautet die Frage, die demjenigen, der meint, über ein gesichertes Wissen des Stofflich-Dinghaften am Kunstwerk zu verfügen, entgegengehalten wird. Hinter der Selbstverständlichkeit des selbstverständlichen Dinghaften im Kunstwerk verbirgt sich ein vom Vertreter des ästhetischen Erlebnisses nicht geahntes Problem, das Heidegger mit dem Wort 'Erde' bezeichnen wird.

Der Befürworter des ästhetischen Erlebnisses als des scheinbar einzig angemessenen Zugangs zum Kunstwerk hält das betonte Nachfragen nach dem Dinghaften für „überflüssig" und für die ästhetische Betrachtungsweise „verwirrend" (ebd.), weil doch das Wesentliche des Kunstwerkes nicht das zugrundeliegende Dinghafte ist, sondern etwas anderes: die künstlerische Idee und Form, zum sinnlichen Erscheinen gebracht in der künstlerischen Formgebung des Materials. So gesehen scheint das zugrundeliegende Stoffliche nur eine dienende Funktion im Verhältnis zum künstlerischen Formgedanken zu haben. Das Eigentliche am Kunstwerk, seine künstlerische Form, kann dann dargestellt werden in der Weise der Allegorie oder des Symbolischen. Heidegger deutet die Allegorie als jene Auffassung des Kunstwerkes, wonach dieses mit Anderem, d. h. mit der künstlerischen Idee, öffentlich bekanntmacht. Er deutet das symbolische Kunstwerk als

16

jenes, mit dem noch etwas Anderes, die künstlerische Form, zusammengebracht wird. Er weist darauf hin, daß Allegorie und Symbol seit langem die 'Rahmenvorstellungen' für die Kennzeichnung des Kunstwerkes bilden. Beiden ästhetischen Rahmenvorstellungen liegt die Auffassung vom Kunstwerk als einem Dinglich-Stofflichen, dem die künstlerische Form eingeprägt ist, zugrunde. Das Dinghafte im Kunstwerk bildet gleichsam den *Unterbau* für das Wesentliche als den *Überbau*. Die ästhetische Theorie und mit ihr der Befürworter des ästhetischen Erlebniszuganges zum Kunstwerk bewegen sich in der Blickbahn von dinglichem Material und künstlerischer Formgebung und meinen, darin dem Dinghaften am Kunstwerk die angemessene, aber auch begrenzte Bedeutung innerhalb des Aufbaus des Kunstwerkes zuerkannt zu haben. Es scheint sogar, daß mit den Begriffen des formbaren Materials und der künstlerischen Formgebung der vom Kunstwerk geforderte Frage-Ansatz gewonnen sei. Wie auch immer die dienende Rolle des Materials zu bestimmen und die künstlerische Formgebung zu deuten sind, in jedem Falle scheint das Kunstwerk für die jetzt zu stellende Ausgangsfrage nach dem, was und wie es ist, in der Blickbahn von zugrundeliegendem Stoff und eingeprägter Form angemessen in die Vorhabe genommen zu sein. Dieser uns geläufige Frage-Ansatz scheint uns auf den Weg zu einer ersten Bestimmung der Kunst zu bringen, um von ihr aus die Kunst als Wesensherkunft des Kunstwerkes zu begreifen.

Jedoch – diesen vertrauten Weg der ästhetischen Theorie beschreitet die Kunstwerk-Abhandlung nicht. Vielmehr insistiert sie hartnäckig auf dem Dinghaften im Kunstwerk als seiner unmittelbaren Wirklichkeit. Nicht, daß sie die von der ästhetischen Theorie vorgenommene Gewichtung bezüglich des Stoff-Form-Gefüges umkehren und dem Stofflichen ein Übergewicht zusprechen will. Sie beabsichtigt auch nicht, im Sinne des ästhetischen Ansatzes zunächst nur den formbaren Stoff als das eigentliche Dinghafte am Kunstwerk zu erörtern, um sich anschließend der Bestimmung der künstlerischen Form zu widmen. Die jetzt geforderte Befragung des Dinghaften im Kunstwerk hat *letztlich ihren Beweggrund in der beabsichtigten Verwerfung des ästhetischen Ansatzes* und der Neubestimmung des Wesens des Kunstwerkes, in der nicht mehr vom Dinghaften, vom Stofflichen und Materiellen und auch nicht mehr von der künstlerischen Form und Formgebung die Rede ist.

Die Abhandlung möchte – so heißt es gegen Ende der Einleitung – „die unmittelbare und volle Wirklichkeit des Kunstwerkes treffen" (S. 10), um durch die Anfrage beim *wirklichen* Kunstwerk „die wirkliche Kunst" (ebd.) in ihm zu finden. Das Kunstwerk soll über das, was und wie es ist, zunächst so befragt werden, daß das Dinghafte in ihm eigens in den Blick gebracht wird. Das gelingt aber nur, wenn wir über ein klares Wissen von dem verfügen, was ein Ding *überhaupt* ist. Die Frage nach dem Dinghaften im Kunstwerk erweitert sich zu der *allgemein-ontologischen Frage* nach dem *Dingsein eines Dinges überhaupt.* Die Ausweitung des Frage-Ansatzes ist keine Abschweifung. Die allgemein-ontologische Frage nach dem Dingsein des Dinges ist erforderlich, weil sich die ästhetische Theorie insgeheim im Umkreis dieser Frage immer schon bewegt. Denn wenn sie das Kunstwerk mit dem Begriffspaar von Stoff und Form zu bestimmen sucht, hält sie sich, wie Heidegger zeigen wird, im Herrschaftsbereich einer bestimmten geschichtlich aufgetretenen Antwort auf die Frage nach dem Dingsein des Dinges. Dieser Ding-Begriff, mit dem die ästhetische Theorie operiert, ist nur einer von mehreren geschichtlich herrschend gewordenen Dingbegriffen. Es muß daher in der allgemein-ontologischen Frage nach dem Dingsein eines Dinges überhaupt gefragt werden, ob das, was wir als ein Ding zu bezeichnen pflegen, insbesondere das Naturding, von den überlieferten ontologischen Dingbegriffen angemessen erfaßt wird. Um aber die Angemessenheit ermessen zu können, bedarf es eines *Vorverständnisses vom wahren und ursprünglichen Dingsein* des Dinges. Erst wenn wir „hinreichend klar wissen, was ein Ding ist" (ebd.), können wir sagen, ob das Kunstwerk hinsichtlich seines Woraus ein Ding ist, an dem wie auch immer die künstlerische Form haftet, oder ob das, was wir bisher im Sinne der ästhetischen Betrachtungsweise als das Dinghafte am Kunstwerk nicht nur bezeichnet, sondern auch gedacht haben, niemals ein Dinghaftes in dem uns geläufigen Sinne ist – sondern etwas wesenhaft anderes. Damit spricht Heidegger die Leitfrage des ersten Abschnittes aus und nimmt in der Form einer offen gelassenen Frage das Ergebnis dieses Abschnittes vorweg.

ERSTER ABSCHNITT
DAS DING UND DAS KUNSTWERK

ERSTES KAPITEL

Die ontologische Frage nach dem Dingsein des Dinges als
Vorfrage für die Bestimmung des Dinghaften im Kunstwerk

§ 4. Die mannigfache Bedeutung des Wortes 'Ding'
im Sprachgebrauch

Heidegger eröffnet den Abschnitt mit der ontologischen Frage
nach der Dingheit des Dinges. Was ist dasjenige, was ein Ding als
ein Ding bestimmt? Dingheit, Dingsein und Dinghaftes werden
von ihm synonym als Termini für das gesuchte ontologische Wesen des Dinges verwendet. Die Ausarbeitung dieser Ausgangsfrage setzt ein mit einer Durchmusterung des weitesten Umkrei-
ses all des Seienden, das wir als Ding bezeichnen. Mit dem Namen 'Ding' belegen wir 1. das nicht belebte Seiende, das von
Natur aus ist (der Stein, die Erdscholle), 2. das nichtbelebte
Seiende, das vom Menschen hergestellt wird (Krug, Brunnen),
3. nichtbelebtes Seiendes, das nicht zu den festen Dingen gehört
(Wasser, Milch, Wolke), 4. belebtes Seiendes (Distel, Blatt,
Habicht), 5. das sich nicht selbst zeigende Seiende, das sich nur
im Erscheinen von etwas meldet (Kants Ding an sich), 6. alles
Seiende, das überhaupt ist, das sich zeigende und das sich selbst
nicht zeigende Seiende, wie es in der Sprache der Philosophie
geschieht, 7. die letzten Dinge wie Tod und Gericht. Nehmen wir
alle diese Bedeutungen des Wortes Ding zusammen, so sehen wir,
daß dieses Wort alles nennt, was nicht nichts ist. In dieser weitesten Bedeutung, in der 'Ding' soviel sagt wie res, ens, Seiendes,
ist auch das Kunstwerk ein Ding, und zwar nicht nur hinsichtlich
seiner Materialität.
Dieser Gebrauch des Wortes Ding erweist sich als zu weit ge-

spannt, um mit seiner Hilfe „das Seiende von der Seinsart des Dinges gegen Seiendes von der Seinsart des Werkes abzugrenzen" (S. 11). Mit dieser weiten Bedeutung fassen wir nicht das Dinghafte des Dinges in einem engeren Sinne, wie es in der Materialität des Kunstwerkes vorliegt und in seiner eigenen Seinsart erkannt werden soll. Denn nur mit einem geklärten Begriff des Dinghaften des Dinges können wir das Dinghafte im Kunstwerk bestimmen und gegen es die Seinsart des Kunstwerkes, soweit es nicht nur Dinghaftes, sondern darauf aufruhend künstlerische Form ist, abgrenzen. So jedenfalls stellt sich *vorläufig* die zu verfolgende Aufgabe.

Neben der weitesten Bedeutung des Wortes Ding gibt es auch eine sehr viel engere, ja sogar eine engste. Gemäß dieser engeren Bedeutung wenden wir das Wort weder auf Gott noch auf den Menschen noch auf Tier und Pflanze an, wie es gemäß der weiten Wortbedeutung statthat, sondern entweder nur auf die vom Menschen hergestellten Dinge und auf die vom Menschen vorgefundenen unbelebten Naturdinge oder sogar nur auf die letzteren. In der engsten Wortbedeutung bezeichnen wir als Ding nur die 'bloßen Dinge', wie sie uns die Natur vorgibt. Dabei hat das 'bloß' einen zweifachen Sinn: einmal meint es das reine Ding in einem positiven Sinn, zum anderen bedeutet es das, was nur noch Ding ist, in einem abschätzig-negativen Sinn und im Gegenhalt zu den Gebrauchsdingen, die wohl aus bloßen Dingen, dem Naturstoff, hergestellt sind, die aber über das bloß Dinghafte hinaus eine menschlich aufgeprägte Form haben. Gemäß der engsten Wortbedeutung ‚Ding' sind die bloßen Dinge, die Naturdinge, die eigentlichen Dinge.

Die Frage nach dem Dinghaften des Dinges überhaupt klärt sich somit als Frage nach der Dingheit der eigentlichen Dinge. Zu den eigentlichen Dingen gehört auch der stoffliche Unterbau des Kunstwerkes, wie der Stein, das Holz, das Metall oder die Farbe. An den eigentlichen Dingen soll das Dinghafte als solches bestimmt werden, um mit Hilfe des Wesensbegriffs des Dinges das Dinghafte des Kunstwerkes zu bestimmen. Erst wenn das gelungen ist, können wir die Seinsart des Kunstwerkes kennzeichnen,

das sich zusammensetzt aus dem dinglichen Unterbau und dem
Überbau der Kunstform.

§ 5. Drei überlieferte Auslegungen des Dingseins des Dinges

Um das Dinghafte des Dinges im eigentlichen Sinne fassen zu
können, legt es sich nahe, auf die überlieferten Auslegungen des
Seienden in seiner Seiendheit zurückzugreifen, weil sie vorwiegend am Ding, sowohl im engeren als auch im engsten Sinne,
orientiert sind. Da die Dinge in ihrer Dingheit als das maßge-
bende Seiende galten, enthalten die überlieferten Auslegungen
des Seienden Bestimmungen der Dingheit des Dinges. Wir sehen
immer mehr, wie die *Frage nach dem Wesen des Kunstwerkes*
zu einer *ontologischen Frage* wird, vorerst zur ontologischen
Frage nach dem Dingsein des Dinges. Bei jedem neuen Frage-
schritt in der Ausarbeitung der Fragestellung müssen wir uns
über seine Funktion innerhalb der übergreifenden Grundfrage
Klarheit verschaffen. Gesucht wird eine allgemeine ontologische
Bestimmung der Dingheit des eigentlichen Dinges, um von dieser
her das Dinghafte im Kunstwerk zu fassen. Damit scheint dann
die Voraussetzung geschaffen, die Frage nach dem Kunstwerk als
der Einheit von dinglichem Unterbau und ästhetischem Überbau
stellen und beantworten zu können. Die allgemeine ontologische
Bestimmung des Dingseins des Dinges scheint sich ohne besondere
Mühe zu erledigen, wenn wir uns die *überlieferten ontologischen
Dingbegriffe* vergegenwärtigen. Die eigene Leistung wird, wie es
scheint, nur darin bestehen zuzusehen, welcher von den überlieferten Dingbegriffen am angemessensten die Dingheit des Dinges
zu fassen imstande ist. Doch auch hier, wo Heidegger den Vertreter der ontologischen Überlieferung sprechen läßt und sich in
der Sprache scheinbar mit ihm identifiziert, läßt er bereits seine
eigene Differenz zur herrschenden Vorstellungsweise durchblik-
ken: Die überlieferten Dingbegriffe sind nicht nur bekannt, sondern sie präsentieren sich in einer Selbstverständlichkeit, die alle

Fragwürdigkeit ausschließt. Die hier angesprochene Fragwürdigkeit ist nicht zu verwechseln mit der unzweifelhaft zur Überlieferung der ontologischen Begriffe gehörenden Befragung, Untersuchung und Neuinterpretation. Der Substanz-Begriff Descartes' ist eine Neubestimmung gegenüber dem aristotelisch-scholastischen, und wieder ist der Substanz-Begriff Kants eine Neubestimmung gegenüber dem cartesischen. Die hier von Heidegger benannte Fragwürdigkeit, welche die in der Philosophie herrschende Vorstellungsweise bezüglich tradierter Dingbegriffe weder vermutet noch verspürt, versteht sich radikaler, indem sie auf eine neue Bestimmung des Dingseins abzielt, die einem gänzlich verwandelten ontologischen Ansatz entspringt.

Die Geschichte der Auslegung der Dingheit des Dinges durchschaut Heidegger auf *drei zentrale Dingbegriffe*. Sie sind wohl philosophischer Provenienz, zugleich aber außerhalb der Philosophie in den nichtphilosophischen Wissenschaften und so auch in der Kunstwissenschaft, darüber hinaus in der außerphilosophischen und außerwissenschaftlichen Kunstbetrachtung und ganz allgemein im natürlichen Lebensverständnis herrschend geworden. Der folgende Überblick über die drei zentralen Dingauslegungen geschieht vor allem in kritischer Abzielung aus dem Vorblick auf ein Wesen der Dinge, das die überlieferten Dingbegriffe nicht zu fassen vermögen und das als ursprünglicheres Dingsein angesetzt wird, sofern es aufgewiesen werden soll als Ursprungsbereich für die bekannten Dingbegriffe.

a) Kritische Prüfung des ersten überlieferten Dingbegriffes: das Ding als Träger seiner Eigenschaften

Als Beispiel für ein bloßes Ding in der Abhebung von den Gebrauchsdingen nennt Heidegger einen Granitblock. Die nun erfolgende Beschreibung dieses Dinges in seiner Dingheit hält sich in der Blickbahn des ersten Dingbegriffes, den Heidegger als ersten einführt, weil er für die Bestimmung des Dinghaften des Dinges der nächstliegende und selbstverständlichste zu sein

24

scheint. Was liegt näher, als von dem Granitblock seine Eigenschaften wie das Hartsein, Schwersein, Ausgedehntsein, Massigsein, Unförmigsein, Rauhsein, Farbigsein zu nennen, ist es doch alles das, was sich unserer völlig unvoreingenommenen sinnlichen Wahrnehmung darbietet. Weil wir das Aufgezählte diesem Ding in der sinnlichen Wahrnehmung abmerken, sind es seine besonderen Merkmale. Von diesen sagen wir, daß sie dem Stein selbst eignen. Wenn wir so sprechen und denken, bewegen wir uns in einer bestimmten begrifflichen Vorstellung, in der wir eine Relation und diese als das Grundgefüge des Dinges meinen. Dieses begrifflich gedachte Grundgefüge wird selbst nicht wahrgenommen wie das Schwersein oder Farbigsein, sondern geht unserem wahrnehmenden Erfassen voraus. Sagen wir, die Merkmale *eignen* dem Stein selbst, dann denken wir die Eigenschaften. Unsere Vorstellung der Eigenschaften fordert die Vorstellung dessen, wessen Eigenschaften sie sind. Der Eigentümer dieser Eigenschaften kam bereits zur Sprache, als wir sagten: dem *Stein selbst* eigneten sie. Was aber ist der Stein selbst, das Ding selbst, im Unterschied zu seinen Eigenschaften? Die uns leitende Vorstellung vom Ding selbst in der Unterscheidung zu seinen mannigfachen Eigenschaften zielt nicht nur ab auf ihre Ansammlung und Anhäufung. Das Ding selbst ist nicht nur gemeint als die Summe der Eigenschaften, sondern als der den Eigenschaften und ihrem Wechsel zugrundeliegende Kern des Dinges, – als dasjenige des Dinges, das die Eigenschaften und ihren Wechsel trägt und erträgt. Die Dingvorstellung als das Tragende seiner wechselnden Eigenschaften ist die Vorstellung von der Substanz und ihren Akzidenzien. Dieser Dingbegriff geht geschichtlich zurück auf die griechische Ontologie. Es ist zu beachten, daß Heidegger sagt: „Die Griechen sollen dies [d. h. den Kern der Dinge im Unterschied zu den Eigenschaften] τὸ ὑποκείμενον genannt haben." (S. 12) Im folgenden Satz: „Dieses Kernhafte des Dinges war ihnen freilich das zum Grunde und immer schon Vorliegende" (ebd.) gebraucht er bewußt nicht mehr das ‚sollen‘, sondern das ‚war‘. In dem ‚sollen‘ spricht er die landläufige philosophische Meinung aus, daß das, was wir seit der römischen Über-

25

setzung von ὑποκείμενον in subiectum und von ὑπόστασις in substantia als Subjekt und Substanz denken, der Sache nach nichts oder kaum etwas anderes sei als das, was Aristoteles in den beiden griechischen Worten gedacht hat. Die landläufige Auffassung von der Geschichte der philosophischen Begriffe kennt wohl auch einen Wandel in der Definition dieser, aber sie ahnt nichts von einer Geschichtlichkeit der Erfahrung vom Sein des Seienden und nichts von einer Geschichte des Seins und des Seinsentzugs, wie Heidegger sie entworfen hat. Das gebrauchte ‚sollen‘ kündet die Skepsis Heideggers gegenüber der herrschenden Auffassung an. Weil er in dem folgenden Satz seine eigene Auslegung von τὸ ὑποκείμενον und τὰ συμβεβηκότα gibt, welche der geschichtlich-epochalen Seinserfahrung der Griechen, und nur dieser, entspricht, verwendet er nunmehr das ‚war‘. Was wir heute und seit langem den dinglichen Träger nennen, das war für die Griechen „das zum Grunde und immer schon Vorliegende“, das sie in dem ὑποκείμενον dachten. Das Seiende als das Zum-Grunde-und-immer-schon-Vorliegende ist aber für Heidegger erfahren als das Anwesende in seinem Anwesen. Das Zum-Grunde-und-immer-schon-Vorliegende ist nicht, wie man voreilig und oberflächlich meinen möchte, dasselbe wie der ‚Träger‘, sondern darin ist erfahren die Art, wie das Seiende für den Menschen *als* Seiendes *offenbar* ist: die *Offenbarkeit* des Seienden als die *Anwesenheit* dessen, was für den Menschen anwest, d. h. sich zeigt. Zugleich läßt diese griechische Seinserfahrung sehen, daß sie sich nährt aus einem von ihr selbst nicht eigens gesehenen und daher nicht eigens thematisierten Horizont der Zeit – aber einer Zeit, die nicht mit der Zeit als Jetzt und Jetztfluß gleichgesetzt werden kann. Für dieselbe griechische Seinserfahrung meinen die Eigenschaften als τὰ συμβεβηκότα jenes, „was sich mit dem jeweils Vorliegenden immer auch schon eingestellt hat und mit dabei vorkommt“ (ebd.). Es entspricht Heideggers grundsätzlicher Auffassung von der Sprache und von der philosophischen Sprache, daß die genannten griechischen Worte keine beliebigen Termini sind, sondern daß sich in ihnen die „griechische Grunderfahrung des Seins des Seienden überhaupt“ (ebd.) ausspricht.

Auslegung des griechischen Denkens heißt daher vor allem: am Leitfaden der griechischen philosophischen Sprache die in ihr ausgesprochene Seinserfahrung wieder zu enthüllen.

Durch die auf der Seinserfahrung beruhende Bestimmung des Seienden als das Zum-Grunde-und-immer-schon-Vorliegende wird durch das griechische Denken eine Auslegung der Dingheit des Dinges gegründet, die maßgebend wird für die folgende abendländische Auslegung des Seins des Seienden. Doch die Maßgabe besteht nicht darin, daß diese griechische Seinsbestimmung unverwandelt festgehalten würde. Das zeigt sich schon durch den Hinweis auf die seinsgeschichtliche Bedeutung der lateinischen Übersetzung der griechischen Grundworte. Die Übersetzung ist nicht nur eine Übertragung von einer Sprache in die andere, ohne daß sich an den mit den Grundworten gemeinten Sachen etwas ändere. Es genügt aber auch nicht darauf hinzuweisen, daß jede Übersetzung zugleich Interpretation sei. In der Übernahme des griechischen Denkens in das römische und in der lateinischen Übersetzung der griechischen Grundworte sieht Heidegger einen viel tiefergreifenden Vorgang: das *Über*setzen aus der griechischen Erfahrung des Seins des Seienden in eine andere Denkungsart. Zu beachten ist, daß Heidegger bezüglich der Römer nicht von einer römischen Grunderfahrung des Seins des Seienden, sondern von einer anderen Denkungsart spricht. Das römische Denken ermangelt bei der Übernahme der griechischen Wörter der entsprechenden gleichursprünglichen Seinserfahrung des griechischen Denkens. Dort, wo die Seinserfahrung nicht mehr der Boden der Worte ist, werden diese zu Wörtern, die sich ‚wörtlich‘ von einer Sprache in die andere übersetzen lassen. Das Übersetzen der griechischen Worte in die römische Denkungsart ist ein Lösen dieser Worte von ihrem Erfahrungsboden, auf welchem die griechischen Seinsbestimmungen erwachsen sind. Denkbar wäre auch, daß das römische Denken auf einer neuen, wenn auch gewandelten Erfahrung des Seins des Seienden beruht. Diese vermag Heidegger nicht in der römischen Übernahme der griechischen Philosophie zu sehen. Durch die *über*setzende Ablösung der griechischen Grundworte von dem Boden ihrer ontologischen Erfahrung werden die Wörter, die lateinischen Termini, boden-los. Die Bodenlosigkeit des abendländischen Denkens *beginnt* für Heidegger mit der übersetzenden Übernahme des griechischen Denkens durch die Römer. Bodenlosigkeit heißt zugleich: Sachferne, wobei die Sache das Sein des Seienden und seine denkende Erfahrung ist. Sachferne heißt nicht völliger Verlust der Sache. Die Ferne zur Sache bedeutet, daß das Seiende nicht mehr als Anwesendes in seinem Anwesen erfahren wird, daß die Erfahrung des Seins als Anwesen ausbleibt, daß demzufolge auch nicht das Anwesen des Anwesenden in seinen ontologischen Ursprung zurückverfolgt und gedacht wird. Diesen Denkschritt vollzogen für Heidegger auch die Griechen nicht. Aber das, was sie über das Seiende und dessen Sein dachten und sagten, war aus einer erfahrenen Nähe zum Sein als Anwesenheit des Anwesenden geschöpft. Heidegger sieht die Aufgabe seines Denkens darin, diesen griechischen Anfang der denkenden Seinsbestimmung sichtbar zu machen, um eigens die Frage nach dem Sein als Anwesen zu stellen. Diese Fragestellung führt ihn dann über den griechischen Anfang hinaus in jenen Ursprungsbereich, dem die griechische Seinserfahrung, ohne selbst darum zu wissen, entspringt. Die nachfolgende Geschichte des abendländischen Denkens bleibt für ihn geprägt durch die Entfernung von der griechischen Seinserfahrung. Trotz dieser Entfernung bleibt alles nachfolgende Denken in gewissen Grenzen dem griechischen Anfang verpflichtet.

Doch nach der herrschenden Vorstellungsweise, die uns alle bestimmt und in die jeder von uns versetzt ist, scheint die Auslegung des Dingseins des Dinges als der Substanz mit ihren Akzidenzien das zu treffen, was unser *natürlicher* Blick auf die Dinge erkennt. Die ‚geläufige Meinung‘, die nicht nur die außerphilosophische, sondern auch die philosophische ist, weiß von einer Bodenlosigkeit abendländischer Denkbestimmungen wie der von Substanz und Akzidenz nichts. Bevor Heidegger sachliche Hinweise dafür gibt, daß diese so selbstverständliche Dingauslegung gerade nicht das zu fassen vermag, was unser unbefangen-natürliches Blicken auf die Dinge als ihr Dinghaftes erfährt, berührt er die Frage nach dem *Verhältnis von Dingbau und Satz-bau*. Wie wir gemäß dem ersten Dingbegriff ein Ding ontologisch begrifflich denken als den zugrundeliegenden Träger seiner Eigenschaften, so sprechen wir auch die Dinge im einfachen Aussagesatz an, indem wir vom Satzsubjekt, das dem Dingträger korrespondiert, ein Satzprädikat, das der Eigenschaft am Dingträger entspricht, aussagen. Hier entsteht nun die kritische Frage: Ist der Satzbau, die Verbindung von Satzsubjekt und Satzprädikat mittels der Kopula, dem Dingbau, dem Verhältnis von Substanz und Akzidenzien, nachgebildet, oder ist umgekehrt der Dingbau nach dem Vorbild des Satzbaus entworfen? Heidegger entscheidet sich weder für die eine noch für die andere Auffassung, sondern meldet grundsätzlich gegenüber dieser alternativen Fragestellung seine Skepsis an. Vermutlich ist die Frage in dieser Form falsch gestellt, weil weder der Satzbau noch der Dingbau das Primäre ist, sondern Satz- und Dingbau in ihrem möglichen Wechselbezug einer „gemeinsamen ursprünglicheren Quelle" entspringen (S. 14). Dieser Fingerzeig deutet hin auf die Seinsfrage, die ursprünglicher ist als die Frage nach dem Dingbau gemäß dem ersten Dingbegriff und ebenso ursprünglicher ist als die Frage nach der Verbindung von Subjekt und Prädikat in einem Aussagesatz. Schon in „Sein und Zeit" hat Heidegger zum einen gezeigt, daß das primäre Dingsein der innerweltlichen Dinge gar nicht in Substanz und Akzidenz liegt, zum anderen aber in den Analysen der Aussage, der Auslegung, des Verstehens und der Rede (Sprache), daß das primäre Dingsein, Bewandtnis und Zuhandenheit, und die sprachliche Ausgelegtheit der Dinge in ihrem Dingsein, sowohl die vorprädikative als die prädikative im Aussagesatz, in einem einheitlichen Sachbereich verwurzelt sind.

Ohne dem Hinweis auf die gemeinsame ursprünglichere Quelle weiter zu folgen, geht Heidegger dazu über, auf *sachliche Tatbestände* unseres *natürlichen Dingverständnisses* aufmerksam zu machen, die der erste Dingbegriff *nicht* zu fassen vermag. Die Natürlichkeit der ersten Dingauslegung ist nicht die des eigens noch zu enthüllenden natürlichen Blickes auf die Dinge, sondern die Selbstverständlichkeit einer langen Gewohnheit. Eine Gewohnheit, die sich aus der Selbstverständlichkeit nährt, ist bestimmt durch Vergessenheit. Vergessenheit aber ist Verhüllung. In der langen Denkgewohnheit, in der wir stehen, wenn wir den Begriff des Dinges als des Trägers seiner Merkmale denken, ist das Ungewohnte bereits vergessen, d. h. verhüllt, jenes Ungewohnte, dem der selbstverständliche Begriff der Substanz entsprungen ist. Dieses Ungewohnte ist die ursprüngliche griechische Erfahrung des Seins des Seienden, wie sie oben kurz gekennzeichnet wurde. Heidegger will sagen: Wenn etwa Aristoteles das Seiende in der Blickbahn von ὑποκείμενον und συμβεβηκότα dachte, hatte diese denkende Bestimmung nichts von Selbstverständlichkeit an sich, sondern gründete in einer Erfahrung des Seienden als des Anwesenden. Die Anwesenheit als solche erfahren heißt, von ihr als einem das Denken Befremdenden angefallen werden, so daß die Gestimmtheit des Denkenden das Staunen ist. Aristoteles hat für Heidegger *aus* der Erfahrung der Offenbarkeit des Seienden als eines Anwesenden gedacht, ohne daß er die Offenbarkeit selbst als das Geschehnis des Offenbarwerdens eigens gedacht hätte.

Aber entscheidend dafür, daß dieser erste Dingbegriff für die Auslegung des Dinges in seiner Dingheit nicht zureicht, ist seine allzu große Weite. Dem wie sich zeigen läßt, wird er in der Philosophie nicht nur auf die bloßen und eigentlichen Dinge bezogen (um deren Bestimmung es für die Klärung der Frage nach dem Dinghaften im Kunstwerk geht), sondern auf alles Seiende. Vergegenwärtigen wir uns, daß Descartes nicht nur die körperlichen Dinge, sondern auch den Menschen, das geistig-denkende, bewußtseinhabende Wesen, und schließlich auch das höchste Seiende, Gott, als Substanz bestimmt. Mittels des Substanzbegriffs vermögen wir wegen seines universellen Geltungsbereiches nicht, wie es das Absehen des jetzigen Frageschrittes der Abhandlung ist, das eigentlich dingliche gegen das nichtdingliche Seiende abzugrenzen. Er verhilft uns daher auch nicht dazu, das Dinghafte im Kunstwerk zu bestimmen.

Noch entscheidender aber für die Unzulänglichkeit des ersten Dingbegriffes ist der sachliche Tatbestand, daß er „jenes Eigenwüchsige und Insichruhende", das wir im „wache(n) Aufenthalt im Umkreis von Dingen" (S. 14) als das Dinghafte der Dinge erfahren, nicht trifft. Was aber ist das *Eigenwüchsige* und *Insichruhende* der Dinge anderes als eine naive, naturromantische und bestenfalls dem Dichter zugestandene Charakterisierung der Naturdinge? So möchte man antworten und hinzufügen, daß der Hinweis auf diesen Charakter der Dinge an die streng begriffliche Bestimmung der Dingheit, wie sie in der Kategorie der Substanzialität vorliegt, überhaupt nicht heranreicht. Der ‚wache Aufenthalt im Umkreis von Dingen' – ist damit nicht das natürliche, vorphilosophische und somit naive Verhältnis des Menschen zu den Naturdingen angesprochen? Gilt es nicht aber, dieses naive und vorphilosophische Ding-Verhältnis des Menschen zu überwinden, um dieses Verhältnis in seiner wahren begrifflichen Struktur zu erfassen? Auf diese der herrschenden und gewohnten Vorstellungsweise entstammenden Einwände ist aus dem Problemhorizont der Abhandlung vorläufig zu antworten: Was Heidegger an dieser Textstelle erstmalig als das Eigenwüchsige und Insichruhende der Dinge bezeichnet, ist ein *erster Vorgriff auf die von ihm verfolgte neue Bestimmung des Dingseins.* Diese steht in einem engen Zusammenhang mit dem, was er vor allem im zweiten Abschnitt der Abhandlung als die *Erde* bestimmen wird. Die Worte das ‚Eigenwüchsige' und das ‚Insichruhende' nennen das, was wir in unserem ‚wachen Aufenthalt im Umkreis von Dingen' als das Dinghafte der Dinge *erfahren.* Der Aufenthalt im Umkreis der eigentlichen Dinge ist dann ein wacher, wenn wir in ihm wachsam sind darauf, als was und wie die Dinge uns gegeben sind. Damit zielt Heidegger auf den phänomenalen Tatbestand, daß unser verstehender Aufenthalt bei den Dingen getragen ist von einer Dingerfahrung, in der wir das eigentlich Dinghafte der Dinge erfahren. Doch wird dieses eigentlich Dinghafte sogleich wieder verstellt, wenn sich in unserem Dingverhältnis die herrschenden Dingauslegungen vordrängen, wie z. B. der erste Dingbegriff. Die denkende Bestimmung wird sich, wenn sie das eigentlich Dinghafte der Dinge fassen möchte, darum bemühen müssen, unseren natürlichen Aufenthalt im Umkreis der Naturdinge *ohne Rückgriff* auf den andrängenden ersten überlieferten Dingbegriff ausdrücklich sichtbar zu machen – nicht um sich einer Naturromantik statt begrifflicher Arbeit hinzugeben, sondern um die durch den Substanzbegriff verdeckte Dingheit des Dinges freizulegen und begrifflich zu fassen.

Der wache Aufenthalt im Umkreis von Dingen kommt auch im folgenden Satz zu Wort, wenn Heidegger scheinbar beiläufig unser gelegentliches Gefühl nennt, „daß seit langem schon dem Dinghaften der Dinge Gewalt angetan worden" sei (S. 14). Machen wir nun zugleich das Denken der Dinge und der Natur für diese Gewaltsamkeit verantwortlich, so spricht aus unserem Gefühl eine echte Vermutung. Unser Gefühl schlägt aber einen Irrweg ein, wenn es sich vom Denken abkehrt und das gewaltlose Verständnis der Dinge der Natur in einem dem rationalen Denken bloß entgegengesetzten, also irrationalen Zugang sucht. Eine Überwindung des bloß rationalen Denkens des Verstandes, der die Natur in seinen Grundbegriffen wie etwa Substanzialität zu denken vermag, kann nicht durch die Anrufung und Einbeziehung des Irrationalen erfolgen, sondern nur so, daß, wie Heidegger formelhaft sagt, „das Denken denkender werde" (ebd.). Das Denken wird für Heidegger *denkender,* wenn es erkennt, daß seine Wesensmöglichkeit sich nicht im kategorial-begrifflichen Verstandesdenken des Seienden und im Vernunftdenken der Totalität des Seienden erschöpft, – wenn es erkennt, daß es erst dann sich in seinem Wesen verwirklicht, wenn es jene Sachdimension erblickt, die das Verstandes- und Vernunftdenken unwissentlich je schon übersprungen hat, auf die es aber zurückbezogen bleibt. Die Forderung, daß das Denken denkender werde, und die Suche nach einer ursprünglichen, nichtverdeckenden Dingauslegung gehören zusammen.

Im Zusammenhang mit dem Hinweis auf das Eigenwüchsige und Insichruhende des Dinges hatte Heidegger das *Gefühl* genannt. So entsteht der Anschein, daß das Denken, das darauf aus ist, in der erläuterten Weise denkender zu werden, einen Bezug zum Gefühl habe. Muß sich aber nicht das Denken, wenn es streng und nüchtern sein soll, von allen Gefühlen freimachen?

Aus einer solchen Frage spricht wiederum das sich als rational selbstauslegende Denken, zugleich aber auch die herkömmliche und tief verwurzelte Auslegung des Gefühls. Beides gehört zusammen. Die hier sich aussprechende philosophische Tradition spricht dem Gefühl einen Bezug zur Seinsverfassung des Seienden und zum ontologisch-begrifflichen Denken ab. Heidegger hat demgegenüber in „Sein und Zeit" in der existenzial-ontologischen Analyse der Stimmung und Befindlichkeit die fundamentale Bedeutung des Gefühls für den menschlichen Aufenthalt im Umkreis des nichtmenschlichen Seienden aufgedeckt. Dazu war allerdings nötig, das Gefühl oder, wie Heidegger vorwiegend sagt, die Stimmung als solche und alle Weisen des menschlichen Gestimmtseins aus der Verdeckung zu befreien, in die sie bisher geraten waren. Um zu sehen, daß die Stimmung „vernünftiger, nämlich vernehmender, weil dem Sein offener als alle Vernunft" (ebd.) ist, mußten vor allem zwei geläufige Bestimmungen des Gefühls durch Offenlegung eines anderen phänomenalen Tatbestandes zurückgewiesen werden: erstens, daß die Stimmung nur ein subjektives Phänomen ist, in dem der Mensch nur etwas über seinen Seelenzustand erfährt, und ferner, daß das Gefühl, wenn ihm ein intentionaler Bezug zu den intentionalen Objekten zugestanden wird, nur ein fundierter Bewußtseinsakt ist, fundiert in den eigentlich Ding-vorstellenden Akten, die die dinglichen Objekte primär für das Bewußtsein zugänglich machen. Die entsprechenden Analysen in „Sein und Zeit" haben stattdessen gezeigt, daß das Gestimmtsein kein bloß oder primär subjektives Bewußtseinsphänomen ist, sondern eine Grundweise der Erschlossenheit des menschlichen Daseins als des In-der-Welt-seins. Dasein als aufgeschlossenes In-der-Welt-sein ist aber nicht ein anderer Name für das menschliche Subjekt. Denn Dasein besagt: existieren in der Weise der selbsthaft aufgeschlossenen Erschlossenheit von Welt und Sein des nichtdaseinsmäßigen Seienden. Das Da des Daseins, die Erschlossenheit, ist nur insoweit selbsthaft und ‚subjektiv', als sie im Sein (in der Existenz) eines Selbst, und zwar in den mannigfaltigen Seinsweisen, welche die Existenz konstituieren, selbsthaft aufgeschlossen ist. Die Stimmungen als die konkreten Weisen der Erschlossenheit sind es aber gerade, die dem Dasein in seinem Existenzvollzug den faktischen Charakter der Erschlossenheit, das geworfene Versetztsein in die Erschlossenheit des Da, erschließen. Der Geworfenheitscharakter betrifft die Erschlossenheit im ganzen, also auch die Weisen des selbsthaften Erschlossenseins. In den existenzialen Weisen des selbsthaften Erschlossenseins ruht das Dasein nicht in sich selbst, sondern ist es eröffnet für die horizontale Erschlossenheit von Welt und Seinsweisen des nichtdaseinsmäßigen Seienden. *Nicht* umfaßt das *Selbst* die Erschlossenheit von Welt und Seinsweisen, sondern die selbsthafte Erschlossenheit ist *umschlossen* von der Erschlossenheit, in die das Selbst versetzt ist. Das *Selbst ist nur Selbst* dank dieser Erschlossenheit, in der es sich in der Weise der existenzial-selbsthaften Erschlossenheit findet – findet in den Erschlossenheitsweisen der Stimmungen, der Befindlichkeit. Das Selbst findet sich aber auch nur dank dieser selbsthaft aufgeschlossenen Erschlossenheit an das Seiende und somit an die Dinge verwiesen. Die selbsthaft erschlossene Erschlossenheit ist jene ursprünglichere Dimension, die einerseits die selbsthaften Verhaltungen zum Seienden und andererseits das Sichzeigen des Seienden in den selbsthaften Verhaltungen ermöglicht. Daraus ist zu ersehen, daß weder das Subjekt noch die Subjekt-Objekt-Beziehung das Primäre für die Aufklärung der Erkenntnis des Seienden ist, sondern das Da des Daseins. Wenn nun gezeigt werden kann, daß die Stimmungen wesenhaft die selbsthaft erschlossene Erschlossenheit konstituieren, und wenn die so verstandene Erschlossenheit die Bedingung der Möglichkeit ist für die selbsthafte Verhaltung zum Seienden ebenso wie für das Offenbarwerden des Seienden in den selbsthaften Verhaltungen, dann begreifen wir auch, daß das Gefühl ‚dem Sein offen ist'. Dann lernen wir auch verstehen, daß das Gefühl der Freude, worin ich mich am Anblick der Landschaft freue, nicht nur in fundierter Weise, sondern primär die seiende Natur für mich offenbar macht. Das Eigenwüchsige und Insichruhende der Dinge ist vielleicht die von uns primär erfahrene Dingheit der Dinge, die wir, wenn wir uns anschicken, das Dingsein denkend zu bestimmen, nicht eigens zu Wort kommen und in den Begriff eingehen lassen. Dabei haben wir vorerst noch nicht auseinandergelegt, was dieses Eigenwüchsige und Insichruhende als Dingheit der Dinge ist. Was wir so bezeichnen, ist das, als was uns in der Befindlichkeit des Daseins die Natur und ihre Dinge offenbar sind.

Heidegger schließt die kritische Prüfung des ersten Dingbegriffs mit der Feststellung ab, daß dieser wohl auf jedes Ding, d. h. aber nicht nur auf die eigentlichen Dinge anwendbar ist, daß er jedoch nicht „das wesende Ding" faßt, sondern es „überfällt" (S. 14). Das ‚wesende' Ding ist ein Wort für das Ding, dessen eigentliche und daher primär erfahrene Dingheit in vorläufiger Weise als das Eigenwüchsige und Insichruhende benannt worden ist. Die Prüfung der überlieferten Dingbegriffe kann auch nur erfolgen, wenn der Prüfende bereits ein Vorverständnis von der zu fassenden Dingheit des Dinges hat. Auch hier zeigt sich wieder, daß wir uns im *Zirkel des Verstehens* bewegen. In bezug auf das im wachen Aufenthalt bei den Dingen immer schon erfahrene Eigenwüchsige und Insichruhende der Dinge, das wir mehr oder weniger dunkel verstehen, verhält sich die erste überlieferte Dingauslegung überfallend. Der Überfall hat den Charakter des Zurückdrängens und Verdeckens. Offen bleibt hier noch, wie sich die Bestimmung des Dinges als des Trägers seiner Eigenschaften zu der verdeckten primären Dingheit verhält, ferner, wie ein solches Verdecken möglich ist. In irgendeinem sachlichen Bezug muß auch diese überlieferte Dingauslegung zu der Dingheit als dem Eigenwüchsigen und Insichruhenden stehen.

b) Kritische Prüfung des zweiten überlieferten Dingbegriffes: das Ding als Einheit einer Mannigfaltigkeit des in den Sinnen Gegebenen. Zu den Grundstücken der phänomenologischen Methode

Der Übergang zur Prüfung des zweiten überlieferten Dingbegriffes ist von der Frage geleitet, ob durch ihn der durch den ersten Dingbegriff geschehene Überfall auf das Ding in seinem Eigenwüchsigen und Insichruhenden vermieden werde. Voraussetzung für die Vermeidung eines solchen Überfalles wäre, daß wir für die Bestimmung der wahren und primären Dingheit des Dinges dem Ding „gleichsam ein freies Feld gewähren, damit es sein Dinghaftes unmittelbar zeige" (S. 15). Das geschieht, wenn wir die *nicht aus der Sache selbst geschöpften* Auffassungen und Aussagen über das Ding und seine Dingheit, die sich zwischen uns und das Ding in verdeckender bzw. verstellender Weise schieben, als solche erkennen und von der zu erfassenden wahren Dingheit des Dinges fernhalten. Nur so bringen wir uns vor das ‚unverstellte Anwesen des Dinges' (ebd.). Was Heidegger hier als Voraussetzung für die Erfassung der primären Dingheit des Dinges ausspricht, ist nichts anderes als die von ihm erstmals in „Sein und Zeit" und anschließend in den „Grundproblemen der Phänomenologie" neu entworfene *phänomenologische Methode*. Im § 7 C, worin er den Vorbegriff der Phänomenologie erörtert, heißt es (S. 36): „Die Begegnisart des Seins und der Seinsstrukturen im Modus des Phänomens muß den Gegenständen der Phänomenologie allererst *abgewonnen* werden. Daher fordern der *Ausgang* der Analyse ebenso wie der *Zugang* zum Phänomen und der *Durchgang* durch die herrschenden Verdeckungen eine eigene methodische Sicherung." Daß es sich beim Ausgang, Zugang und Durchgang um die drei Grundstücke der phänomenologischen Methode Heideggers handelt, ist erst zu voller Klarheit durch die Veröffentlichung der „Grundprobleme" gelangt. Was Heidegger in dieser „Sein und Zeit" fortsetzenden Vorlesung unter den Termini der *Reduktion,* der *Konstruktion* und der *Destruktion* methodologisch ausführt, entspricht dem Ausgang, Zugang und Durchgang der Analyse.

Die Phänomene der Phänomenologie sind für Heidegger ausschließlich *Phänomene des Seins* und nicht des Seienden. Phänomenologie als Methode wird von ihm gefaßt als ein Von-ihm-selbst-her-sehen-lassen dessen, was sich zeigt, und zwar so, wie es sich von ihm selbst her zeigt. Diese formale Bestimmung der phänomenologischen Forschung ist zugleich Heideggers Aufnahme und Auslegung der von Husserl geprägten phänomenologischen Forschungsmaxime „Zu den Sachen selbst" (vgl. S. u. Z., S. 34).

Das phänomenologische Sehenlassen des Sichzeigenden vollbringt sich als ‚direkte Aufweisung und direkte Ausweisung' (S. 35) der zu thematisierenden Phänomene. Das, was die Phänomenologie in ihrem *Aufweisen* und *Ausweisen* sehen lassen soll, sind die Phänomene in einem ausgezeichneten Sinne (ebd.). Sie sind ausgezeichnet, weil sie „*notwendig* Thema einer *ausdrücklichen* Aufweisung" sind (ebd.). Was aber ausdrücklich aufgewiesen werden muß, ist solches, „was sich zunächst und zumeist gerade *nicht* zeigt". Das ist solches, das in bezug zu dem, „was sich zunächst und zumeist zeigt, *verborgen* ist, aber zugleich etwas ist, was wesenhaft zu dem, was sich zunächst und zumeist zeigt, gehört, so zwar, daß es seinen Sinn und Grund ausmacht" (ebd.). Damit hat Heidegger in formaler Weise den *Bezug des Seins zum Seienden* und zugleich die *Differenz von Sein und Seiendem* umrissen. Das, was im Verhältnis zum Seienden *verborgen bleibt* oder in die *Verdeckung* zurückfällt oder sich nur *verstellt* zeigt, ist nicht primär das Seiende, sondern das *Sein* des Seienden. Sein des Seienden erläutert Heidegger und sagt: der Sinn des Seins, die Modifikationen und die Derivate des Seins. Weil die Phänomene der Phänomenologie Heideggers ausschließlich Seinsphänomene (nicht Bewußtseinsphänomene) sind, ist die Phänomenologie die Methode der Ontologie – aber jener Ontologie, die ihr Thema, das Sein des Seienden, aus der Differenz von Sein und Seiendem versteht.

Das, was sich uns zunächst und zumeist zeigt, ist Seiendes – auf unsere Fragestellung nach dem Ding bezogen –, ist das eigentliche Ding. In diesem Sichzeigen des Dinges ist das Dingsein verborgen. Es zeigt sich nicht wie das Ding selbst. Aber – so möchten wir einwenden – betonten wir nicht, daß im wachen Aufenthalt bei den Dingen diese sich in ihrem Eigenwüchsigen und Insichruhen zeigen, und sahen wir nicht mit Heidegger darin eine Anzeige der wahren Dingheit des Dinges? Heißt das nicht, daß sich uns im wachen Aufenthalt bei den Dingen nicht nur die Dinge, sondern mit ihnen ihre eigentliche Dingheit zeigt? Auf diesen berechtigten, der Sachklärung dienenden Einwand ist zu antworten: Wenn uns im wachen Aufenthalt bei den Dingen diese begegnen in ihrem Eigenwüchsigen und Insichruhenden, dann zeigen sie sich uns *gemäß* ihrem eigentlichen Dingsein, als bestimmt durch dieses. Wir verstehen die Dinge als das in sich ruhende Seiende aus unserem vorgängigen Verständnis des Dingseins. Dieses Seins-Verständnis bleibt aber ein unausdrückliches und ist, von der ausdrücklichen, begrifflichen Seinserfassung her gesprochen, ein unthematisches Vorverständnis. In dem, was dieses Dingsein als solches ist, hält es sich im Andrang der begegnenden Dinge verborgen. Deshalb bedarf es der phänomenologisch verfahrenden Thematisierung und Aufweisung dieses unausdrücklich mit den Dingen immer schon verstandenen Dingseins.

Der *Ausgang* dieser Analyse bedarf der eigenen methodischen Sicherung. Darüber handelt Heidegger in den „Grundproblemen", wenn er das erste Grundstück der phänomenologischen Methode erörtert: die phänomenologische *Reduktion*. Daß mit diesem Wort der Sache nach etwas gänzlich anderes gemeint ist als bei Husserl, leuchtet unmittelbar ein. Ist Thema der Analyse das Dingsein und ist dieses das Sein der seienden Dinge, dann kann es für die Analyse nur im methodischen Ausgang vom dinglich Seienden zugänglich werden. Sein ist nicht ohne das Seiende faßbar. Weil aber die Analyse auf die Erfassung des Seins ausgerichtet ist, muß der Ausgang vom Seienden dieses Seins so geartet sein, daß das Seiende nur mitthematisch und das Sein dieses Seienden allein thematisch in den Blick genommen wird. Diese in sich gedoppelte Blickrichtung ist notwendig, damit überhaupt das Sein am Seienden zur Abhebung kommen kann. Die Bewegung des phänomenologischen Blickes wird von Heidegger so beschrieben: der Blick richtet sich zunächst auf das Seiende, dessen Sein thematisiert werden soll, aber so, daß darin das Seiende anvisiert wird, wie es sich gemäß seinem Sein zeigt; der Blick wird nunmehr schrittweise *weggeführt* vom Seienden in seiner Seinsverfassung und *zurückgeführt* auf diese Seinsverfassung. Die phänomenologische Re-duktion im Sinne Heideggers ist die „Rückführung des untersuchenden Blicks vom naiv erfaßten Seienden zum Sein" dieses Seienden, „die Rückführung des phänomenologischen Blickes von der wie immer bestimmten Erfassung des Seienden auf das Verstehen des Seins ... dieses Seienden" (Grundprobleme, S. 29).

Die so verstandene phänomenologische Reduktion ist nicht schon selbst die *denkende Erfassung des Seins* des Seienden. Der Rückgang vom Seienden zu dessen Sein hat vorwiegend einen negativen Charakter: die *Wegwendung* des Blickes vom Seienden als Voraussetzung für die positive Hinwendung und Erfassung des Seins dieses Seienden. Diese Wegwendung heißt aber nicht, daß vom Seienden der zu untersuchenden Seinsverfassung gänzlich abgesehen werden kann; es bleibt auch fernerhin mitthematisch. Die positive, erfassende Hinwendung zum Sein des Seienden nennt Heidegger in „Sein und Zeit" den *Zugang,* in den „Grundproblemen" die *phänomenologische Konstruktion.* Die Hinwendung, der Zugang, ist ein ‚positives Sichhinbringen zum Sein selbst'. Während wir beim Seienden immer schon sind, sofern wir es je schon vorfinden, bedarf es bezüglich des Seins einer ausdrücklichen Hinführung. Diese vollzieht sich „in einem freien Entwurf" des Seins (ebd.). Das im Blick stehende mitthematische Seiende muß eigens auf sein Sein und die Strukturen dieses Seins entworfen werden. Entwerfen heißt für Heidegger allgemein: aufschließen, enthüllen. Hier ist aber nicht der im vorphilosophischen Existenzvollzug je schon geschehende Entwurf des Seins des Seienden, im Umkreis dessen der Mensch sich aufhält, gemeint, sondern der philosophierende, d. h. ontologische Entwurf: die *ausdrückliche, denkend-aufweisende Enthüllung der Seinsverfassung des Seienden.* Dieses ausdrücklich enthüllenden Entwurfes bedarf es, weil es zum Wesen des vorphilosophischen Seinsverständnisses gehört, daß sich das unausdrücklich verstandene Sein im Andrang des sich zeigenden Seienden verborgen hält und birgt. Nur diesen philosophischen Entwurf des Seins, worin dieses in seiner Strukturiertheit in die Sicht tritt, nennt Heidegger phänomenologische Konstruktion. Dieser methodologische Gebrauch des Terminus ‚Konstruktion' darf nicht verwechselt werden mit jenem anderen, wonach Heidegger das nichtphänomenologisch verfahrende Denken als bloße, d. h. nicht sachgegründete Konstruktion bezeichnet.

Aber sowohl der Ausgang der Analyse vom Seienden, d. h. der Rückgang vom Seienden zu dessen Sein, als auch der Zugang zu diesem Sein, d. h. die enthüllende Konstruktion, müssen sich als *Durchgang* durch die herrschenden Verdeckungen vollziehen. Schon der erste Schritt der Analyse muß, wenn wir darin das Seiende, dessen Seinsverfassung thematisch werden soll, anvisieren, sich als Schritt *phänomenologischer Destruktion* durchsichtig sein. Destruktion heißt nicht Zerstörung und Vernichtung der überlieferten begrifflichen Bestimmungen, sondern „kritischer Abbau der überkommenen und zunächst notwendig zu verwendenden Begriffe auf die Quellen, aus denen sie geschöpft sind" (Grundprobleme, S. 31).

Die *bisherige Entfaltung der Frage nach der Dingheit der eigentlichen Dinge* war vorwiegend ein Stück *phänomenologischer Destruktion* in Einheit mit der phänomenologischen Reduktion, aber noch unter Ausschluß der phänomenologischen Konstruktion. Um die Dingheit der eigentlichen Dinge thematisieren und bestimmen zu können, ging die Abhandlung aus von den ihr zu Gebote stehenden überlieferten Dingbegriffen. Wenn auch in der Prüfung des ersten Dingbegriffes dieser nicht schon auf seine Quelle hin untersucht worden ist, so ist er doch darauf hin geprüft worden, ob er die eigentliche Dingheit des Dinges zu fassen vermag. Um diese Prüfung vorzunehmen, mußten wir uns so vor das auf sein Sein hin zu befragende dinglich Seiende bringen, daß es sich gemäß seiner primären Dingheit unverstellt zeigen konnte. Darin vollzogen wir den ersten und entscheidenden Schritt der phänomenologischen Reduktion. Der erste überlieferte Dingbegriff erwies sich als ein Überfall auf die primäre Dingheit. Mit dieser kritischen Erkenntnis erkennen wir auch, welchen Weg wir nunmehr einschlagen müssen, um die im Eigenwüchsigen und Insichruhen des Dinges vorverstandene eigentliche Dingheit in der phänomenologischen Konstruktion eigens entwerfen, d. h. enthüllen und begrifflich fassen zu können. Wir müssen in der analytischen Blickrichtung „dem Ding gleichsam ein freies Feld gewähren", damit es sein Dingsein unmittelbar zeigen kann (Holzwege, S. 15). Das hier genannte ,zeigen' meint das im Zusammenhang mit Heideggers Phänomenologie-Begriff erwähnte Sichzeigen des Phänomens: das Sichzeigen des Dinges in seinem Dingsein für den analytischen Blick auf der Stufe der Reduktion. Das Ding vermag sein Dinghaftes *unmittelbar* zu zeigen, wenn es nicht durch Auffassungen und Aussagen über es, die seiner Seinsverfassung nicht ursprünglich und echt entsprungen sind, verstellt ist. Solche verstellenden Auffassungen müssen durch phänomenologische Destruktion beseitigt werden. Nur dann nehmen wir in der phänomenologischen Reduktion das Ding so in den Blick, daß sein wahres Dingsein zur Abhebung kommen kann. Wir überlassen uns dann dem unverstellten Anwesen, d. h. Dingsein, und können es eigens für die denkende Erfassung enthüllen. Die Analyse ist bestrebt, das Ding so in den Ansatz zu bringen, wie es uns im natürlichen Aufenthalt bei ihm ohne dazwischentretende und es überfallende Dingauslegung immer schon begegnet. Der Unterschied zwischen dem vorphilosophischen Begegnen und demjenigen für den analytischen Blick ist nur der zwischen der Unausdrücklichkeit und der Ausdrücklichkeit.

Dieses geforderte unverstellte, unmittelbare Sichzeigen des Dinges in seinem Dingsein scheint der zweite überlieferte Dingbegriff zu gewährleisten. Denn scheinbar geschieht das unverstellte Begegnenlassen der Dinge über die sinnlichen Empfindungen. Sind uns nicht die Dinge unmittelbar in der sinnlichen Wahrnehmung gegeben? Ist die Grundlage des unmittelbaren Begegnens der Dinge nicht das Empfindungsmäßige – die subjektiven Empfindungsdaten des Gesichts-, Gehörs- oder Tastsinnes, aufgrund deren wir auf das gegenständlich Farbige, Tönende, Rauhe und Harte der Dinge bezogen sind? Über die sinnlichen Empfindungen rücken uns die Dinge auf den Leib, sofern wir sie mit unseren leiblichen Sinnen in ihrer leibhaften Gegenwart gewahren. Der zweite überlieferte Dingbegriff besagt: Das Ding ist die jeweilige Einheit dessen, was mir in den Sinnen, d. h. in den sinnlichen Vorstellungen, als das darin gegenständlich Vorgestellte gegeben ist. Dieser zweite Dingbegriff läßt sich an der Kantischen Position exemplifizieren. Das Mannigfaltige des in den Sinnen Gegebenen ist für Kant das empirische Anschauungsmaterial, das in den reinen Anschauungsformen des Raumes und der Zeit angeschaut wird. Das so angeschaute Mannigfaltige wird, nach der Ausgabe B der Kritik der reinen Vernunft, durch die synthetische Einheit der Apperzeption verbunden (synthetisiert) und gemäß den Begriffen der kategorialen Einheit vereinigt. Die Einheit des angeschauten Mannigfaltigen hat ihren Ursprung in der Funktion des reinen Verstandes.

Die geforderte Unmittelbarkeit des Begegnenlassens des Dinges scheint gewährleistet durch das unmittelbare sinnliche Empfinden der selbstgegebenen Dinge. Aber der Schein trügt. Was sich als selbstverständliche Auslegung des Dinges in seiner Dingheit ausgibt, ist ebenfalls eine Dingbestimmung, die uns das Eigenwüchsige und Insichruhen des Dinges nicht fassen läßt. Die Fragwürdigkeit des zweiten Dingbegriffes stellt Heidegger jedoch nicht angesichts der bloßen, d. h. der eigentlichen Dinge dar, sondern im Hinblick auf die Gebrauchsdinge und deren unmittelbares Begegnen. Der zweite Dingbegriff gibt vor, daß das primäre Begegnen der Dinge als ein Andrängen von Empfindungen, d. h. hier von visuell, akustisch oder taktil Empfundenem, geschieht. Das würde bedeuten, daß uns im Gewahren der Dinge primär das gegenständlich Tönende, Farbige oder Widerständige begegnet. Demgegenüber weist Heidegger auf den phänomenalen Tatbestand, daß wir, achten wir auf die Begegnisart der Dinge, hier der Gebrauchsdinge, unvoreingenommen durch bestimmte Theorien, primär nicht akustisch empfundene Töne vernehmen, sondern daß wir das dreimotorige Flugzeug oder den Mercedeswagen im Unterschied zum Adlerwagen hören. Ebenso sehen wir nicht gegenständliche Farbe, sondern wir sehen den schwarzen Mercedes oder das weiß gestrichene Zimmer. Mit anderen Worten, unser sinnliches Gewahren ist geführt und erhellt von der jeweiligen Bewandtnis, die es mit den Gebrauchsdingen hat. Das vorgängige Verstehen von Bewandtnis und Bewandtnisganzheit, aus der mir die umweltlichen Dinge begegnen, ist das primäre Seinsverständnis, das meinen wahrnehmenden Aufenthalt bei den umweltlich begegnenden Dingen ermöglicht.

Das sinnliche Gewahren ist in dieses Seinsverständnis eingebettet. Dem zweiten Dingbegriff gemäß sind die Dinge primär bloße Wahrnehmungsdinge, gegeben aufgrund der bloßen sinnlichen Empfindungsdaten. Gegen diesen Dingbegriff und gegen die zu ihm gehörende Theorie der Ding-Erkenntnis hat Heidegger in „Sein und Zeit" seine grundsätzliche Skepsis angemeldet. Um die knappen Hinweise und Beispiele zu verstehen, die er in der Kunstwerk-Abhandlung gibt, muß man sich seine existenzial-ontologische Analyse des besorgenden Umgangs, des Zeugs und der Welt in „Sein und Zeit" vergegenwärtigen.

„Viel näher als alle Empfindungen [d. h. des Empfindens und des Empfundenen) sind uns die Dinge selbst" (Holzwege, S. 15) – aber die Dinge nicht als primäre Wahrnehmungsdinge, sondern als die aus einer Bewandtnisganzheit bestimmten Gebrauchsdinge, mit denen es im besorgenden Umgang ein Bewenden hat. Die hier selbstverständlich mitfungierende Wahrnehmung ist nicht das Fundierende, sondern ist selbst fundiert im primären Seinsverständnis.

Was Heidegger hier an den Gebrauchsdingen verdeutlicht, ließe sich ebenso an den bloßen Naturdingen zeigen. Sehen wir einen Granitblock, dann geht die Beschreibung unseres Gewahrens, wonach wir im Andrang von visuellen Empfindungsdaten stehen, nicht der natürlichen ‚Erkenntnisbeziehung' nach. Auch hier ist unser gewahrendes Verhältnis erhellt und geführt durch ein Seinsverständnis, das im Falle eines Granitblockes nicht die Bewandtnis und die Zuhandenheit ist, sondern das, was sich vorläufig als das Eigenwüchsige und Insichruhende der bloßen Dinge angekündigt hat.

Heidegger beschließt seinen kritischen Einwand gegen den zweiten überlieferten Dingbegriff durch einen Vergleich mit dem ersten Dingbegriff. Beide erweisen sich für die Erfassung der wahren Dingheit des Dinges als ungeeignet. Der erstere gewährte als Überfall dem Ding kein freies Feld, um sich in seinem Dinghaften frei und unmittelbar zu zeigen. Aber auch der zweite Dingbegriff entspricht diesem Erfordernis nicht. In unserem Versuch, die bisher nur dunkel verstandene ursprüngliche Dingheit des Dinges mittels der zweiten überlieferten Dingauslegung zu fassen, gelangen wir zu der Einsicht, daß wir in diesem Versuch die geforderte größtmögliche Unmittelbarkeit mißdeuten. Die größtmögliche Unmittelbarkeit, in der das Ding mir begegnen soll, ist nicht dadurch gewährleistet, daß wir auf die leiblich-sinnliche, d. h. empfindungsmäßige Gegebenheit des Dinges reflektieren. Das empfindungsmäßig Vernommene scheint die unmittelbar erfaßte, durch nichts verstellte Dingheit des Dinges zu sein. In Wahrheit aber hat sich in dieser Art des erfassenden Zugehens auf das unmittelbar begegnende Ding die eigentliche Dingheit des Dinges entzogen. In der ersten überlieferten Dingauslegung wird das Ding völlig vom Leib weggehalten, weil der Träger seiner Eigenschaften eine reine Denkbestimmung ist. In der zweiten überlieferten Dingauslegung wird dem, was in der ersten fehlt, Rechnung getragen: Zur unmittelbaren Begegnisart des dinglich Seienden gehört der Leib, d. h. gehört die leiblich bestimmte sinnliche Wahrnehmung. Diese aber wird in eine fragwürdige Rolle gedrängt, wenn wir sie als sinnliche Empfindung interpretieren und in der empfindungsmäßigen Gegebenheit der Dinge ihre ursprünglichste und unmittelbarste Begegnisweise vermeinen. Der zweite Dingbegriff rückt das Ding uns zu sehr auf den Leib, indem er sowohl die sinnliche Begegnisweise als auch die Leiblichkeit des wahrnehmenden Leibes in einer nicht-phänomenalen Weise interpretiert. Auch in der zweiten Dingauslegung „verschwindet das Ding" (S. 16) in dem, als was es *vor* diesen Dingbegriffen unmittelbar und natürlich begegnet. Was zunächst so aussah, als ob der zweite Dingbegriff dem Ding ein freies Feld gewährt, in welchem es sich für die denkende Erfassung unverstellt hinsichtlich seiner ursprünglichen Dingheit zeigen kann, stellt sich doch wieder als ein verdeckender Begriff heraus.

Deutlicher als bisher spricht Heidegger die Forderung aus, daß es bei dem Versuch, das Ding in seiner ursprünglichen Dingheit zur Abhebung und begrifflichen Fassung zu bringen, darauf ankomme, das Ding bei seinem Insichruhen zu belassen und es in der ihm eigenen Standhaftigkeit hinzunehmen (ebd.). Das aber scheint dem dritten überlieferten Dingbegriff zu gelingen.

c) Kritische Prüfung des dritten überlieferten Dingbegriffes: das Ding als Einheit von Stoff und Form

Der dritte Dingbegriff faßt das Ding als Einheit von Stoff und Form, bestimmt es als geformten Stoff. Der Stoff ist es, der den Dingen ihr Ständiges und Kerniges, ihr Eigenwüchsiges und Insichruhendes gibt. Zugleich ist er das an den Dingen, was ihren sinnlichen Andrang von der Art des Farbigen, Tönenden und Widerständigen bewirkt. Das Stoffliche der Dinge ist aber nie purer Stoff, sondern je schon geformter. Das Ding ist daher im Zusammenstehen von Stoff (ὕλη) und Form (μορφή) ein Ständiges und Insichruhendes. Aufgrund seiner Form hat es ein bestimmtes Aussehen (εἶδος), es bietet uns einen Anblick dar. Wie der Stoff nie reiner, ungeformter Stoff ist, so ist die Form nie reine, stofflose Form. Der dritte Dingbegriff, der gleich den beiden anderen seinen Ursprung in der antiken Philosophie hat, bestimmt das Ding als Einheit zweier Prinzipien. Dadurch, daß in ihm anders als in den beiden ersten Dingauslegungen dem Stofflichen des Dinges erhöhte Beachtung geschenkt wird, ist er scheinbar der einzig angemessene Dingbegriff, der das Dinghafte des Insichruhens zu fassen vermag. Da nun nicht nur die bloßen Dinge, sondern auch die Gebrauchsdinge geformter Stoff sind, umgreift die dritte Dingauslegung Natur- und Gebrauchsdinge. Nicht nur, daß er scheinbar das gesuchte Insichruhen des Dinges trifft, sondern darüber hinaus scheint er auch geeignet, die Frage nach dem Dinghaften des Kunstwerkes, die der Frage nach dem Dingsein als solchem übergeordnet ist, zu beantworten. Denn auch im Kunstwerk ist das Dinghafte der Stoff, das Material, aus dem es besteht. Der Stoff des Kunstwerkes ist auch geformter, aber ihm eignet nicht wie den Naturdingen eine Naturform und nicht wie den Gebrauchsdingen eine Gebrauchsform, sondern die ästhetische Form. Und so sieht es aus, als ob der Gedankengang der Abhandlung wieder dort anlangt, wo er schon am Ende der Einleitung stand, als das Kunstwerk im Hinblick auf Allegorie und Symbol bestimmt wurde als die Einheit von stofflichem Unterbau und ästhetischem Oberbau. Dennoch bewegt sich die Abhandlung nicht im Kreise. Als sie das Kunstwerk im Sinne der ästhetischen Deutung als Einheit von Unter- und Oberbau kennzeichnete, hatte sie sich noch nicht dessen vergewissert, daß es sich bei der Vorstellung von Stoff und Form um einen ontologischen Dingbegriff handelt. Auch jetzt, da sie auf ihn gestoßen ist, hat sie nicht schon das Dingsein als solches bestimmt. Und so wäre vom augenblicklichen Standort des Gedankenganges aus gesehen eine Fortsetzung der Untersuchung denkbar, in der zunächst im Umkreis des dritten Dingbegriffes eine allgemeine ontologische Bestimmung des Dingseins als Einheit von Stoff und Form angestrebt wird. Diese würde sich orientieren am Natur- und Gebrauchsding. Auf dem Boden der so gewonnenen allgemeinen Bestimmung wäre dann zu fragen, wodurch sich die dingliche Einheit von Stoff und Form im Kunstwerk unterscheidet von derjenigen im Gebrauchs- und im Naturding.

Würde die Kunstwerk-Abhandlung diesen angedeuteten Weg einschlagen, dann wäre zu fragen, warum sie nicht von vornherein unter Umgehung der beiden anderen Dingbegriffe auf den dritten zugegangen ist. Heidegger antwortet, sein Prüfungsergebnis vorwegnehmend, daß er auch dem dritten Dingbegriff mißtraue, sofern auch dieser trotz der Betonung des Stofflichen im Ding *nicht* das gesuchte Insichruhen des Dinges zu fassen vermag.

Gegen das angemeldete Mißtrauen möchte man einwenden, daß das Begriffspaar Stoff-Form doch zweifellos im ästhetischen Bereich eine große Bedeutung habe. Diesem Einwand stimmt Heidegger zu, er betont sogar, daß Stoff-Form das Begriffsschema schlechthin für alle Kunsttheorie und Ästhetik sei. Sein Mißtrauen hat zweierlei Gründe. Zum einen vermißt er eine hinreichende Begründung jenes Begriffspaares, d. h. den Aufweis seines Ursprungsbereiches. Zum anderen könnte es sein, daß Stoff und Form trotz ihrer Herrschaft in der Kunsttheorie nicht ursprünglich im Bereich der Kunst und des Kunstwerkes beheimatet sind, – daß ihnen ein anderer sachlicher Ursprungsbereich nachgewiesen werden muß. Sollte sich letzteres bewahrheiten, so müßte erst noch dargetan werden, inwiefern wir ein Begriffspaar, das außerhalb des Kunstwerkes seinen Ursprung hat, auf das Kunstwerk anzuwenden befugt sind.

Der dritte Dingbegriff hat außerdem wie die beiden anderen das Mißliche an sich, daß er anwendbar ist auf alles Seiende, nicht nur auf die eigentlichen Dinge, deren Dingheit vorrangiges Thema ist, sondern ebenso auf die Gebrauchsdinge und die Kunstdinge. Es hat sogar den Anschein, als habe dieser Begriff den weitesten Geltungsbereich, weil wir das Begriffspaar Form und Inhalt wie Universalbegriffe auf alles, was irgendwie ist und was wir zu fassen suchen, beziehen. Um dennoch mit seiner Hilfe das Dingsein der bloßen Dinge zu treffen, wäre es vielleicht möglich, die Ausweitung des Begriffspaares und die mit ihr einhergegangene Entleerung rückgängig zu machen. Dieser Weg wäre aber nur dann beschreitbar, wenn wir wüßten, daß die dritte Dingbestimmung ihren Ursprung im Bereich der eigentlichen Dinge hat. Denn dann wüßten wir, in welche Richtung das Rückgängigmachen ihrer Ausweitung zu erfolgen hätte. Der Ursprungsbereich des Begriffspaares Stoff-Form bleibt vorerst unbekannt. Von der Häufigkeit seiner Verwendung her gesehen möchte man es nicht als ursprüngliche Begriffe des bloßen Dinges, sondern eher als solche des Kunstwerkes vermuten. Es wäre denkbar, daß dieses Begriffspaar von der theoretischen Betrachtung des Kunstwerkes, in der sie möglicherweise ursprünglich geschöpft worden sind, auf die Dingbestimmung übertragen worden ist. Wir stehen damit vor der Frage, ob das Stoff-Form-Gefüge seinen Ursprung im Dinghaften des eigentlichen Dinges oder aber im Werkhaften des Kunstwerkes hat. Das Werkhafte ist das Wort für das Sein und die Seinsverfassung des Kunstwerkes, wie das Dinghafte der Name für die Seinsverfassung des Dinges ist. Im folgenden wird die Antwort lauten: Der Ursprungsbereich des dritten Dingbegriffes ist weder das bloße Ding noch das Kunstwerk, sondern das Seinsverständnis des Herstellens der Gebrauchsdinge.

§ 6. Der Ursprungsbereich des Begriffspaares Stoff-Form im Seinsverständnis des herstellenden Verhaltens zu zeughaft Seiendem

a) Zum Unterschied des Verhältnisses von Stoff und Form beim Natur- und beim Gebrauchsding

Wie verhalten sich Stoff und Form zueinander in einem *Naturding*? Als Beispiel greift Heidegger wieder zu dem in sich ruhenden Granitblock. Er spricht das Naturding auch hier in seinem dinghaften Insichruhen an, ohne daß er dieses schon angemessen zur Abhebung bringen kann. Dazu ist er noch unterwegs. Diesem Ziele dient auch die Zwischenfrage nach dem Ursprungsbereich des Begriffspaares Stoff-Form. Wenn gefragt wird, wie sich Stoff und Form in einem Naturding zueinander verhalten, so soll damit geklärt werden, ob dieses Begriffspaar seinen Ursprung im Seinsverständnis der bloßen Dinge hat. Der Granitblock zeigt uns, in der Blickbahn dieses Begriffspaares befragt, sein Stoffliches in einer bestimmten, aber ungefügen Form. Unter seiner Form oder Gestalt verstehen wir die räumliche Verteilung und Anordnung seines Stoffes, die ihm jenen Umriß gibt, den wir als die Gestalt eines Blockes bezeichnen.

Doch nicht nur die von Natur aus seienden Dinge, auch die aus der menschlichen Herstellung oder Zurichtung hervorgehenden *Gebrauchsdinge* sind „in einer Form stehender Stoff" (S. 17). Aber das Verhältnis von Stoff und Form ist bei ihnen ein umgekehrtes. Bei den bloßen Naturdingen ist die Form das Ergebnis der Stoffverteilung. Die von Natur aus geschehende Anordnung des Stoffes führt zu dieser oder jener Stoffgestaltung. Bei den Gebrauchsdingen dagegen bestimmt die Form durch die menschliche Formgebung die Verteilung des Stoffes. In der Herstellung wird die naturhafte Form des Naturstoffes verändert, indem ihm eine vom herstellenden Menschen bestimmte Gestalt gegeben wird. Die Form des Gebrauchsdinges bestimmt über die Stoffverteilung hinaus auch die Auswahl und die Artung des zu formenden Stoffes. Die Formung eines Stoffes zu einem Krug erfordert die Wahl eines undurchlässigen Stoffes, die Formgebung eines Stoffes zu einer Axt verlangt die Wahl eines entsprechend harten Materials. Wenn auch beim Gebrauchsding die Form als menschliche Formgebung die Stoffverteilung vorzeichnet, so daß sie in gewisser Weise über den Stoff herrscht, so sind doch Form und Formgebung ihrerseits einem anderen unterstellt. Die jeweilige Formgebung eines Stoffes ist im voraus geregelt aus jenem, *wozu* das herzustellende Gebrauchsding *dienen* soll, aus dem *Wozu seiner Dienlichkeit.*

b) Formgebung in der besorgenden Herstellung eines Zeuges aus dem vorgängigen Verständnis der Dienlichkeit (Bewandtnis)

Hier mündet die Analyse des Verhältnisses von Form und Stoff beim Gebrauchsding ein in die Analyse des Zeugs in seinem Zeugsein aus „Sein und Zeit", § 15. Die Herstellung eines Gebrauchsdinges durch die Formgebung eines Materials ist im voraus durch das Wozu der Dienlichkeit des Gebrauchsdinges geregelt, insofern sich der Herstellende in einem in bezug auf den besorgend-tätigen Umgang mit Werkzeug und formbarem Material *vorgängigen Verständnis* jener bestimmten Dienlichkeitsweise des herzustellenden Dinges hält. Gebrauchsdinge sind Seiendes, das im gebrauchenden Umgang mit ihnen zu etwas dient, ist Seiendes *um* Wasser *zu* schöpfen (Krug) oder *um* Holz *zu* fällen (Axt). Ein Gebrauchsding ist in seinem *Sein* durch dieses *Um-zu* bestimmt. In solchem Dingsein des Gebrauchsdinges liegt eine *Verweisungsstruktur* von ihm auf ein anderes Gebrauchsding, etwa auf das zu fällende Holz. Gleiches gilt auch von diesem Holz: Es ist Seiendes *um* als Baumaterial *zu* dienen. Die Verweisung des einen Gebrauchsdinges auf ein anderes ist keine nachträglich hinzukommende, sondern jedes Gebrauchsding ist in seinem Sein als einem Umzu auf anderes Zeug *verwiesen.* Es hat *mit* einem jeden Gebrauchsding sein *Bewenden bei* einem anderen. Das spezifische Sein des Seienden, das im Unterschied zu den bloßen Dingen die Gebrauchsdinge sind, nennt Heidegger daher die *Bewandtnis.* Aufgrund des Seins als Bewandtnis stehen die Gebrauchsdinge im vorhinein in Zusammenhängen; sie sind das, was sie sind, nie zunächst einzeln, sondern nur aus einem Zusammenhang heraus. Der jeweilige Zusammenhang der Gebrauchsdinge bestimmt sich aus der Ganzheit der untereinander verklammerten Bewandtnisse. Diese bilden eine *Bewandtnisganzheit.*

Heidegger betont in direkter Anknüpfung an die Zeug-Analyse von „Sein und Zeit", daß die als Bewandtnis zu fassende Dienlichkeit dem Seienden „nie nachträglich zugewiesen und aufgesetzt" werde (S. 18). Diese Zurückweisung richtet sich gegen die erkenntnistheoretische Tradition, der auch noch Husserl angehört. Für ihn ist ein Gebrauchsding bewußtseinsmäßig gegeben zuunterst in bloß sinnlich-erfahrenden Akten, in denen es als reines materielles Wahrnehmungsding erscheint. In den bloß wahrnehmenden intentionalen Akten sind fundiert Bedeutung verleihende Akte, durch die das raum-zeitlich-materielle Wahrnehmungsding als Ding mit einem bestimmten Gebrauchssinn dasteht. Die Zeug-Analyse in „Sein und Zeit" kann als eine direkte Auseinandersetzung Heideggers mit Husserls Ansatz beim Bewußtsein und dessen fundierend-fundierten intentionalen Akten gelesen werden. Natürlich will Husserl mit der Fundiertheit der Bedeutung verleihenden Akte durch die schlicht wahrnehmenden Akte nicht sagen, uns begegne in der Zeitordnung des Nacheinander zuerst ein Seiendes als bloßes materielles Ding, um im zeitlichen nachhinein mittels eines neuen Aktes als Ding mit einem Gebrauchswert bewußt zu werden. Wenn wir uns wahrnehmend in unserer Umgebung umsehen, erfassen wir mit einem Blick, daß dieses ein Tisch und jenes ein Buch ist. Aber wenn Husserl das Bewußtsein von diesem Tisch hinsichtlich seiner Genesis und seines inneren Aufbaus analytisch bestimmt, bleibt er der Tradition insofern verhaftet, als er für die Bestimmung des Aufbaus meines Bewußtseins von diesem oder jenem Gebrauchsding als primären und fundierenden Zugang zum Seienden die schlichten Erfahrungsakte ansetzt. Korrelativ setzt er als primäre Seinsart des Seienden die raum-zeitlich-materielle Dinglichkeit an. Gegen einen solchen Ansatz richtet sich der Satz

Heideggers, daß die Dienlichkeit jener *Grundzug* sei, „aus dem her dieses Seiende uns anblickt, d. h. anblitzt und damit anwest und so überhaupt dieses Seiende ist" (S. 18). Das will sagen: Das Seiende, das wir als Gebrauchsding bezeichnen und das Heidegger mit dem ontologisch gemeinten Terminus *Zeug* benennt, hat die Eigenheit, daß es nicht nur in einer fundierten intentionalen Verhaltung, sondern primär und unfundiert als bestimmt durch die Seinsart der Dienlichkeit begegnet. Begegnen heißt hier: Es blickt uns *als* zeughaft Seiendes aus seinem Zeugsein (Bewandtnis) an. Der Anblick, den es uns bietet, ist nicht nur die vernehmbare Form, sondern ist seine aus seiner Bewandtnis verstehbare Offenbarkeit. Im vorgängigen Verstehen des Zeugseins als Bewandtnis blickt mich das Zeug an als das, wozu es dient. Heidegger legt das Michanblicken des Zeugs als ein Anblitzen aus. Das ist keine Wortspielerei. Zeughaft Seiendes kann mich nur *als* solches anblicken, d. h. es kann mir nur *als* das zeughaft Seiende, das es ist, begegnen, und ich kann es nur *als* solches verstehen, wenn es sich mir *als* zeughaft Seiendes bekundet. Solche Bekundung geschieht als ein Heraustreten des Seienden aus der Verborgenheit in seine Offenbarkeit. Es stellt sich in seine Offenbarkeit heraus, indem es mich anblitzt. Im Michanblicken, d. h. Anblitzen aus dem von mir vorverstandenen Zeugsein *west* es für mich *an*, d. h. zeigt es sich *als* das zeughaft Seiende aus seinem Zeugsein als seinem Anwesen. Den vollen Sinn des Geschehnischarakters, der im Anblicken als Anblitzen und das heißt Anwesen liegt, begreifen wir erst aus der Erörterung der Wahrheit als Unverborgenheit des Seienden.

In dem die besorgende Herstellung von zeughaft Seiendem im vorhinein führenden Verständnis des Zeugseins als Bewandtnis gründen Formgebung und Stoffwahl. Das aber sagt: Im vorgängigen Seinsverständnis als Bewandtnisverständnis gründet das Form-Stoff-Verständnis. Heidegger denkt hier das *Zeug* als das *Erzeugnis* eines Anfertigens. Damit betont er, daß zeughaft Seiendes auf ein *erzeugendes Anfertigen* rückbezogen bleibt. Aber das Anfertigen ist ein Erzeugen, weil es im Vorblick auf das Um-zu, auf die Bewandtnis, Seiendes als ein Zeug-zu-etwas (um ... zu) herstellt. Die Gebrauchsdinge heißen Zeug, weil sie im Erzeugen eigens zu ihrem Gebrauch hergestellt sind. Erzeugen als daseinsmäßige Verhaltung und Zeug, zu dem ich mich erzeugend verhalte, sind nur, was sie sind, aus dem mein erzeugendes Verhalten führenden und das zu erzeugende Zeug in seinem Sein bestimmenden Bewandtnis-Verständnis. Stoff und Form, verstanden in der Stoffwahl und Formgebung des herstellenden Erzeugens, sind „im Wesen des Zeuges beheimatet" (ebd.). Das aber heißt: Sie sind *nicht selbst das Wesen* des Zeuges, vielmehr *entspringen sie diesem*. In diesem Sinne hatte es oben geheißen, daß Stoffwahl und Formgebung des anzufertigenden Zeugs im vorgängigen Verständnis der Dienlichkeit *gründen*. Ursprünglicher als das Stoff-Form-Gefüge ist die Dienlichkeit. Später wird sich zeigen, daß auch mit ihr noch nicht das ursprünglichste Wesen des Zeuges gefaßt ist.

Gefragt wurde nach dem Ursprungsbereich des Begriffspaares Stoff-Form. Die Antwort lautet: Stoff und Form sind nicht ursprüngliche Bestimmungen der Dingheit des bloßen Dinges, vielmehr haben sie ihren Ursprungsbereich im Seinsverständnis des zeughaft Seienden als des vom Menschen herstellbaren Seienden.

§ 7. Zwischenstellung des Zeugs zwischen Ding und Kunstwerk

Die Prüfung und Erörterung der dritten überlieferten Dingauslegung: das Ding als Einheit von Stoff und Form, sollte untersuchen, ob wir in ihr die ursprüngliche Dingheit des bloßen Dinges fassen. Diese Frage steht im Dienste jener anderen nach dem Dinghaften im Kunstwerk, und diese versteht sich als Teilfrage der übergreifenden Frage nach dem Wesen des Kunstwerkes. Das Wesen des Kunstwerkes soll zunächst nur so weit erfragt werden, daß wir die im Kunstwerk waltende Kunst in einem ersten Zugriff erfassen. Denn die Kunst soll – was vorerst nur eine Behauptung sein kann – nicht nur ein Sammelname sein, sondern als der Ursprung des Wesens des Kunstwerkes aufgewiesen werden. Ist erst einmal über eine vorläufige Bestimmung des Wesens des Kunstwerkes die Kunst erblickt, dann kann über eine tiefergehende Auslegung des Werkseins des Kunstwerkes die Kunst eigens als Wesensherkunft des Kunstwerkes erörtert werden. Statt zu einer ersten angemessenen Bestimmung der Dingheit des bloßen Dinges zu gelangen, wie die Ausgangsfrage der Kunstwerk-Abhandlung erwarten ließ, stehen wir jetzt vor einer ersten, wenn auch noch ungenügenden Bestimmung des Zeughaften des Zeugs.

Von dieser vorläufigen, jedoch von Heidegger bereits als positiven Sachaufweis verstandenen Wesensbestimmung des Zeugs her gesehen zeigt sich so etwas wie eine *Zwischenstellung*, die es zwischen den bloßen Dingen und dem Kunstwerk einnimmt. Das Insichruhen und die Eigenwüchsigkeit wurden als die ontologisch erst noch zu bestimmende Dingheit der bloßen Dinge bezeichnet. Nun läßt sich auch vom fertig hergestellten Gebrauchsding sagen, daß es in sich ruhe wie das bloße Ding. Allerdings können wir ihm nicht auch die Eigenwüchsigkeit zusprechen, wie sie zum Granitblock gehört. Dasjenige, wodurch sich das Zeug vor allem vom bloßen Ding unterscheidet, seine Hergestelltheit, teilt es mit dem Kunstwerk. Dieses aber unterscheidet sich vom Gebrauchsding dadurch, daß es nicht wie jenes in der Dienlichkeit, sondern in einem selbstgenügsamen Anwesen beruht. Die Selbstgenügsamkeit steht in einem Gegensatz zur Dienlichkeit des Zeugs. Das Zeug ist nur, was es ist, in seiner bewandtnishaften Verwiesenheit auf anderes Zeug, bei dem es mit ihm sein Bewenden hat. Das Kunstwerk verweist in seinem Sein nicht wie das Zeug auf ein anderes, sondern genügt sich in seinem Sein selbst. Hierin kommt es in die Nähe des bloßen Dinges in seiner Eigenwüchsigkeit und in seinem Zu-nichts-gedrängtsein. Andererseits unterscheidet sich das Kunstwerk vom Naturding durch sein Hervorgebrachtsein. Zusammengefaßt läßt sich sagen: Das Zeug ist einerseits ein Ding, weil es durch seine Materialität, die auf die bloßen Dinge zurückgeht, an der Dinglichkeit der Naturdinge teilhat; andererseits ist es auch mehr als ein bloßes Ding, weil es seinsmäßig durch seine Hergestelltheit und durch die Dienlichkeit bestimmt ist. Das Zeug ist zugleich in einer Hinsicht wie ein Kunstwerk, weil es wie dieses ein Hervorgebrachtes ist; in anderer Hinsicht ist es weniger als ein Kunstwerk, weil ihm die Selbstgenügsamkeit fehlt. „Das Zeug hat eine eigentümliche Zwischenstellung zwischen dem Ding und dem Werk, gesetzt daß eine solche verrechnende Aufreihung erlaubt ist" (ebd.). Erst die späteren sachaufweisenden Analysen können den wahren Sinn dieser ontologischen Zwischenstellung deuten. Dann muß positiv aufgezeigt werden, worin einerseits die Gemeinsamkeit und andererseits der Unterschied des Insichruhens des Zeugs und des reinen Dinges beruhen. Ferner muß positiv zum Aufweis gebracht werden, worin einerseits die Gemeinsamkeit und andererseits die Wesensdifferenz zwischen dem Hervorgebrachtsein des Zeuges und dem des Kunstwerkes liegt. Und schließlich wird es einer eingehenden Analyse bedürfen, die den Wesensunterschied zwischen dem Zeugsein als Dienlichkeit und dem Werksein als dem selbstgenügsamen Anwesen aufhellt.

§ 8. Zwei Beweggründe für die Übertragung des Stoff-Form-Gefüges aus dem Seinsverständnis vom Zeug auf das Seinsverständnis von Seiendem überhaupt

Nachdem Heidegger das Seinsverständnis vom Zeug als den Ursprungsbereich des Begriffspaares Stoff-Form aufgewiesen hat, nennt er *zwei* Beweggründe für die Ausweitung dieses Begriffspaares und seine Übertragung auf die Auslegung alles Seienden.

a) Der existenzielle Beweggrund

Den ersten Beweggrund können wir den *existenziellen* nennen. Das Auszeichnende der Zeug herstellenden Verhaltung liegt darin, daß der herstellende Mensch selbst an der Verfassung dieses Seienden als eines von ihm geformten Stoffes beteiligt ist. Denn er hat daran teil, wie ein Seiendes als das Gebrauchsding ins Sein gelangt. Als derjenige, der einem Stoff eine neue Form gibt, hält er sich in einem Wissen um die Formbarkeit des Stoffes, – in einem Wissen darum, daß durch seine Formung des Stoffes ein neues Seiendes entsteht, das sich vom bloß vorgegebenen Naturstoff als einem Naturding unterscheidet. Obwohl die Dienlichkeit im Sinne der Bewandtnis die ursprünglichere Seinsverfassung des Zeugs ist als das Gefüge von Stoff und Form, hat sich das Seinsverständnis des herstellenden Verhaltens immer schon ausdrücklich hinsichtlich der verstandenen Stofflichkeit und Form ausgelegt. Das Zeug ist in seinem als Stoff-Form-Gefüge verstandenen Zeugsein jener Bereich des Seienden, in welchem der Mensch in gewissen Grenzen in einer Mitwisserschaft mit diesem Seienden existiert. Das Stoff-Form-Gefüge ist ihm aus seiner Beteiligung am Entstehen eines Seienden durch Formgebung eines Stoffes die „unmittelbar verständliche Verfassung" eines Seienden (S. 18). Das ausgezeichnete existenzielle Verhältnis zum Stoff-Form-Gefüge im Zusammenhang mit der erläuterten Zwischenstellung des Zeugs zwischen dem bloßen Ding und dem Kunstwerk bewegt uns dazu, im Stoff-Form-Gefüge bei entsprechender Ausweitung nicht nur die Seinsverfassung des Zeugs, sondern auch der bloßen Dinge und des Kunstwerkes und schließlich alles Seienden zu sehen.

b) Der glaubensmäßige Beweggrund

Mit diesem ersten Beweggrund verschlingt sich ein zweiter, der aus dem biblischen Glauben stammt und den wir den *glaubensmäßigen* nennen. Mit dem ersten Beweggrund zielt Heidegger ab auf den geschichtlichen Ursprung der dritten Dingauslegung in der antiken Philosophie. Diese ist für ihn, wenn sie das Seiende als solches aus der Einheit von Stoff und Form bestimmt, durch den existenziellen Beweggrund der Mitwisserschaft bei dem Entstehen eines hergestellten Seienden geleitet. Mit dem glaubensmäßigen Beweggrund will er zeigen, daß für die christliche, vor allem thomistische Philosophie, wenn sie das ens creatum aus der Einheit von materia und forma denkt, ein weiterer Beweggrund hinzukommt. Gemäß dem biblischen Glauben ist alles Seiende, das nicht Gott ist, ein von Gott geschaffenes. Auch wenn das göttliche Schaffen mit dem menschlichen Herstellen nicht verglichen werden kann, bleibt es, wie Heidegger betont, unausdrücklich am menschlichen Herstellen orientiert. Wenn alles nichtgöttliche Seiende ein von Gott hervorgebrachtes ist, dann ist dadurch ein neuer Beweggrund gegeben, alles geschaffene Seiende im Lichte des herstellenden Seinsverständnisses und somit mit Hilfe des dem herstellenden Seinsverständnis zugehörenden Begriffspaares von Stoff (materia) und Form (forma) auszulegen.

Für die auch in der neuzeitlichen Philosophie geschehende Bestimmung des Seienden in der Blickbahn des Stoff-Form-Gefüges nennt Heidegger kein neu hinzukommendes Motiv. Er weist nur darauf hin, daß sie auch dann, wenn der im Glauben gegründete Schöpfungsgedanke seine leitende Kraft für das philosophische Wissen vom Seienden im Ganzen verliert, die Auslegung des Seienden nach Stoff und Form beibehält. Daß die neuzeitliche Metaphysik auch noch auf dem mittelalterlich geprägten Form-Stoff-Gefüge mitberuht, läßt sich z. B. an Kants transzendental-philosophischer Bestimmung der Gegenständlichkeit des gegenständlich Seienden demonstrieren. Für ihn ist der Stoff die mittels der Empfindung uns gegebene empirische gegenständliche *Materie*, die einerseits in den reinen Anschauungs*formen* von Raum und Zeit rein angeschaut und zum anderen in den reinen begrifflichen *Formen* der Kategorien gedacht wird.

Trotz der Geläufigkeit und Selbstverständlichkeit, mit der wir uns im Umgang mit der dritten überlieferten Dingauslegung bewegen, geschieht in ihr ein Überfall auf das Dingsein des Dinges. Eine solche Kritik kann sich jedoch nur rechtfertigen aus einem Vorblick auf das ursprünglichere Dingsein des Dinges, das durch jenen Überfall am Sichzeigen gehindert wird und das sich eigens zeigen muß, wenn wir den Überfall durch die Auslegung nach Stoff und Form verhindern.

Noch einmal reflektiert Heidegger auf die zweite Bedeutung der Rede vom ‚bloßen' Ding. Die vorrangige Frage der Abhandlung zielt vorerst noch ab auf das Dingsein der Dinge im engsten und eigentlichen Sinne. Sprechen wir von den ‚bloßen' Dingen, dann meint das ‚bloß' die Entblößung der Dinge von jenen Charakteren, die das Gebrauchsding vom Naturding unterscheiden: von der Dienlichkeit und der Hergestelltheit. Das bloße Ding nehmen wir im Ausgang vom Gebrauchsding in den Blick. Ziehen wir von diesem alles ab, was aus dem ihm zugrundeliegenden Naturding ein Gebrauchsding werden ließ, dann, so könnte man meinen, bringen wir uns das bloße Ding in seinem unverdeckten Dingsein vor den Blick. Aber was ist das, was nach dieser Operation übrigbleibt? Damit ist keineswegs schon positiv bestimmt, was ein Naturding in seinem Dingsein ist. Nahe liegt es, es wiederum mit Hilfe der Stoff-Form-Begriffe zu fassen, nur mit dem Unterschied, daß es sich um den natur-vorgegebenen Stoff und die Naturform dieses Stoffes handelt. Selbst dann, wenn wir für die denkende Erfassung des bloßen Dinges als des Restes nach allem Abzug die Begriffe von Stoff und Form von diesem Rest fernzuhalten versuchen, bleibt es, wie Heidegger sagt, fraglich, ob sich auf diesem Wege des Herblicks aus dem Zeug und des Abzugs der spezifischen Zeugcharaktere das gesuchte wahre Dingsein des Dinges zeigt.

§ 9. *Rückblick auf die kritische Zurückweisung der drei überlieferten Dingbegriffe und Vorblick auf den neu einzuschlagenden Weg*

a) Verbindung der drei Dingbegriffe in der Geschichte der Wahrheit über das Seiende, exemplarisch dargestellt an Kant

Die drei im Hinblick auf die Erfassung des ursprünglichen Dingseins des Dinges geprüften und kritisch zurückgewiesenen Dingauslegungen laufen nicht nur nebeneinander her, sondern haben sich „im Verlauf der Geschichte der Wahrheit über das Seiende" (S. 20) miteinander verbunden. Was mit der „Wahrheit über das Seiende" gemeint ist, erfahren wir später, wenn die Abhandlung in die Erörterung der Wahrheit als Unverborgenheit einmündet. Vorerst sei nur gesagt: Die Geschichte der Wahrheit über das Seiende ist die Geschichte der sich wandelnden, im Denken ausdrücklich vollzogenen Ausgelegtheit dessen, wie das Seiende hinsichtlich seiner Seiendheit (Seinsverfassung) enthüllt ist. Wahrheit heißt hier soviel wie Enthülltheit oder auch Offenbarkeit. Die Verbindung der drei überlieferten Dingbegriffe läßt sich wieder an der Kantischen Position besonders deutlich dartun. Für Kant ist das Seiende, der Gegenstand der Erfahrung, als Einheit von Stoff und Form (dritter Dingbegriff) gedacht, sofern dasjenige an der Erscheinung, was der Empfindung korrespondiert, die Materie ist, während Raum und Zeit, worin wir die sinnliche Materie rein anschauen, Formen der Anschauung und die Kategorien, worunter wir die rein angeschaute empirische Materie subsumieren, die Formen des reinen Denkens sind. Der Gegenstand der Erfahrung ist für Kant zugleich Einheit einer Empfindungsmannigfaltigkeit (zweiter Dingbegriff), sofern die empirische Materie eine Mannigfaltigkeit des in den subjektiven Empfindungsdaten gegenständlich Empfundenen ist, welche Mannigfaltigkeit geeint wird in den kategorialen Einheiten. Eine fundamentale kategoriale Einheit, in der wir das Grundgefüge eines Dinges denken, ist für Kant die relationale Kategorie der Subsistenz und Inhärenz (erster Dingbegriff). Kant denkt den substanziellen Träger als die Beharrlichkeit in der Erscheinung, er denkt die Merkmale, die von dem Träger getragen werden, als den Wechsel der Eigenschaften an der beharrenden Substanz.

Durch diese Verbindung der drei Dingbegriffe hat sich die in ihnen bereits angelegte Ausweitung verstärkt. Sie gelten nun in gleicher Weise vom Ding, vom Zeug und vom Kunstwerk. Einzeln und untereinander verbunden bilden sie eine Denkweise, in der wir über die drei Bereiche des Seienden hinaus letztlich über alles Seiende denken.

Die aus diesen drei überlieferten Dingbegriffen sich nährende Denkweise „greift allem unmittelbaren Erfahren des Seienden vor" (ebd.). Das Vor-greifen nennt den in „Sein und Zeit" explizierten dritten Vollzugsmodus der vortheoretischen sowohl als theoretischen Auslegung, den *Vorgriff*. Weil es sich bei den drei Dingbegriffen um theoretische Auslegungen handelt, ist der hier genannte Vorgriff ein Vollzugsmodus in der theoretischen, ausdrücklichen Auslegung des Dinges in seinem Dingsein. Der Vorgriff ist geschichtlich bestimmt. Er greift ‚allem' unmittelbaren Erfahren des Seienden vor, indem er weder das unmittelbare Erfahren des Dinges noch das des Zeuges noch das des Kunstwerkes zuläßt. Das ‚unmittelbare Erfahren' meint hier vor allem die denkende Erfahrung, in der der Denkende das Ding in seinem unverdeckten Dingsein, das Zeug in seinem unverdeckten Zeugsein und das Kunstwerk in seinem unverdeckten Werksein erfahren muß. Die Erfahrung ist nicht schon die begriffliche Erfassung, sondern das, was er erfährt, ist das, was ihm in der Vorhabe vorgegeben ist. Was in der Vorhabe steht, ist selbst niemals frei von einem Vorgriff auf eine wenn auch noch vorläufige Begrifflichkeit. Es kommt darauf an, daß die Begrifflichkeit des Vorgriffs keine solche ist, die das in der Vorhabe Stehende von vornherein nicht das sein läßt, was es an ihm selbst ist. Deshalb bedarf es, bevor das in der Vorhabe Stehende eigens ausgelegt und sprachlich-begrifflich gefaßt werden kann, der ausdrücklichen Versicherung dessen, daß das in der Vorhabe Stehende so darin gegeben ist, daß es sich in unverdeckter Weise zeigen kann. Die Prüfung der überlieferten Dingbegriffe diente der Erfüllung dieses Erfordernisses. Sie hatte ergeben, daß sie weder ursprüngliche Auslegungen des Dinges noch des Zeuges noch des Kunstwerkes sind. Ihr herrschender Vorgriff versperrt uns daher den Weg zum eigentlich Dinghaften des Dinges, zum wahren Zeughaften des Zeugs und zum ursprünglichen Werkhaften des Kunstwerkes. Doch war die Vergegenwärtigung der überlieferten Dingauslegungen kein überflüssiger Umweg. In diesem Weg erfüllte sich das zur phänomenologisch-ontologischen Analyse gehörende methodische Grundstück der *Destruktion*. Ohne diese ausdrückliche Besinnung auf die uns beherrschende Tradition wären wir ihr verfallen und hätten uns nicht die Möglichkeit verschafft, das jetzt in der Vorhabe der Kunstwerk-Abhandlung Stehende von vornherein von *den* Vorgriffen, die ein Sichzeigen des zu befragenden Seienden gemäß seiner wahren Seinsverfassung verhindern, zu befreien.

Der *bisher zurückgelegte Weg der Besinnung* hat gezeigt, daß, wenn nach dem Wesen des Kunstwerkes und der Kunst gefragt wird, die Frage nach dem Wesen des Dinges, des Naturdinges sowohl als des Gebrauchsdinges, nicht umgangen werden kann. Die Frage nach dem Wesen und Wesensursprung des Kunstwerkes ist keine begrenzt ästhetische, sondern eine ontologische Frage. Die ontologische Frage ist sich als solche nur dann selbst durchsichtig, wenn sie sich in ihrer *Universalität* versteht. Ihre Universalität liegt in der am weitesten ausgreifenden Fragemöglichkeit: wenn sie die Frage nach der Seinsverfassung der verschiedenen Bereiche des Seienden aus einer Erörterung der Frage nach dem Sinn von Sein überhaupt beantwortet.

b) Forderung einer ursprünglichen ontologischen Bestimmung des Dinges, des Zeuges und des Kunstwerkes aus der unmittelbaren Erfahrung. Zur phänomenologischen Methode der geforderten Analysen

Die Kunstwerk-Abhandlung stellt sich nunmehr *ausdrücklich* die Aufgabe, das Dinghafte des Dinges, das Zeughafte des Zeuges und das Werkhafte des Kunstwerkes „in den Blick und zum Wort zu bringen" (S. 20), und zwar so, daß sie die überlieferten Dingbegriffe, die als Vorgriffe *Übergriffe* sind, von der Möglichkeit des unmittelbaren Erfahrens von Ding, Zeug und Kunstwerk fernhält. Die Vorsorge für die unmittelbare, von verdeckenden Übergriffen ungehinderte Erfahrung sorgt dafür, das Auszulegende so in die Vorhabe zu bringen, daß es sich *von ihm selbst her* zu zeigen vermag. Wohl ist, wie wir sagten, die hier genannte unmittelbare Erfahrung und das korrelative Sich-von-ihm-selbst-her-zeigen des Erfahrenen *die* Situation, in der sich der Denkende befindet. Doch das Erfahrene ist keine Sache, die es nur für den Denkenden gibt. Die theoretische unmittelbare Erfahrung *muß an die vortheoretische unmittelbare Erfahrung anknüpfen.* Was in dieser unausdrücklich erfahren wird oder erfahren werden kann, hebt das denkende Aufweisen und Auslegen in die Ausdrücklichkeit. Das unmittelbare Sichzeigen des Dinges in seinem wahren Dingsein, des Zeuges in seinem wahren Zeugsein

und des Kunstwerkes in seinem wahren Werksein geschieht je
schon im natürlichen, vorphilosophischen und vortheoretischen
Daseinsvollzug, ohne daß wir darum ausdrücklich wüßten. Der
erste Schritt der Vorsorge für das in der Vorhabe Stehende muß
darin bestehen, das unausdrücklich erfahrene Sich-von-ihm-
selbst-her-zeigen des Dinges in seinem Dingsein, des Zeuges in
seinem Zeugsein und des Werkes in seinem Werksein in die Ausdrücklichkeit zu heben. Die Vorsorge für die Vorhabe gehört in
das *erste Grundstück der phänomenologischen Methode,* in die
Gewinnung des *rechten Ausgangs.* In bezug auf die unmittelbare
Erfahrung des Dinges gesprochen heißt das: „das Ding ... in
seinem Dingsein auf sich beruhen lassen" (ebd.). Allgemein gefaßt bedeutet das: das Seiende das Seiende, wie es ist, sein lassen.
Was das Leichteste und Selbstverständlichste zu sein scheint, kündigt sich als das Schwerste an. Das Ding in seinem Dingsein auf
sich beruhen lassen besagt einmal, es für den Ausgang der Analyse so in die Vorhabe bringen, daß es sich unverdeckt zeigen
kann. Weil wir aber unter der Herrschaft einer alten Tradition
von Dingauslegungen stehen, die nicht nur das Ding, sondern das
Seiende überhaupt nicht sein lassen, wie es ist, ist es der erste
Schritt in der Vorsorge für die Vorhabe, der über Gelingen oder
Scheitern des Vorhabens entscheidet. Auch wenn wir uns der
überlieferten Dingbegriffe enthalten, ist damit nicht schon der
angemessene Ausgang gesichert. Auf diesen negativen Schritt
muß der positiv aufweisende folgen, der das unverdeckte Sichzeigen des Dinges in seinem Dingsein in die Ausdrücklichkeit
der Vorhabe bringt.

Das Ding in seinem Dingsein auf sich beruhen lassen heißt
darüber hinaus, das in die Vorhabe Gebrachte so anvisieren, daß
das unverdeckte Dingsein des Dinges eigens abgehoben, aufgewiesen und sprachlich-begrifflich gefaßt werden kann. Die so sich
stellende Aufgabe spricht Heidegger in dem *methodisch bedeut-
samen Satz* aus: „Wir sollen uns dem Seienden zukehren, an ihm
selbst auf dessen Sein denken, aber gerade so es [das Seiende] in
seinem Wesen auf sich beruhen lassen" (ebd.). Mit dieser Beschreibung des methodischen Vorgehens knüpft er an seine Aus-

führungen über die *drei Grundstücke der phänomenologischen Methode* in „Sein und Zeit" (S. 36) und in den „Grundproblemen" (§ 5) an. Fast gleichlautend beschreibt er die *phänomenologische Reduktion* und *Konstruktion* in den „Grundproblemen": „Das Erfassen des Seins ... geht zwar zunächst und notwendig je auf Seiendes zu, wird aber dann von dem Seienden *in bestimmter Weise weg- und zurückgeführt auf dessen Sein*" (S. 28 f.). „Denn diese Zurückführung des Blickes vom Seienden auf das Sein [Phänomenologische Reduktion] bedarf zugleich des positiven Sichhinbringens zum Sein selbst" (S. 29). Das untersuchende Vorgehen der Kunstwerk-Abhandlung läßt sich von der *phänomenologischen Methode* leiten, wie sie Heidegger in „Sein und Zeit" und in den „Grundproblemen" erörtert hat.

Wiederum gesprochen im Vorblick auf das wahre Dingsein der reinen Dinge macht Heidegger darauf aufmerksam, daß die denkende Bestimmung der Dingheit des Dinges mit den größten Schwierigkeiten zu kämpfen habe. Denn das Ding hat in der Geschichte der Dingauslegung dem Denken den größten Widerstand geleistet, was Heidegger dem Scheitern der drei Versuche entnimmt. Wenn es in der Tat ein ursprünglicher zu fassendes Dingsein des Dinges gibt, dann hat sich dieses in den drei überlieferten Dingauslegungen *entzogen*. Dieses bisherige Sichentziehen ist aber vielleicht dem gesuchten wahren Dingsein nichts Äußerliches, sondern steht möglicherweise mit ihm im engsten Zusammenhang. Das *Sichzurückhalten* des bloßen Dinges in den überlieferten Dingbegriffen ist vermutlich ein Charakterzug des gesuchten ursprünglichen Dingseins. Bisher wurde dieses als das Insichruhen, Eigenwüchsige und Zunichtsgedrängtsein angesprochen. Das Sichentziehen und Sichzurückhalten in den überlieferten Dingauslegungen ist vielleicht nur die Weise, wie sich das erst noch positiv auszulegende „in sich beruhende Zunichtsgedrängtsein" (Holzwege, S. 21) dem Überfall und Übergriff durch die drei Dingauslegungen entzieht. Dann wäre das Sichentziehen eine Weise, wie das Ding in seinem Insichruhen ist. Allem Anschein nach bestehen erhöhte Schwierigkeiten, das zum Wesen des Dinges gehörende in sich beruhende Zunichtsgedrängtsein positiv zum Aufweis und zur Abhebung zu bringen, so daß es sich darin nicht wieder entzieht. Die vorläufigen, aus dem Vorverständnis des ursprünglichen Dingseins geschöpften Beschreibungen lassen dieses als ein Befremdendes erscheinen. Aus dem Insichruhen und Zunichtsgedrängtsein spricht eine eigentümliche *Verschlossenheit*, die zum Wesen, d. h. zum Dinghaften des Dinges gehört. Mit dieser Verschlossenheit greift Heidegger vor auf das Wesen dessen, was er später die *Erde* nennen und von der her er auch das Wesen des Dinges bestimmen wird. Die *zum Dinghaften des Dinges gehörende rätselhafte Verschlossenheit* zeigt sich auch darin, daß wir sie nicht unmittelbar erfassen und bestimmen können. Der Weg, der zu ihrer Abhebung und denkenden Bestimmung führt, liegt selbst noch im Dunkeln. Er darf nicht erzwungen werden, weil sich sonst die positiv *als* Verschlossenheit zu erfassende Verschlossenheit ebenso entzieht, wie sie sich in der bisherigen Geschichte der Dingauslegung entzogen hat. Wie schon an anderer Stelle hebt Heidegger auch hier hervor, daß sich die Geschichte der Auslegung der Dingheit des Dinges mit derjenigen deckt, in der das abendländische Denken das *Sein des Seienden* gedacht hat. Das bedeutet: *Der bisherige Entzug des ursprünglichen Dingseins gehört in den umfassenden Entzug des ursprünglicher zu denkenden Seins des Seienden.*

Für den weiteren Gang der Abhandlung läßt sich Heidegger aus der Geschichte der Dingauslegung einen *Wink* geben. Die Vergegenwärtigung der drei zentralen Dingbegriffe hatte eine *Vorherrschaft der dritten Dingauslegung* gezeigt, die sich in der weitesten Verwendung des Begriffspaares Stoff-Form geltend machte. Der Grund für diesen Vorrang wurde aufgewiesen, als der erste Beweggrund für die Ausweitung des Begriffspaares Stoff-Form benannt wurde, und wird an dieser Stelle noch einmal betont. Als Ursprungsbereich des Begriffspaares erwies sich ‚eine‘ Auslegung des Zeugseins des Zeuges. Der Gebrauch des unbestimmten, statt des bestimmten Artikels deutet an, daß es sich bei dieser überlieferten Bestimmung des Zeugseins des Zeuges nicht schon um eine ursprüngliche Erfassung des Zeugseins handelt. Daß gerade die aus dem Hinblick auf das Gebrauchsding gewonnene Dingauslegung zu einer Vorherrschaft gelangte, ist darin begründet, daß das zeughaft Seiende dem Vorstellen des Menschen in besonderer Weise nahe ist, sofern es Seiendes ist, das im Unterschied zum naturhaft Seienden durch ihn selbst entsteht. Heidegger spricht auch hier wieder wissentlich vom ‚Vorstellen‘ des Menschen. Vorstellen ist das Wort für jenen Bezug des Menschen zum Seienden, in welchem er das Seiende nicht so, wie es ist, sein läßt. Das Hinsehen auf das zeughaft Seiende unter Hinblicknahme auf Form und Stoff ist deshalb ein Vorstellen, weil es das Zeug nicht in seinem ursprünglichen Zeugsein sein läßt. Festzuhalten aber bleibt, daß das Zeug ein in seinem Sein vertrauteres Seiendes ist. Zugleich nimmt es, wie ebenfalls schon gezeigt, eine Zwischenstellung zwischen dem bloßen Ding und dem Kunstwerk ein. Diese *doppelte Auszeichnung des Zeugs* greift Heidegger als einen Wink für den Gang der Abhandlung auf. Zunächst soll nicht weiter die Frage nach dem Dingsein des Dinges verfolgt, sondern das *Zeughafte des Zeugs* gesucht werden. Es wird die Erwartung ausgesprochen, daß von einer Bestimmung des ursprünglichen Zeugseins her auch ein Zugang zum ursprünglichen Dingsein und Werksein möglich wird.

ZWEITES KAPITEL
Einsprung in die unmittelbare Erfahrung des Kunstwerkes in seinem ursprünglichen Werksein

§ 10. Besinnung auf den Weg zur unmittelbaren Erfahrung des Zeuges in seinem ursprünglichen Zeugsein

Soll nun das *Zeug in seinem ursprünglichen Zeugsein* bestimmt werden, so stellt sich auch hier die phänomenologisch-hermeneutische Forderung, von vornherein dafür zu sorgen, daß das Thema der Untersuchung in rechter Weise in die Vorhabe genommen wird. Die Frage nach dem Weg zum Zeughaften des Zeuges ist die Frage nach dem *rechten Ausgang*. Damit sich das Zeughafte des Zeuges für die untersuchende Abhebung zeigen kann, bedarf es der Versicherung dessen, daß das Zeug ohne die eigens vergegenwärtigten überlieferten Dingauslegungen in die Vorhabe einrückt. Die Frage nach dem Ausgang ist zugleich die Frage nach der *unmittelbaren Erfahrung*, „was das Zeug in Wahrheit ist" (S. 21). Der Ausdruck ‚in Wahrheit sein' nimmt sich wie die in der gewöhnlichen Sprache geläufige Redeweise aus. Wir sagen oft: ‚eine Sache verhält sich in Wahrheit so' und sagen dafür auch: ‚eine Sache verhält sich eigentlich so'. Bei Heidegger ist dagegen dieser Ausdruck im Blick auf den von ihm gedachten Sachverhalt gemeint. Wahrheit heißt hier: Entdecktheit bzw. Offenbarkeit. Gefragt ist, wie das Zeug ursprünglich an ihm selbst entdeckt bzw. offenbar ist in seinem Zeugsein. Wie schwierig es ist, in die unmittelbare Erfahrung des Zeugs zu gelangen, d. h. den rechten Ausgang zu gewinnen, innerhalb dessen das Zeug dem untersuchenden Blick unverstellt an ihm selbst und von ihm selbst her begegnet, das zeigen die mehrfach unternommenen Anläufe.

Gefordert ist als Ergebnis des bisher durchlaufenen Weges, daß wir uns in einen solchen unmittelbar erfahrenden Bezug zu

einem Zeug bringen, der frei ist von den erörterten drei Dingauslegungen. Das scheint zu gelingen, wenn wir ein Zeug ohne
eine philosophische Theorie, wie sie in den drei Dingbegriffen
vorliegt, „einfach beschreiben" (S. 22). Um es beschreiben zu
können, muß es uns *gegeben* sein. Es kann uns aber *in verschiedenen Weisen* gegeben sein. Diesen Gegebenheitsweisen entsprechen die *verschiedenen Zugangsweisen.* Als Beispiel für ein in
seinem Zeugsein zu beschreibendes Zeug wählt Heidegger ein
Paar Bauernschuhe. Dieses Zeug kann aus verschiedenen Zugangsweisen heraus beschrieben werden.

Die *nächstliegende Zugangsweise* wäre die der *sinnlichen
Wahrnehmung.* Ich kann mich unmittelbar wahrnehmend vor
das leibhaft gegenwärtige zeughaft Seiende bringen. Diese nahe-
liegende Zugangsweise streift Heidegger, wenn er von der „Vor-
lage wirklicher Stücke" spricht (ebd.).

Doch weil es sich bei den Bauernschuhen um ein jedem bekann-
tes Zeug handelt, möchte die Zugangsweise des leibhaftigen
Wahrnehmens überflüssig und für die Situation des Lesers ungeeignet erscheinen. Was Heidegger nicht explizit ausspricht, aber
sagen will: Statt der gegenwärtigenden Wahrnehmung scheint
die *vergegenwärtigende Zugangsweise* für den verfolgten Zweck
auszureichen. Wenn jedermann Bauernschuhe „kennt", dann
heißt das: Wir brauchen für die Beschreibung nur an sie zu denken. Dieses Denken-an ist als Zugangsweise ein Vergegenwärtigen. Das Vergegenwärtigen von etwas, worin das Vergegenwärtigte nicht leibhaftig gegenwärtig ist, legt sich in eine *Reihe von
Möglichkeiten* auseinander. Man unterscheidet die vergangen-
heitsbezogene Wiedererinnerung, die zukunftsbezogene Vorer-
innerung (Erwartung), die gegenwartsbezogene Gegenwartserinnerung, aber auch die phantasierende Vergegenwärtigung, deren
Vergegenwärtigtes einer Zeitlichkeit angehört, die mitphanta-
siert ist und die in keinem Zusammenhang steht mit der Zeitlichkeit des phantasierenden Aktes. Für eine Beschreibung der Bauernschuhe in ihrem Zeugsein wären wohl die Wiedererinnerung
und die Gegenwartsvergegenwärtigung die geeignetsten Zugangsweisen. Ich denke an ein Paar Bauernschuhe entweder so,

daß ich mich an eine frühere Wahrnehmung erinnere, oder auch so, daß ich nicht nur in der erinnerten Wahrnehmung lebe, vielmehr mir die Bauernschuhe als dort, wo ich sie einmal gesehen habe, auch jetzt noch seiend vorstelle. Dann richtet sich mein Vergegenwärtigen in den aktuellen Gegenwartshorizont, in welchem sowohl mein Vergegenwärtigen (der Akt), als auch das darin Vergegenwärtigte gegenwärtig ist, nur daß dieses jetzt für mich nicht leibhaftig gegenwärtig ist, es aber jederzeit werden kann, wenn es wieder zu meinem aktuellen Wahrnehmungsfeld gehört.

Doch auch die Zugangsweise der bloßen Vergegenwärtigung wird ausgeschlagen. Um der Forderung der *unmittelbaren* Beschreibung nachzukommen, worin sich das Zeug unmittelbar begegnend in seiner Zeugheit zeigen soll, möchte es sich empfehlen, das Zeug in einer größeren Anschauungsfülle vorzustellen, als es die Wiedererinnerung und Gegenwartserinnerung vermögen. Da bietet sich die veranschaulichende Vorstellungsweise an. Ihr Korrelat ist die bildliche Darstellung. Die Zugangsweise zu einem Bild, in welchem ein Paar Bauernschuhe abgebildet ist, nennt die Phänomenologie der intentionalen Bewußtseinsarten die *Bildwahrnehmung*. Diese Phänomenologie hat auch gezeigt, daß Bildwahrnehmung nicht eine Vergegenwärtigungsweise neben den oben genannten ist, sondern daß sie ein von den Vergegenwärtigungen unterschiedenes intentionales Wesen hat. Während die aufgezählten Weisen der Vergegenwärtigung einfach gebaute Akte sind, ist die Bildwahrnehmung ein fundierter Akt: zuunterst ein sinnlich wahrnehmender Akt, dessen Gegenstand der leibhaftig gegenwärtige Bildweltträger ist, und darin gründend der Akt, der die Bildwelt vorstellt. Diese dritte Zugangsweise, die Bildwahrnehmung, scheint die gesuchte und angemessene Zugangsweise zu dem zu beschreibenden Zeug zu sein, wenn Heidegger für die bildliche Darstellung dieses Zeugs das *Gemälde von van Gogh* wählt. Wenn er in der Tat an diesem Gemälde für die Auslegung des Zeugs in seinem Zeugsein festhält, so nicht auch an der Zugangsweise der Bildwahrnehmung, jedenfalls nicht an der bewußtseinsphänomenologischen Bestimmung der Bildbetrachtung. Die Entscheidung für die veranschaulichende Vorstellungsweise als Zugangsweise zum Zeug wird *noch* in der Sprache der überlieferten und gewöhnlichen Denkweise getroffen, wonach ein Bild veranschaulicht und so etwas wie eine Zwischenstellung einnimmt zwischen der originären Wahrnehmung und der bloßen Vergegenwärtigung.

Das zu beschreibende Zeug soll uns für die Beschreibung in der Weise einer bildlichen Darstellung vorgegeben sein. Aus der bildwahrnehmenden Betrachtung als Zugangsweise soll die Beschreibung erfolgen. Jetzt, da die Beschreibung beginnen kann, tun sich neue Schwierigkeiten auf. *Wie* soll das im Bild dastehende Zeug beschrieben werden? Heidegger unternimmt *zwei Anläufe,* um erst im *dritten Anlauf* die gesuchte und angemessene Beschreibungsrichtung einzuschlagen.

Der *erste Anlauf* der Beschreibung bleibt im Vordergründigen stecken. Er beschränkt sich auf die Abhebung dessen, woraus die Schuhe hergestellt sind, auf die Kennzeichnung der Form und auf die Angabe der besonderen Dienlichkeit dieses Zeugs. Dabei wird mitgesehen, daß das Verständnis der Dienlichkeit die Wahl des Materials und die Formgebung bei der Herstellung dieses Zeuges regelt. Diese vordergründige Beschreibung bleibt zwar nicht stehen bei der Kennzeichnung von Stoff und Form, sondern führt zur Dienlichkeit. Aber sie faßt die Dienlichkeit lediglich als einen ontischen Charakter dieses Seienden und nimmt diesen als das Zeugsein des Zeuges. Damit ist aber die Dienlichkeit als solche und als Seinsverfassung im Unterschied zum Seienden dieses Seins noch nicht begriffen.

Aus der Einsicht, daß in der bloßen Nennung der Dienlichkeit das Zeugsein des Zeuges noch nicht bestimmt ist, wird ein *neuer Anlauf* notwendig, der nun eigens *der Dienlichkeit nachfragt.* Um die Dienlichkeit des Zeuges selbst zur Abhebung zu bringen, müssen wir, so scheint es, „das dienliche Zeug in seinem Dienst aufsuchen" (S. 22). Eine unmittelbar wahrnehmende Anschauung davon, wie die Bäuerin mit ihren Arbeitsschuhen besorgend umgeht, statt einer bloßen Vergegenwärtigung oder bildlichen Darstellung wird scheinbar doch unumgänglich. Jetzt ginge es darum, wirkliche Bauernschuhe nicht in ihrem Aussehen, sondern in ihrem *Gebrauch* zu beschreiben, um die konkrete Dienlichkeit eigens zu fassen. Die Beschreibung würde so beginnen: Die Bäuerin trägt die Schuhe während ihrer Landarbeit auf dem Acker. Erst in diesem Getragenwerden, d. h. in der besonderen Weise des besorgenden Umgangs mit diesem Zeug, sind die Schuhe das, was sie als dieses bestimmte zeughaft Seiende sind. Im besorgenden Umgang mit ihnen *sind sie für* die Bäuerin das Zeug, mit dem es sein Bewenden hat beim Gehen auf dem Felde. In dem aus dem Verständnis der Dienlichkeit geführten Besorgen begegnet der besorgenden Bäuerin das von ihr besorgte Schuhzeug. Damit ihr dieses Zeug begegnen kann, muß sie es nicht betrachten und thematisch erfassen. Zum Wesen des besorgenden Umgangs gehört der nichtthematisierende Bezug zum besorgten Zeug. Der besorgende Umgang hält sich als Verhaltensweise in einem Vollzugswissen, das geführt ist von einem Verstehen der Dienlichkeit und zu dem ein Verstehen des besorgten Zeuges in seiner Dienlichkeit gehört. Sofern die Bäuerin während der Arbeit in ihren Schuhen geht und steht, dienen die Schuhe wirklich. Unsere Beschreibungssituation sollte geprägt sein durch die Anschauung des *wirklichen,* d. h. aktuellen Zeug*gebrauchs.* Das Zeughafte des Zeuges begegnet dem erfassenden Blick scheinbar nur dann, wenn wir uns vor den *aktuellen* Vorgang des Zeugumganges bringen und diesen nicht nur in allgemeiner Weise vergegenwärtigen. Deshalb scheint auch die gewählte bildliche Darstellung des zu beschreibenden Zeugs unzureichend zu sein. Das Gemälde van Goghs bildet nicht den aktuellen Gebrauch des Schuhzeugs, sondern nur die ungebrauchten Schuhe ab. Unzureichend scheint diese Abbildung auch deshalb zu sein, weil sie das Schuhzeug nicht in seiner ihm eigentümlichen Umwelt zeigt. Wohl stehen sie im Bilde da als oft gebraucht, aber das Bild läßt scheinbar nichts von dem sehen, wo sie und wozu sie gebraucht werden. Von der diesem Zeug eignenden Dienlichkeit ist scheinbar im Bilde nichts zu sehen.

Die beiden ersten Versuche, das Zeughafte des Zeuges ohne

überlieferte philosophische Theorien zur Abhebung zu bringen, blieben trotz echt Gesehenem noch unzulänglich. Denn sie haben die *Zugangsweise zu einem Bild,* zumal wenn es sich um kein gewöhnliches, sondern um ein *Kunstwerk* handelt, und die *Beschreibungsrichtung* des im Bilde Dargestellten *in der Orientierung an gewohnten Denkweisen* gekennzeichnet. Inwiefern die Kennzeichnung der Zugangsweise zu einem Gemälde als Bildwahrnehmung unzulänglich ist, können wir erst verstehen, wenn wir aus dem dritten Anlauf der Beschreibung die angemessene unmittelbare Erfahrung des Bildes als eines Kunstwerkes kennenlernen. Die in den beiden ersten Versuchen eingeschlagene Beschreibungsrichtung war nur insoweit angemessen, als sie auf die Dienlichkeit als das Zeughafte des Zeuges ausgerichtet war. Aber die Dienlichkeit wurde nur als das dienliche Zeug anvisiert und nicht als die vom zeughaft Seienden *unterschiedene Seinsverfassung* erfaßt. Mit anderen Worten, die beiden bisherigen Versuche entsprachen noch nicht dem Erfordernis der phänomenologischen Methode, ausgehend vom zeughaft Seienden den erfassenden Blick zurückzuführen auf dessen Seinsverfassung und auf das Seinsverständnis dessen, der besorgend mit diesem Zeug umgeht.

Bevor wir uns dem dritten, glückenden Beschreibungsversuch zuwenden, ist eine Zwischenbemerkung notwendig. In den beiden ersten Versuchen, das Zeughafte des Zeugs ohne die überlieferten Dingbegriffe zu beschreiben, hat sich unversehens die Sachlage erschwert. Dadurch, daß die Kunstwerk-Abhandlung einer Zuwendung zu einem leibhaftig gegebenen Zeug die Zuwendung zu einem in einem Gemälde gemalten Zeug vorgezogen hat, geht an uns die Forderung, nicht mehr nur die unmittelbare Erfahrung des Zeugs in seinem Zeugsein, sondern *auch den angemessenen Zugang zum Bild* zu gewinnen. Das Bild ist hier aber ein *Kunstwerk.* Und so sehen wir uns plötzlich statt nur vor ein zeughaft Seiendes zugleich vor ein Kunstwerk gestellt, nach dessen Werksein vorrangig gefragt wird. Warum die Abhandlung diesen merkwürdigen Zickzackweg zur Beantwortung ihrer Ausgangsfrage einschlägt, leuchtet erst ein, wenn der dritte

Anlauf der Beschreibung des Schuhzeugs in seinem Zeugsein durch das Kunstwerk geglückt ist.

§ 11. Beschreibung des Zeugseins des Zeuges aus der unmittelbaren Erfahrung des Kunstwerkes

a) Das Schuhzeug und der besorgende Umgang. Der verschwiegene Zuruf der Erde in der Offenbarkeit des besorgten Zeuges

Der *dritte Anlauf der Beschreibung des Zeughaften des Zeugs* über dasjenige, *was* das *Bild vom Zeughaften des Schuhzeuges sehen läßt*, geschieht, wie sich im nachhinein erweist, *aus* der unverstellten, daher *unmittelbaren Erfahrung des Kunstwerkes heraus*. Unter der Voraussetzung, daß dieses Kunstwerk das ursprüngliche Zeugsein des Zeuges sehen läßt, versetzt es den Beschreibenden *zugleich in die unmittelbare Erfahrung des Zeuges*. Wie streng diese Beschreibung gedacht ist, fällt uns nur dann auf, wenn wir sie schrittweise verfolgen. Sie ist eine phänomenologische Beschreibung, weil sie, ausgehend vom Zeug, nicht an diesem hängen bleibt, sondern *zurückgeht* auf die Seinsverfassung dieses Zeugs und diese aus dem Seinsverständnis des Zeug gebrauchenden Menschen auslegt.

Wenn das Gemälde sehen läßt, wie ‚aus der dunklen Öffnung des ausgetretenen Inwendigen des Schuhzeuges die Mühsal der Arbeitsschritte starrt‘ (S. 22 f.), läßt es *mit* diesem *Zeug* den *besorgenden Umgang* sehen. Die mühseligen Arbeitsschritte gehören in den konkreten Gebrauch des Schuhzeuges. Aus der im Bilde gesehenen „derbgediegenen Schwere des Schuhzeuges" (ebd.) spricht „die Zähigkeit des langsamen Ganges" (ebd.) während der Arbeit. Auch der ‚langsame Gang‘ gehört in die spezifische Gebrauchsweise des Schuhzeuges der Bäuerin. Im Gehen in diesen Schuhen während der Arbeit ist sie sich selbst erschlossen im Vollzug dieses besorgenden Umgangs. In dieser besorgenden Selbsterschlossenheit ist sie mit der spezifischen Dienlichkeit ihres Schuhzeuges vertraut. Aus dieser Vertrautheit heraus weiß sie um das gebrauchte Schuhzeug, ohne daß sie eigens an es denkt. In diesem unausdrücklichen besorgenden Wissen um das gebrauchte Zeug ist es für sie gemäß der Dienlichkeit entdeckt oder, wie Heidegger auch sagt, offenbar.

Der langsame Gang der die Schuhe gebrauchenden Bäuerin ist ein Gang „durch die weithin gestreckten und immer gleichen Furchen des Ackers" (ebd.). Das will sagen: Das Schuhzeug ist im besorgenden Umgang für die Bäuerin als das so und so Dienliche offenbar in eins mit dem Ackerboden. Dieser ist aber nicht auch ein Zeug neben dem Schuhzeug und dem anderen Zeug, das zum umweltlichen Zeugzusammenhang der Bäuerin gehört. Der Ackerboden gehört zu dem, was Heidegger die *Erde* nennt. Die Offenbarkeit der Erde in eins mit der Entdecktheit des jeweilig besorgten Zeugs zeigt sich auch ‚in dem Feuchten und Satten des Bodens, das auf dem Leder liegt' (ebd.). Im besorgenden Umgang begegnet in eins mit dem Schuhzeug der Feldweg, der ‚sich unter den Sohlen hinschiebt' (ebd.). Das bisher Beschriebene faßt Heidegger zusammen in dem Satz: „In dem Schuhzeug schwingt der verschwiegene Zuruf der Erde, ihr stilles Verschenken des reifenden Korns und ihr unerklärtes Sichversagen in der öden Brache des winterlichen Feldes" (ebd.). Der Zuruf der Erde ist die Weise, wie die Erde in dem, was sie ist, offenbar ist und in ihrer Offenbarkeit sich bekundet. Der Zuruf ist ein ‚verschwiegener', einmal weil er nicht verlautbart, vor allem aber, weil die Erde, wie später ausgelegt wird, das Sichverschließende ist. Als das Sichverschließende kann sie sich nur in verschwiegener Weise zurufend bekunden. Sie bekundet sich, indem sie als das Sichverschließende begegnet. Sie begegnet der Bäuerin in ihrem vielfältigen Zeuggebrauch und so auch im Gebrauch des Schuhzeuges. Im besorgenden Umgang mit dem Schuhzeug schwingt durch die Offenbarkeit dieses Zeuges die Offenbarkeit der Erde. Denselben Sachverhalt können wir auch so fassen: Im besorgenden Umgang begegnet der Bäuerin in eins mit dem besorgten Zeug die Erde. Hier im Zeuggebrauch der Landarbeit ist die Erde offenbar als diejenige, die im rhythmischen Wechsel das Wachstum gewährt und versagt.

b) Offenbarkeit des Zeuges und die Befindlichkeit des In-der-Welt-seins

Das im Gemälde sich zeigende Schuhzeug läßt ferner die *Befindlichkeit* sehen, in der sich die Bäuerin in ihrem besorgenden Umgang erschlossen ist und in der Zeug und Erde für sie offenbar sind. Die Grundstimmungen, in denen sich der besorgende Daseinsvollzug der Bäuerin vollzieht, werden als ,das klaglose Bangen' und als die ,wortlose Freude' benannt (ebd.). Wir erfassen das Wesen dieser Grundstimmungen nur, wenn wir sie im Horizont dessen auslegen, was Heidegger in „Sein und Zeit" (§ 29) in seiner existenzial-ontologischen Analyse der Stimmung und Befindlichkeit für seinen Denkansatz in grundlegender Weise ausgeführt hat. Zugleich knüpfen wir an unsere obigen Ausführungen über diese Analyse an (vgl. oben S. 32 ff.).

Im Zuge der Analyse weist Heidegger *drei ontologische Wesenscharaktere der Befindlichkeit* auf. Für das Verständnis der uns jetzt beschäftigenden Textstelle sind der zweite und dritte Wesenscharakter entscheidend. *Durch das Schuhzeug* „zieht das klaglose Bangen um die Sicherheit des Brotes" sowie „die wortlose Freude des Wiederüberstehens der Not" (Holzwege, S. 23), weil die Grundstimmungen kein bloß subjektiver Gefühlszustand sind, sondern eine Weise, in der das Dasein als *In-der-Welt-sein* und dieses als *Ganzes* erschlossen ist (vgl. S. u. Z., S. 137). Das aber heißt: Die Befindlichkeit ist eine „existenziale Grundart der *gleichursprünglichen Erschlossenheit* von Welt, Mitdasein und Existenz" (ebd.). Existenz als ,ich existiere' heißt: Ich bin mir in meinem Sein selbsthaft erschlossen in den Weisen meines besorgenden Umgangs mit innerumweltlich begegnendem Zeug. Die vielfältigen Weisen des Besorgens sind im vorhinein geeint in der Einheit einer Grundmöglichkeit des Existierens. Dasein verhält sich existierend in seinem Sein zu seinem Sein, sofern es sich je und je auf Grundmöglichkeiten seines In-der-Welt-seins entwirft. In solche Grundmöglichkeiten findet es sich mit der faktischen Erschlossenheit versetzt. Das Sichentwerfen-auf hat den Charakter des Für-sich-aufschließens je schon faktisch im Da des Daseins vorgegebener Möglichkeiten. Dasein als In-der-Welt-sein existiert als geworfenes Sichentwerfen-auf. Eine solche Grundmöglichkeit ist die des ,Sorgens um die Sicherheit des Brotes'. Als Grundmöglichkeit umschließt sie eine Vielfalt von einzelnen Weisen des Besorgens. Diese sind untereinander geeint in der Einheit dieser Grundmöglichkeit. In den Grundmöglichkeiten existiert das Dasein, sofern es In-der-Welt-sein ist, selbsthaft aufgeschlossen für die Erschlossenheit von Welt. Die Grundmöglichkeiten sind Möglichkeiten des Existierens aus der Weltoffenheit. Das Sorgen um die Sicherheit des Brotes ist eine Grundmöglichkeit des weltoffenen Existierens. ,Welt' meint hier die Ganzheit von Sinnbezügen, zunächst die Ganzheit der Bewandtnisse, aus welcher sich der umweltliche Zeugzusammenhang der Bäuerin bestimmt. Im Für-sich-aufschließen der Grundmöglichkeit der Sorge um das Brot schließt das Dasein den zu der Grundmöglichkeit gehörenden Welt-Horizont in Gestalt der Bewandtnisganzheit auf. Die existenzielle ,Verwirklichung' der ergriffenen Grundmöglichkeiten vollzieht sich in den Weisen des besorgenden Umgangs. Im Übergang von einer Weise des Besorgens zur anderen durchmißt das Dasein die Erschlossenheit seiner ergriffenen Grundmöglichkeit und des zu ihr gehörenden Welthorizontes. In solchem Durchmessen hält es sich die Bewandtnisganzheit und die jeweilige Bewandtnis vor, die es *mit* dem je besorgten Zeug *bei* einem anderen Zeug desselben Zeugzusammenhanges hat. Existenz und Welt sind in dem jetzt erläuterten Sinne gleichursprünglich erschlossen. Die Stimmungen sind Weisen dieser gleichursprünglichen Erschlossenheit von Welt und Existenz. Die Erschlossenheit im ganzen, d. h. die existenzial-selbsthaft erschlossene Erschlossenheit von Welt ist je und je gestimmte Erschlossenheit.

Zum Verständnis des Wesens der Stimmungen ist wichtig zu beachten, daß sie als Weisen des In-der-Welt-seins aus diesem selbst aufsteigen (S. u. Z., S. 136). Dieser Wesenszug gehört in den ersten Wesenscharakter der Stimmung, wonach die Stimmung das Dasein in seiner Geworfenheit erschließt (ebd.). Wie das Dasein nicht der Grund seiner Erschlossenheit ist, sondern sich zu ihr nur insofern aufschließend verhalten kann, als es je schon in sie versetzt ist, so ist es auch nicht der Grund seiner Gestimmtheit, sondern es wird, indem es sich in die Erschlossenheit versetzt findet, in die je gestimmte Erschlossenheit gebracht. Sind nun Existenz und Welt gleichursprünglich *stimmungsmäßig* erschlossen und begegnet das innerumweltliche Zeug aus der gestimmten Erschlossenheit der Welt als Bewandtnisganzheit, dann ist auch die innerweltliche Entdecktheit des Zeugs bestimmt durch die gestimmte Welterschlossenheit. Die jeweilige stimmungsmäßige Erschlossenheit von Existenz und Welt bestimmt die Art, in der das Dasein vom innerweltlich begegnenden Seienden angegangen wird. Das ist der dritte ontologische Wesenscharakter der Befindlichkeit.

Durch das Schuhzeug zieht das klaglose Bangen ... und die wortlose Freude ..., sofern das In-der-Welt-sein der Bäuerin als Ganzes in diesen Grundstimmungen erschlossen ist. In der sprachlichen Wendung ‚das klaglose Bangen *um*‘ liegt das Sichsorgen-um. Im Sichsorgen um die Sicherheit des Brotes hat sich die Bäuerin auf diese Grundmöglichkeit des Existierens entworfen. Das Existieren in der Erschlossenheit dieser Grundmöglichkeit und der zu ihr gehörenden Welt ist gestimmt in der Weise des klaglosen Bangens. Diese Befindlichkeit stimmt alle zu der Grundmöglichkeit gehörenden Weisen des Besorgens. Sie bestimmt ferner die Erschlossenheit des zu der Grundmöglichkeit gehörenden Welthorizontes, und sie bestimmt schließlich die Art, wie die Bäuerin in ihrem besorgenden Umgang von dem besorgten Zeug angegangen wird. Das Bangen und die Freude ‚ziehen durch das Zeug‘ heißt: Die seiner Dienlichkeit gemäße Entdecktheit des Zeugs ist bestimmt durch die Befindlichkeit, in der die Existenz der Bäuerin und die zur Grundmöglichkeit gehörende Welt erschlossen sind.

Außer dem Bangen und der Freude nennt Heidegger in der Beschreibung des Schuhzeuges in seinem Zeugsein „das Beben in der Ankunft der Geburt" und „das Zittern in der Umdrohung des Todes" (Holzwege, S. 23). Hier ist an das zu erinnern, was Heidegger in „Sein und Zeit" existenzial-ontologisch über Geburt und Tod des Daseins ausgeführt hat. Geburt und Tod werden aus der Existenz interpretiert. Es wird gefragt, wie das Dasein sich in seinem Sein zu Geburt und Tod existierend verhält, – wie in das Existenzverständnis Geburt und Tod hereinstehen. „Das faktische Dasein existiert gebürtig, und gebürtig stirbt es auch schon im Sinne des Seins zum Tode" (S. u. Z., S. 374). Das bedeutet: Dem Dasein ist in seinem Sein die zweifache Begrenztheit seiner Erschlossenheit als In-der-Welt-sein erschlossen. Es existiert als das erschlossene Zwischen-Geburt-und-Tod. Die Erstreckung dieses Zwischen ist existenzial verstanden die Existenz selbst in ihren fundamentalen Seinsweisen des Geworfenseins und des Sichentwerfens-auf. Existenzial-zeitlich ausgelegt ist das Sichentwerfen-auf ein aufschließendes Auf-sich-zukommen und das Geworfensein ein Auf-sich-zurückkommen, zurück auf das faktische Erschlossensein. Auf-sich-zukommen heißt: auf-sich-zukommen in der aufzuschließenden Grundmöglichkeit des In-der-Welt-seins. Auf sich zukommend kommt es in einem zumal auf sich zurück. Denn im Für-sich-aufschließen der Grundmöglichkeit erschließt sich ihm sein je schon geworfenes Aufgeschlossen-gewesensein. Das Auf-sich-zukommen ist aber eingelassen in ein existierendes Offenstehen für den eigenen Tod. Dieser wird darin verstanden als die eigenste, unbezügliche, gewisse und als solche unbestimmte, unüberholbare, also unausweichliche Möglichkeit der *Unmöglichkeit der Existenz überhaupt* (a. a. O., S. 262). Die schlechthinnige Unmöglichkeit des Existierens als des In-der-Welt-seins muß wie die Möglichkeiten des Daseins aus der Erschlossenheit ausgelegt werden. Die Un-Möglichkeit meint die Un-Erschlossenheit, die Nichterschlossenheit und somit die Verschlossenheit. Das zur Existenz wesenhaft gehörende existierende Offenstehen für die das Dasein bedrohende Unmöglichkeit des Existierens nennt Heidegger das Sein-zum-Tod, wobei Sein-zum das existierende *Sichverhalten zum* eigenen Tod bedeutet. Alles auf sich zukommende Für-sich-aufschließen von Grundmöglichkeiten des In-der-Welt-seins vollzieht sich als ein Sein zum Tode. Das auf sich zukommende Sichentwerfen auf die Grundmöglichkeiten geschieht in der existierenden Offenheit für den Tod, der die Erschlossenheit des Daseins als die *abgründige Verschlossenheit* begrenzt.

Wie das auf sich zukommende Sichentwerfen-auf in die existierende Offenheit für den eigenen Tod eingelassen ist, so das auf sich zurückkommende geworfene Existieren in die Offenheit für die eigene Geburt. Mit der Geburt ist die Begrenzung der Erschlossenheit des eigenen In-der-Welt-seins hinsichtlich ihres Anfanges existenziell verstanden. Alles existierende Zurückkommen auf sein Aufgeschlossen*gewesensein* kommt letztlich verstehend zurück auf die Geburt, d. h. aber auf den *geworfenen Anfang* meines Daseins.

Diese grundsätzlichen existenzial-ontologischen Sachverhalte sind angesprochen, wenn Heidegger sagt, daß durch das Schuhzeug das Beben in der Ankunft der Geburt und das Zittern in der Umdrohung des Todes zieht. Zwar gilt das Beben in der Ankunft der Geburt nicht der eigenen Geburt der Bäuerin. Zwar bezieht sich das Zittern nicht nur auf die Umdrohung des eigenen Todes der Bäuerin. Gemeint sind die Geburt der Kinder der Bäuerin und sowohl der eigene Tod als derjenige der nächsten Anderen, mit denen die Bäuerin ihr In-der-Welt-sein in der Grundmöglichkeit der Sorge um die Sicherung des Brotes teilt. Geburt und Tod als existenzielle Phänomene sind hier auf dem Grunde des existenzialen Mitseins mit anderem Dasein angesprochen. Auch für diesen ontologischen Sachverhalt ist an die Analyse des existierenden Miteinander-in-der-Welt-seins in „Sein und Zeit" zu erinnern (§ 26). In dieser wird das Existenzial des Mitseins aufgewiesen, das aus der Seinsverfassung des Daseins verstehen läßt, wie ich *mit* anderem Dasein existiere. Das je eigene In-der-Welt-sein ist durch die Seinsweise des Mitseins so konstituiert, daß es sich selbst erschlossen ist in einer Erschlossenheit, die es mit anderem Dasein teilt. Aufgrund der Seinsweise des Mitseins existiere ich so, daß mir die selbsthaft erschlossene Aufgeschlossenheit meines In-der-Welt-seins als eine solche aufgeschlossen ist, die ich grundsätzlich mit anderem Dasein teile. Das bedeutet: Ich teile mit dem Anderen die Erschlossenheit der ergriffenen Grundmöglichkeit, der zu ihr gehörenden Welt und der in die Grundmöglichkeit eingeschlossenen Weisen des besorgenden Umgangs. Desgleichen teile ich auf dem Grunde der geteilten Erschlossenheit von Welt (Mitwelt) die Entdecktheit des im geteilten Besorgen begegnenden Zeuges. In diesem existenzial begriffenen Sinne ist das In-der-Welt-sein ein Miteinandersein. Aber innerhalb der durch das Mitsein bestimmten Erschlossenheit des In-der-Welt-seins hat die Offenheit für die je eigene Geburt und für den je eigenen Tod einen Vorrang. Nur aus meinem existierenden Verhalten zum geworfenen Anfang und zur unausweichlichen Begrenzung meines Daseins durch meinen Tod bin ich offen für den geworfenen Anfang und das unausweichliche Ende des anderen Daseins. Der in die Erschlossenheit des In-der-Welt-seins hereinstehende geworfene Anfang durchstimmt in einer eigenen Weise die Erschlossenheit. Die Offenheit für den geworfenen Anfang des nächsten Anderen, in der die Bäuerin die Geburt ihres Kindes besteht, ist gestimmt durch die Befindlichkeit des Bebens. Ebenso durchstimmt das in die Erschlossenheit des In-der-Welt-seins hereinstehende unüberholbare Ende die Erschlossenheit im ganzen. Heidegger nennt diese Befindlichkeit die Umdrohung. Weil Geburt und Tod Anfang und Ende der Erschlossenheit des In-der-Welt-seins sind, in dieser ganzheitlichen Erschlossenheit aber die Entdecktheit des besorgten Zeuges gründet, begegnet das Zeug auch aus der vom Beben und der Umdrohung durchstimmten Erschlossenheit.

c) Das Behütetsein des offenbaren Zeuges in der Welt der
Bäuerin. Zeug und Ding in „Sein und Zeit" und
in der Kunstwerk-Abhandlung

Heidegger faßt die Beschreibung des Schuhzeuges aus dem Gemälde zusammen: „Zur Erde gehört dieses Zeug und in der Welt der Bäuerin ist es behütet" (S. 23). Die erste Satzhälfte nimmt noch einmal den ersten Teil der Beschreibung auf, die in den Satz einmündete: „In dem Schuhzeug schwingt der verschwiegene Zuruf der Erde". Dasselbe sagt auch der Satz: „Zur Erde gehört dieses Zeug." Die zweite Satzhälfte „und in der Welt der Bäuerin ist es behütet" faßt den zweiten Teil der Beschreibung zusammen. Galt der erste Teil dem Bezug von Zeug und Erde, so der zweite dem Bezug von *Zeug und Welt*. Der *Welt-Begriff* in der Kunstwerk-Abhandlung ist gegenüber dem von „Sein und Zeit" ausgeweitet. Die Art dieser Ausweitung können wir nur schrittweise durch die Auslegung der dafür entscheidenden Textstellen erfassen. Zunächst gehen wir vom Welt-Begriff aus, wie er in „Sein und Zeit" angesetzt ist. Dieser stand auch bisher immer schon im Blick. Die Welt der Bäuerin ist zunächst der mit der Grundmöglichkeit der sorgenden Sicherung um das Brot aufgeschlossene Welthorizont. Welt meint hier das Ganze der Bewandtnisbezüge, in deren Erschlossenheit sich der Daseinsvollzug, d. h. die vielfältigen ineinandergreifenden Weisen des Besorgens des umweltlich begegnenden Zeuges halten. Die Bewandtnisganzheit darf nicht nur in *der* Enge gesehen werden, in der sie in „Sein und Zeit" exemplarisch als die Bewandtnisganzheit der Wohnung und des Wohnens oder der Werkstatt und des Herstellens von Zeug zur Abhebung gelangt. Die Erschlossenheit der Bewandtnisganzheit, die mit der Grundmöglichkeit der Sorge um das Brot aufgeschlossen ist, leitet das Tun und Sinnen der Bäuerin nicht nur auf dem Felde, sondern auch in Haus und Hof und wo sonst auch immer sie ihren Aufenthalt nimmt. Alles zeughaft Seiende: die Arbeitskleidung wie das Schuhzeug, die Gerätschaften für die Landarbeit, Haus und Hof und alle dazugehörenden Dinge des Gebrauchs, aber auch der Feldweg, der dazu dient, die Bäuerin zu Acker und Wiesen gelangen zu lassen, ja selbst die Felder und Weiden, die der Bereitstellung der Nahrungsmittel dienen – alles das begegnet der Bäuerin aus jener umfassenden Bewandtnisganzheit, die in der umgreifenden Grundmöglichkeit ihres In-der-Welt-seins aufgeschlossen gehalten ist.

Wurden nicht aber Acker, Boden und Feldweg vom Zeug (Schuhzeug) unterschieden und als Erde angesprochen? Hier stoßen wir auf ein wichtiges Problem. In „Sein und Zeit" zählt Heidegger Weg und Boden zur Umwelt*natur* (S. 70 f.). Das naturhaft Seiende, das in die von der Bewandtnisganzheit bestimmte Umwelt hereinsteht, wird *dort* als das *Herstellungs-unbedürftige* von dem hergestellten Zeug unterschieden. Dennoch wird es wie dieses als Zuhandenes gefaßt, allerdings mit dem Zusatz ‚immer schon' zuhanden. *Zuhandenheit* ist nach „Sein und Zeit" die Seinsart des zeughaft Seienden, im Gegenhalt zur *Vorhandenheit* als der Seinsart des Dinges, wie es für das theoretische Erkennen zugänglich ist. Die in „Sein und Zeit" vorgenommene und durchgehaltene Unterscheidung von Zeug und Ding deckt sich *nicht* mit der von Gebrauchsding und bloßem Ding in der Kunstwerk-Abhandlung. Das ‚bloße Ding' nach „Sein und Zeit" ist nicht der bloße Granitblock, der in der Kunstwerk-Abhandlung in seinem ihm eigentümlichen Dingsein bestimmt werden soll, aber in seinem Dingsein, in welchem es nicht für das theoretische Erkennen, sondern für die natürliche unmittelbare Erfahrung der reinen Naturdinge offenbar ist. Das ‚bloße Ding' nach „Sein und Zeit" ist die res, das Körperding Descartes' bzw. der Gegenstand der Erfahrung Kants. Es ist das Seiende in der Sicht der überlieferten Ding-Ontologie, der Erkenntnistheorie, aber auch der Naturwissenschaften. Das bloße Ding im Sinne des *Naturdinges,* das in der Kunstwerk-Abhandlung hinsichtlich seines Insichruhens und seiner Eigenwüchsigkeit thematisch wird, – das bloße Ding, das nicht und soweit es nicht Zuhandenes ist, bleibt in „Sein und Zeit" fast ganz unthematisch. Dort, wo es genannt wird, zieht Heidegger den Begriff des Vorhandenen heran, der dann nicht mit dem Vorhandenen im Umkreis des theoretischen Erkennens gleichzusetzen ist.

Thematisch wird das naturhaft Seiende in „Sein und Zeit" nur insoweit, als es in den umweltlichen Zeugzusammenhang hereinsteht und selbst an der Seinsart der Zuhandenheit *teilhat.* Herstellungsunbedürftiges naturhaft Seiendes, das dennoch in der Seinsart der Zuhandenheit begegnet, ist in „Sein und Zeit": der Wald als Forst, der Berg als Steinbruch, der Fluß als Wasserkraft, der Wind in den Segeln, der Boden in den Wegen, Straßen und Brücken, Sonne, Licht und Dunkel, Witterung als das, dem Rechnung getragen wird in der Errichtung der Gebäude.

Ein wesentlicher ontologischer Unterschied zwischen dem hergestellten Zeug und der zuhandenen nicht hergestellten Umweltnatur ist darin zu sehen, daß das hergestellte Zeug in seinem Zeugsein als Zuhandenheit aufgeht, während die Umweltnatur sich in der Seinsart der Zuhandenheit *nicht erschöpft.* Daß uns die Natur auch als nichtzuhandene vortheoretisch im natürlichen Daseinsvollzug angehen kann, sieht Heidegger natürlich auch in „Sein und Zeit", wenn er dort sagt: „Mit der entdeckten ,Umwelt' begegnet die so entdeckte ,Natur'. Von deren Seinsart als zuhandener kann abgesehen, sie selbst lediglich in ihrer puren Vorhandenheit entdeckt und bestimmt werden. Diesem Naturentdecken *bleibt aber auch die Natur als das, was ,webt und strebt', uns überfällt, als Landschaft gefangen nimmt, verborgen.* Die Pflanzen des Botanikers sind nicht Blumen am Rain, das geographisch fixierte ,Entspringen' eines Flusses ist nicht die ,Quelle im Grund'." (S. 70. Von uns ausgezeichnet) Das in dieser Textstelle genannte Absehen von der Seinsart der Zuhandenheit und Entdecken der Natur in ihrer puren Vorhandenheit ist die spezifische Zugangsweise der Naturwissenschaften. Sowohl von der zuhandenen als von der bloß vorhandenen Natur hebt Heidegger eine Begegnisweise der Natur ab, in der sie uns als das Webende und Strebende überfällt oder als Gebirgslandschaft gefangennimmt. *Das ist die auf sich beruhende und in sich ruhende Natur,* wie sie in „Sein und Zeit" nicht weiter thematisiert, aber in der Kunstwerk-Abhandlung unter den Namen ,Erde' und φύσις eigens befragt wird.

Weil das Zeug nur ist, was es ist, aus der vorgängig erschlossenen Bewandtnisganzheit, ist es in dieser als der Welt der Bäuerin *behütet.* Behütet heißt: in dem, was es ist, gewahrt in der Welt. Schon im Hinblick auf die an späteren Textstellen deutlich werdende Erweiterung des Weltbegriffes gegenüber dem Weltbegriff in „Sein und Zeit" können wir die Welt kennzeichnen als die im Da des Daseins, d. h. in der existenzial-selbsthaft erschlossenen Erschlossenheit aufgeschlossene Ganzheit von Sinnbezügen. Aus deren horizontaler Erschlossenheit bestimmt sich das Tun und Trachten der Bäuerin und begegnet Seiendes als innerweltlich-bestimmtes: sowohl das im

Herstellen erzeugte als das von Natur aus herstellungsunbedürftige Seiende.

Wenn aber der Boden als Acker durch die Bearbeitung in die Bewandtnisganzheit hereinsteht und in einer spezifischen Dienlichkeit begegnet, wird er dadurch nicht zu einem Zeug, d. h. zu einem Gebrauchsding. Der Boden ist auch als dienender Erde. Die Dienlichkeit des Ackers ist *eine* Weise, wie die Erde in die Welt der Bäuerin hereinsteht (später heißt es: durchragt). Sie bleibt dabei die Erde und hebt sich als solche ab vom innerweltlichen Zeug. *Die Erde ist, was sie ist, nicht in und aus der Welt der Bäuerin wie das Zeug,* etwa das Schuhzeug, das nur als dieses Zeug ist aus der Welt, die es in seinem Zeughaften wahrt. Dennoch hat das Zeug einen wesentlichen Bezug zur Erde: das *Zugehören des Zeugs zur Erde. Das Zeugsein des Zeugs gründet in einem zwiefachen Bezug: zur Erde und zur Welt.* Diesen *Doppelbezug* faßt Heidegger als das behütete Zugehören. „Aus diesem behüteten Zugehören ersteht das Zeug selbst zu seinem Insichruhen" (Holzwege, S. 23). Auch dem Zeug eignet ein Insichruhen, das aber nicht dem Insichruhen des bloßen Dinges gleich ist, sofern ihm das Eigenwüchsige fehlt. Das Insichruhen des Zeugs ist ein wesentlicher Grundzug seines Zeugseins. Das ,erstehen', von dem hier die Rede ist, nennt das ontologische Geschehen des Entdecktwerdens bzw. des Offenbarwerdens. Das Zeug gewinnt seine ihm eigentümliche Offenbarkeit aus seinem Doppelbezug zu Welt und Erde.

§ 12. *Zeugsein des Zeuges als die Verläßlichkeit. Eingelassenheit des Seinsverständnisses des Zeug-Umgangs in das Verständnis der Offenbarkeit der Erde und der Offenheit der Welt*

In der Beschreibung des Schuhzeuges im Gemälde wurde das Zeug in seinem Bezug zu Erde und Welt aufgewiesen. Weil aber das Zeug nur Zeug ist im gebrauchenden Umgang, wird nun eigens dargetan, *wie das Dasein im besorgenden Umgang über das besorgte Zeug und das darin verstandene Zeugsein des Zeu-*

ges im verstehenden Bezug zur Offenbarkeit der Erde und zur Erschlossenheit der Welt steht.

Man möchte meinen, daß das Tragen von Bauernschuhen während der Feldarbeit nichts Besonderes an sich hat, das einer längeren Aufklärung bedürfe. Was ist einfacher als ein Umgang mit solchem Zeug, der im Unterschied zu vielen anderen Hantierungen nicht einmal gelernt werden muß. Wer so spricht, ist so lange im Recht, wie er im Tragen von Schuhen nur einen ontischen Vorgang sieht, der in der Tat keiner ontischen Erklärung bedarf. Etwas anderes ist jedoch eine ontologische Aufklärung. Wohl ist das Tragen der Bauernschuhe ein einfacher Umgang mit Zeug. Dessen ontologische Aufklärung jedoch ist nicht einfach, sondern stellt uns vor die schwierigsten Fragen. Nicht nur während der Arbeit, wenn die Bäuerin in den Schuhen geht, sondern auch nach der Arbeit beim Wegstellen und vor der Arbeit beim Anziehen der Schuhe, aber auch während des feiertäglichen Ausruhens, wenn ihr Blick die abgestellten Schuhe streift, hält sie sich in einem unthematischen Wissen des behüteten Zugehörens des Zeugs zu Erde und Welt. Die vorangegangene Beschreibung war eine erste Auslegung dieses unthematischen Wissens der Bäuerin, das wir in der Sprache von „Sein und Zeit" als das *vorontologische Seinsverständnis* bezeichnen können. Seinsverständnis ist hier im weiten Sinne gemeint als das Verstehen des spezifischen Seins des Zeugs, des Wesens der Erde und der Welt. Bisher wurde das Zeugsein lediglich in der Dienlichkeit des Zeugs gesehen und diese gefaßt als die Bewandtnis, die es mit einem Zeug bei einem anderen im besorgenden Umgang mit ihm hat. Die Dienlichkeit als Zeugsein ist nicht das dienliche Zeug, sondern das, was das Zeug zu einem dienlichen macht, – was das Zeug als dienliches Zeug bestimmt und was vom Zeug Gebrauchenden im vorhinein verstanden sein muß.

Heidegger geht nun in der Bestimmung des spezifischen Zeugseins einen Schritt weiter als in „Sein und Zeit", wenn er die Dienlichkeit „in der Fülle eines wesentlichen Seins des Zeuges" ruhen läßt, das er die *Verläßlichkeit* nennt (Holzwege, S. 23). Mit diesem Wort ist Mehrfaches angesprochen: einmal die *Zu-*

verlässigkeit von etwas, zum anderen das *Sichverlassen-auf*, das Sichüberlassen, Sichanvertrauen. Die Verläßlichkeit als Zuverlässigkeit, worin die Dienlichkeit erschlossen ist, gewährt dem Zeug Gebrauchenden einen verläßlichen Aufenthalt bei ihm. Im Zeug-Gebrauch überlasse ich mich dem vertrauten Umgang mit dem Zeug, das für mich offenbar ist in seinem Zeugsein als der verläßlichen Dienlichkeit. Sofern das Zeug in seinem Zeugsein aus dem Zugehören zur Erde ersteht, ist die Bäuerin ‚kraft der Verläßlichkeit' des Schuhzeuges *eingelassen* in den „schweigenden Zuruf der Erde" (ebd.), d. h. in die der Erde eigentümliche Offenbarkeit. Sofern das Schuhzeug in seinem Zeugsein in einem zumal in der Welt der Bäuerin behütet ist, ist die Bäuerin ‚kraft der Verläßlichkeit' dieses Zeuges ‚ihrer Welt gewiß' (ebd.), d. h. sie hält sich in einem unthematischen Weltverständnis. „Welt und Erde sind ihr und denen, die mit ihr in ihrer Weise sind, nur so da: im Zeug." (ebd.) Welt und Erde *sind da* heißt: sie sind anwesend (vgl. Randbemerkung GA Bd. 5, S. 20) im Zeug. Die Offenbarkeit (Entdecktheit) des Zeugs in seinem Zeugsein weist in die Offenbarkeit der Erde und in die Erschlossenheit der Welt. Das zum Zeugumgang gehörende Verständnis der Offenbarkeit der Erde und der Erschlossenheit der Welt ist, wie Heidegger hier ausdrücklich an das Existenzial des Mitseins anknüpft, ein *geteiltes*. Die Bäuerin teilt es mit denen, die mit ihr in ihrer Weise, d. h. in der entworfenen Grundmöglichkeit der Sorge um das Brot existieren. Aus der Grundmöglichkeit bestimmt sich nicht nur die besondere Konkretion der Welt, sondern auch die Art, wie die Erde offenbar ist.

Im folgenden Satz wird die Art, *wie* Erde und Welt im Zeug *anwesend* sind, näher bestimmt. Die „Verläßlichkeit des Zeuges gibt erst der einfachen Welt ihre Geborgenheit" (ebd.), das will sagen: In der Verläßlichkeit als dem Zeugsein des Zeuges wird die Welt *geborgen*. Zum Verhältnis von Welt und innerweltlichem Zeug gehört die *Bergung* der Welt im innerweltlichen Seienden. Was diese Bergung besagt, wird später deutlich.

Die Verläßlichkeit des Zeugs „sichert der Erde die Freiheit ihres ständigen Andranges" (ebd.). Das heißt zunächst: Die Verläßlichkeit gewährt der Erde das freie, das unverstellt andrängende Sichoffenbaren. Auch hier ist zu beachten: Nicht nur bedarf das Zeug des Zugehörens zur Erde, um aus diesem Zugehören in seinem Zeugsein offenbar zu sein. Auch umgekehrt bedarf die Erde des Zeugs, um sich als Erde offenbaren zu können. Ein ebensolches Umkehrungsverhältnis besteht auch für Zeug und Welt. Nicht nur bedarf das Zeug der Welt, um in seinem Innerweltlichsein offenbar sein zu können. In anderer Weise bedarf auch die Welt des Zeuges, um in seinem Innerweltlichsein *geborgen* zu werden.

§ 13. Zur ontologischen Genesis des Stoff-Form-Schemas aus der Verläßlichkeit

Nachdem das *ursprüngliche* Zeugsein des Zeuges in der *Verläßlichkeit* aufgewiesen ist, muß nun erneut die Frage gestellt werden, wie sich die überlieferte Auslegung des Zeugseins, das Stoff-Form-Gefüge, zur Verläßlichkeit verhält.

Die Verläßlichkeit hält, wenn sie der Welt ihre Geborgenheit gibt und der Erde das Freie ihres Andranges sichert, „alle Dinge je nach ihrer Weise und Weite in sich gesammelt" (ebd.). Alle Dinge – die Gebrauchsdinge *und* die bloßen Dinge, die Naturdinge. Die Naturdinge, wie der Granitblock, sind in gewisser Weise die Erde selbst, sie gehören zur Erde. Vermutlich wird das neben dem Zeugsein und dem Werksein gesuchte ursprüngliche, unmittelbar erfahrene Dingsein der sog. bloßen Dinge im Hinblick auf das Eigentümliche der Erde zu bestimmen sein. Die Verläßlichkeit hält alle Zeug-Dinge in sich gesammelt, sofern sie in ihrem ganzheitlichen Zusammenhang nur sind aus der Erschlossenheit der Welt als der Ganzheit von Sinnbezügen. Die Verläßlichkeit hält in anderer Weise alle Naturdinge in sich gesammelt, sofern in ihr die Erde andrängt und die nichtzeughaften Dinge in einer ausgezeichneten Weise zur Erde selbst gehören.

Wenn, wie oben gesagt worden ist, die Dienlichkeit in der Verläßlichkeit ruht, dann ist sie nur die Wesensfolge der Verläßlichkeit. Wohl ist die Verläßlichkeit das ursprüngliche Zeugsein. Das bedeutet nicht, daß im Zeuggebrauch das Zeug notwendig in seiner Verläßlichkeit offenbar ist. Die Verläßlichkeit ist keine unabwandelbare formale Seinsstruktur. Im gebrauchenden Umgang kann das Zeug „abgenutzt und verbraucht" werden (S. 24). Abnutzung und Verbrauchtwerden meinen hier nicht den ontischen Tatbestand, daß das Schuhzeug unter dem vielfachen Gebrauch leidet, Schaden nimmt und schließlich als unbrauchbar geworden vernichtet wird. Abnutzung und Verbrauchtwerden beziehen sich auf die Weise, wie das Zeug im Gebrauch dem Gebrauchenden begegnet. Das Zeugsein selbst kommt in die ‚Verödung', diese aber meint das „Hinschwinden der Verläßlichkeit" (ebd.). Korrelativ zur Abnutzung des Zeugs in seinem Zeugsein vernutzt sich der gebrauchende Umgang. Als solcher vollzieht er sich nicht mehr als ein Sichüberlassen und Sichanvertrauen. Das Korrelationsverhältnis von Zeug in seinem Zeugsein und besorgendem Zeugumgang darf nicht gleichgesetzt werden mit dem intentionalen Korrelationsverhältnis von Akt und Aktgegenstand. Vielmehr handelt es sich um eine Korrelation zwischen der existenziellen Verhaltensweise und dem sie führenden Verständnis des Seins desjenigen Seienden, zu dem ich mich verhalte.

Der Sachverhalt, den Heidegger hier als *Abnutzung* des Zeugs in seinem Zeugsein in eins mit der *Vernutzung* des Zeuggebrauchs anspricht, findet in „Sein und Zeit" in der Analyse der *Uneigentlichkeit* und des *Verfallens* seine erste Thematisierung (vgl. insbesondere § 38). Das Dasein existiert verfallend, sofern es zunächst und zumeist bei der besorgten „Welt", d. h. bei dem besorgten Zeug im Modus des darin Aufgehens existiert. Solches Aufgehen im besorgenden Aufenthalt beim besorgten Zeug geschieht, wenn das Dasein „von ihm selbst als eigentlichem Selbstseinkönnen ... abgefallen und an die ‚Welt' verfallen" ist (S. u. Z., S. 175). Das Verfallen ist eine Bewegung im Sein des Daseins. Weil aber im Sein des Daseins, in dessen Existenz, die Erschlossenheit im ganzen, d. h. die Aufgeschlossenheit von Welt und Sein des nichtdaseinsmäßigen Seienden, offengehalten wird, betrifft die Bewegung des Verfallens die ganzheitliche Erschlossenheit. Von ihm selbst als eigentlichem Selbstseinkönnen abfallen heißt: die Grundmöglichkeiten des In-der-Welt-seins nicht im Modus des Vorlaufens in den Tod, sondern im Modus der Abkehr von ihm entwerfend für sich aufschließen. Schließt das Dasein als eigentliches Selbstseinkönnen die Grundmöglichkeiten im Vorlaufen in den eigenen Tod auf, dann vollzieht sich das entwerfende Aufschließen im *unverschlossenen* Offenstehen für die abgründige Verschlossenheit, als welche der Tod in die Erschlossenheit des Daseins hereinsteht und verstanden werden kann.

Der im existierenden Verhalten zum je eigenen Tod verstandene Tod ist kein bloß die Existenz betreffendes Phänomen, ebensowenig wie das Da des Daseins, die Erschlossenheit. Die Weise, wie das Dasein als existierendes Selbst für sich selbst, d. h. für seine Existenz aufgeschlossen ist, ist nur *ein* Wesensmoment der ganzheitlichen Erschlossenheit. Wir nennen es die *existenzial-selbsthafte Erschlossenheit* und meinen damit die Weise, wie das Selbst in den Weisen seines Seins (Existenzialien) als ein Selbst eröffnet ist. Aber die selbsthafte Erschlossenheit in den die Existenz konstituierenden Existenzialien ist nur, wie sie ist, sofern das Dasein in diesen selbsthaft eröffneten Seinsweisen ekstatisch-offensteht für die die selbsthafte Erschlossenheit überragende *horizontale Erschlossenheit.* Die Ganzheit der existenzial-selbsthaften (oder auch *selbsthaft-ekstatischen*) und der horizontalen Erschlossenheit nennen wir auch die *ganzheitliche Erschlossenheit* oder *Erschlossenheit im Ganzen.*

Die im existierenden Sein zum Tod verstandene abgründige Verschlossenheit ist die drohende Verschließung der *ganzheitlichen* Erschlossenheit. Zugleich aber ist die ganzheitliche Erschlossenheit Aufgeschlossenheit *aus* der abgründigen Verschlossenheit. Ohne die mit dem Tod verstandene abgründige Verschlossenheit kein Da des Daseins, keine Erschlossenheit. Die abgründige Verschlossenheit ist die Gewähr für die Erschlossenheit, und nur als solche ist sie zugleich die das Dasein bedrohende Verschließung der Erschlossenheit im Ganzen. Das Wesen der

Erschlossenheit darf nicht ohne die mit dem Tod verstandene abgründige Verschlossenheit gedacht werden. Erst wenn man sich diesen Wesenszusammenhang von Erschlossenheit und abgründiger Verschlossenheit vor Augen geführt hat, sieht man die Bedeutung, die das *vorlaufende* Entwerfen für die *ganzheitliche* Erschlossenheit *und* die darin gründende Entdecktheit des Seienden hat.

Ist die im existierenden Sein zum Tod verstandene abgründige Verschlossenheit die Gewähr für die Erschlossenheit, dann ist die Erschlossenheit des In-der-Welt-seins desto reiner und in diesem Sinne ursprünglicher aufgeschlossen, je vorbehaltloser das Dasein sich die Grundmöglichkeiten im Vorlaufen in den Tod aufschließt. In der so aufgeschlossenen Erschlossenheit des In-der-Welt-seins ist auch das innerweltliche Seiende ursprünglicher in seinem Sein entdeckt.

Wenn dagegen das Dasein als uneigentliches, verfallendes die Grundmöglichkeiten seines In-der-Welt-seins in der Flucht vor seinem Tod für sich aufschließt, *verschließt* es sich die Gewähr seines möglichen rein-ursprünglichen Aufschließens. Es *hält* sich selbst als eigentliches Aufschließenkönnen *verschlossen.* Solches Verschlossenhalten führt zu einer gewissen Verschließung der *ganzheitlichen* Erschlossenheit. Die jetzt angesprochene Verschlossenheit nennen wir die *verfallende,* um sie *streng* von jener abgründigen Verschlossenheit *zu unterscheiden.* Die verfallende Verschlossenheit ist keine Tilgung der Erschlossenheit wie die abgründige. Sie ist eine Weise von Verschlossenheit, die die Erschlossenheit zur Voraussetzung hat und diese durchzieht. Wir können sie auch als einen Modus der Erschlossenheit selbst bezeichnen: die nicht rein-ursprünglich aufgeschlossene Erschlossenheit.

In der verschließenden Abkehr von der abgründigen Verschlossenheit schließt das Dasein die Grundmöglichkeiten seines In-der-Welt-seins nur innerhalb *der* Grenzen auf, die durch das durchschnittlich-nivellierte Miteinander-in-der-Welt-sein und dessen Erschlossenheit vorgezeichnet sind. Das nivellierte, gewöhnliche Miteinander-in-der-Welt-sein meint ein solches Existieren, das im Für-sich-aufschließen der Möglichkeiten nicht in das unverschlossene Aufschließenkönnen ‚blickt‘, um sich daraus die Weisen des Besorgens vorgeben zu lassen, sondern nur auf diese Weisen ‚blickt‘. Dadurch werden die Weisen des besorgenden Umgangs gewissermaßen von ihrem Ursprung abgeschnitten. Das ist der Sinn des verfallenden Aufgehens. In solchem Aufgehen verfällt das Dasein an das, was es besorgt. Es versteht sich selbst vorrangig aus dem zu besorgenden Zeug. Weil das so von seinem rein-ursprünglichen Aufschließenkönnen abgefallene und an das Zeug als ein zu besorgendes verfallene Dasein aus der Selbstverschließung seines Ursprunges existiert, hält es sich in den ‚gewöhnlichen‘, *vernutzten* und abgeschliffenen Weisen des Besorgens, und so begegnet ihm das Zeug als die ‚gewöhnlichen‘, *abgenutzten* Gebrauchsdinge. Die Gewöhnlichkeit der Weisen des Besorgens, in denen sich das Dasein erschlossen ist, sowie die Gewöhnlichkeit, in welcher dem besorgenden Dasein das Zeug offenbar ist, gründet in der verfallenden Selbstverschließung des Daseins. Ist die ganzheitliche Erschlossenheit des In-der-Weltseins nicht rein-ursprünglich aufgeschlossen, dann existiert das Dasein in den verfallend-verschlossenen Weisen seines Besorgens, dann ist in einem zumal das in solchen verfallend-verschlossenen Umgangsweisen besorgte Zeug nicht aus seinem ursprünglichen Zeugsein offenbar. Sein ursprüngliches Zeugsein hält sich in der verfallend-verschlossenen Erschlossenheit verschlossen.

Wenn sich auch die denkerische Grundstellung Heideggers in der Kunstwerk-Abhandlung gegenüber „Sein und Zeit" gewandelt hat, so ist doch das in der Kunstwerk-Abhandlung gestreifte Problem der Abnutzung des Zeuges und der Vernutzung des Zeuggebrauches auf dem Hintergrund des jetzt skizzierten ontologischen Sachverhaltes zu interpretieren. Die Wandlung der Grundstellung Heideggers, der Abstand zwischen dem in der Kunstwerk-Abhandlung und dem in „Sein und Zeit" eingenommenen Aufenthaltsort auf seinem Denkweg, können wir nur schrittweise im geduldigen Durchgang durch die Kunstwerk-Abhandlung sichtbar machen. Der zum sich abschleifenden besorgenden Umgang gehörende Schwund der Verläßlichkeit ist ein

Geschehen der verfallenden Verschließung in der Erschlossenheit des In-der-Welt-seins. Aufgrund der sich verschließenden Verläßlichkeit sind die Gebrauchsdinge lediglich in ihrer „langweilig aufdringliche(n) Gewöhnlichkeit" (Holzwege, S. 24) offenbar. Das, worin sich das gewöhnliche Zeug allein noch zeigt, ist die „blanke Dienlichkeit" (ebd.), die blank ist, weil sie nicht mehr in der Verläßlichkeit *ruht*. Das heißt nicht, daß die Dienlichkeit nun nicht mehr in der Verläßlichkeit *gründet*. Sie gründet auch dann noch in ihr, wenn sich die Verläßlichkeit in der Offenbarkeit des besorgten Zeugs verschlossen hat. Das Hinschwinden der Verläßlichkeit in ihrer Verschließung ist ein defizienter Modus des ursprünglichen Wesens des Zeugseins.

Die Verschließung der Verläßlichkeit und das Vordrängen der blanken Dienlichkeit führen zu der Auffassung, die Seinsverfassung des Zeugs sei im Hinblick auf den Vorgang des Herstellens zu erfassen. Wenn im Herstellen einem Stoff eine Form aufgeprägt wird, dann scheint die Seinsverfassung des aus der Herstellung hervorgehenden Seienden im Stoff-Form-Gefüge zu beruhen. Die dritte Ding-Auslegung am Leitfaden des Begriffspaares Stoff-Form gründet in der Verschließung der Verläßlichkeit. Diese Verschließung gehört in das verfallene Seinsverständnis des Daseins. Gemäß der Grundstellung von „Sein und Zeit" bildet das Seinsverständnis des verfallenen Daseins das existenzialontologische Fundament für die überlieferte Ontologie, zu der auch der dritte Ding-Begriff gehört. Die Ontologie des dritten Ding-Begriffes sieht nicht und kann auch aufgrund ihrer inneren Voraussetzungen nicht sehen, daß das Zeugsein weder in der Einheit von Stoff und Form noch in der puren Dienlichkeit beruht, sondern in der Verläßlichkeit, und daß sich die Verläßlichkeit in dem Doppelbezug zur Offenbarkeit der Erde und Erschlossenheit von Welt hält.

§ 14. Erste Bestimmung des Werkseins des Kunstwerkes, des Wesens der Kunst und des Kunst-Schönen

Der Gedankenweg, auf den die Kunstwerk-Abhandlung eingeschwenkt war und der zu einer von den überlieferten Theorien freien Bestimmung des Zeugseins des Zeugs führen sollte, hat nicht nur dieses Ziel erreicht, sondern vor allem – wie sich nun zeigen wird – die *Ausgangsbasis für die Erörterung des Wesens des Kunstwerkes und der Kunst* gewonnen. Angesichts der Zwischenstellung, die das Zeug zwischen dem bloßen Ding und dem Kunstwerk einzunehmen scheint, wurde die Erwartung ausgesprochen, daß vom aufgewiesenen ursprünglichen Zeugsein des Zeugs ein Weg zur Bestimmung des ursprünglichen Dingseins des Dinges einerseits und des ursprünglichen Werkseins des Kunstwerkes andererseits führe. Vorrangig sollte das Dingsein des Dinges zur Abhebung gelangen, um von ihm aus die Dinghaftigkeit des Kunstwerkes bestimmen zu können. Anschließend sollte das Kunstwerk in seiner Einheit von dinglichem Unterbau und ästhetischem Oberbau bestimmt werden. Wenn auch auf dem bisher zurückgelegten Weg der Kunstwerk-Abhandlung gelegentlich Zweifel an dieser ästhetischen Auffassung von der Zweistufigkeit des Kunstwerkes laut wurden, so zeigte sich bisher noch keine neue Möglichkeit, das Kunstwerk in seinem Werksein diesseits des Schemas vom dinglichen Unter- und ästhetischen Oberbau zu bestimmen. Daß dennoch die Kunstwerk-Abhandlung – zunächst noch unwissentlich – in ihrem letzten Schritt, dem Schritt der Beschreibung des Zeugseins des Zeuges an Hand des Gemäldes, den Weg der Verabschiedung der ästhetischen Zweischichtenlehre eingeschlagen hat, erkennt sie erst in der Rückbesinnung auf diesen Schritt.

Wo steht die Kunstwerk-Abhandlung jetzt? Die Einsicht in ihren augenblicklichen Standort gewinnen wir mit ihr, wenn wir rückblickend erkennen, auf welchem Wege wir in Wahrheit zur Erfassung des ursprünglichen Zeugseins des Zeuges gelangt sind. Das Zeugsein des Zeuges sollte zur Abhebung kommen unter ausdrücklicher Umgehung der drei überlieferten ontologischen

Dingbegriffe. Aber es boten sich verschiedene Zugangswege zu dem in seinem Zeugsein zu beschreibenden Zeug an, die ebenfalls zurückgewiesen wurden. Die in der geforderten unmittelbaren Erfahrung vorzunehmende Beschreibung war *keine ontische* Beschreibung und Erklärung eines in gegenwärtigender Wahrnehmung leibhaftig vorliegenden Schuhzeugs. Sie war auch *kein* Bericht über den *ontischen* Vorgang der Herstellung dieses Zeugs. *Ebensowenig* war sie eine *ontische* Beschreibung des beobachteten aktuellen Gebrauchs des Schuhzeugs. Und wenn die Kunstwerk-Abhandlung statt des in der gegenwärtigenden Wahrnehmung leibhaftig gegebenen und in der bloßen Vergegenwärtigung nicht leibhaftig gegenwärtigen Schuhzeugs sich ein solches in dem Gemälde van Goghs zur Anschauung brachte, dann handelte es sich auch *nicht* um die ontische Beschreibung einer abbildlichen Darstellung von wirklichem Schuhzeug. Vielmehr haben wir uns in der unmittelbaren Erfahrung vor das *Bild als Kunstwerk* gebracht. In ihr *gab uns das Kunstwerk zu wissen,* „was das Schuhzeug in Wahrheit ist" (Holzwege, S. 24), d. h. wie es in seinem ursprünglichen Zeugsein, der Verläßlichkeit, entdeckt ist. Das Kunstwerk läßt *in der ihm eigenen und ausgezeichneten Weise* dieses Schuhzeug in und mit seinem Zeugsein sehen. Vermutlich gehört dieses ausgezeichnete Sehenlassen in das gesuchte ursprüngliche Werksein des Kunstwerkes. Dann aber haben wir *in einem zumal* das Zeugsein des Zeuges *und* das Werksein des Kunstwerkes erfahren. Wenn das Gemälde als Kunstwerk sein Eigentümliches darin hat, das in ihm Dargestellte, hier das Schuhzeug, in ausgezeichneter Weise von seinem Zeugsein her sehen zu lassen, dann sind wir „in der Nähe des Werkes" (ebd.), in der unmittelbaren Erfahrung des Kunstwerkes, „jäh anderswo gewesen, als wir gewöhnlich zu sein pflegen" (ebd.). Unser gewöhnlicher Aufenthalt bei den Gebrauchsdingen umfaßt eine Vielfalt von möglichen Weisen: Entweder gehe ich selbst gebrauchend mit dem Schuhzeug um, oder ich sehe solches Schuhzeug im Gebrauch von anderen, oder ich sehe das Schuhzeug irgendwo herumstehen, oder aber ich denke an das Schuhzeug oder betrachte es in Bildern, die keine Kunstwerke sind.

Solche Zugangsweisen wie das Wahrnehmen, das Vergegenwärtigen und das bildliche Anschauen könnten wir auch ursprünglicher und sachgemäßer aus dem Seinsverständnis auslegen, das sie als daseinsmäßige Verhaltungen zu Seiendem führt und ontologisch ermöglicht. Wir müssen sie nicht nur so nehmen, wie die Erkenntnistheorie und Phänomenologie der intentionalen Bewußtseinsakte sie interpretiert unter Ausschluß der ontologischen Fragestellung. Wenn wir das bildliche Anschauen, etwa mittels einer Photographie, aus demselben, den besorgenden Umgang mit Zeug führenden Seinsverständnis auslegen, das wir in der unmittelbaren Erfahrung des Gemäldes für den besorgenden Umgang mit dem Schuhzeug zum Aufweis gebracht haben, dann heißt das nicht, daß wir im natürlichen Anschauen einer Photographie durch die photographische Abbildung des Schuhzeugs in derselben ausgezeichneten Weise das Schuhzeug in seinem Zeugsein erfahren wie im Anblick des van Goghschen Kunstwerkes. Gewöhnlich – und zwar in allen möglichen Weisen des Aufenthaltes-bei – verhalten wir uns zum Zeug und verstehen dabei unthematisch sein Zeugsein, ohne daß sich im Sichzeigen des Zeugs sein Zeugsein eigens mitzeigt. Das aber geschieht im Kunstwerk. Die ausgezeichnete Weise, in der sich in ihm das Schuhzeug zeigt, rührt daher, daß sich das Zeug im Sichmitzeigen seines Zeugseins zeigt.

Dieses ausgezeichnete Sichmitzeigen des Zeugseins im Gemälde als Kunstwerk ist *wesenhaft anderer Art* als das ausdrückliche Sichzeigen des Zeugseins des Zeuges in der phänomenologischen Reduktion und Konstruktion. Der natürliche Anblick des Kunstwerkes hält sich in der natürlichen unmittelbaren Erfahrung. Wir erfahren das Gemälde in seinem ausgezeichneten Sehenlassen des in ihm dargestellten Seienden, ohne über das ausgezeichnete Angegangenwerden vom Kunstwerk phänomenologisch-auslegend Rechenschaft ablegen zu müssen. Dagegen bringt sich die phänomenologische Beschreibung so vor das werkmäßige Sehenlassen des Zeugs in seinem Zeugsein, daß es das sonst unausdrücklich Erfahrene in die Ausdrücklichkeit hebt.

Dieser erste, noch ganz und gar vorläufige, unentfaltete Einblick in das Werksein des Kunstwerkes, hier des Gemäldes, hat die Auffassung des Gemäldes als einer abbildlichen Darstellung und möglichen Hilfe der Veranschaulichung verabschiedet. Das erste Ergebnis sammelt sich in dem Wesenssatz, daß „erst durch" das Kunstwerk und „nur im" Kunstwerk das Zeugsein des Zeugs „eigens zu seinem Vorschein" kommt (S. 25). Das Kunstwerk läßt nicht etwas Statisches, sondern ein *Geschehen* erfahren. Das Schuhzeug im Gemälde steht nicht einfach in seinem Zeugsein da, das Zeugsein ist keine statische Verfassung, sondern im Kunstwerk zeigt sich das Schuhzeug mit seinem Zeugsein aus einem Geschehen – nicht aus einer ontischen Bewegung, sondern aus einem *ontologischen Geschehen*. Dieses Geschehen berührten wir schon, als wir vom daseinsmäßigen Entdecken des Seienden und vom Entdecktwerden oder Offenbarwerden des Zeugs sprachen. Das Kunstwerk läßt, wenn es das Zeug mit seinem Zeugsein in der *ihm eigenen* Weise sehen läßt, das Geschehen des Offenbarwerdens erfahren. Heidegger nennt dieses Geschehen „die Eröffnung dessen, was das Zeug, das Paar Bauernschuhe, in Wahrheit *ist*" (ebd.). Die künstlerische Darstellung des Zeugs im Gemälde bildet nicht ab, wie das Zeug als ein solches Seiendes aussieht und wozu es dient, sondern eröffnet das Zeug in seinem wahren Zeugsein. Das *Eröffnen* erläutert Heidegger als ein *Heraustreten* des Zeugs „in die Unverborgenheit seines Seins" (ebd.). Was aber meint ein solches Eröffnen und Heraustreten? Keinen Vorgang, in welchem wir uns das Zeugsein des Zeuges zum Verständnis bringen, während, wie man meint, das Zeug immer schon als das, was und wie es ist, dasteht. Das Eröffnen und Heraustreten in die Unverborgenheit ist kein Vorgang in uns als den Erkennenden, kein Erkenntnisvorgang, sondern ein Geschehen, das sowohl mit dem zeughaft Seienden als auch mit uns, die wir uns zu diesem Seienden verstehend verhalten, geschieht. Die Eröffnung geschieht mit dem Zeug insofern, als es allererst *aus* diesem Geschehen als das, was und wie es ist, für uns so dastehen kann, wie es scheinbar immer schon fraglos dasteht. In diesem scheinbar selbstverständlich-fraglosen Gegebensein verhüllt sich ein ontologisches Geschehen, dessen ‚Resultat' das ‚einfache Dastehen' und Sichzeigen ist. Zeigt sich das Zeug in dem, was und wie es ist, dann bedurfte es seines Eröffnetwerdens, damit es als Zeug in seinem Zeugsein offenbar ist. Die Offenbarkeit entspringt dem Geschehen des Offenbarwerdens, des Eröffnetwerdens als ein so und so Offenbares. Das Eröffnetwerden geschieht als ein Heraustreten *aus der Verborgenheit in die Unverborgenheit* des Zeugs in seinem Zeugsein.

Was meint nun die Verborgenheit? Das ontologische Geschehen des Heraustretens aus der Verborgenheit in die Unverborgenheit dürfen wir nicht an Hand jenes uns vertrauten Vorgangs vorstellen, wonach ein Gegenstand, der zuerst außerhalb unseres originären Wahrnehmungsfeldes, vielleicht durch andere Gegenstände unserem Wahrnehmungsblick verborgen blieb, nunmehr aus dieser Verstelltheit heraus- und in unser aktuelles Wahrnehmungsfeld hereinsteht. Hier handelt es sich nur um den Unterschied zwischen der Abgewandtheit und Zugewandtheit eines Seienden. Während der Gegenstand außerhalb meines Gesichtsfeldes blieb, war er auch schon als das offenbar, als was er sich mir jetzt innerhalb meines Gesichtsfeldes zukehrt. Der Unterschied zwischen dem Abgekehrt- und dem Zugekehrtsein eines Gegenstandes ist ein Unterschied, der die Offenbarkeit dieses Seienden und somit das ontologische Geschehen des Heraustretens in die Unverborgenheit zur ontologischen Voraussetzung hat. Die Verborgenheit des Seienden, aus der es in seine Unverborgenheit heraustritt, meint die Nichtoffenbarkeit des Seienden, die *vor* dem Unterschied von Abgewandtheit und Zugewandtheit liegt: nicht offenbar nicht nur innerhalb, sondern auch außerhalb meines Wahrnehmungsfeldes. Nicht offenbar außerhalb meines Wahrnehmungsfeldes heißt nicht: noch nicht entstanden und daher noch nicht vorhanden. Damit Seiendes außerhalb meines originären Wahrnehmungsfeldes *als* Seiendes, das mir nur mehr oder weniger oder noch gar nicht bekannt ist, sein kann, muß es als dieses Seiende offenbar geworden sein. Das Offenbarwerden ist ein Geschehen mit dem Seienden, worin es allererst in seine Offenbarkeit bzw. Unverborgenheit einrückt. So gesehen handelt es sich um ein Geschehen *im Sein* des Seienden.

Ist das Sein des Seienden verstanden im Seins*verständnis* des Menschen, und gehört das Seinsverständnis zur Seins- und Wesensverfassung des Menschen, dann ist das Heraustreten des Seienden in seine Unverborgenheit *zugleich* ein Geschehen, das mit dem Menschen, und zwar im Sein des Menschen, geschieht. Es geschieht *mit* dem Menschen, weil es ein Geschehen *im Verstehen* des Seins des Seienden ist, das dem Menschen in seinem besorgenden Aufenthalt bei ihm begegnet. Der besorgende Aufenthalt beim Zeug ist die Weise, wie der Mensch als das existierende Seiende für sich selbst offenbar ist. Einbezogen in das Geschehen des Heraustretens des zeughaft Seienden in seine Offenbarkeit ist das Geschehen des Selbstoffenbarwerdens des Menschen in der Selbsterschlossenheit seines besorgenden Aufenthaltes beim Zeug.

Der Satz, das Zeugsein des Zeuges komme *erst durch* das Werk und *nur im* Werk *eigens zu seinem Vorschein*, würde mißdeutet, wollte man ihm entnehmen, allein das Kunstwerk ermögliche uns den denkend-auslegenden Zugang zum Zeugsein des Zeugs. Das Zeugsein kommt nur durch das Kunstwerk und im Kunstwerk „eigens zu seinem Vorschein" heißt: Nur im Kunstwerk kommt das Zeugsein in einer *ausgezeichneten Weise* zum Sichzeigen, und diese ausgezeichnete, die *werkmäßige Weise* ist das *Her-vor-scheinen* und *Scheinen*. Das Wort ‚Vorschein' nennt hier dasselbe wie das wenige Zeilen tiefer gebrauchte ‚Scheinen'. Vor-Scheinen und Scheinen bedeuten hier nicht dasselbe wie ‚Sichzeigen', sondern das *Scheinen* ist die *hervorragende Weise*, wie *im Kunstwerk das Seiende*, hier das Schuhzeug, *in die Unverborgenheit seines Seins heraustritt*.

Ebenso würde man den Satz: Im Kunstwerk geschieht „die Eröffnung dessen, was das Zeug, das Paar Bauernschuhe, in Wahrheit *ist*", mißverstehen, wollte man daraus folgern, das Geschehen dieser Eröffnung geschehe nur im Kunstwerk und nicht auch außerhalb des Kunstwerkes. Das Kunstwerk ist ein ausgezeichneter ‚Ort', an dem das Geschehen des Heraustretens in die Unverborgenheit auf eine *einzigartige Weise* mit dem Zeug geschieht, nämlich so, daß es zum Scheinen kommt.

‚Unverborgenheit‘ ist Heideggers denkende Übersetzung des griechischen Wortes ἀλήθεια, das lexikalisch ‚Wahrheit‘ heißt. Das Denkende in der Übersetzung liegt nicht darin, daß hier nur die Wortbestandteile wörtlich übertragen werden. Es liegt in der denkenden Begegnung Heideggers mit dem frühen griechischen Denken und Dichten, das sich – wie Heidegger gesehen hat – in einer Erfahrung der Wahrheit als Unverhülltheit hält. Solches Sehen ist das, was dieses Denken zu einem phänomenologischen macht. Die Grunderfahrung des griechischen Daseins, daß das Seiende als unverhülltes vorliegt und gegeben ist, heißt für Heidegger nicht, daß die Griechen die Unverborgenheit als solche auch schon gedacht hätten. Das Denken der Wahrheit als Unverborgenheit, als Geschehen des Unverborgenwerdens des Seienden, ist die Aufgabe, die Heidegger sich selbst und dem heutigen Denken gestellt hat. Wenn Unverborgenheit das ursprünglichere Wesen der Wahrheit ist, ursprünglicher als Richtigkeit und als Gewißheit, dann ist „im Kunstwerk“ mit dem Heraustreten des Zeugs in die Unverborgenheit seines Seins „ein Geschehen der Wahrheit am Werk“ (ebd.). Das *Am-Werke-sein* ist das Wort für die Geschehnisweise der Wahrheit als Unverborgenheit des Seienden im Kunstwerk. Es nennt nicht das Geschehen der Eröffnung von Seiendem überhaupt, das auch außerhalb, überall wo Seiendes ist, geschieht, sondern es ist die ausgezeichnete Weise, in der das rätselhafte Geschehen der Wahrheit *im Kunstwerk* geschieht.

Von hier aus stößt Heidegger zur *ersten und fortan leitenden Wesensbestimmung des Kunstwerkes* vor. Das gesuchte *Werksein* des Kunstwerkes ist das *Ins-Werk-gesetzt-sein der Wahrheit des Seienden.* Das ‚Setzen‘ wird erläutert als „zum Stehen bringen“ (ebd.). Gesetztsein heißt dann: *Zum-Stehen-gebracht-sein.* Das hier auftauchende ‚bringen‘ wird später im III. Abschnitt in der Analyse des Kunst-Schaffens als eines schaffenden Her-vor-bringens eigens thematisiert. Das Zum-Stehen-bringen weist in eine Bewegung. Sie ist das nichtontische Geschehen der Eröffnung des Seienden als eines Offenbaren. Im Kunstwerk – so legt Heidegger das Zum-Stehen-bringen des Geschehens aus – kommt das

Schuhzeug „in das Lichte seines Seins zu stehen" (ebd.). Das *Lichte* ist wieder wie der ‚Vorschein' ein Wort für die ausgezeichnete, werkmäßige Weise, in der Seiendes eröffnet wird. Im Gemälde tritt das Schuhzeug nicht nur überhaupt, wie sonst auch im natürlichen besorgenden Umgang mit ihm, in die Unverborgenheit seines Zeugseins heraus, sondern so, daß sich die Unverborgenheit seines Seins *als das Lichte* seines Seins zeigt. Dieser dem Kunstwerk eigentümliche Sachverhalt wird noch deutlicher, wenn Heidegger nun sagt: „Das Sein des Seienden kommt in das Ständige seines Scheinens" (ebd.). Hier taucht zum ersten Mal der Terminus ‚das Scheinen' auf, der Sachverhalt aber, der in ihm angesprochen wird, war schon in dem Wort ‚Vorschein' genannt und bedacht. Das, was das Geschehen der Unverborgenheit des Seienden im Kunstwerk auszeichnet vor demselben Geschehen außerhalb des Kunstwerkes, wird darin gesehen, daß im Kunstwerk nicht nur wie auch außerhalb des Kunstwerkes das Seiende sich als in seinem Sein Offenbargewordenes zeigt, sondern daß sich das Seiende im Sichzeigen seines Seins zeigt. Solches Sichzeigen des Seins des Seienden im Kunstwerk und durch das Kunstwerk ist aber das *Scheinen*. Das Scheinen des Zeugseins des Schuhzeuges ist die ausgezeichnete Weise, wie sich das im Gemälde dargestellte Seiende zeigt.

Inwiefern aber das Scheinen des Zeugseins des Zeuges *in das Ständige gelangt,* verstehen wir erst aus den Analysen des III. Abschnittes. Dort handelt Heidegger von der *Gestalt,* die sich aber nicht aus der Formgebung eines Materials bestimmt, sondern aus der künstlerisch-schaffenden Fest-stellung der Unverborgenheit des Seienden in das, was Heidegger die Erde im Kunstwerk nennen wird. Aus dem jetzigen Stand der Kunstwerk-Abhandlung können wir nur sagen: Das Zeugsein des Schuhzeuges kommt im Kunstwerk in das Ständige seines Scheinens, weil das Scheinen der Unverborgenheit des Seienden im schaffenden Hervorbringen im Kunstwerk festgestellt wird.

Eine erste, wenn auch noch unentfaltete Bestimmung des Wesens des Kunstwerkes ist gewonnen. Aus ihr sollte entnommen werden, was die Kunst sei (vgl. Holzwege, S. 8). Und so bestimmt Heidegger in einem *ersten, den weiteren Analysen Richtung weisenden Zugriff das Wesen der Kunst als das Sich-ins-Werk-Setzen der Wahrheit des Seienden* (S. 25). Kunst ist Wahrheit, die sich ins Kunstwerk setzt, – ist eine ausgezeichnete Weise, in der Unverborgenheit des Seienden geschieht. Die Unverborgenheit des Seienden geschieht als Kunst, wenn sie sich ins Kunstwerk setzt, sich darin zum Stehen bringt und aus diesem Standgewonnenhaben scheint.

Diese Wesensbestimmung siedelt die *Kunst im Umkreis der Wahrheit* an. Die Besinnung auf das Kunstwerk und die Kunst scheint sich damit weit von dem vertrauten Verständnis der Kunst entfernt zu haben, für das die Kunst in den Umkreis des *Schönen* und der *Schönheit* gehört. Wir sprechen doch auch von den ,schönen Künsten' in der Abhebung von den ,handwerklichen Künsten'. Die schönen Künste bringen mit ihren Kunstwerken das Schöne hervor, das Schöne aber im eminenten Sinne des Kunst-Schönen im Unterschied zum Natur-Schönen. Und so möchte man meinen, daß zumindest der bisher durchlaufene Weg noch nicht auf das Kunst-Schöne als die Mitte des Kunstwesens gestoßen ist. Doch diese Meinung trügt. Denn die Weise, in der sich die Wahrheit als Unverborgenheit des Seienden ins Kunstwerk setzt, enthält auch eine erste Wesensbestimmung des Kunst-Schönen. Heidegger denkt das *Kunst-Schöne als das Scheinen des Seins des Seienden* im Kunstwerk, als das Scheinen der Wahrheit als der Unverborgenheit des Seienden in seinem Sein. Schönheit und Wahrheit schließen sich nicht aus, weil hier Wahrheit nicht als Richtigkeit oder Gewißheit einer Urteilserkenntnis gedacht ist, sondern als *Unverborgenheit, deren werkmäßiges Scheinen das Wesen des Kunst-Schönen* ist. Das Kunst-Schöne wird aus der Wahrheit als der Unverborgenheit des Seienden und seines Seins gedacht, und zwar dergestalt, daß das Kunst-Schöne eine ausgezeichnete Weise ist, wie Seiendes in die Unverborgenheit seines Seins heraustritt, – eine ausgezeichnete Weise des Geschehens der Wahrheit. Die schönen Künste *bringen das Schöne hervor,* weil sie *im Hervorbringen der Kunstwerke das Scheinen der Unverborgenheit des Seienden hervorbringen.*

Nach allem, was bisher über die Wahrheit als Unverborgenheit gesagt worden ist, lassen sich mühelos solche Wesensbestimmungen der Kunst aufzählen, die hier auszuschließen sind. Wird das Wesen der Kunst als Sich-ins-Werk-Setzen der Wahrheit des Seienden gedacht, und bedeutet hier Wahrheit nicht Richtigkeit als Übereinstimmung, dann beruht die Kunst im Kunstwerk auch nicht in der Übereinstimmung des gemalten Schuhzeuges mit wirklichem Schuhzeug. Ebensowenig setzt sich die Wahrheit des Seienden in der Geschehnisweise der Kunst dergestalt in das Kunstwerk, daß in ihm, wenn nicht das jeweils einzelne, besondere Schuhzeug, so das allgemeine Wesen des Schuhzeugs richtig wiedergegeben wird.

§ 15. Rückblick auf die vollzogenen Schritte und Vorblick auf den weiteren Gang der Abhandlung

Die Frage nach dem Ursprung des Kunstwerkes stellte sich heraus als Frage nach der Kunst, sofern in ihr der Ursprung, die Herkunft des Wesens des Kunstwerkes vermutet wurde. Waltet die Wesensherkunft des Kunstwerkes in ihm selbst, dann können wir die Kunst nur im Ausgang vom Kunstwerk zu fassen suchen. Daher sollte zuerst das Kunstwerk in seiner ihm eigenen Wirklichkeit bestimmt werden. Seine nächste Wirklichkeit *schien* in seiner Teilhabe am Dinglichen zu liegen. Um das Dingliche am Kunstwerk zu bestimmen, sollte vorerst ein Begriff vom Dingsein als solchem gefunden werden. Der Versuch, auf einen der zentralen überlieferten Dingbegriffe zurückgreifen zu können, schlug fehl. Denn die kritische Prüfung dieser Dingbegriffe erfolgte bereits im Vorblick auf ein ursprüngliches Dingsein, das vorläufig als das Insichruhen und als die Eigenwüchsigkeit bezeichnet wurde und das die überlieferten Dingauslegungen nicht zu fassen vermögen. Einer der drei Dingbegriffe, das Ding als Einheit von Stoff und Form, zeigte eine Vorherrschaft gegenüber den anderen und schien auch zunächst der angemessene Begriff für die Bestimmung des Kunstwerkes zu sein, zumal die herkömmliche Ästhetik sich dieses Begriffs als einer Grundvorstellung bedient. Dann aber zeigte sich, daß das Stoff-Form-Schema primär einer Auslegung des Zeugs und nicht einer Auslegung des bloßen Dinges, aber auch nicht einer solchen des Kunstwerkes entstammt. Die Vorherrschaft des dritten Dingbegriffes geht zusammen mit einem Vorrang des Zeuges in der Auslegung des Seienden, ohne daß darin auch schon das ursprüngliche Zeugsein erfaßt worden wäre. Der hier von Heidegger betonte Vorrang des Zeuges in der überlieferten Auslegung des Seienden widerstreitet nicht seiner Grundthese, daß die überlieferte Ontologie das Seiende immer als das Vorhandene und das Sein des Seienden als Vorhandensein genommen hat. Der Vorrang des Zeuges in der überlieferten Auslegung des Seienden gab der Abhandlung den Wink, zunächst nicht weiter nach dem ursprünglichen Dingsein des Dinges, sondern vorerst nach dem ursprünglichen Zeugsein des Zeuges zu suchen. Der Aufweis dieses Zeugseins geschah auf dem Wege einer Beschreibung dessen, was das Kunstwerk van Goghs vom Schuhzeug der Bäuerin sehen läßt. Die Art, wie das Kunstwerk das Zeug aus seinem Zeugsein sehen ließ, erwies sich als das gesuchte ursprüngliche Werksein des Kunstwerkes.

Um das Wesen des Kunstwerkes und in ihm das Wesen der Kunst zu finden, ging die Abhandlung aus von einer Befragung des Kunstwerkes hinsichtlich seiner Teilhabe an der *dinglichen Wirklichkeit*. Jetzt aber steht die Abhandlung vor dem unvermuteten Zwischenergebnis, daß die *Wirklichkeit des Kunstwerkes allein aus dem Geschehnis der Wahrheit als der Unverborgenheit, das im Kunstwerk am Werke ist*, zu bestimmen sei. Der zuerst eingeschlagene Weg des Ausgangs von einer Bestimmung des dinglichen Unterbaus, der unterwegs überwechselte in eine Bestimmung des ursprünglichen Zeugseins des Zeuges, kann nun nicht wieder betreten werden. Denn der über die Einsicht in das ursprüngliche Zeugsein des Zeuges *gewonnene Einblick in das ursprüngliche Werksein des Kunstwerkes* führt uns zu der Erkenntnis, daß ein Fragen nach dem dinglichen Unterbau in jedem Falle dem jetzt ans Licht getretenen ursprünglichen Werksein des Kunstwerkes unangemessen ist. Der dingliche Unterbau

„gehört in solcher Weise gar nicht zum Werk" (S. 27). ‚In solcher Weise' sagt Heidegger und deutet damit an, daß das, was wir als den materiellen, stofflichen Unterbau des Kunstwerkes zu bezeichnen gewohnt sind, in *anderer,* dem Werksein des Kunstwerkes gemäßer Weise gefaßt werden muß.

Solange wir die Bestimmung des Kunstwerkes in der Blickbahn eines dinglichen Unterbaus vornehmen, bleiben wir dem dritten überlieferten Dingbegriff verhaftet und interpretieren das Kunstwerk in der Orientierung am Zeug. In dieser ist das Zeug nicht aus seinem ursprünglichen Zeugsein (Verläßlichkeit im Bezug zu Erde und Welt), sondern aus der Formgebung eines Stoffes gesehen. Das Kunstwerk wird dann ausgelegt wie ein Zeug, weil auch es hergestellt wird durch die Formgebung eines Materials, nur mit dem Unterschied, daß es sich bei ihm nicht wie beim Zeug um eine zweckgebundene (aus der Dienlichkeit sich ergebende), sondern um eine zweckfreie, ästhetische Form handelt, die am Kunstwerk den Oberbau bildet.

Wenn die Ästhetik das Kunstwerk in der Blickbahn des Schemas ‚dinglicher Unterbau – ästhetischer Oberbau' unausdrücklich am Zeug orientiert, dann nimmt sie, weil das Zeug seinerseits gefaßt ist als ein mit einer zweckbestimmten Form versehenes Ding, das Kunstwerk teils als Ding, teils als Zeug und andererseits als beides überragend. Aus dieser ästhetischen Auffassung des Kunstwerkes spricht die überlieferte Auslegung alles Seienden als solchen, sofern sie sich in einer Auslegung des Dingseins und des Zeugseins hält. Mit der überlieferten Auslegung des Wesens des Kunstwerkes wird, wenn diese mit der überlieferten Auslegung des Dingseins, des Zeugseins und des Seienden überhaupt verschlungen ist, die gesamte ontologische Tradition erschüttert. Die Frage nach dem Wesensursprung des Kunstwerkes führt in das *Ganze der Ontologie,* und zwar so, daß dieses Ganze im Ausgang und im Abstoß von der Überlieferung neu gefragt und neu bestimmt werden muß. Die Frage nach dem Ursprung des Kunstwerkes mündet ein in die *universelle Frage* nach dem Sein des Seienden, d. h. in die *Seinsfrage.* Nur wenn die Seinsfrage ursprünglich genug gefragt, exponiert und schrittweise beantwortet wird, läßt sich das Werksein des Kunstwerkes, das Zeugsein des Zeuges und das Dingsein des Dinges neu bestimmen. Doch das Verhältnis von Seinsfrage und Frage nach dem Werksein, Zeugsein und Dingsein darf nicht so mißverstanden werden, als ob zunächst die Seinsfrage und anschließend die drei Fragen behandelt werden sollten. Vielmehr sollen die Fragen nach dem Werksein, Zeugsein und Dingsein *im Horizont der universellen Seinsfrage* exponiert werden, so daß mit der schrittweisen Beantwortung jener diese selbst ihrer Beantwortung entgegengeführt wird. Jeder Schritt in der Bearbeitung der drei Fragen ist zugleich ein Schritt in der Behandlung der Seinsfrage.

Der bisher durchlaufene Weg im Fragen nach dem Werksein des Kunstwerkes hat die Einsicht erbracht, daß die Frage nach dem Dinghaften am Kunstwerk *nicht als Frage nach dem dinglichen Unterbau* gestellt werden darf, sondern daß das ‚Dinghafte' am Kunstwerk aus dem schon erblickten, jedoch erst noch zu entfaltenden Werksein des Kunstwerkes bestimmt werden muß. Nachdem das Kunstwerk aus seinem Werksein heraus zur Bestimmung des ursprünglichen Zeugseins verholfen hat, ist zu erwarten, daß es uns auch zu einer ursprünglichen Bestimmung des Dingseins verhilft. Von dieser aus dem ursprünglichen Werksein zu erwartenden Neubestimmung des Dingseins gewinnen wir eine Aufklärung über das ‚Dinghafte' am Kunstwerk. Auf dem bisher zurückgelegten Weg haben wir schon in die Richtung gewiesen, aus der uns eine neue Bestimmung des Dingseins entgegenkommen könnte: aus dem, *was uns das Kunstwerk über das Wesen der Erde sagt.*

Die Beschreibung des ursprünglichen Zeugseins geschah aus der unmittelbaren Erfahrung eines Kunstwerkes. Was das Kunstwerk sehen ließ, war das Zeugsein des Zeuges. In der Art, wie es dieses sehen ließ, wurde das gesuchte ursprüngliche Werksein erkannt. Das Kunstwerk ließ das Zeugsein sehen, indem es das Geschehen der Eröffnung des Zeuges in seinem Zeugsein erfahren ließ. Es eröffnete das Zeug in seinem Zeugsein nicht nur so, wie es auch außerhalb des Kunstwerkes geschieht, sondern, wie Heidegger hervorhebt, „in seiner Weise" (S. 28). Das heißt: Das Kunstwerk eröffnet das Zeug in seinem Zeugsein so, daß die Offenheit des Zeugseins eigens zum Scheinen kommt. Die Eröffnung des Seienden in seinem Sein wurde als das Geschehen des Heraustretens des Seienden in die Unverborgenheit seines Seins gefaßt. Das Heraustreten in die Unverborgenheit ist, wie es jetzt heißt, das Geschehen des *Entbergens*. Die Unverborgenheit hat Geschehnischarakter, der im Entbergen zum Ausdruck gebracht wird. Die Unverborgenheit als das Geschehen des Entbergens des Seienden ist das ursprüngliche Wesen der Wahrheit. Daher kann gesagt werden: Im Kunstwerk geschieht die Wahrheit des Seienden, aber so, daß sich die Wahrheit des Seienden auf dem Wege des Feststellens in die Gestalt ins Werk gesetzt hat. Notgedrungen muß hier der Geschehnischarakter dieses Wahrheitsgeschehens noch weitgehend im Dunkeln bleiben. Wir sagten aber oben, daß jeder Schritt im bestimmenden Aufweis des Werkseins des Kunstwerkes ein Schritt in der Beantwortung der Seinsfrage sei. Wenn jetzt das Weiterfragen der Frage nach dem Werksein zur Frage nach dem *Wahrheitsgeschehen im Kunstwerk* wird, heißt das zugleich, daß die Erörterung der Seinsfrage in die Wahrheitsfrage einmündet. Was hier als Wahrheit befragt und aufgewiesen wird, erweist sich womöglich als der Grundcharakter (Sinn) von Sein überhaupt.

ZWEITER ABSCHNITT
DAS KUNSTWERK UND DIE WAHRHEIT

ERSTES KAPITEL

Vorbereitende Besinnung auf die Freilegung
der Wesensbezüge des Kunstwerkes

§ 16. *Das reine Insichselbststehen des Kunstwerkes. Die*
verdeckenden Bezüge und der durch das Kunstwerk selbst
eröffnete Bezugsbereich

Der zweite Abschnitt der Kunstwerk-Abhandlung beginnt mit
einer verkürzten Vergegenwärtigung des bisher durchlaufenen
Weges. Die vorbereitende Exposition der Frage nach dem Ursprung des Kunstwerkes hatte formalanzeigend die Kunst als den
erfragten Ursprung benannt. Was aber ist die Kunst, wenn sie
der Ursprung des Kunstwerkes ist, und wie läßt sie das Kunstwerk entspringen? Um hierauf antworten zu können, müssen wir
uns vor die Kunst bringen. Die Kunst ist als Ursprung des Kunstwerkes im wirklichen Kunstwerk als dem ihr Entsprungenen irgendwie wirklich. Daher muß zuerst das Kunstwerk in seiner ihm
eigentümlichen Wirklichkeit bestimmt werden. Im ersten Abschnitt wurde gemäß dieser Wegweisung der Versuch unternommen, die nächstliegende Wirklichkeit des Kunstwerkes, das Dinghafte an ihm, mit Hilfe der drei überlieferten Dingbegriffe zu
fassen. Die Prüfung der Dingbegriffe geschah aus einem vagen
Vorverständnis des ursprünglichen Dingseins des Dinges, das
als das Insichruhen bezeichnet wurde. Im ständigen Vorblick auf
dieses Wesen des Dinges mußte der Versuch, das Dinghafte des
Dinges mit Hilfe der drei Dingbegriffe zu fassen, mißlingen.
Hierfür ergaben sich zwei Gründe. Einmal vermögen alle drei
Dingbegriffe das ursprünglich Dinghafte, wie es im Vorverständnis in die Vorhabe genommen ist, nicht zu greifen. Wenn das

Kunstwerk am Dinghaften teilhat, dann wird vermutlich *sein* Dinghaftes aus *dem* Wesen des Dinges bestimmt werden müssen, das im Vorverständnis als das ursprüngliche Dingsein in die Vorhabe genommen ist. Fassen die drei Dingbegriffe nicht das ursprüngliche Dingsein überhaupt, so auch nicht das ursprünglich Dinghafte im Kunstwerk. Das ist der eine Grund für das Mißlingen. Der zweite Grund besagt, daß wir das Kunstwerk „mit der Frage nach seinem dinglichen Unterbau in einen Vorgriff zwingen" (S. 29), der uns den Zugang zum ursprünglichen Werksein des Kunstwerkes versperrt. Nicht nur können wir das Dinghafte überhaupt und das Dinghafte im Kunstwerk mit Hilfe der überlieferten Dingbegriffe nicht fassen, sondern wir dürfen das Dinghafte im Kunstwerk nicht einmal als den ‚dinglichen Unterbau' ansetzen, weil diese ontologische Setzung die ontologische Erfahrung des Werkseins des Kunstwerkes und mit ihm das wahre Dinghafte des Werkes unmöglich macht. Heideggers Rede vom ‚Vorgriff', in den wir das Kunstwerk zwingen, zielt ab auf das eine der drei Momente, die die hermeneutische Situation bilden: der aus der Überlieferung sich bestimmende vorgreifende Begriff des dinglichen Unterbaus, mit dem wir das in die Vorhabe genommene Kunstwerk, das in seinem Werksein ausgelegt werden soll, im vorhinein begrifflich fassen. Dieser Vorgriff ist auf der Suche nach dem Werksein des Kunstwerkes der phänomenologischen *Destruktion* unterworfen, ohne daß schon positiv das Dinghafte des Kunstwerkes zur Bestimmung gelangen konnte. Eine positive Bestimmung könnte nur aus dem *reinen Insichstehen* des Kunstwerkes erfolgen. Das reine Insichstehen muß erst als ein solches aufgezeigt werden. Das aber kann nur geschehen aus dem bisher angezeigten, wenn auch noch nicht ursprünglich genug erfaßten Werksein des Kunstwerkes.

Mit dem reinen Insichstehen gibt Heidegger das Stichwort für die Entfaltung des neu aufzunehmenden Gedankenweges. Insichstehen des Kunstwerkes heißt formal: in sich selbst und nicht in einem anderen stehen. Deshalb wird gefragt, ob denn das Kunstwerk überhaupt *an sich selbst,* d. h. so, wie es nur in sich selbst ist, zugänglich werden könne. Damit das Kunstwerk in seinem

Insichselbststehen zugänglich werden kann, muß es *aus allen Bezügen zu anderem herausgerückt werden*. Nur so beruht es allein für sich auf sich. Wird aber dieser Forderung nicht schon dadurch entsprochen, daß das Kunstwerk, wenn es fertiggestellt ist, aus dem künstlerischen Schaffensprozeß zu seinem Selbststand entlassen wird? Gelangt nicht jedes Kunstwerk nach Abschluß seines Geschaffenwerdens notwendig zu seinem Insichselbststehen? Drückt sich dieser Sachverhalt nicht in dem Selbstverständnis des Künstlers aus, selbst nur „ein im Schaffen sich selbst vernichtender Durchgang für den Hervorgang des Werkes" (ebd.) zu sein?

Daß das von Heidegger benannte Insichselbststehen des Kunstwerkes sich nicht mit dem Sachverhalt des Abgelöstseins des Kunstwerkes aus dem Schaffensvorgang deckt, zeigen die Bemerkungen über die *Vergegenständlichung der Kunstwerke*. Die in den Kunstsammlungen und Kunstausstellungen hängenden Gemälde und stehenden Skulpturen sind weitgehend „Gegenstände des Kunstbetriebes" (ebd.), und das heißt: des öffentlichen oder vereinzelten Kunstgenusses, der öffentlichen musealen Pflege und Erhaltung, der Kunstkenner, Kunstrichter und Kunsthändler und auch der Kunstgeschichtsforschung. Diese *verschiedenen Weisen* ihrer Vergegenständlichung versetzen die Kunstwerke in solche Bezüge, die sie nicht in ihrem Insichselbststehen belassen. Fällt die Versetzung der Kunstwerke in Sammlungen und Ausstellungen mit ihrer Vergegenständlichung zusammen, dann besagt solche Vergegenständlichung, daß die Kunstwerke „ihrer Welt entzogen" sind (S. 30). Die Welt, von der hier die Rede ist, gehört in das Geschehen der Eröffnung des Seienden. Dieses Geschehen der Entbergung bzw. der Wahrheit des Seienden ist aber das Werksein des Kunstwerkes. Das Kunstwerk wird daher in seinem Insichselbststehen nur dann zugänglich, wenn es *aus dem in ihm Geschehenden zugänglich* wird. Die Vergegenständlichung des Kunstwerkes besteht in der Nichtbeachtung des Wahrheitsgeschehens im Kunstwerk.

Die Vergegenständlichung ist jedoch nicht an die Versetzung der Kunstwerke in Sammlungen und Ausstellungen gebunden.

Kunstwerke, die wir dort belassen, wo sie errichtet worden sind, wie ein griechischer Tempel oder ein christlicher Dom, können auch der Vergegenständlichung unterliegen, wenn ihre Welt zerfallen ist. Das Ausschlaggebende für die Vergegenständlichung ist nicht der Ort, an dem, und die Umgebung, in der sie sich befinden, sondern das, was Heidegger den *Weltentzug* und *Weltzerfall* nennt (ebd). Wie dieser Entzug und Zerfall zu denken sind, ließe sich angemessen erst aus den Erörterungen des zweiten und dritten Abschnittes sagen: aus dem, was Heidegger als die im Kunstwerk geschehende Aufstellung einer Welt und als den bewahrenden Bezug des Menschen zum Welt-Eröffnungsgeschehen im Kunstwerk zum Aufweis bringt. Vorläufig gesagt: Entzug und Zerfall von Welt meinen so etwas wie eine *Verschließung* dessen, was einst im Kunstwerk sich eröffnete. Entzug und Zerfall als Weisen der Verschließung sind wie die Eröffnung aus dem Geschehen der Wahrheit als Entbergung des Seienden zu denken. Dieses Geschehen, das wir im ersten Abschnitt durch eine Auslegung des van Gogh'schen Gemäldes als die Eröffnung des zeughaft Seienden in seinem ursprünglich erfahrenen Zeugsein kennengelernt haben, soll im zweiten Abschnitt *thematisiert* werden. Dabei wird sich zeigen, wie zum Wesen der Wahrheit als geschehender Unverborgenheit nicht nur die Eröffnung, sondern auch die Verschließung als Verbergung gehört.

Entzug und Zerfall der Welt, die einst im Kunstwerk eröffnet wurde, lassen sich „nie mehr rückgängig" (ebd.) machen, wenn die im Entzug und Zerfall waltende Verschließung *nicht* im freien Belieben des Menschen steht, sondern einem Geschehen angehört, zu dem sich der Mensch nur insofern verhalten kann, als er in es versetzt ist. Vom Weltentzug und Weltzerfall sind vor allem die Kunstwerke früherer geschichtlicher Epochen betroffen. Sie sind nicht mehr die Kunstwerke, die sie einst waren, weil die in ihnen einst eröffnete Welt sich verschlossen hat. Sie begegnen uns im Bereich der Überlieferung und Aufbewahrung nur noch als die Gewesenen und *stehen* uns als solche *entgegen*. Sie sind Gegenstände einer Vergegenständlichung als die Gewesenen, und sie sind die Gewesenen, sofern sich die in ihnen eröffnete Welt verschlossen hat. Ihr Gewesensein ist aus der Welt-Verschließung zu denken, und die Weltverschließung ist der Grund dafür, daß sie nur noch als Gegenstände des Kunstbetriebes und der Kunstgeschichtsforschung begegnen. Das *Insichselbststehen* der Kunstwerke besagt das *Stehen in der in ihnen eröffneten Welt*. Mit der Welt-Verschließung flieht aus ihnen ihr einstiges Insichstehen. Mit der Flucht des Insichselbststehens verschwinden jedoch nicht die Kunstwerke. Aber die Weise, wie sie Kunstwerke sind, hat sich durch die Welt-Verschließung gewandelt. Statt in sich selbst zu stehen, stehen sie nunmehr uns entgegen. Ihr Entgegenstehen ist nicht bezugslos zu ihrem einstigen Insichstehen, sondern „eine Folge jenes vormaligen Insichstehens" (ebd.), nicht nur, weil es auf das Insichstehen folgt, sondern weil die Verschließung des Insichstehens der Grund des Entgegenstehens ist.

Welt-Verschließung wird vermutlich nicht heißen, daß wir in gar keinem Bezug mehr zu der einst im Kunstwerk eröffneten Welt stehen. Denn das würde bedeuten, daß die gewesenen Kunstwerke sich unserem heutigen Verständnis völlig entzögen. Somit wird die Welt-Verschließung in einem *Wesenswandel* der einst eröffneten Welt beruhen, der sich darin zeigt, daß sich die Welt des Kunstwerkes nur noch in der Weise historischer Erinnerung zukehrt.

Das aus der Welt-Verschließung gedachte Gegenstandsein der Kunstwerke ist nicht ihr ursprüngliches Werksein, sondern nur eine Wesensfolge von diesem. Die Kunstwerk-Abhandlung, die nach dem Ursprung des Kunstwerkes fragt, begibt sich auf die Suche nach einer Bestimmung dieses ursprünglichen Werkseins. Beansprucht dann nicht das Denken, das Gegenstandsein der Kunstwerke und damit die Welt-Verschließung rückgängig zu machen? Hieß es aber nicht, daß Weltentzug und Weltzerfall nie mehr rückgängig zu machen seien? Dieser scheinbare Widerspruch löst sich auf, wenn man zweierlei unterscheidet: die grundlegende denkerische Besinnung auf das Werksein eines Kunstwerkes und die Frage, ob eine im Kunstwerk eröffnete Welt noch waltet oder sich verschlossen hat. Damit, daß die grundsätzliche Besinnung die Eröffnung einer Welt als einen Grundzug des Werkseins herausstellt, und das sogar an Hand eines gewesenen Kunstwerkes, des griechischen Tempels, wird der Weltzerfall in diesem Kunstwerk doch nicht wieder rückgängig gemacht. Denn das hieße, daß wir auch heute noch aus der im griechischen Tempel eröffneten Welt existierten wie einst die Griechen.

Ist das Kunstwerk Gegenstand des Kunstbetriebes und der Kunstgeschichtsforschung geworden, steht es „in Bezügen zu solchem, was ein anderes ist als es selbst" (S. 29). Soll die Freilegung seines ursprünglichen Werkseins gelingen, muß es aus *diesen* Bezügen herausgesetzt werden. Erst nachdem das ursprüngliche Werksein zur Aufweisung gelangt ist, lassen sich die es verdeckenden Bezüge aus dem Werksein als in der Welt-Verschließung gründend bestimmen. Die Welt-Verschließung wird als solche nur verständlich aus dem einen Grundzug des Werkseins: der Eröffnung einer Welt.

Wenn wir uns durch die unmittelbare Erfahrung vor das Werksein des Kunstwerkes diesseits der es verfremdenden Bezüge bringen, zeigt es sich uns, möchte man meinen, außerhalb eines jeden Bezugs. Reines Insichselbststehen scheint der Bezugslosigkeit gleichzukommen. Doch diese vorschnelle Meinung wird zurückgewiesen. Denn vermutlich würde das Kunstwerk kein Kunstwerk mehr sein, wenn es außerhalb eines jeden Bezuges stünde. Vermutlich gehört das *Stehen in Bezügen* wesenhaft zum Werk. Nur kommt es darauf an, die *wahren Bezüge des Kunstwerkes* zu erblicken, die das Insichselbststehen des Kunstwerkes nicht ausschließen, sondern für es konstitutiv sind. Das reine Insichselbststehen des Kunstwerkes darf nicht in seiner Bezugslosigkeit gesucht werden, vielmehr in seinem bezugshaften Wesen.

Daher fragt die Abhandlung: „Wohin gehört ein Werk?" Gefragt wird nach dem *wahren Bezugsbereich,* der das Insichselbststehen des Kunstwerkes und den Aufweis des ursprünglichen Werkseins aus dem Insichselbststehen verbürgt. Das Kunstwerk gehört, antwortet die Abhandlung wegweisend, „einzig in den Bereich, der durch es selbst eröffnet wird" (S. 30). Das Werksein des Kunstwerkes – das hatte der erste Abschnitt ergeben – west,

d. h. hat sein Wesen nur in solcher Eröffnung. Es ist die Eröffnung des Seins des Seienden. Sie ist das *Geschehnis der Wahrheit als Unverborgenheit des Seienden.* Der Bereich also, der im Kunstwerk durch das Kunstwerk eröffnet wird, ist die Unverborgenheit, das Geschehnis der Entbergung des Seienden. *Das Kunstwerk gehört einzig in den durch es eröffneten Bereich der Wahrheit als Unverborgenheit. Wie* es in diesen Bereich hineingehört, erfahren wir später. Zunächst entnehmen wir dem hier Gesagten nur so viel: daß das Werksein des Kunstwerkes nur in einer *vertieften Auslegung des durch das Kunstwerk eröffneten Bereiches der Unverborgenheit des Seienden bestimmt werden kann.* Aller Voraussicht nach wird die Auslegung des eröffneten Bereiches auf die wahren Bezüge stoßen, in denen das Kunstwerk steht.

§ 17. Das Geschehnis der Entbergung des Seienden im griechischen Tempel. Das werkgemäße Eröffnen einer Welt und Zurückstellen der Welt auf die Erde

Das Geschehnis der Unverborgenheit des Seienden wurde im ersten Abschnitt im Blick auf das Gemälde van Goghs *genannt.* Indem Heidegger von einem ‚nennen‘ spricht, wird deutlich, daß sich die Abhandlung allererst aufmachen muß, das zunächst nur im Nennen aufgezeigte Geschehnis der Entbergung eigens zur Auslegung zu bringen. Auslegen heißt: im phänomenologischen Blick auf dieses Geschehen fragen, was Wahrheit als geschehende Unverborgenheit ist und wie sie geschehen kann. Die Wahrheits-Frage als Frage nach dem Wesen der Wahrheit soll gestellt werden, nicht in aller Hinsicht, sondern in der Kunstwerk-Abhandlung vor allem in der speziellen Hinsicht auf das Kunstwerk.

Das im Kunstwerk sichtbar gemachte Geschehen der Entbergung des Seienden auslegen heißt: *das Geschehnis schrittweise in seinem inneren Strukturreichtum offenlegen.* Die Abhandlung begnügt sich dabei nicht mit der einmaligen Aufzeigung dieses Geschehnisses an Hand des van Gogh'schen Gemäldes, sondern wählt als Ausgang für die beabsichtigte Strukturfreilegung die Sichtbarmachung des Wahrheitsgeschehnisses an einem Kunstwerk einer anderen Kunstgattung, einem griechischen Tempel. Die Nennung dessen, was der Tempel als Kunstwerk sehen läßt, d. h. wie *in* ihm und *durch* ihn Unverborgenheit des Seienden geschieht, zeigt denselben Aufbau wie die Nennung des Wahrheitsgeschehens im Gemälde van Goghs. Auch jetzt geht es darum aufzuzeigen, wie die im Kunstwerk geschehende Entbergung des Seienden bestimmt ist einerseits durch den *Bezug zur Welt* und andererseits durch den *Bezug zur Erde*. Der Tempel als Bauwerk bildet nicht wie das Gemälde ab, sondern „steht einfach da inmitten des zerklüfteten Felsentales" (S. 30 f.). Das, als was und wie der Tempel offenbar ist, bestimmt sich dadurch, daß durch ihn und seine Offenbarkeit der Gott, dem er geweiht ist, in ihm anwest. Der Gott ‚west an' heißt: Er rückt in die Offenbarkeit seines Anwesens (Seins) ein. Das Anwesen des Gottes gehört in das Geschehnis der Unverborgenheit. Der Gott ist nur, was und wie er ist, indem er in die Offenbarkeit seines Anwesens einrückt. Er ist als das, was und wie er ist, offenbar in der Offenbarkeit des Tempels. Auch der Tempel ist als Tempel nur offenbar, indem er in seine Offenbarkeit einrückt; er wird nur offenbar im Offenbarwerden des Gottes in ihm. „Das Bauwerk umschließt die Gestalt des Gottes und läßt sie in dieser Verbergung durch die offene Säulenhalle hinausstehen in den heiligen Bezirk. Durch den Tempel west der Gott im Tempel an. Dieses Anwesen des Gottes ist in sich die Ausbreitung und Ausgrenzung des Bezirkes als eines heiligen" (ebd.). Diese und die folgenden Sätze, die sich um die Nennung des Wahrheitsgeschehens im Tempel bemühen, dürfen ebenso wenig wie die Beschreibung des Wahrheitsgeschehens im van Gogh'schen Gemälde gleich einer halbpoetischen Schilderung gelesen werden. Sie müssen vielmehr ebenso streng *ausgelegt* werden, wie der Sachverhalt des Wahrheitsgeschehens *gesehen* ist. Die angeführten Sätze sagen, wie der Tempel in seiner Offenbarkeit den Gott offenbar werden läßt. Zur Offenbarwerdung des Gottes gehört auch die Ausbreitung und Ausgrenzung des Tempel-Bezirkes als eines heiligen. Nicht nur der Tempel und sein Inneres, von dem die Offenbarwerdung des Gottes ausgeht, auch der Bezirk um den Tempel herum ist offenbar in der ausgezeichneten Weise des Heiligen. Das Heilige gehört zur spezifischen Offenbarkeit des Gottes.

Mit dem Satz „Der Tempel und sein Bezirk verschweben aber nicht in das Unbestimmte" (S. 31), leitet die Nennung des Wahrheitsgeschehens im Tempel über zur *Aufzeigung des Welt-Bezuges des Tempels.* „Das Tempelwerk fügt erst und sammelt zugleich um sich die Einheit jener Bahnen und Bezüge, in denen Geburt und Tod, Unheil und Segen, Sieg und Schmach, Ausharren und Verfall die Gestalt und den Lauf des Menschenwesens in seinem Geschick gewinnen" (ebd.). Die „waltende Weite dieser offenen Bezüge" nennt Heidegger die *Welt* dieses, d. h. des griechischen Volkes, jenes Volkes, das aus der Errichtung eines solchen Tempels existiert. Das Fügen und Sammeln bilden die Einheit, d. h. die einigend umfassende Ganzheit der Bahnen und Bezüge der Welt. Inwiefern fügt sammelnd der Tempel erst die Einheit der die Welt konstituierenden Bezüge? Weil die im Tempel offenbarwerdende Wesensgestalt des Gottes nur ist, was sie ist, in ihrer Einbezogenheit in die weltlichen Sinnbezüge. Die im Tempel offenbarwerdende Wesensgestalt des Gottes hält in ihrer Offenbarkeit die Einheit und Ganzheit der die geschichtliche Welt konstituierenden sinnhaften Bezüge offen. Indem der Tempel die Wesensgestalt des Gottes offenbarwerden läßt, fügt und sammelt er in solchem Offenbarwerdenlassen das Bezugsganze der Welt.

Von den offenen Bahnen und Bezügen der Welt wird gesagt, daß in ihnen Geburt und Tod, Unheil und Segen, Sieg und Schmach, Ausharren und Verfall die Gestalt und den Lauf des Menschenwesens in seinem Geschick gewinnen. In der überarbeiteten Fassung für die Reclam-Ausgabe heißt es statt „die Gestalt und den Lauf des Menschenwesens in seinem Geschick gewinnen": „dem Menschenwesen die Gestalt seines Geschickes gewinnen" (Reclam-Ausgabe, S. 41). Die Abänderung dieser Textstelle verstehen wir nicht als eine Umdeutung, sondern als eine Verdeutlichung der ersten Fassung. Der Genitiv „des Men-

schenwesens" ist ein genitivus obiectivus. Geburt und Tod …
gewinnen in den Bahnen und Bezügen der Welt *für* das Menschenwesen und somit „dem Menschenwesen" die Gestalt seines Geschickes. Es ist die Gestalt „seines Geschickes", weil es die dem griechischen Volk zugeschickte Wesensbestimmung ist.

Als Bahnen und Bezüge der Welt werden genannt: Geburt und Tod, Unheil und Segen, Sieg und Schmach, Ausharren und Verfall. Der griechische Mensch existiert im geschichtlichen Miteinander seines Volkes aus der Ganzheit dieser weltlichen Sinnbezüge, und zwar dergestalt, daß sich sein Tun und Lassen aller Daseinsbezirke aus der Offenheit dieses weltlichen Bezugsganzen sinnhaft bestimmt. Die weltlichen Bahnen und Bezüge sind so weit gespannt, daß sie die umfassende Ganzheit bilden, die uns sonst unter dem Namen der geistig-geschichtlichen Welt eines Volkes bekannt ist. Die geschichtlich-konkrete Welt des griechischen volkshaften Daseins ist die Bezugsganzheit der Welt, die durch den Tempel in seinem Offenbarwerdenlassen des Gottes gefügt und gesammelt wird.

Die Nennung des Weltbezugs in der Offenbarkeit des Tempels schließt ab mit der Bemerkung, daß aus der Offenheit der waltenden Weite des Bezugsganzen der Welt und im Durchmessen ihrer das geschichtliche Volk „erst auf sich selbst zum Vollbringen seiner Bestimmung" zurückkommt (ebd.). Was Heidegger in „Sein und Zeit" phänomenologisch aufgewiesen hat: die Vorgängigkeit des Weltverständnisses als Ermöglichung für den besorgenden Umgang mit innerweltlich begegnendem Seienden, wird hier aufgezeigt als Vorgängigkeit der Offenheit einer geschichtlichen Welt des geschichtlich existierenden Volkes als Ermöglichung für das Vollbringen des Daseins des Volkes, das als Allgemeines in den Einzelnen handelt.

Der folgende Absatz in der Kunstwerk-Abhandlung gilt der *Aufzeigung des Bezuges des Tempels zur Erde*. Wie wird dieser Bezug beschrieben? Das Bauwerk „ruht" in seinem Dastehen „auf dem Felsgrund", das „Aufruhen … holt aus dem Fels das Dunkle seines ungefügen und doch zu nichts gedrängten Tragens heraus" (ebd). Damit wird zunächst hingewiesen auf den einfachen Sachverhalt, daß und wie in der Offenbarkeit des Tempels die Erde als Felsgrund mit offenbar ist: Der Tempel ist offenbar als aufruhend auf dem Felsgrund; er kann nur in seinem Aufruhen offenbar sein, wenn das, worauf er aufruht, mit offenbar ist, und zwar als das Tragende. Weil das Aufruhen nur ist, was es ist, im Getragenwerden, holt es aus dem Fels das Tragen heraus. Das aber heißt: *Es läßt die Erde eigens als das Tragende offenbar werden.* Das Tragen der Erde, ein Wesenszug ihrer Offenbarkeit, hat einen eigenen Charakter: das Dunkle, Ungefüge, zu nichts Gedrängtsein. Das ‚Dunkle' weist in ihren Grundzug des Bergens und Verschließens. Das Tragen der Erde ist ‚dunkel', ‚ungefüge' und ‚zu nichts gedrängt', sofern es nicht aufgehellt ist durch eine innere Zielstrebigkeit.

Der Tempel erhält die Festigkeit seines Standes aus dem Tragen der Erde. Das Stand gewährende Wesen der tragenden Erde zeigt sich auch darin, daß das Bauwerk dem Sturm standzuhalten vermag. In seinem Standhalten zeigt der Tempel einerseits das Stand gewährende Wesen der Erde, andererseits aber auch das, dem er standhält, den Sturm in seiner Gewalt, die so groß ist, daß es eines solchen festen Standes bedarf.

Der Tempel steht auch noch *in anderer Hinsicht* in einem Bezug zur Erde: nicht nur durch sein Aufruhen auf das ihn Tragende, sondern auch durch das, *woraus er hergestellt ist* und was man gewöhnlich den Stoff nennt. Hier, wo die Kunstwerk-Abhandlung sich anschickt, innerhalb des Geschehens der Unverborgenheit im Kunstwerk den Bezug zur Erde sichtbar zu machen, läßt sich weder schon die Bedeutung der Erde für das Wahrheitsgeschehen noch der *Unterschied* zwischen der Erde als tragendem Felsgrund und der Erde als dem Woraus des Kunstwerkes bedenken. Vorerst kann es nur darum gehen, uns in der unmittelbaren Erfahrung vor den Tempel als Kunstwerk so zu bringen, daß wir achtgeben auf das, was das Kunstwerk aus seinem Werksein erfahren läßt. Das, womit der Tempel auf dem Felsgrund aufruht, das Gestein, der Marmor, zeigt sich uns in seinem Glanz und Leuchten. Wohl können wir den Tempel nur sehen im Licht der Sonne, wohl kann das Gestein nur glänzen und leuchten im Licht des Tages. Das soll von Heidegger nicht bestritten werden, wenn er sagt: „Der Glanz und das Leuchten des Gesteins, anscheinend selbst nur von Gnaden der Sonne, bringt doch erst das Lichte des Tages, die Weite des Himmels, die Finsternis der Nacht zum Vor-schein" (ebd.). Was hier zurückgewiesen werden soll, ist die Ansicht, als ob „der Glanz und das Leuchten des Gesteins" durch den Hinweis auf das Licht der Sonne erklärt sei. Das Wort ‚Vorschein' tauchte schon einmal auf: im Zusammenhang mit der Nennung dessen, was das van Gogh'sche Gemälde als Kunstwerk sehen läßt. Dort war es das Zeugsein des Zeuges, das „erst durch das Werk und nur im Werk ... eigens zu seinem Vorschein" (S. 25) kommt. Zum Vorschein kommen bzw. bringen meint nicht nur ein einfaches Sichzeigen, sondern das *ausgezeichnete* Sichzeigen, wie es nur im Kunstwerk geschieht. Hier ist es das Licht des Tages, die Weite des Himmels und die Finsternis der Nacht, die im Glanz und Leuchten des Gesteins in ausgezeichneter Weise sich zeigen und das heißt offenbar werden.

Indem der Tempel im Aufruhen auf dem ihn tragenden Felsgrund festen Stand gewinnt, ragt er zugleich in den licht- und lufterfüllten Raum empor. Sein sicheres Ragen „macht den unsichtbaren Raum der Luft sichtbar" (S. 31), sofern er den lufterfüllten Raum, durch den wir sonst nur medial hindurchsehen, in ausgezeichneter Weise offenbar werden läßt. Darin bleibt er der Raum, durch den wir hindurchschauen, um in ihm den aufragenden Tempel sehen zu können. Aber der selbst nicht wie ein Ding sichtbare lufterfüllte Raum wird mit dem sicheren Ragen des Tempels dadurch sichtbar, daß er in ausgezeichneter Weise offenbar wird.

Wie der Tempel in seinem gefestigten Dastehen dem Rasen des Sturmes standhält, so steht auch sein Unerschüttertes ab gegen das Wogen der Meerflut. In seinem unerschütterten Dastehen „läßt [er] aus seiner Ruhe" das Toben der Meerflut „erscheinen" (ebd.). In der Ruhe seines Unerschüttertseins ist mit offenbar das Tragen der Erde. Aus seiner Ruhe läßt der Tempel die Bewegung des tobenden Meeres erscheinen – das heißt wieder:

er bringt in seiner Offenbarkeit das Meer in seiner Bewegung zum Vorschein, läßt es in *ausgezeichneter* Weise offenbar werden. Baum, Gras, Adler, Stier, Schlange und Grille, die erst durch das Kunstwerk in ihre abgehobene Gestalt eingehen und als das zum Vorschein kommen (ebd.), was sie sind, stehen hier für das Gewächs und Getier auf der Erde, zwischen Himmel und Erde. Der Tempel steht nicht nur auf der Erde, unter dem Himmel, im licht- und lufterfüllten Raum, ausgesetzt den Wettern und Stürmen, am Ufer des Meeres, sondern auch inmitten von Gewächs und Getier. Das ‚Eingehen in ihre abgehobene Gestalt‘ meint das Einrücken in die Offenbarkeit dessen, was und wie sie sind. Auch hier handelt es sich nicht nur um das einfache Sichzeigen aus der Offenbarkeit heraus, sondern um das *ausgezeichnete* Offenbarwerden im Kunstwerk. Deshalb ist wieder die Rede vom ‚zum Vorschein kommen‘.

Der Tempel als Kunstwerk steht als ein ausgezeichnetes Seiendes inmitten des Seienden im Ganzen: auf dem Felsgrund, am Meeresufer, unter dem Himmel, im licht- und lufterfüllten Raum, ausgesetzt der wechselnden Witterung, umgeben von Gewächs und Getier. Das so aufgezählte Seiende ist nicht ein umweltlicher Zeugzusammenhang, sondern der wesensverschiedene Seinszusammenhang der *Natur,* des *naturhaft Seienden.* Das Seiende im Ganzen als Natur zeigt sich als das, was sie ist, im Herauskommen und Aufgehen in ihre Offenbarkeit. Solches Herauskommen und Aufgehen des naturhaft Seienden nennt Heidegger die Φύσις. Sie meint nicht nur die Natur als das Ganze des naturhaft Seienden, sondern meint vor allem das Herauskommen und Aufgehen des naturhaft Seienden in seine Unverborgenheit, so daß es im Ganzen unverborgen ist. Die Φύσις ist somit die dem naturhaft Seienden eigentümliche Weise des Unverborgenwerdens. Sie ist das Heraustreten und Aufgehen in die Offenbarkeit, also das Offenbarwerden, und nur insofern auch der Name für das, was im Herauskommen und Aufgehen offenbar wird. Die Φύσις ist das „Herauskommen und Aufgehen selbst" (ebd.): das ‚selbst‘ weist auf den Unterschied zwischen dem Herauskommen und Aufgehen und dem, was herauskommt und aufgeht. Heidegger spricht aber auch vom Herauskommen und Auf-gehen „im Ganzen". Zum Herauskommen und Aufgehen, zur Φύσις als der Entbergung des naturhaft Seienden, gehört der Wesenscharakter der Ganzheit. Nur sofern das Hervorkommen und Aufgehen ein ganzheitliches ist, ist das naturhaft Seiende als solches im Ganzen unverborgen.

Von der Φύσις heißt es nun: „Sie lichtet zugleich jenes, wor-auf und worin der Mensch sein Wohnen gründet. Wir nennen es die Erde" (ebd.). Die Φύσις lichtet, d. h. entbirgt die Erde. Zwar wird innerhalb der Beschreibung dessen, was der Tempel als Kunstwerk sehen läßt, erst hier die Erde genannt. In der Beschreibung aber war sie schon thematisch als der tragende Felsgrund und als das Gestein des Tempels. Die Erde ist auch mitgenannt, wenn vom Eingehen des Gewächses und des Getiers in die jeweilige abgehobene Gestalt die Rede ist. Denn die Erde ist das, „wohin das Aufgehen alles Aufgehende und zwar als ein solches zurückbirgt" (ebd.). Die Φύσις läßt Gewächs und Getier aufgehen auf der Erde, auf die es in den unterschiedlichen Weisen zurückbezogen bleibt. Die Erde ist für das auf ihr Aufgehende das, was das Aufgehende birgt. „Im Aufgehenden west die Erde als das Bergende" (ebd.) heißt: Im ganzheitlichen Entbergen der Φύσις wird die Erde offenbar als das Tragend-Bergende für das, was im ganzheitlichen Entber-gen der Φύσις auf der Erde aufgeht. Das naturhaft Seiende im Ganzen, das im ganzheitlichen Entbergen der Φύσις unverbor-gen wird, zeigt in sich die Gliederung in die Erde als das Tra-gend-Bergende und in das, was auf der Erde aufgeht und als Aufgehendes im Wesensbereich der bergenden Erde einbehalten bleibt.

Die Erde ist auch offenbar als das *Tragend-Bergende für das Wohnen des Menschen*. Das Wohnen ist hier zu denken aus dem In-der-Welt-sein. Zum Wohnen gehört auch das Existieren in der Errichtung des Tempels und im existierenden Wissen um das, was der Tempel offenbar werden läßt. Hier ist es die Erde als Felsgrund, worauf der Mensch sein Wohnen in der Welt grün-det, indem er den Tempel errichtet, der mit der Offenbarwerdung des Gottes die Bezugsganzheit der Welt fügend-sammelnd offenhält.

Hier wird die Erde als das genommen, als was sie im menschlichen Wohnen inmitten des Seienden im Ganzen offenbar ist: *als* das Tragend-Bergende für das Wohnen aus der Offenheit der Welt und *als* das Tragend-Bergende für das naturhaft Seiende, das auf der Erde aufgeht. Wenn wir uns in der Beschreibung dessen, wie sich die Erde für uns jedesmal zeigt, nur an das halten, als was sie für uns offenbar ist, denken wir nicht an eine abgelagerte Stoffmasse und auch nicht an die Erde als Planeten. So einfach der Sachverhalt ist, der hier beschrieben werden soll, so schwierig erweist sich die ausdrückliche Thematisierung dessen, was wir in unserem existierenden Aufenthalt inmitten des Seienden im Ganzen unthematisch verstehen.

Die Φύσις waltet als das Herauskommen und Aufgehen des naturhaft Seienden im Ganzen *auch außerhalb* des Tempels. Der Tempel als Kunstwerk ist aber dadurch ein *ausgezeichnetes* Seiendes, daß er auch das Entbergen des naturhaft Seienden im Ganzen und mit ihm der Erde in *ausgezeichneter* Weise geschehen läßt.

In den beiden folgenden Absätzen faßt die Kunstwerk-Abhandlung die Beschreibung der beiden vorangegangenen Absätze *im Hinblick auf die zwei Wesenszüge des Kunstwerkes* zusammen. Der Welt-Bezug des Tempelwerkes besteht darin, daß er *eine Welt eröffnet*, der Bezug zur Erde zeigt sich darin, daß der Tempel die eröffnete Welt dergestalt *auf die Erde zurückstellt*, daß sie als der „heimatliche Grund herauskommt" (S. 32). Der Tempel eröffnet eine Welt, sofern er sie in seinem Fügen und Sammeln der die Welt konstituierenden Sinnbezüge in *ausgezeichneter Weise* offenhält. Indem er *in einem zumal* mit der Eröffnung einer Welt die Erde in ausgezeichneter Weise offenbar werden läßt, kommt sie als heimatlicher Grund für das Wohnen aus der eröffneten Welt hervor. Die Erde als heimatlicher Grund ist die Weise, wie die Welt auf die Erde als das Bergende zurückgestellt ist.

Es hieße, das Wesen des Tempels als Kunstwerk verfehlen,

wollte man das Verhältnis des Kunstwerkes zu dem vielfältigen Seienden, inmitten dessen er dasteht, als das Verhältnis des Tempels zu seiner dinglichen Umgebung kennzeichnen. Wohl sind Felsgrund, Meeresufer, licht- und lufterfüllter Raum zwischen Himmel und Erde, die Erde selbst und das Gewächs und Getier auf ihr *auch* für den Menschen offenbar, *bevor* der Tempel errichtet wurde. Aber das genannte Seiende ist kein Ganzes von unveränderlichen Gegenständen. Vielmehr zeigt es sich in gewandelter, ausgezeichneter Weise, wenn inmitten von ihm das Kunstwerk errichtet wird. Denn das Eigentümliche des Tempelwerkes liegt darin, daß es mit dem Offenbarwerden des Gottes sowohl die *Welt* in *ausgezeichneter Weise* offenhält als auch das Aufgehenlassen der Physis und mit ihm das *Herauskommen der Erde* als des heimatlichen Grundes in *ausgezeichneter Weise* geschehen läßt. Nicht ist das Seiende, inmitten dessen der Tempel errichtet ist, die unwandelbar vorhandene Umgebung für den Tempel, sondern wir müssen, wollen wir denkend dem nahe kommen, was in Wahrheit, d. h. in unverdeckter Weise ist, das ‚Verhältnis' eher umgekehrt denken. Die Umkehrung erfüllt aber nur dann ihren Sinn, wenn der denkende Blick darauf gerichtet ist, wie in der unmittelbaren Erfahrung das Seiende im Ganzen und das Tempelwerk in ihm „sich anders uns zukehrt" (ebd.), d. h. anders für uns offenbar ist. Anders als wir meinen, wenn wir den Tempel als einen Gegenstand vorstellen, der in die unveränderlich-vorhandene dingliche Umgebung gesetzt wird. Anders, nämlich so, daß der Tempel in der Offenbarkeit seines Dastehens mit der Anwesung des Gottes eine Welt in ausgezeichneter Weise offenhält und im Zurückstellen dieser Welt auf die Erde diese als den heimatlichen Grund in abgehobener Weise offenbar werden läßt. Was für die gewöhnliche Vorstellungsweise die unveränderlich-vorhandene Natur-Umgebung für den Tempel ist, ‚verändert sich' durch die Errichtung des Tempelwerkes insofern, als sie sich in ausgezeichneter, werkgemäßer Weise als der heimatliche Grund für das menschliche Wohnen in der eröffneten Welt zukehrt.

Der Tempel ist kein gewöhnliches, sondern als Kunstwerk ein

ausgezeichnetes Seiendes, dessen Auszeichnung darin liegt, daß es in der Offenbarkeit seines Dastehens „den Dingen erst ihr Gesicht und den Menschen erst die Aussicht auf sich selbst" (ebd.) gibt. Das Tempelwerk gibt dem mannigfaltigen Seienden erst sein Gesicht, sofern es dieses in *werkgemäßer Weise* in die Offenbarkeit seines Aussehens, also dessen, was und wie es ist, einrükken läßt. Das werkgemäße Offenbarwerdenlassen des Seienden, inmitten dessen das Tempelwerk dasteht, geschieht im werkgemäßen Eröffnen einer Welt und Zurückstellen der Welt auf die als heimatlicher Grund offenbarwerdende Erde. Wenn daher im Kunstwerk eine Welt eröffnet und auf die Erde zurückgestellt wird, gewinnt der Mensch im existierenden Aufenthalt beim Tempelwerk die Aussicht auf sein In-der-Welt-sein als das Wohnen aus der eröffneten Welt auf dem heimatlichen Grund der Erde. Im Zuge der Beschreibung des van Gogh'schen Gemäldes wurde das ausgezeichnete Offenbarwerdenlassen des zeughaft Seienden im Kunstwerk so charakterisiert: „Das Sein des Seienden kommt in das Ständige seines Scheinens" (S. 25). Auch im Hinblick auf das Tempelwerk können wir sagen: Der Tempel als Kunstwerk der Baukunst bringt in seiner Offenbarkeit das Sein des Seienden, inmitten dessen er dastehend offenbar ist, in das Ständige seines Scheinens, aber nur so, daß er dem Menschen die Aussicht auf als Durchsicht durch sein In-der-Welt-sein gibt. Mit dem Sein des naturhaft Seienden bringt das Tempelwerk auch das In-der-Welt-sein des Menschen, worin für den Menschen der Tempel und das übrige Seiende offenbar ist, in das Ständige seines Scheinens.

Die Sicht der Durchsicht des Menschen auf sein In-der-Weltsein bleibt solange offen, wie der Tempel als Kunstwerk den Gott offenbar werden läßt. Denn, wie wir gesehen haben, die werkgemäße Eröffnung einer Welt und Zurückstellung der Welt auf die Erde bleibt im Tempelwerk eingebunden in das Anwesenlassen des Gottes. Wenn der Gott aus ihm geflohen ist, d. h. wenn der Tempel den Gott nicht mehr anwesen läßt, eröffnet er auch nicht mehr die geschichtliche Welt und stellt nicht mehr die eröffnete Welt auf die Erde zurück. Der Tempel hört auf, das Kunstwerk, das er einst war, zu sein. Er ist nunmehr ein gewesenes Kunstwerk. Die mit der Abwesenheit des einst im Tempel anwesenden Gottes zusammengehende Welt-Verschließung kann dazu führen, daß das gewesene Kunstwerk nur noch als Gegenstand der Kunsthistorie und des ästhetischen Erlebnisses begegnet. Dann wird die Weltverschließung gar nicht als solche erfahren, dann bleibt auch das Werksein des Kunstwerkes verdeckt. Die Welt-Verschließung kann jedoch in einer grundsätzlichen Besinnung auf das ursprüngliche Werksein des Kunstwerkes *als* Verschließung einer geschichtlichen Welt erfahren werden. Solche Erfahrung wird nur möglich, wo das Werksein des Kunstwerkes erfahren und ausgelegt wird als das werkgemäße Eröffnen einer Welt und Zurückstellen dieser Welt auf die Erde. Durch diese beiden Wesenszüge ist nicht nur das Gemälde oder der Tempel, sondern das Kunstwerk als solches bestimmt.

Bevor die Kunstwerk-Abhandlung übergeht zur Thematisierung dieser beiden Wesenszüge des Werkseins, streift sie zwei weitere Gattungen von Kunstwerken: das *Bildwerk* im Sinne der Skulptur und das *Sprachwerk* als das sprachliche Kunstwerk wie die Tragödie. Wie mit dem Tempel, so steht es auch mit der Statue des Gottes, das ihm der Sieger im Kampfspiel weiht. Aus der rechten Erfahrung des Werkseins des Kunstwerkes gesehen ist die Statue, die den Gott darstellt, kein Abbild, um sich den Gott leichter vorstellen zu können. Als Kunstwerk von der Art einer Götterstatue läßt es in seinem Werksein den Gott selbst anwesen. Das Kunstwerk ist dann nicht nur ein Abbild, das in seiner Abbild-Funktion auf das Urbild des Gottes verweist, sondern es ist der Gott selbst, sofern in ihm der Gott selbst anwest und nicht nur ein Nachbild von ihm. Die Anwesung des Gottes ist aber einbezogen in die werkgemäße Eröffnung einer Welt und Zurückstellung der Welt auf die Erde. Auch hier ist zu sagen: Das Bildwerk bringt in seiner Offenbarkeit mit der Anwesung des Gottes die Eröffnung der Welt und deren Zurückstellung auf die Erde und somit das In-der-Welt-sein des Menschen in das Ständige seines Scheinens. Wie beim Tempel das Gestein, so gehört bei der Götterstatue die Bronze zur Erde. Gestein und

Bronze, das Woraus eines Kunstwerkes, das sonst als der zu formende Stoff aufgefaßt wird, wird von Heidegger im dritten Abschnitt der Abhandlung eigens als zugehörig zur Erde bestimmt. Im Zusammenhang dieser Bestimmung klärt sich auch die Bedeutung der Rede davon, daß im Kunstwerk das Sein des Seienden „in das Ständige seines Scheinens kommt".

Alles Grundsätzliche, was vom Tempel und von der Götterstatue in bezug auf ihr Werksein gesagt wurde, gilt auch vom *Sprachwerk*. Eine Art dieser Kunstgattung ist die Tragödie, hier die griechische Tragödie. Ihre Darstellung ist keine Aufführung und Vorführung im Sinne einer veranschaulichenden Vergegenwärtigung, so wie das Götterbild kein Abbild ist, sondern wenn die Tragödie dargestellt wurde, vollzog sich darin der Kampf der neuen gegen die alten Götter. Die Tragödie ist kein Reden über diesen Kampf, sondern in der dichterischen Sprache der Tragödie wird das Sagen des griechischen Volkes, sein sprachliches In-der-Welt-sein dahingehend verwandelt, daß jedes wesentliche Wort diesen Kampf zwischen den neuen und alten Göttern führt.

ZWEITES KAPITEL

Zwei Wesenszüge im Werksein des Kunstwerkes

Nachdem angesichts eines griechischen Tempels das Wahrheitsgeschehen als Geschehen der Unverborgenheit des Seienden im
Ganzen aufgezeigt worden ist, soll nunmehr dem nur sichtbar
gemachten Geschehen schrittweise nachgefragt werden, um es in
seinem *inneren Strukturreichtum* freizulegen. Wenn im Kunstwerk das Entbergen des Seienden in ausgezeichneter Weise geschieht, *worin besteht dann das Werksein des Kunstwerkes?* Die
Beschreibung des Tempels geschah aus der unmittelbaren Erfahrung, die schon für die Beschreibung des van Gogh'schen Gemäldes gefordert war. Die unmittelbare Erfahrung meint die Zugangsweise zum Kunstwerk, in der wir diesseits von verdeckenden Vorstellungsweisen ungehindert im Machtbereich des Kunstwerkes stehen. Um solches zu vermögen, bedarf es nicht der
philosophierenden Besinnung auf das Werksein des Kunstwerkes. Damit überhaupt eine solche Besinnung möglich werden
kann, müssen wir schon in der Möglichkeit stehen, das Kunstwerk aus dem, was und wie es ist, erfahren zu können. Daß wir
dem Machtbereich eines Kunstwerkes ausgesetzt sein können,
auch einem gewesenen, bekundet sich darin, daß wir von ihm an-
gezogen, gefesselt, berückt werden können. Die Frage ist nur,
wie wir uns solche phänomenale Bekundung zum Verständnis
bringen, ob wir dafür zu den immer schon bereitliegenden
Auslegungsschemata greifen, oder ob wir imstande sind, frei von
den sich anbietenden Vorstellungsweisen das Kunstwerk in seinem ursprünglichen Werksein zur Auslegung zu bringen. Die
nicht thematisierende, die *vorontologische unmittelbare Erfahrung* geht als Phänomen der thematisierenden *ontologischen unmittelbaren Erfahrung* voraus. Hier erinnern wir erneut an die
methodische Anweisung, die Heidegger im ersten Abschnitt

(Holzwege, S. 20) für die Bestimmung des Dinghaften des Dinges, des Zeughaften des Zeuges und des Werkhaften des Kunstwerkes gab: sich dem Seienden (dem Ding, dem Zeug und dem Kunstwerk) so zuzukehren, daß wir an ihm selbst auf dessen Sein denken, um das Seiende so in seinem Wesen auf sich beruhen zu lassen. Mit dieser methodischen Anweisung greift Heidegger das auf, was er in „Sein und Zeit" als Ausgang, Zugang und Durchgang und in den „Grundproblemen" als Reduktion, Konstruktion und Destruktion methodologisch bedacht hat. Die Beschreibung des Tempels war nicht die Beschreibung eines Seienden als eines so und so bestimmten Seienden. Sie vollzog sich in der Weise der thematisierenden ontologischen Erfahrung. Wir kehrten uns dem Kunstwerk so zu, daß wir zugleich unseren Blick von ihm als Seiendem weg- und zurückführten auf das Werksein des Kunstwerkes. Wir dachten am Kunstwerk selbst auf dessen Werksein und zeigten dieses vorerst nur an als das Geschehen der Eröffnung einer Welt und Zurückstellung der Welt auf die Erde. Dadurch ließen wir, wie gefordert, das Kunstwerk in seinem Wesen, dem ursprünglich erfahrenen Werksein, beruhen. Diese erste Nennung des Wahrheitsgeschehens im Kunstwerk war vor allem bestimmt durch die phänomenologische Reduktion. Dieser Schritt war begleitet von der phänomenologischen Destruktion, d. h. durch die kritische Zurückweisung überkommener Begrifflichkeit, die dem aufzuweisenden Werksein des Kunstwerkes unangemessen ist.

Die anstehende begriffliche Strukturfreilegung des Wahrheitsgeschehens als der Eröffnung einer Welt und Zurückstellung dieser Welt auf die Erde wird sich vor allem vollbringen als *phänomenologische Konstruktion*: als positives Sichhinbringen zum Werksein selbst in der Weise des thematisierenden ontologischen Entwurfs des Kunstwerkes auf die Strukturen seines Werkseins.

§ 18. Der erste Wesenszug im Werksein: das werkgemäße Eröffnen einer Welt als das Aufstellen einer Welt

a) Ontische und ontologische Bedeutung des Aufstellens

Die *werkgemäße* Eröffnung einer Welt soll struktural-begrifflich gefaßt werden als das *Aufstellen* einer Welt. Das Wort ist uns als Bezeichnung für eine bestimmte Verhaltung zum Kunstwerk aus der vorphilosophischen Sprache bekannt. Es nennt eine ontische Verhaltung zum Kunstwerk als dinghaft Seiendem. Soll dagegen vom Aufstellen einer Welt im Kunstwerk die Rede sein, so handelt es sich nicht um einen ontischen Tatbestand, sondern um ein ontologisches Geschehen. Die Abhandlung geht für die Freilegung des ersten Wesenszuges des Kunstwerkes von einer ontischen Verhaltung zum Dinghaften des Kunstwerkes und somit vom längst bekannten Vordergründigen des Werkes aus, um sich von der ontischen Bedeutung des ‚Aufstellens‘ abzustoßen für die Gewinnung der ontologischen Bedeutung, in der dasselbe Wort für einen ontologischen Sachverhalt verwendet werden soll.

Die ontische Verhaltung zum Kunstwerk, die wir das Aufstellen nennen, ist das Anbringen eines Kunstwerkes in einer Ausstellung für die öffentliche Besichtigung und das Unterbringen eines Werkes in einer Kunstsammlung. Das Aufstellen hat hier den Sinn, das Kunstwerk an einen für die Zwecke der Sammlung oder Besichtigung geeigneten Platz zu bringen.

Wir sprechen aber auch von einem Aufstellen, wenn ein Bauwerk wie der Tempel erstellt, ein Standbild wie das Götterbild errichtet oder eine Tragödie dargestellt wird. Das Aufstellen als Erstellen, Errichten oder Darstellen eines Kunstwerkes ist wesensverschieden von der bloßen Unterbringung oder Anbringung eines Kunstwerkes an einem bestimmten Ort. Wohl kommen beide verschiedenen Weisen des Aufstellens darin überein, daß sie menschliche Verhaltungen sind. Das Aufstellen als Unterbringen und Anbringen ist eine Verhaltensweise zum Kunstwerk, die sich nicht aus dem Werksein bestimmt und daher nicht wesensnotwendig für das Kunstwerk ist. Demgegenüber sind das Erstellen, Errichten und Darstellen menschliche Verhaltungen zum Kunstwerk, die sich aus dem Werksein bestimmen und aus ihm gefordert sind. Das Aufstellen als Errichten eines Standbildes hat den Wesenscharakter des Weihens und Rühmens. Das Weihen meint das Heiligen, und dieses hat sein Wesen darin, das Heilige als Heiliges zu eröffnen und den Gott in das Offene seiner Anwesenheit hereinzurufen, ihn im Wesensraum des Heiligen anwesen zu lassen. Das zum Weihen gehörende Rühmen geschieht als die Würdigung der Würde und des Glanzes, worin der Gott offenbar wird. Würde und Glanz sind nicht Eigenschaften des Gottes, sondern die Art, in der der Gott anwest. „Im Abglanz dieses Glanzes glänzt, d. h. lichtet sich jenes, was wir die Welt nannten" (S. 33). Hier erfahren wir Näheres darüber, wie in der Anwesung des Gottes die Welt eröffnet ist. Im Abglanz des Glanzes, worin der Gott anwest, glänzt, d. h. lichtet bzw. öffnet sich die Welt. Der Wesensbezug zwischen dem Gott und der Welt ist der zwischen dem Glanz und dem Abglanz. Die sich öffnende Welt, Lichtes und Offenes, bestimmt sich aus dem Glanz, der der Gott selbst ist in seinem Sichzeigen. Die Ganzheit der weltlichen Sinnbezüge steht in einem Wesensbezug zum anwesenden Gott; das weltliche Bezugsganze ist ‚eingetaucht' in das Göttliche des Gottes und der übrigen Götter.

Ein Götterstandbild errichten heißt: „Öffnen das Rechte im Sinne des entlang weisenden Maßes, als welches das Wesenhafte die Weisungen gibt" (ebd.). Das ‚Rechte' steht hier für die Bahnen und Bezüge der im Glanz des anwesenden Gottes sich öffnenden Welt. Als solches ist es das entlang weisende Maß, das dem Wohnen des Menschen in der Welt auf der Erde die Weisungen gibt. Zu den wesentlichen Weisungen verhält sich der Mensch maßnehmend für sein Wohnen zwischen Geburt und Tod. Im maßnehmenden Welt-Verhältnis weiß er, was Segen und Unheil, Sieg und Schmach, Ausharren und Verfall sind.

Warum ist nun, so fragt die Kunstwerk-Abhandlung, die Aufstellung des Götterstandbildes eine Errichtung im Sinne des Weihens und Rühmens? Weihen ist das im Errichten sich vollziehende Verhalten zum Heiligen und zum Gott. Das Weihen ist das Öffnen des sich öffnenden Heiligen und das Hereinrufen des von sich her anwesenden Gottes. Das Rühmen ist das im Errichten sich vollziehende würdigende Verhalten zu Würde und Glanz des Gottes. Das errichtende Verhalten ist als Weihen und Rühmen ein Heiligen und Würdigen, weil das Kunstwerk in seinem Werksein dieses *fordert*. Das errichtend-aufstellende Verhalten zum Kunstwerk bestimmt sich aus dem Werksein des Kunstwerkes. Dann aber muß gefragt werden: Wie kommt das Kunstwerk in seinem Werksein zur Forderung der Aufstellung eines Kunstwerkes als Errichtung, Erstellung oder Darstellung? Die Antwort lautet: „Weil es selbst in seinem Werksein aufstellend ist" (ebd.). Damit leitet die Abhandlung zur dritten und entscheidenden Bedeutung des ‚Aufstellens‘ über, auf die sie abzielt. Das Kunstwerk ist in seinem Werksein aufstellend, sofern es *eine Welt aufstellt,* indem es diese eröffnet und die so eröffnete Welt „im waltenden Verbleib" hält (ebd.). Zum Werksein des Kunstwerkes gehört, daß es in seinem Insichaufragen eine Welt eröffnet. Wie eröffnet es eine Welt? So, daß Welt sich im Kunstwerk öffnet. Aber das Sichöffnen von Welt fordert von ihm selbst her das aufstellende Verhalten des Menschen. Welt öffnet sich im Kunstwerk nur im öffnenden Verhalten des Menschen zur sich öffnenden Welt, im heiligenden Verhalten zum Sichöffnen des Heiligen, im heiligenden Hereinrufen des anwesenden Gottes, im rühmend-würdigenden Verhalten zu Würde und Glanz des Gottes.

Das ‚Aufstellen‘ einer Welt im Kunstwerk ist nicht nur ein anderer Name für das ‚Eröffnen‘ einer Welt, sondern im *Aufstellen* wird die *ausgezeichnete Weise,* in der das Kunstwerk eine Welt eröffnet, gedacht. Das Kunstwerk eröffnet dergestalt eine Welt, daß es diese im waltenden Verbleib hält. Das ‚Halten im waltenden Verbleib‘ hat vermutlich etwas zu tun mit dem ‚Ständigen des Scheinens‘, in das das im Kunstwerk sich öffnende Sein des Seienden kommt.

b) Bestimmung des Wesens von Welt

In der Beschreibung des van Gogh'schen Gemäldes und des griechischen Tempels als Kunstwerke wurde die Welt der Bäuerin und die Welt des griechischen Daseins nur genannt, nicht aber schon gedacht. Bevor die Eröffnung einer Welt als Aufstellung einer Welt im Kunstwerk struktural ausgelegt wird, gibt die Abhandlung eine erste Bestimmung dessen, als was Welt gedacht werden muß. Wir haben jedoch im Zuge unserer Interpretation dort, wo in der Kunstwerk-Abhandlung von Welt die Rede war, den Weltbegriff Heideggers, insbesondere im Rückgriff auf die Analyse des Weltphänomens in „Sein und Zeit", bedacht. Unsere Interpretation der jetzt in der Abhandlung erfolgenden Bestimmung des Weltbegriffs schließt an das früher Dargestellte an. Was eine Welt ist, sagt Heidegger, sei im Hinweis auf den Tempel, und wir ergänzen, im Hinweis auf die im Gemälde dargestellten Bauernschuhe, angedeutet. Es wird bemerkt, daß das Wesen von Welt auf dem Weg, den die Abhandlung über das Kunstwerk durchmißt, nur angezeigt, d. h. nicht umfassend entfaltet werden könne. Die Anzeige erfolgt sogar nicht so sehr im positiven Aufweis, sondern beschränkt sich weitgehend auf die Abwehr dessen, was den Blick auf das Wesen der hier zu denkenden Welt beirren könnte.

Wenn es ein Wesenszug des Kunstwerkes ist, eine Welt zu eröffnen, aus der der Mensch als In-der-Welt-sein existiert, dann meint die Rede von Welt nicht „die bloße Ansammlung der vorhandenen abzählbaren oder unabzählbaren, bekannten und unbekannten Dinge" (ebd.). Welt ist nicht das Ganze der raumzeitlichen Dinge, nicht series (multitudo, totum) actualium finitorum, quae non est pars alterius (Baumgarten, Metaphysica, § 354), nicht die Reihe aller endlichen wirklichen Dinge, die ihrerseits kein Teil eines anderen ist. Mit der Abwehr dieses Welt-Begriffs, der seine philosophische Ausformung etwa in der vorkritischen Metaphysik der Welt gefunden hat, steht Heidegger nicht etwa in der Nachfolge Kants, der den dogmatischen Welt-Begriff in seiner antinomischen Ausgestaltung in kritischer

Entscheidung zurückgewiesen hat. Welt ist nicht die absolute Vollständigkeit der Zusammensetzung des gegebenen Weltganzen aller Erscheinungen in Zeit und Raum – nicht, weil die Reihe der vergangenen Erscheinungen und der im Raum angrenzenden Erscheinungen nicht an sich selbst, sondern nur in der zu vollziehenden empirischen Synthesis des Erfahrungsganges gegeben ist. Weil die Bedingungsreihe der Erscheinungen gemäß dem Kantischen transzendentalen Idealismus nicht an sich, d. h. nicht unabhängig von der empirischen Synthesis in Zeit und Raum besteht, kann sie weder an sich selbst ein Anfang noch an sich selbst anfangslos sein. Sie reicht nur so weit, wie die Erfahrung reicht, und keine in dieser Reihe erreichte Erscheinung darf als absolut erste gesetzt werden. Für Kant folgt aus dieser kritischen Einsicht nur, daß Welt als absolute Totalität der Bedingungsreihen der Erscheinungen weder in der Gestalt der Thesis noch in der der Antithesis ein Objekt menschlicher Erkenntnis ist. Die Berichtigung, die der oberste Grundsatz der reinen Vernunft erfährt, besteht nur darin, daß die vollständige Reihe der Bedingungen, das Unbedingte, zu einer bedingten Erscheinung nicht als an sich bestehend erkannt werden kann, wohl aber dem menschlichen Erfahrungsgang im Rückgang von Bedingung zu Bedingung als herzustellen aufgegeben ist, ohne jemals auf das Unbedingte zu stoßen. Dadurch, daß Kant den vier transzendentalen Weltbegriffen die konstitutive Bedeutung abspricht und ihnen als bloßen Ideen ohne objektive Realität nur eine regulative Bedeutung zuerkennt, *bleibt der Begriff der Welt bestimmt durch die Vorstellung von einem allumfassenden Ganzen der Erscheinungen*, also des raum-zeitlichen *Seienden*. Wenn dagegen Heidegger für seinen Welt-Begriff die Bedeutung des allumfassenden Ganzen der Dinge zurückweist, dann schließt diese Abwehr *sowohl* den vorkritischen, dogmatischen, *als auch* den kritischen, transzendental-idealistischen Welt-Begriff ein. Der Satz „Welt ist aber auch nicht ein nur eingebildeter, zur Summe des Vorhandenen hinzu vorgestellter Rahmen" (ebd.) ließe sich als Abwehr des Weltbegriffs als einer subjektiven, bloß regulativen Idee der absoluten Totalität der Erscheinungen interpretieren, ja überhaupt als Abwehr des subjektiven Weltbegriffs. Während der objektive Weltbegriff die Welt als ein existierendes objektives Ganzes vorstellt, hat die Welt gemäß dem subjektiven Weltbegriff den Charakter eines allumfassenden Horizontes möglicher aktuell erfahrbarer Gegenstände. Unter den subjektiven Weltbegriff als Welthorizont fällt auch der transzendental-phänomenologische Weltbegriff Husserls. Der Kantische kritische und der Husserlsche phänomenologische Weltbegriff kommen darin überein, daß die Weltganzheit, einmal als regulative Idee, zum anderen als Welthorizont, an der Ganzheit der Erscheinungen, der Objekte, der Gegenstände der Erfahrung, d. h. aber an der Ganzheit des *Seienden* orientiert ist.

Ganz anders verhält es sich mit Heideggers Weltbegriff. Für ihn bedeutet Welt weder ein objektiv allumfassendes Ganzes von Seiendem noch einen subjektiv vorgestellten Horizont erfahrbarer Weltwirklichkeit, in den sich der Erfahrungsgang grenzenlos hineinbewegt. Wohl meint Welt eine Ganzheit, aber *keine Ganzheit des Seienden*. Was Welt bedeutet, läßt sich überhaupt nicht vom Seienden her und aus dem Seienden bestimmen. Denn Welt ist nichts Seiendes, nicht nur kein einzelnes Seiendes, sondern auch nicht die allumfassende Einheit des Seienden, weder objektiv noch als subjektive Horizontvorstellung. Weil Welt kein Seiendes ist und nicht im Ausgang vom Seienden als dessen Ganzheit bestimmt werden kann, läßt sich, streng genommen, von ihr nicht sagen: sie ist. Daher sagt Heidegger: „Welt weltet" (ebd.). Damit ist einmal gesagt: Welt ist nicht wie Seiendes, das in der Welt ist. Welt muß, wenn sie in ihrem Wesen erfaßt werden soll, aus ihr selbst bestimmt werden: sie ‚ist‘ auf ihre Weise, und das heißt: sie weltet. Der Ausdruck ‚welten‘ für das Wesen der Welt zeigt zum anderen an, daß sie Geschehenscharakter hat.

Doch wenn es heißt: die Welt „ist seiender als das Greifbare und Vernehmbare, worin wir uns heimisch glauben" (ebd.), möchte es scheinen, als müßten wir die eben vollzogene Abwehr des ‚ist‘ zugunsten des ‚weltens‘ wieder rückgängig machen. Die Welt ist ‚seiender‘ als alles Greifbare und Vernehmbare, d. h. als alles wahrnehmbare und vernehmbare Seiende. Ist ‚seiender‘ nicht ein Komparativ von ‚seiend‘? Heißt das dann nicht: Die Welt ist noch mehr ein Seiendes als das einzelne wahrnehmbare Seiende, gleichsam ein seinsstärkeres Seiendes, also doch ein Seiendes und sogar ein ausgezeichnetes Seiendes? Der Komparativ ‚seiender‘ sagt anderes. Vom Seienden her gesehen ist die Welt seiender – nicht im Sinne eines stärkeren Seienden, sondern in dem Sinne, daß sie, obwohl selbst nichts Seiendes, das Seiende und dessen ‚ist‘ überragt, sofern das Seiende für uns als Seiendes in seinem ‚ist‘ offenbar ist in und aus der Eröffnetheit einer Welt. Obwohl selbst kein Seiendes, ist die Welt ‚seiender‘ als alles innerweltliche Seiende, weil sie in ihrer Offenheit die Ermöglichung ist für das Einrücken des Seienden in seine innerweltliche Offenbarkeit. Die Welt ‚ist‘ nicht wie das innerweltliche Seiende, sondern sie *weltet*, indem sie als Offenheit einer Ganzheit von Sinnbezügen waltet für das innerweltliche Offenbarwerden des Seienden. Die weltende Welt ist seiender als das innerweltliche Seiende, indem sie ‚wirklicher‘ ist als das innerweltliche Wirkliche, das wir in seiner leibhaftigen Gegenwart gewahren können. Sie ist als nicht innerweltlich Wirkliches wirklicher als dieses, denn sie ist die Bedingung der Möglichkeit dafür, daß wir innerweltlich Wirkliches als solches gewahren können. „Welt ist nie ein Gegenstand, der vor uns steht und angeschaut werden kann“ (ebd.) – weder ein Einzelgegenstand noch die Gesamtheit aller möglichen Gegenstände. Aber sie ist nicht deshalb nie ein vor uns stehender und anschaubarer Gegenstand, weil wir nie die absolute Vollständigkeit aller Gegenstände wie einen einzelnen Gegenstand anschauen können, oder weil die absolute Totalität der Erscheinungsreihe gar nicht an sich selbst existent ist, sondern weil sie überhaupt *nicht ist* wie ein Gegenstand und wie die Ganzheit aller Gegenstände. Aber sie weltet, und das heißt, sie waltet als das offene Bezugsganze, das die Bedingung der Möglichkeit ist für jegliches Entgegenstehen von Gegenständen. Doch nicht nur das. Denn das Seiende ist für uns nicht nur als das Seiende offenbar, zu dem wir uns praktisch oder theoretisch besorgend verhalten, sondern immer auch als das Seiende im Ganzen der Natur. Das Welten der Welt, das Walten des weltlichen Bezugsganzen, übersteigt und ermöglicht nicht nur jegliches Entgegenstehen von Seiendem, sondern die Offenbarkeit des Seienden im Ganzen, das für den Menschen nur offenbar ist aus der Offenheit der Welt.

„Welt ist das immer Ungegenständliche" (ebd.), weil sie als wesenhaft Nichtseiendes niemals wie Seiendes vergegenständlicht werden kann. Diesem wesenhaft Ungegenständlichen „unterstehen" (ebd.) wir dergestalt, daß wir in unserem Sein *offenstehen für* die Offenheit der Welt. Wir existieren in der Offenständigkeit für die Welt, „solange die Bahnen von Geburt und Tod, Segen und Fluch uns in das Sein entrückt halten" (ebd.). Die Bahnen von Geburt und Tod, Segen und Fluch sind die Bezüge der Welt, für deren Offenheit wir im Existieren eröffnet sind. Unser existierendes Eröffnetsein-für, die Offenständigkeit, hat den Wesenscharakter des Entrücktseins-in, des *Ekstatischen*. Die Existenz des menschlichen Daseins, das selbsthafte Seinsverhältnis, ist wesenhaft ekstatisch. Alle Existenzialien sind als Ekstasen Weisen der Entrückung, Weisen des selbsthaft erschlossenen Hinausstehens in die Erschlossenheit, wie es in „Sein und Zeit" heißt. Die Offenheit der die Welt konstituierenden Bahnen und Bezüge „hält uns entrückt" heißt: sie läßt uns in der Weise des Entrücktseins zu ihr existieren. Im ,halten' spricht sich die gewandelte Sicht auf den hier zu denkenden Sachverhalt aus, die Heidegger selbst als Kehre bezeichnet hat und der wir uns noch ausführlicher zuwenden werden. Die die Welt konstituierenden Bezüge halten in ihrer Offenheit uns „in das Sein" entrückt, sofern die Offenheit als lichtende Lichtung das Wesenhafte des Seins ist. Denn – wie noch genauer gezeigt wird – nur sofern sich im Lichten der Lichtung die Offenheit öffnet, wird Welt eröffnet, und nur sofern Welt eröffnet wird, wird das Seiende im Ganzen, inmitten dessen der Mensch existiert, offenbar, rückt es in die Unverborgenheit seines Seins ein.

Welt weltet, d. h. öffnet sich und läßt in seinem Sichöffnen das Seiende im Ganzen und im einzelnen offenbar werden, „wo die wesenhaften Entscheidungen unserer Geschichte fallen, von uns übernommen und verlassen, verkannt und wieder erfragt werden" (ebd.). Die „wesenhaften Entscheidungen unserer Geschichte fallen" im entwerfenden Aufschließen eines Maß-gebenden Ganzen von Sinnbezügen. Wenn die welteröffnenden Entscheidungen von Einzelnen vollzogen werden, dann sind sie Weltentwürfe nicht nur für Einzelne, sondern für ein ganzes Volk. Sie werden „von uns übernommen" entweder so, daß das Volk sie von seinen Stiftern, oder auch so, daß ein Volk sie als das geschichtliche Erbe übernimmt. Das Übernehmen hat seinerseits den Charakter des Eröffnens. Denn Möglichkeiten des In-der-Welt-seins sind Seinsmöglichkeiten, hier die Seinsmöglichkeiten eines Volkes, die als solche nur im *entwerfenden* Eröffnen angeeignet werden können. Die Weltentwürfe können auch „verlassen" werden, wenn, statt aus einer überlieferten Möglichkeit des In-der-Welt-seins zu existieren, ein Volk zu einem neuen Weltentwurf vordringt, der eine neue Epoche seiner Geschichte einleitet. Ein Weltentwurf wird „verkannt", wenn er nicht als das, was er ist, sondern in mißdeuteter Weise eröffnend übernommen wird. Ein geschichtlich überlieferter Weltentwurf kann aber auch „wieder erfragt werden", wenn er von seiner Verschüttetheit befreit und neu, wenn auch in gewandelter Weise, als Möglichkeit des In-der-Welt-seins aufgeschlossen wird. Daß all diese Weisen entwerfender Welteröffnung keine subjektiven Leistungen sind, wird deutlich, wenn gesagt wird: daß wir dem immer Ungegenständlichen der Welt „unterstehen", d. h. ihm unterworfen sind, und daß die Offenheit der weltlichen Bahnen uns in das Sein „entrückt hält". Wir sind welteröffnend der Offenheit der Welt unterworfen, sofern wir in sie geworfen sind. Von der Geworfenheit des menschlichen Daseins heißt es im dritten Abschnitt: „Vielmehr geschieht die Eröffnung des Offenen und die Lichtung des Seienden nur, indem die in der Geworfenheit ankommende Offenheit entworfen wird" (S. 59). Das Weltentwerfen ist ein eröffnendes Sichverhalten zur Weltoffenheit, die sich in der Geworfenheit des Daseins von ihr selbst her öffnet und *nur insofern* vom Dasein entwerfend eröffnet wird.

c) Weltlosigkeit von Stein, Pflanze und Tier. Pflanze und Tier im verhüllten Andrang der Umgebung

Was es heißt, daß der Mensch nur aus der Offenheit der Welt inmitten des offenbaren Seienden im Ganzen existiert, zeigt sich in akzentuierter Weise, wenn wir danach fragen, wie das nichtmenschliche Seiende im Ganzen des Seienden ist. „Der Stein ist weltlos" (S. 33 f.): *Für uns* ist er als zur Erde gehörig offenbar *aus* der Offenheit der Welt; aber *an ihm selbst* ist er nicht so, daß zu seinem Vorhandensein die Offenständigkeit der Welt gehört. Bei einem Seienden, das zu den nichtbelebten Dingen gehört, leuchtet seine Weltlosigkeit ohne weiteres ein.

Bei solchem aber, das zum belebten Seienden gehört, vor allem beim Tier, nehmen wir die These von der Weltlosigkeit nicht widerspruchslos hin. „Pflanze und Tier haben gleichfalls keine Welt" (ebd.) heißt: Zu ihrem Sein gehört nicht die Offenständigkeit für die Offenheit der Welt, weder das Sein des pflanzlich noch das Sein des tierisch Seienden ist wie das des Menschen ein In-der-Welt-sein. Wenn ‚Welt' nicht das Ganze des Seienden meint, sondern das nichtseiende Bezugsganze von Sinnbezügen, und wenn diese benannt werden als die Bahnen von Segen und Fluch, Sieg und Schmach, Ausharren und Verfall, möchte man vielleicht entgegnen: Wohl haben Pflanze und Tier keine menschliche Welt; deshalb werden sie aber nicht überhaupt weltlos sein, sondern zumindest haben die Tiere eine ihnen gemäße Welt, sprechen wir doch von der Umwelt nicht nur des Tieres überhaupt, sondern von den verschiedenen Umwelten der verschiedenen Tierarten. Ferner: Wenn Welt als Offenheit des Ganzen von Sinnbezügen die Bedingung der Möglichkeit ist für die Offenbarkeit des innerweltlichen Seienden und für unser menschliches Umgehen mit dem Seienden und Zugehen auf das Seiende, dann ist das Tier, insbesondere das höher entwickelte, in seinem Sein nicht gänzlich weltlos. Denn wann auch immer wir Tiere beobachten, immer sehen wir an ihnen, daß sie nicht nur vorhanden sind wie etwa der Stein, der sich in seinem Daliegen nicht zu seiner Umgebung verhält, sondern daß sie sich zu den Dingen ihrer

Umgebung auf vielfältige Weise verhalten. Wohl ist für den daliegenden Stein der Erdboden, auf dem er liegt, nicht etwas, zu dem er sich in seinem Daliegen verhält. Aber das Tier, das mit den gleichen, z. T. sehr viel differenzierter entwickelten Sinnesorganen ausgestattet ist als der Mensch, nimmt doch seine Artgenossen und seine gesamte vielgestaltige Umgebung wahr. Die Eidechse liegt doch nicht nur auf dem sonnenerwärmten Stein, sondern sie verhält sich zu ihm, indem sie ihn als sonnenbeschienenen eigens aufgesucht hat, um sich auf ihm zu wärmen. Der Vogel fliegt doch nicht wie ein Stein, der sich zur Luft, durch die er fällt, nicht verhält. Er verhält sich Flügel schlagend zum Element der Luft. Überdies zeigen die Tiere ähnliche sinnerfüllte Verhaltensweisen wie der Mensch, wenn wir an ihnen die gleichen Lebensäußerungen antreffen wie: das Liebesleben, das Leben im Spiel, im Kampf, in der Arbeit und in der gesellschaftlich-staatlichen Verfaßtheit (Bienenvolk, Ameisenstaat).

Demgegenüber lautet die These: Pflanze und Tier haben keine Welt, „aber sie gehören dem verhüllten Andrang einer Umgebung, in die sie hineinhängen" (ebd.). Dieser eine Satz sagt mehr über das Sein des Tieres als ein ganzes Buch über Verhaltensforschung. Solche Forschung sagt, streng genommen, überhaupt nichts über die Seinsverfassung des Tieres, sondern spricht nur über das Tier als Seiendes und erforscht nur Vorkommnisse am seienden Lebewesen. Dagegen enthält der Satz Heideggers den Ansatz für eine phänomenologische Ontologie des Tieres. Das Tier *gehört* einer *Umgebung*: Das Tier existiert nicht wie der Mensch in einer Umwelt, sondern lebt in einer Umgebung. ‚Umwelt‘ bedeutet in „Sein und Zeit" zweierlei: einmal den seienden Zeugzusammenhang, zum anderen den nichtseienden, in der Erschlossenheit des Daseins horizontal aufgeschlossenen Bewandtniszusammenhang, die mit der Existenzmöglichkeit aufgeschlossene Bewandtnisganzheit. Der für das Dasein entdeckte Zeugzusammenhang ist nur deshalb eine Umwelt, weil er bestimmt ist durch die Bewandtnisganzheit, d. h. durch die konkrete aufgeschlossene Welt. Das Tier gehört seiner Umgebung dergestalt, daß diese verhüllt andrängt, während das Tier in die so andrängende Umgebung hineinhängt. Das verhüllte Andrängen der Umgebung steht dem enthüllten Begegnen des umweltlichen Zeugzusammenhanges gegenüber. Desgleichen steht das Hineinhängen des Tieres in seine Umgebung dem in sich gelichteten Umgehen mit dem und Zugehen auf den umweltlichen Zeugzusammenhang gegenüber. Wohl liegt die Eidechse auf der sonnenbeschienenen Steinplatte nicht so, wie der Stein auf dem Erdboden aufliegt; aber die Eidechse verhält sich nicht, wenn sie den wärmenden Stein aufsucht, besorgend zu ihm als einem zeughaft Seienden, weil sie sich nicht in der Erschlossenheit der Bewandtnisbezüge hält. Sie verhält ‚sich‘ überhaupt nicht zu den Dingen ihrer Umgebung, weil sie *nicht* in ihrem Sein *sich* zu ihrem Sein verhält, – weil es ihr *nicht* in ihrem Sein *um* ihr Sein geht, – weil *nicht* mit ihrem Sein und durch ihr Sein dieses ihr selbst *aufgeschlossen* ist, – weil sie sich *nicht* in ihrem Sein *versteht*, – weil sie nicht so ist, daß sie das, als was sie lebt, für sich selbst *als Möglichkeit entwerfend aufschließt.* Bei der Frage, ob das Tier eine Welt hat oder nicht, geht es nicht darum, ob es Bewußtsein hat oder nicht. Denn das Welt-Haben des Menschen fällt nicht zusammen mit seinem Selbstbewußtsein und Gegenstandsbewußtsein. Ist das Dasein ontisch dadurch ausgezeichnet, „daß es diesem Seienden in seinem Sein *um* dieses Sein selbst geht" (S. u. Z., S. 12), „daß es in seinem Sein zu diesem Sein ein Seinsverhältnis hat" (ebd.), dann ist mit diesen Wesenssätzen nicht nur das Selbstbewußtsein als das den Menschen vor dem Tiere Auszeichnende angesprochen. Noch ‚bevor‘ ich mir meiner selbst bewußt bin als Bewußtsein-habend von den umweltlichen Dingen, bin ich in meinem Sein dergestalt aufgeschlossen, daß ich nur *bin* im entwerfenden Aufschließen und Aufgeschlossenhalten von Möglichkeiten meines In-der-Welt-seins. Das sind Möglichkeiten der ekstatisch-horizontalen Aufgeschlossenheit von Welt und der selbsthaft-ekstatischen Erschlossenheit von Weisen des besorgenden Umgangs mit und Zugangs zu innerweltlich begegnendem Seienden. Nur aufgrund der Aufgeschlossenheit der Möglichkeiten des In-der-Welt-seins wird sich das Dasein in seinen besorgenden Verhaltungen-zu und wird das Seiende, zu dem sich das Dasein besorgend verhält, als innerweltlich begegnendes Zeug in einem umweltlichen Zeugzusammenhang offenbar. Und erst auf dem Grunde des Eingerücktseins in die Offenbarkeit meiner selbst und der umweltlichen Dinge kann ich mich des Bewußtseins meiner selbst im Bewußtsein haben von den Gegenständen vergewissern. Nicht erst das Selbstbewußtsein unterscheidet den Menschen vom Tier, sondern die Seinsverfassung als Existenz, in der das Selbstbewußtsein, sowohl das vorreflexive als das reflexive, ontologisch fundiert ist.

Weil das Tier nicht existiert, – weil es ihm nicht in seinem Sein *um* sein Sein geht, hält es sich auch nicht in einer mit seinem Sein horizontal-ekstatisch erschlossenen Bewandtnisganzheit. Ist diese die Bedingung der Möglichkeit dafür, daß Seiendes *als* Seiendes offenbar wird, dann *hängt* das Tier *in eine Umgebung* hinein, die für es nicht *als* seiende Umwelt offenbar ist. Dann *begegnet* die Umgebung *nicht* dem Tier, wie dem Menschen die Umwelt begegnet, sondern *drängt an.* Daß das Andrängen der Umgebung etwas anderes ist als das offenbare Begegnen der umweltlichen Dinge, wird deutlich durch den Zusatz des *verhüllten* Andrängens. Die Umgebung bleibt in ihrem Andrängen *als Seiendes* verhüllt. Denn damit dem Tier das Seiende unverhüllt begegnen könnte, bedürfte es der Seinsverfassung der Existenz. Existenz ist als Seinsart ausgezeichnet durch Seinsverständnis, das in sich gegliedert ist in das Verstehen des eigenen Seins, in das Verstehen von Welt und in das Verstehen des Seins von nichtdaseinsmäßigem Seienden. Wenn das Tier nicht existiert, dann heißt das: das Tier ist ohne Welt- und ohne Seinsverständnis. Weil es ohne Welt- und Seinsverständnis lebt, ist ihm die Umgebung nicht als Zusammenhang von Seiendem offenbar, verhält es sich zu seiner Umgebung nicht besorgend. Das bedeutet nicht, daß es in keinem Bezug zu seiner Umgebung steht. Es bedeutet nur soviel, daß dieser Bezug zur Umgebung nicht durch Seins- und Weltverständnis gelichtet und daß die Umgebung nicht als Umwelt und umweltliches Seiendes offenbar ist. Die Umgebung drängt an, das Tier hängt in seinem ,Wahrnehmen' und in seinen ,Verhaltungen' in die Umgebung, ohne daß es sich selbst als

Seins-, Welt-, Raum- und Zeitverständnis erschlossen und ohne daß ihm seine Umgebung *als* Seiendes im Ganzen und im Einzelnen aufgetan ist.

„Dagegen hat die Bäuerin eine Welt, weil sie sich im Offenen des Seienden aufhält" (S. 34). Denn eine Welt haben heißt: existieren in und aus der Offenheit einer Ganzheit von Sinnbezügen, welche Offenheit das Seiende *als* innerweltlich Seiendes offenbar werden läßt. Das zum umweltlichen Zeugzusammenhang gehörende Schuhzeug gibt in seinem Zeugsein, der Verläßlichkeit, der Welt, aus deren Offenheit es als innerweltlich Seiendes begegnet, „eine eigene Notwendigkeit und Nähe" (ebd.). Weil die Verläßlichkeit das Inner*weltlichsein* des Zeugs ausmacht, ist die Welt im innerweltlichen Seienden nahe, d. h. geborgen (vgl. Holzwege, S. 23). Die ontologische Differenz von Offenheit der Welt und innerweltlichem Seienden ist das Problem des Unterschiedes *und der Zusammengehörigkeit,* die in der Kunstwerk-Abhandlung und späterhin in der *Geborgenheit* bzw. im *Bergen* der Welt im innerweltlich Seienden gedacht wird.

§ 19. Das in das Aufstellen einer Welt gehörende Einräumen als Freigeben und Einrichten

Eine Welt ist offen, sofern sie sich in der Geworfenheit des Daseins öffnet und *nur als so sich öffnende* im daseinsmäßigen Entwurf eröffnet wird. Damit ist das Sichöffnen von Welt überhaupt, also auch außerhalb des Kunstwerkes, gekennzeichnet. Die ausgezeichnete Weise der Welteröffnung, wie sie im Kunstwerk geschieht, wurde bisher als das *Aufstellen einer Welt* charakterisiert. „Indem eine Welt sich öffnet, bekommen alle Dinge ihre Weile und Eile, ihre Ferne und Nähe" (S. 34). ‚Alle' Dinge, nicht nur die nächsten Dinge des Zeugzusammenhanges, nicht nur das Zeug in seiner Verläßlichkeit, sondern auch die Naturdinge. Sie bekommen „ihre Weile und Eile" heißt: Sie werden offenbar in der ihnen zugemessenen Zeit. Sie bekommen „ihre Ferne und Nähe, ihre Weite und Enge" bedeutet: Sie rükken ein in die nicht nur zeithaft, sondern auch raumhaft bestimmte Offenbarkeit ihres Innerweltlichseins. Im Welten der Welt ist die „Geräumigkeit versammelt" (ebd.). Wenige Zeilen später heißt es: „Indem ein Werk Werk ist, räumt es jene Geräumigkeit ein" (ebd.). Doch das *Einräumen* der Geräumigkeit, in der das Seiende im Ganzen für mich offenbar ist, geschieht nicht ausschließlich im Kunstwerk, sondern in ihm geschieht es in *ausgezeichneter, werkgemäßer* Weise. Zum Welten der Welt, d. h. zum Walten der Welt im Offenbarwerdenlassen des innerweltlichen Seienden, gehört das Einräumen des raumhaft offenbarwerdenden Seienden im Ganzen. Das Einräumen wird in zweierlei Hinsicht erläutert. Zum einen ist das Einräumen ein „freigeben das Freie des Offenen", zum anderen ist es das „einrichten dieses Freie in seinem Gezüge" (ebd.).

Was hier gesagt wird über die Ferne und Nähe aller Dinge, über das Einräumen der versammelten Geräumigkeit, über das Freigeben des Freien des Offenen und das Einrichten des Freien in seinem Gezüge, erfassen wir in der Strenge des Gedankens nur, wenn wir uns vergegenwärtigen, was Heidegger in „Sein und Zeit" über die Räumlichkeit des innerweltlich *Zuhandenen,* über die Räumlichkeit des *In-der-Welt-seins* und über die Räumlichkeit der *Welt* systematisch zum Aufweis gebracht hat. Auch in „Sein und Zeit" steht die Analyse des Phänomens der Räumlichkeit und des Raumes in engstem sachlich-systematischen Zusammenhang mit der Analyse des Phänomens der Welt. Sowohl ‚Nähe' und ‚Ferne' als auch das ‚Einräumen' sind Grundworte, die in der Analyse der Räumlichkeit eingeführt werden. Im ganzen durchläuft die Analyse drei Stadien. Sie nimmt ihren Ausgang bei der Analyse der *Innerräumlichkeit* des innerweltlich Zuhandenen (§ 22), geht dann über zur Analyse der spezifischen Räumlichkeit des Daseins als des *In-der-Welt-seins,* wobei hier nach der Räumlichkeit des daseinsmäßigen In-Seins gefragt wird (§ 23), und endet mit der Analyse der Räumlichkeit der Welt (§ 24), die ein Strukturmoment des In-der-*Welt*-seins ist. Das Seinsphänomen der Räumlichkeit wird also nach drei Hinsichten untersucht: als Seinsstruktur des nichtdaseinsmäßigen Seienden, als Seinsweise des daseinsmäßigen Seienden und als Konstituens der Welt.

Wir skizzieren in geraffter Form die Hauptmomente der drei Teilanalysen, um ihren systematischen Zusammenhang mit den knappen Hinweisen auf den Raum in der Kunstwerk-Abhandlung zu verstehen. Die Räumlichkeit des Zuhandenen soll in ihrer Verklammerung mit der Seinsstruktur des Zuhandenen, der Bewandtnis, aufgewiesen werden. Das Zuhandene ist das dem Dasein ‚zunächst‘ begegnende Seiende. Bisher wurde das ‚zunächst‘ in der Bedeutung des ‚zuerst‘ genommen. Das zeughaft Seiende ist das, was dem Dasein „je *zuerst* vor anderem begegnet" (S. u. Z. S. 102). Im ‚zunächst‘ liegt aber auch die Bedeutung des ‚nächsten‘ Seienden, d. h. des Seienden, „das ‚in der Nähe‘ ist" (ebd.). Diese Bedeutung muß jetzt eigens thematisch werden, da es darum geht, die spezifische Räumlichkeit des zunächst begegnenden Zeugs zu thematisieren. *Nähe* ist ein *Seinscharakter* des Zuhandenen des alltäglichen Umgangs, der in der *Zuhandenheit* als dem Terminus für das Sein des zunächst begegnenden Seienden sprachlich zum Ausdruck kommt. Zuhandenheit ist das ‚Zur-Hand-sein‘, das Zuhandene ist das ‚zur Hand‘ Seiende. Zum Zur-Hand-Seienden gehört nicht nur das, was wir in die Hand nehmen. Das ‚zur Hand‘ nennt alles das, was im weitesten Sinne das Besorgte eines umsichtigen Besorgens ist. Jedem Zuhandenen eignet eine *Nähe*, die sich nicht aus dem Messen von räumlichen Abständen zwischen mir und ihm, sondern allein aus der jeweiligen Weise des umsichtigen Besorgens bestimmt. Zugleich ist jedes Zuhandene in einer bestimmten *Richtung* für das Besorgen zugänglich. Nähe und Richtung konstituieren die Innerräumlichkeit des Zuhandenen. Die Nähe des Zeugs ist immer die in einer besonderen Richtung. Nähe und Richtung zusammen bzw. die ausgerichtete Nähe konstituiert den *Platz* eines Zeuges. Der Platz des Zuhandenen ist kein beliebiger Ortsraum, an dem ein Ding vorhanden ist, sondern jener Ortsraum, an dem ein Seiendes Zeug zu … ist. Der jeweilige Platz eines Zuhandenen bestimmt sich aus seiner Bewandtnis, die es mit ihm bei einem anderen Zuhandenen eines Zeugzusammenhanges hat. Wie eine jede Bewandtnis aufgrund ihrer Verweisungsstruktur zu einer Bewandtnisganzheit gehört, die einen zuhandenen Zeugzusammenhang ontologisch bestimmt, so gehört jeder Platz eines Zeugs-zu in ein Ganzes von aufeinander ausgerichteten Plätzen, in eine *Platzmannigfaltigkeit*. Diese ist die Räumlichkeit eines umweltlichen Zeugzusammenhanges. Die bewandtnismäßige Zugehörigkeit eines Zeuges zu einem Zeugganzen bestimmt seinen Platz innerhalb des Zeugganzen und dessen Platzmannigfaltigkeit. Der Platz eines Zeugs „ist je das bestimmte ‚Dort‘ und ‚Da‘ des *Hingehörens*" (ebd.).

Verschieden vom jeweiligen durch Nähe und Richtung konstituierten Platz eines Zeugs und von der Platzganzheit eines entdeckten Zeugzusammenhanges ist das Phänomen der *Gegend*. Der Platz „ist schon auf eine Gegend und innerhalb ihrer orientiert" (S. 103). „Gegend muß zuvor entdeckt sein, soll das Anweisen und Vorfinden von Plätzen einer umsichtig verfügbaren Zeugganzheit möglich werden" (ebd.). „Der platzierbaren Hingehörigkeit eines Zeugganzen liegt aber als Bedingung ihrer Möglichkeit zugrunde das Wohin überhaupt, in das hinein einem Zeugzusammenhang die Platzganzheit angewiesen wird" (ebd.). Gegend ist als Raum-Phänomen ein *Zwischenphänomen* zwischen der raumhaft bestimmten Bewandtnis eines Zeugs und der Räumlichkeit der weltmäßigen Verweisungsganzheit (Bewandtnisganzheit). Der Mannigfaltigkeit von Plätzen eines Zeugzusammenhanges liegt ermöglichend zugrunde die Gegend als Wohin-überhaupt. Das gegendhafte Wohin-überhaupt ist ein Bereich bzw. ein Ausschnitt aus einer Bewandtnisganzheit. Das wird deutlich, wenn Heidegger sagt: „‚In der Gegend von‘ besagt nicht nur ‚in der Richtung nach‘, sondern zugleich im Umkreis von etwas, was in der Richtung liegt" (ebd.). Der bewandtnisbestimmte Platz eines Zeugs ist als ausgerichtete Nähe ausgerichtet auf eine Gegend, d. h. auf einen bestimmten Umkreis innerhalb der Bewandtnisganzheit. Jeder Platz gehört in eine Platzganzheit, diese aber gehört in eine Gegend als einen bestimmten Umkreis innerhalb der Bewandtnisganzheit, deren Räumlichkeit hier noch nicht thematisch ist. Der Platz eines

Zeugs bestimmt sich aus seiner Bewandtnis und dem korrelativen umsichtigen Besorgen. Der besorgende Umgang hält nicht nur die jeweilige Bewandtnis vorweg im Blick, sondern mit ihr auch den gegendhaften Umkreis von Bewandtnissen und darüber hinaus die Bewandtnisganzheit im Ganzen, die ihrerseits in verschiedene Gegenden gegliedert ist. Wir müssen also auseinanderhalten: den durch Nähe und Richtung in eine Gegend konstituierten Platz als Räumlichkeit eines Zeugs, die Platzmannigfaltigkeit als Räumlichkeit eines Zeugzusammenhanges und die Gegend als der bewandtnishafte Umkreis bzw. als das bewandtnishafte Wohin der Mannigfaltigkeit der Plätze eines Zeugzusammenhanges. Gegend unterscheidet sich von einer Platzmannigfaltigkeit dadurch, daß sie das zusammenhängend-ganzheitliche bewandtnisbestimmte Raumphänomen ist, das als solches in sich die Mannigfaltigkeit der ausgrenzbaren Plätze ermöglicht.

Die Räumlichkeit des nichtdaseinsmäßigen Seienden wurde aufgewiesen im Hinblick auf die Seinsart dieses Seienden, auf das Zuhandensein bzw. auf die Bewandtnis. Die *Räumlichkeit des daseinsmäßigen Seienden* muß aufgewiesen werden aus der daseinsmäßigen Seinsart, aus dem In-der-Welt-sein. Dasein ist ‚in' der Welt in der Weise, daß es, Welt als Bewandtnisganzheit bzw. als Bedeutsamkeit aufgeschlossen haltend, mit dem Seienden, das aus der Welt-Erschlossenheit als inner-weltliches Seiendes begegnet, besorgend umgeht. Das daseinsmäßige In-Sein wird für die Analyse der Räumlichkeit des Daseins in den Blick genommen als der besorgende Umgang mit dem innerweltlich begegnenden Seienden. Das In-Sein steht also im Blick als ekstatisches besorgendes Sein-bei und nicht auch als Geworfensein und Entwerfen. Gesucht wird nach der Räumlichkeit, die dem Dasein eignet in seinem ekstatischen Sein beim besorgten Seienden. Gefunden wird die spezifische Räumlichkeit des daseinsmäßigen In-Seins in den zum ekstatischen Sein-bei gehörenden räumlichen Weisen der *Ent-fernung* und der *Ausrichtung.*

Das Dasein ist in seinem besorgenden Umgang mit Zuhandenem *ent-fernend.* Das Ent-fernen als Seinsweise des Daseins bedeutet: das *Verschwindenmachen der Ferne* (S. 105), d. h. der

Entferntheit des Seienden, zu dem sich das Dasein besorgend verhält. Ent-fernen meint daher: *Näherung,* und das heißt: *Seiendes in die Nähe begegnen lassen* (ebd.). Das existenziale Entfernen als Nähern steht in einem Bezug zur kategorialen Nähe und Ferne des Zuhandenen. Wie Nähe und Ferne sich nicht aus der Abständigkeit bestimmen, sondern aus der Bewandtnis, so meint auch das Nähern des besorgenden Umgangs kein Heranholen des Zeugs in einen möglichst geringen Abstand zum besorgenden Dasein. Nähern heißt: Seiendes in die Nähe begegnen lassen, die sich aus der konkreten Weise des besorgenden Umgangs bestimmt und die von seiner Bewandtnis her gefordert ist, um in der Nähe das Zuhandene sein zu können, das es im Umgang mit ihm ist. Das Entfernen als Nähern hält sich auf derselben ontologischen Stufe wie das Bewendenlassen bzw. das entdeckende Einrückenlassen des Seienden in seine primäre Entdecktheit.

Der sachliche Zusammenhang zwischen der Räumlichkeit des Zuhandenen und der Räumlichkeit des Daseins wird deutlich: Zuhandenes ist als Zeug-zu in seiner zu seinem Zuhandensein gehörenden Nähe und das heißt an seinem bewandtnisbestimmten Platz entdeckt *in einem entdeckenden Ent-fernen als Nähern.* Das Bewendenlassen ist nicht nur ein *inner-weltliches* Begegnenlassen, sondern, sofern es zugleich den Charakter des Entfernens hat, auch ein *inner-räumliches* Begegnenlassen.

Der Platz als die Innerräumlichkeit des zunächst begegnenden Seienden ist, wie wir sahen, außer durch Nähe auch durch die Richtung konstituiert. Wie der Nähe des Zeugs die daseinsmäßige Näherung korrespondiert, so der Richtung, aus der das Seiende in die Nähe begegnet, die daseinsmäßige Seinsweise der *Ausrichtung.* Wie gehen Näherung und Ausrichtung zusammen? Näherung heißt: in die dem besorgenden Umgang gemäße Nähe begegnen lassen. Um solches zu können, muß das Dasein vorweg schon eine *Richtung in eine Gegend aufgenommen haben,* aus der her das Seiende in seine Nähe und das heißt an seinem bewandtnisbestimmten Platz begegnet. Näherung ist nur möglich in eins mit der Ausrichtung, worin *sich* das Dasein auf die jeweilige Gegend *ausrichtet*. Sich ausrichtend verhält sich das Dasein zur raumhaften Gegend eines Bewandtnis-Umkreises, um aus der Richtung dieser Gegend das Zuhandene in dessen bewandtnisbestimmte Nähe zu entdecken. In der Seinsweise der Ausrichtung hält es die Gegend und Richtung offen, in der Seinsweise der Ent-fernung hält es die Raumbestimmtheit der Bewandtnis als Nähe für das innerräumliche Begegnen des Zuhandenen an seinem Platz offen.

Im letzten Absatz des § 23 wird gesagt, daß die bisherige Explikation der Räumlichkeit des innerweltlich Zuhandenen und der Räumlichkeit des In-Seins erst die Voraussetzung gebe, „um das Phänomen der Räumlichkeit der Welt herauszuarbeiten" (S. 110). Um dieses Phänomen sichtbar zu machen, vergegenwärtigt Heidegger den Fundierungszusammenhang zwischen dem Entdecken eines Zeugzusammenhanges, das in seiner Räumlichkeit dargetan wurde, und der Weltlichkeit der Welt bzw. der Bedeutsamkeit. Es soll gezeigt werden, daß auch der Bedeutsamkeit, wenn sie fundierend ist für das entfernend-ausrichtende Entdecken, Räumlichkeit zukommt. In der Analyse des WeltPhänomens (S. u. Z. § 18) wurde das entdeckende Besorgen als „Freigabe des Seienden auf eine Bewandtnisganzheit" (S. 110) charakterisiert. Freigabe ist freigebendes Bewendenlassen – freigebend aus der Verborgenheit in die Unverborgenheit, in der es für mich als das, was es in seiner Bewandtnis ist, entdeckt ist. Das freigebende Bewendenlassen geschieht als umsichtiges Sichverweisen an die Verweisungsbezüge der Bewandtnisganzheit. Solches Sichverweisen *gründet* aber „in einem vorgängigen Verstehen der Bedeutsamkeit" (ebd.). Das vorgängige Verstehen der Bedeutsamkeit ist das Welt-Verstehen und als solches das aufschließende Entwerfen von Welt.

Nachdem der Fundierungszusammenhang zwischen dem entwerfenden Verstehen von Welt und dem bewendenlassenden Entdecken des innerweltlich Zuhandenen vergegenwärtigt worden ist, wird an die vorausgegangene Analyse des umsichtigen Besorgens als eines entfernend-ausrichtenden Entdeckens erinnert. Wenn das bewendenlassende Entdecken fundiert ist im entwerfenden Verstehen der Bedeutsamkeit, und wenn das Bewenden-lassen gleichursprünglich entfernend-ausrichtend ist, wie der § 23 aufgezeigt hat, dann ist auch die Räumlichkeit, in die das Zuhandene im ausrichtenden Ent-Fernen begegnet, fundiert in der Räumlichkeit der Bedeutsamkeit bzw. der Welt. Deshalb sagt Heidegger: „In der Bedeutsamkeit, mit der das Dasein als be-sorgendes In-Sein vertraut ist, liegt die wesenhafte Miterschlos-senheit des Raumes" (ebd.). Mit anderen Worten: Die im Welt-Verstehen aufgeschlossene Ganzheit der die Bedeutsamkeit kon-stituierenden Verweisungsbezüge ist *zugleich* Aufgeschlossenheit der Räumlichkeit der Welt, Aufgeschlossenheit des Welt-Raumes, d. h. des Raumes, der die Welt *mit*-konstituiert (S. 113).

Im dritten Absatz des § 24 wird das im § 23 aufgewiesene Ent-fernen und Ausrichten zusammengefaßt in dem Terminus ‚*Einräumen*' (S. 111). Die spezifische Räumlichkeit des Daseins, unterschieden von der Räumlichkeit sowohl des innerweltlich Zuhandenen als auch der Welt, ist als das ausrichtende Ent-fer-nen ein Einräumen und als solches ein *Raum-geben*. Das Dasein ist in seinem umsichtig besorgenden Begegnenlassen des inner-weltlichen Zuhandenen Raum-gebend, sofern es das innerwelt-liche Seiende in dessen Räumlichkeit, d. h. in dessen ausgerichtete Nähe, in seinen bewandtnisbestimmten Platz einrücken läßt.

Das Einräumen als die räumliche Seinsweise des Daseins – als die Weise, wie das Dasein in seiner Seinsart des existierenden In-Seins räumlich ist – wird in „Sein und Zeit" allein auf die existenzial-ontologische Stufe des ekstatischen Sein-bei (des um-sichtigen Besorgens) *beschränkt*. Weil aber die Räumlichkeit nicht nur des innerweltlichen Seienden, sondern auch der Welt aufge-wiesen wird, die Welt aber im ekstatischen Sein-bei nur aufge-schlossen gehalten werden kann, sofern sie im geworfenen Entwerfen von Welt aufgeschlossen wird, so könnte es von der Sache her als notwendig erscheinen, außer im besorgenden Sein-bei auch im existenzialen Geworfensein und Entwerfen eine eigene existenziale Weise des Räumlichseins des Daseins auf-zuweisen. In der Erschlossenheit der Bedeutsamkeit, worin das ausrichtend-entfernende Entdecken fundiert ist, liegt Miterschlos-

146

senheit des Raumes als der Räumlichkeit der Welt. Ist das geworfene Entwerfen ein Aufschließen der in der Geworfenheit faktisch erschlossenen Bedeutsamkeit und ist mit der Bedeutsamkeit die Räumlichkeit der Welt erschlossen, dann ist das geworfene Entwerfen nicht nur Welt, sondern auch Raum, Welt-Raum aufschließend. Raum entwerfend aufschließen heißt: das Raumhafte der Welterschlossenheit aufschließen. Das zum Welt-Entwurf gehörende Raum-Aufschließen könnte seinerseits und in einem ursprünglicheren, weil fundierenden Sinne als ein Raumgeben und Einräumen bezeichnet werden. So gesehen ist nicht nur die Erschlossenheit der Bedeutsamkeit raumhaft bestimmt, sondern es haben auch die Seinsweisen des Daseins, in denen die Bedeutsamkeit aufgeschlossen wird, räumlichen Charakter im Sinne der Räumlichkeit des Daseins. Die Räumlichkeit des daseinsmäßigen In-Seins ist dann nicht nur auf die fundierte Seinsweise des umsichtigen Bewendenlassens, nicht nur auf das ausrichtend-entfernende Offenbarmachen beschränkt, sondern gehört auch zu den fundierenden Seinsweisen des Geworfenseins und des Entwerfens.

Nach diesem Abriß der Raum-Analytik in „Sein und Zeit" sind wir gerüstet, die knappen, aber wesentlichen Bemerkungen zum Zusammenhang zwischen dem Welten der Welt und dem Einräumen der Geräumigkeit des innerweltlichen Seienden im Ganzen in der Kunstwerk-Abhandlung in ihrer systematischen Absicht zu erfassen. Den Leitfaden für die Systematik des Gedankens lassen wir uns vorgeben aus der Räumlichkeits-Analytik in „Sein und Zeit", ohne den inzwischen erfolgten Wandel in der Sicht auf diesen Sachverhalt zu übersehen. Im Sichöffnen einer Welt bekommen alle Dinge „ihre Ferne und Nähe", das bedeutet: Im Sichöffnen der Welt rücken alle innerweltlichen Dinge in die ihrem Sein gemäße raumhafte Nähe und Ferne ein. Nähe und Ferne stehen auch hier für die Innerräumlichkeit des Seienden. Die ‚Geräumigkeit' ist das Ganze der Nähen und Fernen des innerräumlich offenbaren mannigfaltigen Seienden im Ganzen. Das raumhafte Offenbarwerden der Dinge in ihrer räumlichen Nähe und Ferne gründet im Sichöffnen der Welt, das seinerseits raumgebend bzw. einräumend ist. Wohl heißt es, daß das Kunstwerk in seinem Werksein die Geräumigkeit einräumt (Holzwege, S. 34). Aber das Kunstwerk ist nur der ‚Ort' eines ausgezeichneten Einräumens der Geräumigkeit des Seienden, die werkgemäße Weise des einräumenden Geschehens, das auch außerhalb des Kunstwerkes geschieht. Daß mit dem Einräumen nicht nur das raumhafte Offenbarwerden des Seienden in seinen Nähen und Fernen gemeint ist, sondern auch das ursprünglichere Raumgeben im Sichöffnen der Welt, geht aus der Gliederung des Einräumens in zwei Grundweisen hervor. Einräumen meint einmal: das Freigeben das Freie des Offenen. ‚Freigeben' ist hier nicht, wie in „Sein und Zeit", auf das Offenbarwerden des innerweltlichen Seienden bezogen, sondern auf das, worin das ausrichtend-entfernende Freigeben (Bewendenlassen) von Seiendem gründet, auf die Raum-Erschlossenheit der Welt (im Umkreis von „Sein und Zeit" gedacht) bzw. auf die Offenheit der sich öffnenden Welt. Das Freigeben des Freien des Offenen ist das raumgebende Sichöffnen des zur Welt gehörenden Raumes, des Welt-Raumes. Das raumgebende Sichöffnen des Welt-Raumes ist die Voraussetzung für das Einräumen im Sinne des Einrichtens des eröffneten Freien in seinem Gezüge. Das eröffnete Freie des Welt-Raumes richtet sich in seinem Gezüge ein, indem dieses raumhafte Freie das Seiende in seiner Innerräumlichkeit (Nähen, Fernen, Plätzen) offenbarwerden läßt.

Das raumhafte Freie des Offenen der Welt ist von Heidegger gedacht im Herkommen von dem, was er in „Sein und Zeit" die Miterschlossenheit des Raumes mit der Welt, die Erschlossenheit der Räumlichkeit der Welt, nennt. Das raumhafte Einrichten dieses Freien in seinem raumhaften Gezüge, in die Innerräumlichkeit des Seienden im Ganzen, ist gedacht im Herkommen von der daseinsmäßigen Räumlichkeit als dem ausrichtenden Ent-fernen, das das raumhafte Entdecken des Seienden in seiner durch Nähe und Richtung bzw. durch den Platz bestimmten Innerräumlichkeit ist.

Das raumhafte Freie des Offenen der Welt wird in der Kunstwerk-Abhandlung *vom einrichtenden Freigeben her* gedacht.

Das einrichtende Freigeben des Welt-Raumes würde in „Sein und Zeit" seine Entsprechung haben im geworfenen Entwerfen der Räumlichkeit der Welt, wenn dort die Erschlossenheit des zur Welt gehörenden Raumes auf ein geworfenes Entwerfen von Raum rückbezogen wäre. Mit anderen Worten, in der Kunstwerk-Abhandlung geht Heidegger einen Schritt weiter als in „Sein und Zeit", aber auf dem Boden der vollzogenen Kehre. Er denkt jetzt nicht nur Raumerschlossenheit im Rückbezug auf ein geworfenes Entwerfen von Raum, sondern das Raum-aufschließende Entwerfen *aus dem gewandelten Bezug von Geworfenheit und Entwurf.* Wieder müssen wir wie bei der Klärung des Sichöffnens der Welt auf jene Schlüsselpassage aus dem dritten Abschnitt der Kunstwerk-Abhandlung vorgreifen: Die Eröffnung des Offenen und die Lichtung des Seienden geschieht nur, „indem die in der Geworfenheit ankommende Offenheit entworfen wird" (S. 59). Das einräumende Freigeben des Freien als des Raumhaften der Welt geschieht als ein Sichfreigeben des Freien, in das das Dasein geworfen ist, so daß das in der Geworfenheit sich öffnende raumhaft Freie raumgebend entworfen wird. Das in der Geworfenheit ankommende, d. h. sich öffnende Freie des Welt-Raumes läßt im Einrichten des Freien das innerweltliche Seiende in seiner Innerräumlichkeit offenbar werden, und nur auf dem Grunde des in der Geworfenheit des Daseins ankommenden Sicheinrichtens des Freien in seinem innerräumlichen Gezüge verhält sich das Dasein zum Seienden innerräumlich offenbarmachend.

Das im Sichöffnen einer Welt geschehende Einräumen in den Weisen des Freigebens des Freien und des Einrichtens dieses Freien geschieht außerhalb und innerhalb des Kunstwerkes. Die ausgezeichnete Weise dieses einräumenden Geschehens im Kunstwerk muß wie die ausgezeichnete Weise des Sichöffnens von Welt aus der *Aufstellung* gedacht werden. Aufstellung einer Welt im Kunstwerk ist zugleich Aufstellung des zur Welt gehörenden Raumes. Mit dem Ein-richten west im Kunstwerk auch das Freigeben des Freien, worin das Einrichten gründet, aus dem Errichten (S. 34). Das Errichten aber ist, wie wir sahen, die Aufstellungsweise eines Standbildes als eines Kunstwerkes. Im Aufstellen eines Kunstwerkes, das ein Errichten eines Standbildes oder ein Erstellen eines Bauwerkes sein kann, geschieht die werkgemäße Aufstellung einer Welt und des zur Welt gehörenden Raumes. Das Aufstellen einer Welt wurde charakterisiert als: Eröffnen einer Welt und Halten der so eröffneten Welt im waltenden Verbleib. Weil zum Sichöffnen einer Welt das einräumende Freigeben des raumhaft Freien der Welt gehört, *hält das Kunstwerk mit der sich öffnenden Welt auch das einräumende Freigeben des Freien im waltenden Verbleib.* Wir haben früher schon bemerkt, daß das werkgemäße ,Halten im waltenden Verbleib' sachlich etwas zu tun hat mit dem ,Ständigen des Scheinens', in das das im Kunstwerk sich öffnende Sein des Seienden kommt. Weil das einräumende Einrichten des raumhaft Freien im Freigeben des Freien gründet, – weil beide Weisen des Einräumens ein ganzheitliches Geschehen bilden, hält das Kunstwerk mit dem Freigeben des Freien auch das einrichtende Offenbarwerdenlassen des Seienden in seiner Innerräumlichkeit im waltenden Verbleib.

§ 20. Der zweite Wesenszug im Werksein: das Her-stellen der Erde als ihr werkgemäßes Hervorkommen

Um den zweiten Wesenszug im Werksein des Kunstwerkes zum Aufweis zu bringen, geht Heidegger in der gleichen Weise vor wie für den Aufweis des ersten Wesenszuges. Der zweite Wesenszug soll dargetan werden als das *ontologische Geschehen des Her-stellens der Erde.* Das Wort ,Herstellen' ist uns als Bezeichnung für eine bestimmte menschliche Verhaltung nicht nur, aber auch zu Kunstwerken aus der vorphilosophischen Sprache bekannt. Es nennt eine ontisch-existenzielle Verhaltung zum Kunstwerk als einem herzustellenden Seienden. Heidegger geht für die Freilegung des zweiten Wesenszuges des Kunstwerkes von dieser ontischen Verhaltung zum Kunstwerk und somit vom Vordergründigen aus, um sich von der ontischen Bedeutung des

‚Herstellens‘ abzustoßen für die Gewinnung der ontologischen Bedeutung, in der dasselbe Wort für den ontologischen Sachverhalt der Her-stellung der Erde verwendet werden soll.

Die vordergründige, weil noch vordergründig gedachte Verhaltung zum Kunstwerk ist das Hervorbringen eines Werkes aus dem Werkstoff wie Stein, Holz, Erz, Farbe, Sprache oder Ton. Solches Hervorbringen ist das Herstellen. Das Kunstwerk ist aus dem geformten Material hergestellt. Das Herstellen eines Kunstwerkes aus seinem Material verliert seine vordergründige Ansicht, wenn wir beachten, daß solche Herstellung in einer andersartigen Her-stellung gründet, die ein Wesenscharakter des Werkseins ist. Die Herstellung eines Kunstwerkes aus einem Woraus hält sich auf derselben Bedeutungsebene wie die Aufstellung eines Kunstwerkes in der zweiten Bedeutung: Aufstellung als Errichtung oder Erstellung. Wie sich die errichtende Aufstellung eines Kunstwerkes zur Aufstellung von Welt im Kunstwerk verhält, so verhält sich jetzt die Herstellung eines Kunstwerkes aus einem Woraus zur Her-stellung der Erde im Kunstwerk.

Was das Kunstwerk her-stellt und wie es in seinem Werksein her-stellend ist, das soll sich am Kunstwerk in der unmittelbaren Erfahrung zeigen. Der zweite Wesenszug im Werksein kann aber nur unter Festhaltung dessen, was als erster Wesenszug dargetan wurde, aufgewiesen werden. Deshalb beginnt die jetzt anhebende Analyse mit der Vergegenwärtigung des bisherigen Ergebnisses, daß zum Werksein die Aufstellung einer Welt gehöre. Aus dem Gesichtskreis dieser ersten ontologischen Bestimmung des Werkseins soll nun nach dem Wesen des sonst als Werkstoff des Kunstwerkes Bezeichneten gefragt werden. Wie ist aus dem Geschehnis des Eröffnens einer Welt im Kunstwerk das Woraus des Werkes ontologisch zu bestimmen? Diese Frage wird auf dem Wege einer Vorfrage ausgearbeitet. Wie verhält sich der Stoff eines hergestellten Gebrauchsdinges zu dessen Sein, d. h.: Welchen Wesens ist innerhalb des Gesichtskreises des Zeugseins der Stoff, aus dem das zeughaft Seiende hergestellt ist?

Das Gebrauchsding ist in seinem Sein durch die Dienlichkeit

und Verläßlichkeit bestimmt. Von seinem Zeugsein als Dienlichkeit her *nimmt* es sein stoffliches Woraus *in seinen Dienst* (ebd.). Das Material, aus dem eine Axt gefertigt wird, z. B. der Stein, wird nicht nur gebraucht, sondern in einer bestimmten Weise auch *verbraucht*, indem er *in der Dienlichkeit* des Gebrauchsgegenstandes *verschwindet*. Verschwinden heißt: Der Stein wird in der Bearbeitung der Dienlichkeit des Zeugs unterstellt, geht darin auf. Die Geeignetheit eines Materials für die Herstellung eines Gebrauchsgegenstandes bemißt sich daran, wie widerstandslos es im Zeugsein des herzustellenden Zeuges *untergeht* (S. 35). Das ‚Untergehen' ist gedacht im Gegenhalt zum *Hervorkommen*, zur ausgezeichneten Weise des Seins des sogenannten Werkstoffes im Kunstwerk. In einem Gebrauchsgegenstand geht das stoffliche Woraus im Zeugsein als der Dienlichkeit unter, d. h. es kommt nicht eigens hervor, wie es sein kann und auch ist im Kunstwerk. Im Unterschied zum Gebrauchsgegenstand aus Stein läßt der Tempel, das Kunstwerk aus Stein, diesen Stein im Aufstellen einer Welt nicht verschwinden, sondern „allererst hervorkommen und zwar im Offenen der Welt des Werkes" (ebd.). Hier ist das ‚allererst' zu beachten, auf das wir zurückkommen. Das Tempelwerk läßt einerseits den Fels, auf dem es erstellt ist, in seinem Tragen und Ruhen und andererseits den Stein, aus dem es erstellt ist, in seinem Massigen und seiner Schwere hervorkommen; das Kunstwerk aus Metall läßt dieses in seinem Blitzen und Schimmern hervorkommen; das Gemälde läßt die Farben in ihrem Leuchten hervorkommen; das in Ton gesetzte Werk läßt den Ton in seinem Klingen, das künstlerische Sprachwerk läßt das lautende Wort in seinem Sagen hervorkommen. Von hier aus wird deutlich, *als was* das Material eines Zeugs in der Dienlichkeit untergeht, nämlich als das, als was es im Kunstwerk „allererst hervorkommt". Beim Stein ist es das ihm eigentümliche Massige und die ihm eigentümliche Schwere, die in der Dienlichkeit des Zeuges verschwindet. Bei den Farben ist es das ihnen eigentümliche Leuchten, das im Zeugsein des Zeuges untergeht, während es im Kunstwerk „allererst hervorkommt".
Das dem unterschiedlichen stofflichen Woraus eines Kunstwer-

kes Eigentümliche wie das Massige oder das Leuchten kommt im Kunstwerk allererst hervor, und zwar so, daß „das Werk sich zurückstellt" (ebd.) in das in ihm allererst Hervorkommende. Inwiefern *stellt sich* das Kunstwerk in dem in ihm Hervorkommenden *zurück*? Der Terminus ‚Zurückstellen' tauchte schon einmal an früherer Stelle auf (Holzwege, S. 32), wo es hieß, daß das Tempelwerk dastehend eine Welt eröffne und diese zugleich *zurückstelle auf die Erde,* die ihrerseits darin als der heimatliche Grund herauskomme. Das Kunstwerk stellt sich zurück auf das in ihm allererst hervorkommende Woraus, heißt: Es stellt die in ihm eröffnete, und das heißt jetzt aufgestellte Welt zurück entweder in das Massige und Schwere des Steins oder in das Feste und Biegsame des Holzes oder in die Härte und den Glanz des Erzes oder in das Leuchten und Dunkeln der Farbe oder in den Klang des Tones oder in die Nennkraft des Wortes.

Das, was das Kunstwerk in ihm selbst allererst hervorkommen läßt, und zwar als das, wohinein es die in ihm aufstellend eröffnete Welt zurückstellt, nannten wir, so erinnert Heidegger, die *Erde.* Damit verweist er selber zurück auf die soeben vergegenwärtigte Textstelle. Hier aber müssen wir auf einen wichtigen *Unterschied im Begriff der Erde* hinweisen. Im Zusammenhang des griechischen Tempels war die Erde das vielgestaltige naturhaft Seiende im Ganzen, inmitten dessen das Kunstwerk dasteht. Die Erde als heimatlicher Grund ist es, auf den die im Kunstwerk eröffnete Welt zurückgestellt wird, so daß die Erde als der heimatliche Grund für das menschliche Wohnen in der eröffneten Welt hervorkommt. Dieselbe Erde, die auch ohne das Kunstwerk des Tempels heimatlicher Grund für das menschliche In-der-Welt-sein ist, kommt *im Dastehen des Tempels* in eins mit dem werkgemäßen Eröffnen einer Welt in werkgemäßer, d. h. ausgezeichneter Weise *als* der heimatliche Grund hervor. Von der Erde als dem heimatlichen Grund, inmitten dessen der Tempel dasteht, müssen wir die *Erde als das jeweilige Woraus* eines Kunstwerkes unterscheiden. Innerhalb des uns jetzt beschäftigenden Textzusammenhanges stellt das Kunstwerk die in ihm eröffnete Welt in die Erde als das jeweilige erdhafte Woraus zurück. Diese zweite Bedeutung des Erde-Begriffs zeigt sich auch beim Tempel. Nur sofern die im Tempel aufstellend eröffnete Welt zurückgestellt wird in das Massige und in die Schwere des Steins, aus dem der Tempel erstellt ist, kann sie auf die Erde als auf den heimatlichen Grund zurückgestellt werden. Obwohl Heidegger hier das Sichzurückstellen des Kunstwerkes in die in ihm hervorkommende Erde im Hinblick auf das erdhafte Woraus eines Kunstwerkes zum Aufweis bringt, geht es ihm jetzt noch nicht um die schon im ersten Abschnitt angestrebte ursprüngliche Bestimmung des sogenannten Dinghaften (Stofflichen) am Kunstwerk, sondern vorerst nur um den Aufweis des zweiten Wesenszuges im Werksein, der Her-stellung der Erde. Dieser ist nicht deckungsgleich mit dem ausgezeichneten Hervorkommen dessen, was dem Woraus eines Kunstwerkes eigentümlich ist.

Die schon früher genannte Grundbestimmung der Erde (Holzwege, S. 31) wird hier wieder aufgegriffen, um sie zu entfalten. Die Erde ist das „Hervorkommend-Bergende" (S. 35). *Hervorkommend* ist sie einmal als der heimatliche Grund, inmitten dessen das Tempelwerk dasteht; hervorkommend ist sie zum anderen, wie jetzt dargetan, als das Massige des Steins, aus dem der Tempel erstellt ist, oder als das Leuchten und Dunkeln der Farben, mit denen das Bild gemalt ist. *Jetzt* geht es Heidegger um die Klärung des *übergreifenden Charakters der Erde* innerhalb des Kunstwerkes. Sie ist im Zurückstellen der im Kunstwerk eröffneten Welt auf die Erde das *eigens als Erde Hervorkommende*. Das ‚eigens als' ist die Auslegung des ‚allererst' Hervorkommens. Das Hervorkommen nennt das Einrücken in die Offenbarkeit, das Offenbarwerden. Die Erde als der heimatliche Grund kommt auch außerhalb des Kunstwerkes hervor. Aber *im* Kunstwerk kommt sie allererst, d. h. in ausgezeichneter Weise als das hervor, was sie ihrem Wesen nach ist, jedoch außerhalb des Kunstwerkes nicht in der ausgezeichneten Weise sehen läßt wie durch das Kunstwerk. Die Bestimmung der Erde als das *Hervorkommend-Bergende* kann genommen werden als eine *allgemeine*, nicht nur auf das Kunstwerk bezogene Charakterisierung des Wesens der Erde. *Als das Hervorkommende* ist sie das in ihrer Weise Offenbarwerdende; *als das Bergende* birgt sie die Welt, in deren Offenheit die Erde als das sie Bergende offenbar ist. Das Zurückstellen der Welt auf die Erde und das Bergen der Welt in der Offenbarkeit der Erde müssen *in eins gedacht* werden. Das Bergende ist ein Grundzug in der Offenbarkeit der Erde, der sehen läßt, wie das zur Erde gehörige innerweltliche Seiende von der Offenheit der Welt durchwaltet wird.

Die Erde ist das *Hervorkommend-Bergende* sowohl als heimatlicher Grund für das In-der-Welt-sein des Menschen als auch als das Woraus eines Kunstwerkes. Daher sagten wir, die Charakterisierung der Erde als das Hervorkommend-Bergende stelle den *übergreifenden* Grundzug der Erde heraus. Die Erde als das „zu nichts gedrängte Mühelose-Unermüdliche" (ebd.) ist eine Charakterisierung des Grundzuges der Erde als des heimatlichen Grundes. Früher hieß es, sie sei das Tragend-Bergende für das Wohnen aus der Offenheit der Welt und das Tragend-Bergende für das auf ihr aufgehende naturhaft Seiende. In diesem *Grundcharakter ihrer Offenbarkeit* ist sie unermüdlich, aber nicht wie menschliches Tun unermüdlich und zugleich mühevoll sein kann, sondern mühelos unermüdlich. Auf die Erde als das mühelos-unermüdlich Tragend-Bergende gründet der Mensch sein Wohnen in der Welt, d. h. sein In-der-Welt-sein. Wohnen in der Welt heißt: Existieren in der Offenheit der Welt. Sein Existieren in der Offenheit der Welt gründet der Mensch auf und in die Erde, sofern er auf der Erde und bei den Dingen der Erde, in der die eröffnete Welt zurückgeborgen ist, existiert. Der so existierende Mensch ist *geschichtlich,* weil sich sein Existieren aus dem *Geschehen* der Eröffnung und Zurückbergung der Welt vollzieht.

Heidegger faßt zusammen: „Indem das Werk eine Welt aufstellt, stellt es die Erde her" (ebd.). Was bisher als ,allererst Hervorkommen' der Erde im ,Zurückstellen' der Welt auf die Erde bezeichnet wurde, wird nunmehr mit dem Terminus des *Herstellens* benannt. Heidegger erläutert das Her-stellen der Erde: Es ist „im strengen Sinne des Wortes zu denken" (ebd.), auf den durch die trennende Schreibweise hingewiesen wird. Her-stellen heißt jetzt nicht mehr, wie im Ausgang der Analyse, etwas anfertigen, sondern: die Erde *in* das Offene einer Welt *rücken* und *halten.* Die Erde in das Offene einer Welt rücken bedeutet: die Erde im Offenen einer Welt als das, was sie ist, offenbarwerden lassen, die Erde in ihre Offenbarkeit einrücken lassen. Die Erde in das Offene einer Welt halten meint: das Geschehen des Offenbarwerdens der Erde im Kunstwerk als dieses Geschehen festhalten. Das Halten gehört zu dem schon öfter herangezogenen ‚ZumStehen-bringen‘. Das *werkgemäße Offenbarwerdenlassen der Erde* geschieht als das *Her-stellen,* und dieses ist das werkgemäße Rücken und Halten der Erde in die Offenheit einer Welt. Indem im Kunstwerk die Erde in die im Kunstwerk aufgestellte Offenheit der Welt gerückt und gehalten wird, wird in einem zumal die so aufgestellte Offenheit der Welt in die Erde zurückgestellt. Das Kunstwerk läßt in der *ihm eigentümlichen Weise* die Erde eine Erde sein, indem im Rücken und Halten der Erde in die Offenheit seiner Welt diese in die in ihrer Offenheit hervorkommende Erde zurückgestellt wird. Damit deutet sich schon der *einzigartige Zusammenhang beider Wesenszüge* des Werkseins, des Aufstellens einer Welt und des Herstellens der Erde, an, den Heidegger als den *Streit zwischen Welt und Erde* entfalten wird.

Doch bevor es dazu kommt, gibt Heidegger aus der unmittelbaren Erfahrung heraus eine *nähere Beschreibung* dessen, wie die *Erde* für uns, wenn auch zumeist unbeachtet, offenbar ist. Als das Hervorkommend-Bergende ist sie das *Sichverschließende* (S. 36). Inwiefern? Heidegger fragt, warum das Her-stellen der Erde in der Weise des Sichzurückstellens des Werkes in die Erde geschehen müsse. Das Kunstwerk stellt sich in die Erde zurück, indem es die in ihm aufstellend-eröffnete Welt in die Erde zurückstellt. Heidegger entfaltet diese Frage fragend, was denn die Erde sei, daß sie gerade in der Weise des Zurückstellens der eröffneten Welt in sie ins Unverborgene gelangt, d. h. offenbar wird. Wie ist die Erde in ihrer ihr eigentümlichen Unverborgenheit zu kennzeichnen? Als was ist sie unverborgen? Wir nannten als einen Grundcharakter der Erde das Tragend-Bergende. Als

solche ist sie auch das zu nichts gedrängte Mühelose-Unermüdliche. Wenn sie sich in diesen Charakteren zeigt, was ist sie dann
ihrem Wesen nach? Inwiefern kann sie die Bergende sein? Der
Stein als ein Ding, das zur Erde gehört, zeigt sich uns innerhalb
der unmittelbaren Erfahrung in seiner lastenden Schwere. Die
Schwere des Steines, sowohl des Felsen als dessen, woraus der
Tempel erstellt ist, ‚lastet uns entgegen‘, d. h. der Stein ist für
uns in der ihm eigentümlichen Schwere seines Massigen offenbar.
Es gehört zum Eigenen der entgegenlastenden Schwere des massigen Steines, daß sie *sich* jedem menschlichen Eindringen in sie
versagt (S. 35). Die lastende Schwere des Massigen, als welche
der Stein für uns in der unvoreingenommenen Erfahrung offenbar ist, ist in ihrem Sichversagen unzugänglich. Wir könnten versuchen, der uns entgegenlastenden Schwere dadurch auf die Spur
zu kommen, daß wir den Stein in Stücke zerschlagen. Denn
scheinbar gehört die Schwere zu einem verschlossenen Inneren,
das sich uns im Zerschlagen des Steines öffnet. Doch auch jetzt
zeigt der zerschlagene Stein kein geöffnetes Inneres, das uns seinem dumpfen Lasten näherbrächte. Die daliegenden Stücke
zeigen ihrerseits dasselbe Dumpfe des Lastens und des Massigen,
in das sich der Stein wieder ‚zurückgezogen‘ hat. Im Sichzurück-
ziehen bewahrt sich das Sichversagen gegenüber dem Versuch,
das rätselhaft Lastende seines Massigen zu fassen zu bekommen.
Das Sichversagen ist nichts, was zur lastenden Schwere noch hinzukäme, sondern ist die lastende Schwere selbst, als welche der
Stein offenbar ist.

Man könnte geneigt sein, die lastende Schwere als bloße Erscheinung eines objektiven Tatbestandes auszugeben, der im physikalisch meß- und berechenbaren Gewicht besteht. Doch solange
wir vorurteilslos gegenüber dem, vor das uns die unmittelbare
Erfahrung bringt, bleiben, bringt uns auch der Weg der wissenschaftlichen Erkenntnis dem Phänomen der offenbaren lastenden
Schwere nicht näher. Das Abwiegen des Steines ergibt eine zah-
lenmäßig genaue Bestimmung des Gewichts, aber die Gewichtszahl ist keine Erfassung des rätselhaften Entgegenlastens. Oder
vielleicht doch? Wenn man dem Phänomen des dumpfen Lastens

kein eigenes Recht zuerkennt, sondern es als wissenschaftlich irrelevante Erscheinung des allein wahren, weil objektiv meßbaren Tatbestandes des physikalischen Gewichtes deutet, dann hat sich, wie die wissenschaftliche Vorstellungsweise meint, in der Gewichtszahl die uneigentliche Erscheinung in nichts aufgelöst. Doch hier ist zu fragen: Mit welcher Legitimation kann die wissenschaftliche Vorstellungsweise die vor- und außerwissenschaftliche Erfahrung des Seienden, inmitten dessen wir existieren, als nicht ernst zu nehmenden bloßen Schein verwerfen? Das dumpfe Lasten, wie es sich uns in der außerwissenschaftlichen unmittelbaren Erfahrung zeigt, hat sich durch die Messung des Gewichts nicht in nichts aufgelöst, sondern es hat sich für den Vorstellungsbezug der berechnenden Messung *entzogen*. Dieser Entzug ist nicht die Beseitigung des Sichversagens gegenüber einem Eindringen in sie, er ist selbst eine Weise des Sichversagens – diejenige, in der das Sichversagen nicht mehr *als* Sichversagen erfahren wird. Hier stehen wir vor einem Wandel in der Offenbarkeit des Steines: Im Sichentziehen des dumpfen Lastens des Massigen, als welches der Stein in der unmittelbaren Erfahrung offenbar ist, ist er nunmehr offenbar als physikalisch berechenbarer Gegenstand. Im Sichentziehen des Lastens entzieht sich das sonst im Entgegenlasten erfahrene Sichversagen.

Was vom Stein gilt, gilt in ähnlicher Weise von der Farbe als zur Erde gehörig. Hier ist wieder an die Erde als das Woraus eines Kunstwerkes gedacht, in das sich das Kunstwerk in seinem Aufstellen einer Welt zurückstellt. Was für den Stein das dumpfe Lasten seines Massigen ist, ist für die Farbe das Leuchten. Auch zu diesem gehört wie zum Lasten des Steines das Sichversagen gegenüber dem Versuch eines erfassenden Eindringens. Wollten wir wie beim Stein das Gewicht, so bei der Farbe die Schwingungszahlen physikalisch messen, um ihr Leuchten zu erfassen, machen wir die gleiche Erfahrung. Wie erst das Lasten, so hat sich jetzt das Leuchten und mit ihm das Sichversagen entzogen, wobei das Sichentziehen des Sichversagens selbst eine Weise des Sichversagens ist. Das Aufleuchten der Farbe zeigt sich uns nur, „wenn sie unentborgen und unerklärt bleibt" (S. 36). Das ‚und' zwischen ‚unentborgen‘ und ‚unerklärt‘ hat explikativen Charakter. Nicht soll die Farbe überhaupt unentborgen bleiben; denn sie ist ja innerhalb der unmittelbaren Erfahrung in ihrem Aufleuchten entborgen. Aber sie muß, damit sie in ihrem Aufleuchten entborgen sein kann, unentborgen bleiben in ihrem Charakter des Sichversagens; es darf nicht der Versuch unternommen werden, das zum Aufleuchten der Farbe wesenhaft gehörende Sichversagen gegenüber der Zudringlichkeit zu mißachten und das Leuchten durch die Messung der Schwingungszahl erklärend entbergen zu wollen.

Es wurde gefragt, was die Erde sei, daß sie in der Weise des Sichzurückstellens des Werkes in sie ins Unverborgene gelangt. Die Antwort hierauf beginnt sich zu formulieren. Die Erde *läßt* ihrem Wesen nach jedes Eindringen in sie *an ihr selbst*, d. h. an ihrem Wesen, dem Sichversagen, *zerschellen* (ebd.). Sie läßt jede rechnerische Zudringlichkeit in eine Zerstörung dessen, als was sie primär und für die unmittelbare Erfahrung offenbar ist, umschlagen. Die Zerstörung ihres primär offenbaren Wesens erscheint in der Sicht der wissenschaftlichen Vorstellungsweise nicht als Zerstörung, sondern als Herrschaft und Fortschritt in der Gestalt der technisch-wissenschaftlichen Vergegenständlichung der Natur. Was der Wissenschaft selbst so erscheint, stellt sich in einer Besinnung, die nüchterner als die scheinbar so nüchterne Naturwissenschaft ist, als bloßer Schein heraus. Nicht, daß hier nur die außerwissenschaftliche Erfahrung der Erde gegen die wissenschaftliche Vorstellungsweise streitet und ihr eigenes Recht zu behaupten sucht. Es geht nicht nur darum, daß sowohl die eine wie die andere Verhaltung zur Erde innerhalb ihrer eigenen Grenzen ihr eigenes Recht behaupten kann. Es geht vielmehr um die grundsätzliche Einsicht, daß die Offenbarkeit der Erde einmal gemäß der vorwissenschaftlichen Erfahrung, zum anderen gemäß der wissenschaftlichen Vorstellungsweise nicht in der Macht des menschlichen Bezugs zur Erde liegt, sondern dem Geschehen der Offenbarwerdung angehört, in das der Mensch in seiner Geworfenheit versetzt ist. Die Macht der Herrschaft über die Erde und über die Natur erweist sich, tiefer gedacht, als eine „Ohnmacht des Wollens" (ebd.), und das in zwiefacher Weise. Die Zerstörung dessen, als was die Erde primär offenbar ist, in der technisch-wissenschaftlichen Vergegenständlichung ist nicht etwa der Sieg über den bloßen Schein, den die Erde in der vorwissenschaftlichen Erfahrung vor sich her trägt. Die Zerstörung ist nur ein Wandel in der Offenbarkeit der Erde, und zwar ein solcher, in dem sich die primäre Offenbarkeit der Erde und mit ihr das miterfahrene Sichversagen entzieht. Das Sichentziehen geschieht als Wandel in der Offenheit als der Ermöglichung der Offenbarkeit. Gemäß der sich wandelnden Offenheit wird die Erde als Gegenstand technisch-wissenschaftlicher Vorstellung und Bearbeitung offenbar. Die wissenschaftliche Vorstellungsweise meint, auch die Bedingungen ihrer Möglichkeit zu beherrschen, und übersieht, daß sie selbst nur möglich ist aufgrund eines Geschehens im Sein des Seienden, das wesenhaft ihrem Beherrschungswillen entzogen bleibt.

„Offen gelichtet als sie selbst erscheint die Erde nur, wo sie als die wesenhaft Unerschließbare gewahrt und bewahrt wird, die vor jeder Erschließung zurückweicht und d. h. ständig sich verschlossen hält" (ebd.). Offen gelichtet ist die Erde, wenn sie unverdeckt offenbar ist. Sie ist unverdeckt entborgen, wenn sie sich als das zeigt, als was sie in der unmittelbaren Erfahrung offenbar ist. Erscheint sie als das, was sie in Wahrheit ist, der Stein in seinem dumpfen Lasten, die Farbe in ihrem reinen Aufleuchten, dann zeigt sie sich in ihrem Sichversagen als die Unerschließbare. Die Erde ist hinsichtlich dessen, als was sie primär offenbar ist, unerschließbar. Sie weicht als Sichversagende vor jedem Erschließungsversuch zurück. Denn als Sichversagende ist sie ihrem Wesen nach das ständig Sich-verschlossen-haltende. Was bisher als Sichversagen bezeichnet wurde, wird jetzt und fortan das Sichverschließen genannt. In der unmittelbaren Erfahrung wird die Erde als wesenhaft Unerschließbare gewahrt, weil sie absieht von der zudringlichen Vergegenständlichung, und somit in ihrem Grundcharakter bewahrt. In dem Satz „Alle Dinge der Erde, sie selbst im Ganzen, verströmen sich in einen wechselweisen Einklang" (ebd.) ist die Erde nicht mehr nur als das jeweilige Woraus des Kunstwerkes, sondern als der heimatliche Grund thematisch. Die Erde im Ganzen, das erdhaft Seiende im Ganzen, und alle zu diesem Ganzen gehörenden Dinge (Naturdinge) verströmen sich in ihrem offenbarwerdenden Hervorkommen in einen wechselweisen Einklang. Der wechselweise Einklang ist die Weise, wie die Erde im Ganzen und alle ihr angehörenden Dinge für die unmittelbare Erfahrung offenbar sind. Das Verströmen ist zu denken als das ontologische Geschehen des strömenden Ausgrenzens, worin jedes Seiende als Anwesendes in sein Sein als Anwesen begrenzt wird. Im Begrenzen rückt das Seiende in die Unverborgenheit seines Seins ein. Obwohl alle zur Erde gehörenden Dinge in der Weise des wechselweisen Einklanges als ein in sich vielgestaltiges Ganzes offenbar sind, sind sie bestimmt durch den Grundzug des Sichverschließens und das heißt auch des Sich-nicht-Kennens. Das Sichverschließen erfahren wir nicht nur als das Sichversagen gegenüber erfassender Zudringlichkeit, sondern auch als ein Verschlossensein der Dinge untereinander, als ein Sich-nicht-Kennen, was den wechselweisen Einklang nicht ausschließt.

Heidegger faßt die Beschreibung dessen, als was wir die Erde unmittelbar erfahren, in den Wesenssatz zusammen, daß die Erde das wesenhaft *Sichverschließende* sei. *Das Kunstwerk, das die Erde her-stellt, bringt sie als das Sichverschließende ins Offene der in ihm aufgestellten Welt.* Es läßt die Erde nicht nur überhaupt, sondern in der *ausgezeichneten Weise des Her-stellens* in ihre Offenbarkeit einrücken. Das Kennzeichnende ihrer Offenbarkeit ist das Sichverschließen. Die Erde kann auch außerhalb des Kunstwerkes unmittelbar erfahren werden als das sichverschließende Lasten des Steines oder als das sichverschließende Aufleuchten der Farben in der Natur, ohne daß wir *eigens* diesen Grundzug der Erde erfahren. Das Auszeichnende des Kunstwerkes ist dagegen, in seinem Her-stellen die Erde *so* hervorkommen zu lassen, daß es das sich verschließende Lasten des Steines *als solches* und das sich verschlossenhaltende Aufleuchten der Farben *als ein solches* erfahren läßt.

Nicht nur ist das dumpfe Lasten des Steines eine andere Gestalt der Erde als das Aufleuchten der Farbe, sondern auch *das Sichverschließen der Erde wandelt sich ab* in eine „unerschöpfliche Fülle einfacher Weisen und Gestalten" (ebd.). Wenn auch das Sichverschließen der Grundzug der Erde und aller verschiedenartigen Dinge der Erde ist, so nicht im Sinne eines einförmigen und starren Verhangenbleibens. Die mannigfaltigen Weisen, in die sich das Sichverschließen entfaltet, entsprechen dem mannigfaltigen zur Erde gehörigen Seienden wie Stein, Metall, Holz, Farbe, lautendes Wort. Die verschiedenen Gestalten des Sichverschließens werden jetzt wieder an der Erde als dem jeweiligen Woraus eines Kunstwerkes verdeutlicht. Das Kunstwerk stellt die Erde als das Sichverschließende her, indem es sich selbst bzw. die in ihm aufgestellte Welt in die Erde zurückstellt. Immer deutlicher tritt hervor, daß ein bestimmter, aber erst noch zu bestimmender Bezug zwischen dem Her-stellen der Erde als der Sichverschließenden und dem Sichzurückstellen der aufgestellten Welt in die Erde waltet.

Um zu zeigen, wie in den unterschiedlichen Kunstwerken das Sichverschließende der Erde sich unterschiedlich entfaltet, hebt Heidegger erneut den künstlerischen Umgang mit der Erde im Kunstwerk vom handwerklichen Bearbeiten des ‚Materials‘ ab. Bildhauer und Maurer sind sich darin gleich, daß sie beide mit dem Stein gebrauchend umgehen. Während aber der Handwerker den Stein verbraucht, indem er ihn während der Anfertigung des Gebrauchsgegenstandes in dessen Dienlichkeit untergehen läßt, verbraucht der Künstler den Stein nicht. Denn er läßt ihn nicht in der Dienlichkeit verschwinden, sondern läßt ihn gerade in dem, was er in Wahrheit ist, hervorkommen, und zwar so, daß er sich zeigt in der ihm eigenen Weise des sichverschließenden Wesens der Erde. Der Kunstmaler und der handwerkliche Maler sind sich im Gebrauch des Farbstoffes gleich, aber der Künstler verbraucht die Farbe nicht. Der Handwerker verbraucht die Farbe, weil ihr Leuchten in den Dienst der Dienlichkeit gestellt wird. Der Künstler verbraucht die Farbe nicht, da er sie nicht der Dienlichkeit eines herzustellenden Gebrauchsgegenstandes unterstellt. Er läßt die Farbe ‚erst‘ zum Leuchten kommen. Das will sagen: Sein Gebrauchen des Farbstoffs hat den ausgezeichneten Charakter des Her-stellens des Leuchtens der Farbe. Das Leuchten ist wohl der Farbe eigentümlich, so daß es keine Farbe ohne ihr Leuchten gibt. Die Farbe leuchtet auch außerhalb des Kunstwerkes. Die Dinge der Natur zeigen sich uns in ihren verschiedenen Farben. Wenn die Farbe im Gebrauchen des Künstlers nicht verbraucht, weil nicht der Dienlichkeit unterstellt wird, dann ist das Leuchten der Farbe im Kunstwerk nicht dasselbe wie außerhalb des Werkes bei den Dingen der Erde. Das künstlerische Gebrauchen der Farbe läßt ihr eigentümliches Leuchten in einer ausgezeichneten Weise hervorkommen, wie wir sie nur innerhalb des Kunstwerkes erfahren. Mit dem Leuchten stellt der Künstler die dem Leuchten der Farbe eigene Weise des erdhaften Sichverschließens her, indem er uns im Anblick des Gemäldes ihr Sichverschließendes eigens erfahren läßt.

Was für den Bildhauer der Stein oder Marmor und für den Maler die Farbe ist, das ist für den Dichter das lautende Wort. Wenn aber das Wort gleich dem Stein und der Farbe der Erde zugeschlagen wird, – wenn die Erde, in die sich das dichterische Werk zurückstellt, von Heidegger auch im Wort gesehen wird, dann wird dem denkenden Nachvollzug ein Gedanke zugemutet, der uns zunächst stutzig macht. Mühelos verstehen wir, daß Stein, Farbe, Metall und Holz zur Erde gehören. Sie alle gehören zu dem Begriff der Erde, der uns vertraut ist. An früherer Stelle hörten wir aber, daß auch das Klingen des Tones zur Erde gehört, ist es doch das, wohinein sich das musikalische Kunstwerk zurückstellt. Von hier aus kommen wir dem Gedanken von der Erdzugehörigkeit des Wortes näher. Beim musikalischen Werk ist es der klingende Ton, beim dichterischen Sprachwerk ist es das lautende Wort, das zur Erde gehört. Hier wird immer deutlicher, daß sich Heideggers Begriff der Erde nicht in den engeren Grenzen hält, in denen wir von der Erde sprechen. Zur Erde gehören nicht nur die Naturdinge im eigentlichen Sinne, sondern auch das Klingende des Tones und das Lautende und Nennende des gesprochenen Wortes. Nicht daß das Wort im ganzen, also mit seiner Bedeutung zur Erde gehört. In der Bedeutung der vom Dichter gesprochenen Worte ist die Welt aufgestellt. Diese kann aber in einem Werk nur aufgestellt werden, indem sie in die Erde des Werkes zurückgestellt wird, und zwar so, daß in diesem Zurückstellen die Erde im Kunstwerk her-gestellt, also in ausgezeichneter Weise offenbar wird. Der Dichter und die Journalisten sind sich darin gleich, daß sie in ihrem Tun das Wort gebrauchen. Aber der Dichter verbraucht die Worte nicht wie die nichtdichterisch Sprechenden und Schreibenden, weil sich in seinem Sprechen nicht das alltäglich besorgende In-der-Welt-sein, sondern sein dichterisches Aufstellen einer Welt ausspricht. Im dichterischen Gebrauchen des Wortes wird das Wort erst wahrhaft ein Wort und bleibt es Wort, heißt, daß das Lautende und Nennende des Wortes erst und nur im Kunstwerk her-gestellt wird, also in ausgezeichneter Weise hervorkommt.

Zusammenfassend muß gesagt werden, daß in keiner Gattung von Kunstwerken etwas von einem Werkstoff west (ebd.). Was sonst als Stoff oder Material nicht nur bezeichnet, sondern vor allem gedacht wird, ist, aus dem Werksein des Kunstwerkes gedacht, die Erde, in die sich die im Werk aufgestellte Welt zurückstellt, indem die Erde her-gestellt wird. Mit diesem Ergebnis ist schon eine erste und entscheidende Antwort auf die Ausgangsfrage der Abhandlung gefunden: Das Dinghafte am Kunstwerk läßt sich nicht vom dritten überlieferten Dingbegriff her, nicht vom Stoff-Form-Gefüge, nicht als das zu gestaltende Material begreifen, sondern aus dem Werksein als die zum Kunstwerk wesenhaft gehörende Erde, in die sich die in ihm aufgestellte Welt so zurückstellt, daß darin die Erde in ausgezeichneter Weise hervorkommt. Im dritten Abschnitt der Abhandlung wird diese erste Antwort aufgenommen und entfaltet.

Daß der ‚Werkstoff‘ im Kunstwerk eine Verdeckungsgestalt der Erde ist, wurde gezeigt in der Entgegensetzung zum Zeug. Handwerklicher Maler und Kunstmaler gebrauchen die Farbe, aber nur der erstere verbraucht sie, während der andere sie, ihr Leuchten und Dunkeln, in werkgemäßer Weise hervorkommen läßt. Während der Künstler in seinem Umgang mit der Farbe die

Erde, zu der die Farbe gehört, her-stellend in ausgezeichneter Weise hervorkommen läßt, unterstellt der Handwerker die Farbe verbrauchend diese der Dienlichkeit des Zeugs. Man könnte nun meinen, daß die Farbe nur im Kunstwerk nicht Werkstoff, sondern Erde sei, daß sie aber für den Handwerker sehr wohl der Werkstoff sei, aus dem der Maler seinen Gebrauchsgegenstand herstellt. Wenn aber Heidegger sagt (ebd.), es bleibe sogar zweifelhaft, ob in einer Wesensbestimmung des Zeugs die Kennzeichnung des Woraus seines Bestehens als Stoff dem zeughaften Wesen dieses Woraus angemessen sei, dann liegt in diesem Zweifel eine Gewißheit. Stein oder Farbe sind ja nicht erst dadurch, daß sie im schaffenden Hervorbringen eines Kunstwerkes gebraucht werden, erdzugehörig, sondern sie sind es ihrem Wesen nach. Das, was ihr Gebrauchtsein im Kunstwerk auszeichnet, ist der phänomenale Tatbestand des Werkseins, daß sie als Erde im Kunstwerk durch das Zurückstellen der aufgestellten Welt in sie in ausgezeichneter Weise hervorkommen. Die Wesensbestimmung des Zeuges ist die ontologische Bestimmung des zeughaft Seienden in seinem Zeugsein. Die im ersten Abschnitt der Kunstwerk-Abhandlung aufgenommene Bestimmung des Zeugseins erbrachte den Einblick in das ursprüngliche Zeugsein als Verläßlichkeit, worin noch die Dienlichkeit gründet. Wie aus dem Werksein, und zwar im Umkreis der Aufstellung einer Welt, das Woraus seines Bestehens nicht mehr als Werkstoff, sondern als Erde bestimmt wurde, so muß im Gesichtskreis des ursprünglichen Zeugseins auch das Woraus des Bestehens des Zeugs neu bestimmt werden. Diese hier von Heidegger nicht ausgeführte Bestimmung müßte dartun, wie das Woraus des Bestehens auch des Zeugs von der Erde her gefaßt werden muß. Der in der Herstellung eines Zeuges liegende verbrauchende Umgang mit der Erde besagt, daß hier nicht wie beim Kunstwerk die Erde her-gestellt, also nicht in ausgezeichneter Weise offenbar, sondern in der Seinsart des Zeuges in sich selbst zurückgedrängt wird. Damit stehen wir vor drei unterschiedlichen Weisen, wie die Erde offenbar sein kann: die Erde im Ganzen und die zu ihr gehörenden Naturdinge außerhalb des Kunstwerkes, die im Kunstwerk eigens her-gestellte

Erde, die im Zeug in sich selbst zurückgedrängte, weil der verläßlichen Dienlichkeit unterstellte Erde.

§ 21. Innigkeit des Streites zwischen Welt und Erde als Einheit beider Wesenszüge im Werksein

Die vorangehende Analyse des Werkseins des Kunstwerkes hat zwei Wesenszüge freigelegt: das Aufstellen einer Welt, das Herstellen der Erde. Beide Wesenszüge konnten nur so zum Aufweis gebracht werden, daß sich mit ihnen zugleich ein wechselseitiger Bezug zeigte. Die im Kunstwerk aufstellend eröffnete Welt bedarf der Zurückstellung auf die Erde, die im Kunstwerk her-gestellte Erde bedarf der aufgestellten Offenheit der Welt, um überhaupt als Erde hervorkommen, d. h. offenbarwerden zu können. In diesem Wechselbezug kündigt sich die *Einheit* der unterschiedenen Wesenszüge im Werksein an. Dieser Einheit soll nunmehr nachgefragt werden. Die gesuchte Einheit bekundet sich in dem früher schon (Holzwege, S. 29) berührten *Insichstehen*, worin sich das Kunstwerk für die unmittelbare Erfahrung zeigt. Dieser dem Kunstwerk eigene phänomenale Charakter, die „geschlossene einige Ruhe des Aufsichberuhens" (S. 37), soll in der jetzt anhebenden Besinnung bedacht und struktural-begrifflich gefaßt werden, indem nach der Struktur der Einheit beider Wesenszüge gefragt wird.

Hier meldet sich sogleich ein Bedenken. Die Aufstellung der Welt und Her-stellung der Erde erwiesen sich je als ein *Geschehen*: das Geschehen des aufstellenden Eröffnens, des Zurückstellens auf die Erde, des Her-stellens als des ausgezeichneten Hervorkommens der Erde. Wie kann dann aber angesichts des Kunstwerkes von der *Ruhe* des Aufsichberuhens gesprochen werden? Kann die Ruhe in einem Geschehen gründen? Schließt nicht das Geschehen die Ruhe als den Gegensatz zur Bewegung aus? Ein solcher Einwand denkt zu kurz. Er übersieht, daß die Ruhe ein solcher Gegensatz zur Bewegung ist, der die Bewegung nicht von sich ausschließt, sondern einschließt. Das trifft für alle Arten der Bewegung zu. Denn nur das Bewegte kann ruhen. Jede Art der Bewegung – Entstehen-Vergehen, Zunehmen-Abnehmen, Veränderung oder Ortsbewegung – hat ihre eigene Weise des Ruhens. In der Ortsbewegung ist die Ruhe der Grenzfall der Bewegung. Wenn daher sowohl die Bewegung die Ruhe als die Ruhe die Bewegung einschließt, gibt es vielleicht eine ausgezeichnete Ruhe, die selbst höchste Bewegtheit ist in der Weise einer „innige[n] Sammlungen der Bewegung"? (ebd.) Die aufgezählten vier Aristotelischen Bewegungsarten sind phänomenal-ontische Bewegungen. Die Bewegung aber, die sich als das vielfältige Geschehen im Werksein gezeigt hat, ist eine phänomenal-ontologische Bewegung, von der hier vorerst nur erwartet wird, daß die Ruhe nicht wie bei den aufgezählten Bewegungen ein innerer Gegensatz ist, sondern mit der Bewegung zusammenfällt. Allerdings nährt sich die Erwartung aus der schon vollzogenen, in der Kunstwerk-Abhandlung aber erst zu entwickelnden Einsicht in das Wesen der Ruhe des Aufsichberuhens des Werkes. Wir kommen dieser Ruhe des in sich beruhenden Kunstwerkes nur dann denkend nahe, wenn es gelingt, die Bewegtheit des Geschehens, das im Aufstellen einer Welt und Her-stellen der Erde besteht, „volleinheitlich" (ebd.), d. h. in der Einheit der Zusammengehörigkeit des Aufstellens und Her-stellens, zu fassen.

Die Leitfrage für die Analyse lautet: Welchen *Zusammengehörigkeitsbezug* zeigen das *Aufstellen einer Welt* und das *Herstellen der Erde* im Werksein des Kunstwerkes?

Was ist die *Welt,* die im Kunstwerk aufstellend eröffnet wird? Heidegger gibt im Rückgriff auf früher Gesagtes eine neue zusammenfassende Bestimmung: „Die Welt ist die sich öffnende Offenheit der weiten Bahnen der einfachen und wesentlichen Entscheidungen im Geschick eines geschichtlichen Volkes" (ebd.). Die ‚weiten Bahnen der einfachen und wesentlichen Entscheidungen' sind die Ganzheit der welthaften Bezüge, die eine Welt bilden. Die ‚einfachen und wesentlichen Entscheidungen' – früher (Holzwege, S. 33) wurde von den ‚wesenhaften Entscheidungen unserer Geschichte' gesprochen – sind diejenigen, die im wählenden Entwerfen der Möglichkeiten des In-der-Welt-seins getroffen werden. Diese Möglichkeiten von Welt, und das heißt zugleich des existierenden Weltverhältnisses des Daseins werden, wie wir sahen (vgl. oben S. 134), dergestalt eröffnet, daß die in der daseinsmäßigen Geworfenheit ankommende, d. h. sich öffnende Offenheit von Welt eröffnend entworfen wird. Die ,wesenhaften Entscheidungen unserer Geschichte' sind die Entscheidungen ,im Geschick eines geschichtlichen Volkes'. Wie Heidegger in der Kunstwerk-Abhandlung nach vollzogener Wandlung seiner Grundstellung das Geschichtliche, das Volk und das Geschick denkt, läßt sich nur angemessen nachvollziehen, wenn wir auf die erste Grundlegung seines Ansatzes dieser Fragen in „Sein und Zeit" zurückblicken. Dort wird das Geschichtliche aus der Geschichtlichkeit des Daseins gedacht. Diese ist eine Wesensverfassung des Seins des Daseins, die in der Zeitlichkeit des Daseins gründet. Geschichtlichkeit meint jenes *Geschehen* im Sein des Daseins, auf dessen Grund das beruht, was uns als Geschichte des menschlichen Lebens, sowohl des einzelnen als eines Volkes, bekannt ist. Geschehenscharakter hat das Sein des Daseins nicht erst und nur, sofern es als geschichtliches im Sinne der Geschichtlichkeit bestimmt wird, sondern schon als Sorge und als Zeitlichkeit. Da die Zeitlichkeit des Daseins der Sinn des Seins des Daseins ist, so daß alle Seinsweisen des Daseins in der Zeitlichkeit gründen, ist der Geschehenscharakter im Sein des Daseins primär in dessen Zeitlichkeit zu suchen. Die formale existenzialontologische Struktur der sich zeitigenden Zeitlichkeit des Daseins lautet: Auf-sich-Zukommen (Zukunft), Auf-sich-Zurückkommen (Gewesenheit), Gegenwärtigen (Gegenwart). Diese wandelt sich ab in die eigentliche und in die uneigentliche Zeitlichkeit. Die Strukturformel für die eigentliche Zeitlichkeit heißt: vorlaufender, wieder-holender Augen-blick; die Formel für die uneigentliche Zeitlichkeit lautet: gewärtigendes, vergessendes Gegenwärtigen. Beide Formeln nennen die eigentliche und uneigentliche Zeitlichkeit des entwerfenden Verstehens, d. h. des aufschließenden Entwerfens der Möglichkeiten des In-der-Welt-seins *in Einheit mit* dem zu ihm gehörenden Geworfensein und dem ekstatischen Sein-bei. Das Geschehen der Geschichtlichkeit des Daseins mo-

168

difiziert sich seinerseits in die eigentliche und in die uneigentliche Geschichtlichkeit. Die existenzial-ontologische Klärung der Geschichtlichkeit hat wesentlich zu tun mit der Beantwortung der Frage, woher die Möglichkeiten des In-der-Welt-seins, auf die sich das Dasein entwirft, geschöpft werden (S. u. Z., S. 383). Als geworfene Möglichkeiten, d. h. als solche, in die das Dasein mit seinem Sein geworfen ist, bilden sie das existenzial-ontologisch zu verstehende *Erbe*. Das Dasein schöpft somit im Für-sich-Aufschließen der Seinsmöglichkeiten diese aus dem mit der Geworfenheit faktisch aufgeschlossenen Erbe, das das Dasein „als geworfene[s] *übernimmt*" (ebd.). Eigentliche Geschichtlichkeit gründet in der eigentlichen Zeitigung. Das besagt: Das in den Tod vorlaufende Dasein kommt auf seine Geworfenheit dergestalt zurück, daß es *sich* die im Erbe überkommenen Möglichkeiten *überliefert*. Auf sich zukommend im Zurückkommen auf sein Geworfensein in die ererbte Möglichkeit des In-der-Welt-seins schließt es diese für sich auf und hält sie im eigentlichen Gegenwärtigen (Augenblick) aufgeschlossen.

Weil die Möglichkeit eine solche des In-der-*Welt*-seins ist, betrifft das *Geschehen* der Geschichtlichkeit nicht nur das In-Sein und die es konstituierenden Existenzialien, sondern mit ihnen auch die ekstatisch-horizontale *Welt*. Sofern die Welt Welt ist für das innerweltliche Begegnen von Seiendem, ist vom Geschehen der Welt noch das *innerweltliche Geschehen des Zuhandenen und Vorhandenen* zu unterscheiden (S. 389). Das Geschehen der eigentlichen Geschichtlichkeit des Daseins faßt Heidegger mit dem existenzial-ontologisch gemeinten Terminus *‚Schicksal'*. Es ist das Geschehen des Daseins, „in dem es sich frei für den Tod ihm selbst in einer ererbten, aber gleichwohl gewählten Möglichkeit *überliefert*" (S. 384). Die volle Zeitlichkeitsstruktur der eigentlichen Geschichtlichkeit mitaufnehmend formuliert Heidegger Schicksal als das „vorlaufende Sichüberliefern an das Da des Augenblicks" (S. 386). Im *Sichüberliefern* läßt sich das Dasein aus seinem geworfenen Erbe eine Möglichkeit vorgeben. *Vorlaufend* ist das auf sich zurückkommende Sichüberliefern, weil es diese ererbte Möglichkeit im unverschlossenen existierenden Verhalten zur abgründigen Todes-Verschlossenheit für sich aufschließt. Die so im vorlaufenden Sichüberliefern aufgeschlossene Möglichkeit hält das Dasein eigentlich gegenwärtigend aufgeschlossen für die Weisen des eigentlichen Besorgens und für das innerweltliche Begegnen des besorgten Seienden.

Ein wesenhaftes Existenzial, das das Dasein als In-der-Welt-sein konstituiert, ist das *Mitsein* (vgl. S. u. Z. § 26). Es bedeutet: Das jeweilige Dasein ist für sich selbst in seinem In-der-Welt-sein aufgeschlossen als die Erschlossenheit des In-der-Welt-seins *mit* anderem Dasein *teilend*. Es teilt mit den Anderen das In-Sein und die Welt, die deshalb *Mitwelt* heißt. Das Dasein teilt die je und je entworfene Seinsmöglichkeit und mit ihr alle zu dieser Grundmöglichkeit gehörenden Weisen des Besorgens mit den Anderen. Die Existenzmöglichkeiten sind wesenhaft Möglichkeiten des Mit-einander-in-der-Welt-seins. Und auch das innerweltliche Seiende, das Zuhandene und Vorhandene, ist, sofern es in der Erschlossenheit der Mitwelt entdeckt ist, als mit Anderen geteiltes Seiendes offenbar. Das Existenzial des Mitseins ist eine notwendige, nicht aber schon hinreichende Bedingung der Möglichkeit für die seinsmäßige Konstitution der daseinsmäßigen Gemeinschaft eines Volkes. Gleichwesentlich wie das Mitsein ist die Geschichtlichkeit des Volkes, d. h. das Geschehen des vorlaufenden Sichüberlieferns der ererbten, mithaft erschlossenen Grundmöglichkeit. Weil das In-der-Welt-sein wesenhaft durch das Mitsein bestimmt ist, ist das als Schicksal bezeichnete Geschehen des In-der-Welt-seins wesenhaft ein *Mit-Geschehen*. Heidegger nennt das eigentliche, durch das Mitsein bestimmte Geschehen *Geschick*. Es ist der existenzial-ontologische Terminus für das seinsmäßige Geschehen des *Volkes* (S. 384). Das Geschehen des je einzelnen Daseins, die Schicksale sind im Miteinandersein in der Erschlossenheit der geteilten Möglichkeiten des In-der-Welt-seins „im vorhinein schon geleitet" (ebd.).

Die „einfachen und wesentlichen Entscheidungen im Geschick eines geschichtlichen Volkes" (Holzwege, S. 37) sind die entscheidenden Entwürfe im Mitgeschehen eines Volkes. Nur müssen wir die Entwürfe verstehen als das eröffnende Entwerfen der in der Geworfenheit sich öffnenden Offenheit ererbter Grund-möglichkeiten. Die einfachen und wesentlichen Entscheidungen sind die Entwürfe, die mit den Grundmöglichkeiten der Existenz eines Volkes die geschichtliche Mitwelt eines Volkes aufschließen, aber nur sofern die Offenheit der Grundmöglichkeiten des In-der-Welt-seins in der Geworfenheit als zu entwerfende ankommt. Die so sich öffnende Welt wird innerhalb des Kunstwerkes in der Weise des Aufstellens eröffnet.

Was ist die *Erde*, die im Kunstwerk her-gestellt wird? Auch für sie gibt Heidegger im Rückgriff auf früher Ausgeführtes eine neue, zusammenfassende Wesensbestimmung: „Die Erde ist das zu nichts gedrängte Hervorkommen des ständig Sichverschlie-ßenden und dergestalt Bergenden" (ebd.). Sie kommt hervor, wird offenbar in vielfältigen Weisen: als das zu nichts gedrängte Tragen, als stilles Verschenken des reifenden Korns, als Sichver-sagen in der Brache des winterlichen Feldes, als heimatlicher Grund, als Lasten des Steines oder Leuchten der Farben. In all diesen Weisen des Offenbarwerdens zeigt ihre Offenbarkeit den Grundzug des ständig, d. h. wesenhaft Sichverschließenden, ab-gewandelt gemäß den vielfältigen Weisen dessen, als was die Erde sich zeigt. Weil die Erde offenbar ist als das Sichverschlie-ßende, kann sie das Bergende sein.

Gefragt ist nach der Einheit der unterschiedlichen Wesenszüge im Werksein, nach der Einheit der sich öffnenden Offenheit der Welt im Aufstellen der Welt und des Hervorkommens der Erde als des Sichverschließenden im Her-stellen der Erde. Im Zuge des Aufweises beider Wesenszüge kam ihre Zusammengehörigkeit schon mit in den Blick: die sich öffnende Offenheit der Welt be-darf des Zurückgestelltwerdens auf die Erde, die Erde bedarf, um als Sichverschließende hervorkommen und die Welt bergen zu können, der Offenheit der Welt. In die Richtung dieses Zu-sammengehörigkeitsbezuges fragt nunmehr die Kunstwerk-Ab-handlung.

Welt als Sichöffnende und die Erde als Hervorkommend-Sich-verschließende „sind wesenhaft von einander verschieden" (ebd.). Aber als Verschiedene sind sie „niemals getrennt". Denn im Sichzurückstellen der sich öffnenden Welt auf die Erde ‚gründet sie sich auf‘ sie. Die Erde aber ‚durchragt‘ im Hervorkommen als die Sichverschließende die Offenheit der Welt. Das Durchragen besagt, daß sie als das Sichverschließende nur offenbar ist in der Offenheit der Welt. Der Wechselbezug der Welt zur Erde und der Erde zur Welt wird hier angesprochen als das *Sichgründen-auf* und als das *Durchragen*. So gesehen könnte die wechselseitige Beziehung zwischen Welt und Erde erscheinen wie die ‚leere Einheit des sich nichts angehenden Entgegengesetzten‘ (ebd.). Solange die Entgegensetzung der Welt gegen die Erde nur gesehen wird als ein Sichgründen der offenen Welt auf die sich verschließende Erde und die Entgegensetzung der Erde gegen die Welt als das offenbarwerdende Durchragen des Sichverschließenden, erscheint die gesuchte Einheit beider Wesenszüge im Werksein nur als ‚leere‘ Einheit der Entgegensetzung, in der die Entgegengesetzten sich einander nichts angehen. Sich nichts angehen heißt: daß das Eine nicht gegen das Andere derart entgegengesetzt ist, daß es dieses in seinem Anderssein bestreitet. Die *einander bestreitende* Entgegensetzung von Welt und Erde ist aber die wahre Beziehung zwischen Welt und Erde, die als die *volle* Einheit ihrer Entgegensetzung gefaßt werden soll. Sie zeigt sich uns, wenn wir mit dem Geschehen ihrer Wechselbeziehung denkend mitgehen.

Die sich öffnende *Welt* „trachtet in ihrem Aufruhen auf der Erde, diese zu überhöhen“ (ebd.). In diesem ihrem Trachten „duldet [sie] als das Sichöffnende kein Verschlossenes“ (ebd.). Dieses Nichtdulden ist *ihre* Weise des bestreitenden Sichentgegensetzens gegen das Sichverschließende der Erde. Danach trachten, die Erde zu überhöhen, heißt, das Sichverschließende aufschließen zu wollen, die Offenheit Herr werden zu lassen über das Sichverschließende in ihr.

Die *Erde* als das offenbare Sichverschließende „neigt dahin, als die Bergende jeweils die Welt in sich einzubeziehen und einzubehalten“ (ebd.). Die Neigung der sich verschließenden Erde ist *ihre* Weise des bestreitenden Sichentgegensetzens gegen das Sichöffnende der Welt. Im Bergen der geöffneten Welt, im Zurück-

172

stellen der Welt auf die Erde, entfaltet die Erde ihre Entgegensetzung gegen das Sichöffnende und Offene der Erde. Indem die sich verschließende Erde die sich öffnende Welt birgt (zurückbirgt auf die Erde), trachtet sie ihrerseits danach, das Offene der Welt in ihr Sichverschließendes einzubeziehen und einzubehalten.

Das *Gegen der Welt gegen die Erde* ist jene Weise des Bestreitens, in welcher das Sichöffnende der Welt gegen das Geborgenwerden in der Offenbarkeit der Erde im Ganzen und der auf unterschiedliche Weise zur Erde gehörenden Dinge (Naturdinge, Gebrauchsdinge) streitet. Das *Gegen der Erde gegen die Welt* ist jene andere Weise des Bestreitens, in der das Sichverschließende der Erde gegen das Sichöffnende der Welt streitet.

In beiden Weisen des einander Bestreitens liegt das Problem der *ontologischen Differenz* von Offenheit der Welt und Offenbarkeit der innerweltlichen Erde und Dinge beschlossen, und zwar in der mit der Kehre weitergedachten Fassung.

Das wechselseitige Gegeneinander von sich öffnender Welt und sichverschließender Erde, das einander im Wesen Bestreiten nennt Heidegger den *Streit* (ebd.). Zunächst erschien der Wechselbezug von Welt und Erde als eine sich einander nichts angehende Entgegensetzung zwischen dem Sichöffnen und dem Sichverschließen. Dann aber zeigte sich die Entgegensetzung als das sich einander angehende Bestreiten. Nun könnte es scheinen, als habe dieser Streit den Charakter der Zwietracht und des Haders. Ein solcher Streit führt zur Entzweiung der Streitenden. Entzweiung ist die Störung und Zerstörung der Eintracht. Hätte der Streit zwischen Welt und Erde einen solchen Charakter, dann würde das Sichöffnende das Sichverschließende zerstören und umgekehrt das Sichverschließende das Sichöffnende. Doch von dieser Art ist der Streit zwischen Welt und Erde nicht. Statt sich wechselseitig zu zerstören, heben sich die Streitenden einander „in die Selbstbehauptung ihres Wesens" (S. 38). Die *Welt* hebt in ihrem Bestreiten der Erde diese in die Selbstbehauptung ihres sichverschließenden Wesens – die *Erde* hebt in ihrem Bestreiten der Welt diese in die Selbstbehauptung ihres sichöffnenden Wesens.

Das Bestreiten ist kein Zerstören des Anderen, sondern es fördert das Andere, indem es dazu führt, daß das Bestrittene sich in seinem Eigenwesen zu behaupten sucht. Das Sichverschließen der Erde behauptet sich im Bestrittenwerden durch das Sichöffnen der Welt, und das Sichöffnen der Welt behauptet sich im Bestrittenwerden durch die sichverschließende Erde. Die Selbstbehauptung des Eigenwesens heißt hier nicht: Sichversteifen auf einen gerade gewonnenen eigenen Zustand, sondern meint „das Sichaufgeben in die verborgene Ursprünglichkeit der Herkunft des eigenen Seins" (ebd.). Das *Sichöffnen der Welt* behauptet im Bestrittenwerden sein eigenes Wesen nicht so, daß sich die Offenheit auf das, was sie gerade ist, versteift, sondern so, daß sie sich aufgibt in die verborgene Ursprünglichkeit ihrer Herkunft, um sich als Offenheit ursprünglicher zu gewinnen. Das *Sichverschließen der Erde* behauptet im Bestrittenwerden sein eigenes Wesen nicht so, daß sich das Sichverschließende auf seine gerade gewonnene Weise versteift, sondern so, daß es sich aufgibt in die verborgene Ursprünglichkeit seines Eigenwesens, um sich als Sichverschließen ursprünglicher und reiner zu gewinnen.

Statt das Bestrittene in seinem Wesen zu zerstören, „trägt Jedes das Andere über sich hinaus" (ebd.). Das Bestreiten führt dazu, daß sich das Bestrittene in seinem Eigenwesen ursprünglicher gewinnt. Der Streit ist kein zerstörender, sondern ein einander fördernder Streit. „Der Streit wird so immer strittiger und eigentlicher, was er ist" (ebd.), weil die Streitenden einander in die Selbstbehauptung ihres Wesens heben, so daß die Streitenden aufgrund ihres Bestrittenwerdens nicht erlahmen, sondern erstarken. Je mehr das Sichöffnen der Welt bestritten wird durch das Sichverschließen der Erde, desto mehr gibt es sich auf in die Ursprünglichkeit der Herkunft seines Eigenwesens; je ursprünglicher aber das Sichöffnen, desto mehr bestreitet es das Sichverschließen der Erde, desto mehr aber gibt sich das bestrittene Sichverschließen auf in die Ursprünglichkeit der Herkunft seines Eigenwesens, um desto mehr das Sichöffnen der Welt zu bestreiten.

In dieser Bewegung des einander Bestreitens ‚übertreibt sich' (ebd.) der Streit, d. h. er bringt sich selbst in die je größere Härte und Ursprünglichkeit. In diesem je und je strittiger werdenden Streit „lassen sich die Streitenden in die Innigkeit des einfachen Sichgehörens los" (ebd.). Bisher wurde in der einander angehenden Beziehung, angehend in der Weise des Bestreitens, das Moment des *Sichunterscheidens* und des *Gegeneinander* herausgehoben. Jetzt richtet sich der analytische Blick auf das zweite Wesensmoment im Streit, das einander *Sichgehören*. Inwiefern lassen sich die einander Bestreitenden aus ihrem Gegeneinander zugleich in das Sichgehören los? Die beiden folgenden Sätze geben die Antwort: „Die Erde kann das Offene der Welt nicht missen, soll sie selbst als Erde im befreiten Andrang ihres Sichverschließens erscheinen. Die Welt wiederum kann der Erde nicht entschweben, soll sie als waltende Weite und Bahn alles wesentlichen Geschickes sich auf ein Entschiedenes gründen" (ebd.). Die *sichverschließende Erde* bestreitet das Sichöffnen der Welt und hebt das bestrittene Sichöffnen in die Selbstbehauptung seines Wesens. Je ursprünglicher die Welt sich öffnet, desto reiner erscheint die Erde in der Offenheit der Welt. Das Sichöffnen der Welt ist die Ermöglichung für das Offenbarwerden der sichverschließenden Erde. Dadurch, daß die Erde das Offene der Welt bestreitet und im Bestreiten sich ursprünglicher öffnen läßt, schafft sie selbst mit an der Ermöglichung ihres eigenen Offenbarwerdens. Im Bestreiten der Offenheit der Welt läßt sie sich in die Innigkeit des einfachen Gehörens der Welt los, weil sie nur im Offenen der Welt als die Sichverschließende offenbar werden, erscheinen kann. Sie kann in ihrem Streit gegen das Offene das von ihr Bestrittene nicht missen, da sie ohne die Offenheit nicht als die Sichverschließende hervorkommen und das Offene der Welt nicht bestreiten könnte. Das Sichverschließen der Erde bedarf für die Entfaltung seines Wesens des Offenen der Welt. In diesem *Bedürfen* liegt die Weise, wie die Erde der Welt gehört.

Die *sich öffnende Welt* bestreitet das Sichverschließen der Erde und hebt das bestrittene Sichverschließen in die Selbstbehauptung seines Wesens. Je ursprünglicher das Sichverschließen der Erde ist, desto reiner birgt die sichverschließende Erde die sich öffnende Welt. Wenn auch im bergenden Wesen der Erde das Offene der Welt bestritten wird, so bedarf doch auch die Welt der Erde. Das Offene der Welt würde entschweben, wenn es nicht im Zurückgeborgenwerden in das Sichverschließen der Erde Entschiedenheit gewönne. Die Welt bedarf des Sichverschließens der Erde, um Welt für das innerweltliche Offenbarwerden der Erde im Ganzen und der zur Erde unterschiedlich gehörenden Dinge sein zu können. In solchem *Bedürfen* liegt ihre Weise, in der sie der Erde gehört.

Sichöffnen einer Welt und Sichverschließen der Erde sind in ihrem einander Bestreiten sowohl different als auch zusammengehörig.

Der von uns nachvollzogene Aufweis des Streites ist zwar von Heidegger in der Absicht vorgenommen, den Wechselbezug zwischen dem *Aufstellen* einer Welt und dem *Herstellen* der Erde *im Kunstwerk* zu fassen. Er schließt aber zugleich ein den *allgemeinen Strukturgehalt* des Streites von sich öffnender Welt und sichverschließender Erde, der das Streitgeschehen auch *außerhalb des Kunstwerkes* bestimmt. Die werkgemäße Weise des Streites wird insbesondere in dem soeben interpretierten Absatz der Kunstwerk-Abhandlung (sowie in dem folgenden) bedacht, wo es vom „wesenhaften Streit" (S. 37/38) heißt, daß sich in ihm die Streitenden in die Selbstbehauptung ihres Wesens heben, sich in die verborgene Ursprünglichkeit der Herkunft des eigenen Wesens aufgeben, daß ein Jedes das Andere über sich hinaustrage, daß der Streit immer strittiger und eigentlicher werde und sich selbständig übertreibe, daß die Streitenden sich in die Innigkeit des einfachen Sichgehörens loslassen.

Der sich anschließende Absatz der Kunstwerk-Abhandlung setzt die Beschreibung des „wesenhaften Streites" im Kunstwerk fort. Der vor der Analyse des Streites zunächst nur genannte Wechselbezug zwischen den beiden Wesenszügen im Werksein, zwischen dem Aufstellen einer Welt und dem Her-stellen der Erde im Zurückstellen der Welt auf die Erde, hat sein Wesen in jenem Streitgeschehen. Wenn daher das Kunstwerk eine Welt aufstellt und die Erde her-stellt, stiftet es den Streit zwischen

Welt und Erde *in sich selbst* an. Aus dem, was im vorangehenden Absatz der Kunstwerk-Abhandlung über den „wesenhaften Streit" gesagt wurde, folgt, daß die *Anstiftung* des Streites nicht geschieht, damit das Kunstwerk ihn „in einem faden Übereinkommen" (S. 38) von Offenheit der Welt und Sichverschließen der Erde „niederschlage und schlichte", sondern damit der Streit als ein Streit im Kunstwerk erhalten bleibe. Das Kunstwerk vollbringt diesen Streit in der werkgemäßen Weise des Aufstellens einer Welt und des Her-stellens der Erde.

Die Analyse des Streites wurde mit der Bemerkung eingeleitet, daß die *Einheit* der beiden unterschiedlichen Wesenszüge im Werksein gesucht werde. Daß beide Wesenszüge in eine sie einigende Einheit gehören, konnte der phänomenalen Bekundung der einigen Ruhe des Aufsichberuhens entnommen werden, worin wir das Kunstwerk erfahren. In dieser Ruhe müssen die beiden verschiedenen Wesenszüge – so wurde vermutet – in irgendeiner Weise geeint sein, ohne daß sie in ihrer Einigung ihre Unterschiedenheit verlieren. Das Wesen dieser Ruhe wurde erwartet als mit der Bewegung zusammenfallend: als innige Sammlung der Bewegung, als höchste Bewegtheit. Um die Einheit beider Wesenszüge als die Ruhe im Sinne der höchsten Bewegtheit sichtbar machen zu können, mußte die Bewegtheit des zwiefachen Geschehens, das im Aufstellen einer Welt und Her-stellen der Erde geschieht, ‚volleinheitlich' gefaßt werden. Nunmehr ist die gesuchte Einheit aufgewiesen worden als das Geschehen der Bestreitung des Streites zwischen der Offenheit der Welt und dem Sichverschließen der Erde. Es ist die Einheit der einander entgegensetzenden und bedürfenden Zusammengehörigkeit. „Die Bestreitung des Streites ist die ständig sich übertreibende Sammlung der Bewegtheit des Werkes" (ebd.), weil sich das Geschehen des Sichöffnens der Welt und des Hervorkommens der sich verschließenden Erde im bestreitenden Gegeneinander und wechselseitigen Sichgehören in sich selbst versammelt. Die innige Versammlung des vielfältig-einigen Geschehens im Werksein ist die *Innigkeit des Streites* (ebd.). Diese aber ist das gesuchte Wesen der Ruhe des insichruhenden Kunstwerkes. Was sich zunächst nur in der unmittelbaren Erfahrung des Kunstwerkes als rätselhafte Ruhe seines Insichruhens bekundete, ist nunmehr struktural ausgelegt und begrifflich gefaßt worden.

DRITTES KAPITEL

Das Geschehnis der Wahrheit im Kunstwerk

Die Gedankenbewegung des ersten Abschnittes führte zu dem ersten und wegweisenden Ergebnis: Weil das Kunstwerk in *seiner* (wir sagen dafür: in werkgemäßer oder ausgezeichneter) Weise das Sein des Seienden eröffnet, solche Eröffnung aber das Entbergen und das heißt das Geschehen der Wahrheit des Seienden ist, hat sich im Kunstwerk die Wahrheit des Seienden ins Werk gesetzt. Demzufolge ergab sich als erste Wesensbestimmung der Kunst: das Sich-ins-Werk-Setzen der Wahrheit. Der erste Abschnitt schloß mit der Frage ab: „Was ist die Wahrheit selbst, daß sie sich zu Zeiten als Kunst ereignet? Was ist dieses Sich-ins-Werk-Setzen?" (S. 28) Der bisher durchlaufene Weg des zweiten Abschnittes hielt sich scheinbar noch im Vorfeld der Wahrheitsfrage, wenn er sich der Analyse zweier Wesenszüge des Werkseins widmete. Nachdem die Einheit beider Wesenszüge als Innigkeit des Streites von Welt und Erde und diese Innigkeit als das Wesen der Ruhe des insichruhenden Kunstwerkes aufgewiesen ist, leitet die Kunstwerk-Abhandlung zur expliziten Erörterung der Wahrheitsfrage über.

Erst aus der in ihrem Wesen gedachten Ruhe des Kunstwerkes könne ersehen werden, „was im Werk am Werk ist" (S. 38). Hier greift die Abhandlung auf das Ergebnis des ersten Abschnittes zurück. Die dort gegebene erste und leitende Wesensbestimmung des Kunstwerkes: das Werksein als das Ins-Werk-gesetzt-sein der Wahrheit, wird jetzt als eine „vorgreifende Behauptung" (ebd.) bezeichnet. Denn wenn aufgezeigt worden ist, daß im Werksein des Kunstwerkes der Streit von Welt und Erde geschieht, ist noch nicht dargetan, daß in diesem Streitgeschehen die *Wahrheit* ins Werk gesetzt ist. Früher (Holzwege, S. 28) hieß es, im Kunstwerk geschehe die Wahrheit des Seienden als das Entbergen des Seienden. Inzwischen wurde das Werksein im Hinblick auf das aufstellende Eröffnen einer Welt und das her-stellende Hervorkommenlassen der sich verschließenden Erde ausgelegt. Wenn einmal gesagt wird, das Werksein des Werkes bestehe im werkgemäßen Geschehen der Wahrheit des Seienden, und wenn es anschließend heißt, im Werksein geschehe der Streit zwischen Welt und Erde, dann muß jetzt gefragt werden: „Inwiefern geschieht im Werksein des Werkes, d. h. jetzt, inwiefern geschieht in der Bestreitung des Streites von Welt und Erde die Wahrheit?" (S. 38) Wie gehört das Geschehen des Streites von Welt und Erde in das Geschehen der Wahrheit, d. h. der Entbergung des Seienden?

§ 22. *Zum gewöhnlichen Gebrauch des Wortes ‚Wahrheit'. Wahrheit als Unverborgenheit*

Um den Wesenszusammenhang zwischen dem Werksein als dem Streitgeschehen und der sich ins Werk setzenden Wahrheit sichtbar machen zu können, muß zunächst einmal in grundsätzlicher und umfassender Weise gefragt werden: „Was ist Wahrheit?" (ebd.) Diese Frage fragt nach dem *Wesen der Wahrheit.* Ähnlich wie in der Schrift „Vom Wesen der Wahrheit" geht Heidegger auch hier von einer Vergegenwärtigung dessen aus, was man gemeinhin unter dem Wort ‚Wahrheit' versteht. Unser Wissen vom Wesen der Wahrheit ist „gering und stumpf" (ebd.), wenn es gemessen wird an dem, was jetzt als das volle Wesen der Wahrheit zum Aufweis gebracht werden soll. Wir gebrauchen das Wort ‚Wahrheit' zumeist in der Bedeutung der einen und der anderen Wahrheit. Diese und jene Wahrheit bedeutet: dieses und jenes Wahre. Wir gebrauchen demnach das Wort ‚Wahrheit' im Sinne von ‚etwas Wahrem'. Ein Wahres kann eine Erkenntnis sein, die sich in einem Urteil formuliert und in einem Satz ausspricht, aber auch eine Sache. Eine wahre Erkenntnis ist eine solche, in der das Erkannte, das, was als Erkanntes vermeint wird, mit der zu erkennenden Sache übereinstimmt. Ein Satz ist ein wahrer, wenn seine Verbindung von Subjekt und Prädikat, wenn der Satzgehalt mit der Sache, über die in ihm ausgesagt wird, übereinstimmt. Wir sprechen aber auch von einer wahren Sache, wenn wir z. B. das wahre Gold gegen das unwahre, das Scheingold, abheben. Wahres Gold ist das echte, wirkliche Gold. Was aber bedeutet hier ‚wirklich‘? Das wirklich So-Seiende unterscheiden wir vom nichtwirklich So-Seienden. Das wirklich So-Seiende ist für uns das in Wahrheit Seiende. Mit dieser Bestimmung drehen wir uns im Kreise, ohne zur tieferen Erfassung des Wirklichen und des In-Wahrheit-Seienden zu gelangen. Wahres Gold ist, was dem wirklichen Gold entspricht, und wirkliches Gold ist das, was in Wahrheit Gold ist.

Das ‚in Wahrheit‘ soll verdeutlicht werden. Auf die Frage, was ‚in Wahrheit‘ heiße, antwortet Heidegger: „Wahrheit ist das Wesen des Wahren" (S. 39). Damit geht er über zur eigenen Bestimmung des Wesens der Wahrheit. Dazu ist nötig, zuerst *die* Bedeutung des Wortes ‚Wesen‘ zurückzuweisen, an die wir denken, wenn wir hören, Wahrheit sei das Wesen des Wahren. ‚Wesen‘ verstehen wir gewöhnlich im Sinne des Gattungs- und Allgemeinbegriffs und der essentia. Wahrheit als das Wesen des Wahren meint dann „jenes Gemeinsame, worin alles Wahre übereinkommt" (ebd.). Nach der Wahrheit als dem Wesen des Wahren fragen heißt dann, fragen nach dem begrifflichen Einen, das für das viele einzelne Wahre in gleicher Weise gilt. Heidegger nennt dieses vom Gattungsbegriff her gefaßte gleich-giltige Wesen „das unwesentliche Wesen", dem er das „wesentliche Wesen von etwas" (ebd.) entgegenstellt. Negativ gesagt: Das wesentliche Wesen von etwas ist nicht vom Gattungsbegriff und der essentia her gefaßt. Wie aber faßt Heidegger positiv das wesentliche Wesen von etwas? Was er in der Form einer Vermutung ausspricht, ist die Gewißheit eigener sachgegründeter Erkenntnis: Das wesentliche Wesen von etwas beruht „in dem, was das Seiende in Wahrheit *ist*" (ebd.). Im nächsten Satz gibt er eine Erläuterung: „Das wahre Wesen einer Sache bestimmt sich aus ihrem wahren Sein [= in Wahrheit *ist*], aus der Wahrheit des jeweiligen Seienden" (ebd.). Was bedeuten die drei Wendungen: in

Wahrheit sein, wahres Sein, Wahrheit des Seienden? Der schon im nächsten Absatz erfolgenden erneuten Einführung der ‚Unverborgenheit' in den Gang der Besinnung vorgreifend, können wir sagen: Das wesentliche Wesen eines Seienden beruht in dem, was das Seiende in Wahrheit *ist*, was es in der Unverborgenheit seines Seins ist. Die Unverborgenheit seines Seins ist sein wahres Sein, sein enthülltes Sein. Das wahre Wesen eines Seienden bestimmt sich aus der Unverborgenheit seines Seins, aus der Unverborgenheit des Seienden in seinem Sein. Das Wesen des zeughaft Seienden, das die Bauernschuhe sind, beruht in dem, was dieses Seiende in der Unverborgenheit seines Zeugseins ist. Es bestimmt sich aus der Enthülltheit seines Zeugseins. Heidegger bricht hier die Besinnung auf das wesentliche und wahre Wesen einer Sache ab mit dem Hinweis, daß die Kunstwerk-Abhandlung nicht „die Wahrheit des Wesens, sondern das Wesen der Wahrheit" suche (ebd.). Die Wahrheit des Wesens ist die Unverborgenheit des Wesens, das sich aus der Unverborgenheit des Seins eines Seienden (aus dem wahren Sein) bestimmt. Die Frage nach der Wahrheit des Wesens eines Seienden ist die Frage nach der Wahrheit des Seins eines Seienden. Jetzt aber geht es um die Frage nach dem Wesen der Wahrheit. Was äußerlich gesehen wie eine bloße Umkehrung der Worte und wie ein leeres Begriffsspiel aussieht, ist recht besehen für das Denken „ein Abgrund" – das abgrundtiefe, noch nicht ausgelotete Problem des inneren Zusammenhanges zwischen dem Wesen der Wahrheit (als Unverborgenheit) und der Wahrheit des Wesens (als der Unverborgenheit des Seins). Es ist das Problem der wesenhaften Zusammengehörigkeit der Wahrheits- und der Seinsfrage.

Die zu Beginn des soeben von uns auslegend durchlaufenen Absatzes gegebene Bestimmung dessen, was ‚in Wahrheit' heißt: Wahrheit als Wesen des Wahren, wird wieder aufgenommen, um nun zu sagen, wie hier ‚Wahrheit' gedacht wird. Heidegger wiederholt, was er schon im ersten Abschnitt (S. 25) berührte, daß er Wahrheit „aus der Erinnerung an das Wort der Griechen ἀλήθεια als die Unverborgenheit des Seienden" (ebd.) denke. In der Tat handelt es sich, wenn wir statt Wahrheit Unverbor-

genheit sagen, nur um „die bloße Änderung des Wortgebrauchs",
um einen „Austausch von Namen" und nicht um eine „Kennzeichnung der Sache" oder gar um eine „Bestimmung des Wesens
der Wahrheit" (S. 39), solange „wir nicht erfahren, was denn geschehen sein muß, um genötigt zu werden, das Wesen der Wahrheit im Wort Unverborgenheit zu sagen" (ebd.). Die hier geforr-
derte ‚Erfahrung' meint die ontologische Erfahrung. Das, „was
denn geschehen sein muß", ist der phänomenologische, sachauf-
weisende Einblick in die Gegründetheit des uns bekannten Wesens der Wahrheit, der Richtigkeit und Gewißheit (Evidenz), in
dem, was als Unverborgenheit *nicht nur bezeichnet*, sondern vor
allem *gedacht* wird. Die ontologische Erfahrung dessen, was die
Unverborgenheit als aufzuweisender Sachverhalt ist und wie sie
das überlieferte Wesen der Wahrheit trägt und ermöglicht, ist
das Nötigende, „das Wesen der Wahrheit im Wort Unverborgenheit zu sagen".

Um das Wesen der Wahrheit als Unverborgenheit zu erfahren und phänomenologisch zum Aufweis zu bringen, ist nicht
etwa „eine Erneuerung der griechischen Philosophie nötig" (ebd.).
Eine Erneuerung der griechischen Philosophie wäre etwas „Un-
mögliches", weil wir sie nicht in derselben Weise lebendig werden
lassen können, wie sie für die Griechen selbst geschichtlich lebendig war. Unsere denkende Aneignung und Auseinandersetzung
mit ihr bleibt bestimmt durch unseren eigenen geschichtlichen
Standort.

Aber um das Wesen der Wahrheit aus der Erinnerung an die
ἀλήθεια als Unverborgenheit denken zu können, hülfe uns auch
eine Erneuerung der griechischen Philosophie – in welchem
Sinne auch immer – nicht. Und das deshalb nicht, weil in der
griechischen Philosophie mit dem Wort ἀλήθεια das Wesen der
Wahrheit als Unverborgenheit *nur aufleuchtet, nicht aber eigens
gedacht wird*. Für Heidegger besteht aus seiner eigenen ontologischen Erfahrung gedacht „die verborgene Geschichte der griechischen Philosophie" seit ihrem Anfang bei den Vorsokratikern
darin, daß sie der im Wort ἀλήθεια sich bekundenden Unverborgenheit denkend „nicht gemäß bleibt" (ebd.). In zunehmen-

der Weise wendet sie ihr Denken der Wahrheit dem abgeleiteten Wesen der Wahrheit – Wahrheit als Richtigkeit und Übereinstimmung – zu. Die ‚verborgene' Geschichte der griechischen Philosophie – im Unterschied zu der in den Darstellungen ihrer Lehrmeinungen offen am Tage liegenden – zeigt sich nur demjenigen, der an der ontologischen Erfahrung der Unverborgenheit und ihres Wesens teilhat. Die Besinnung auf die verborgene Geschichte nährt sich aus dem eigenen Gedankenentwurf Heideggers.

Aus seiner eigenen Grundstellung heraus kann Heidegger sagen, im Denken der Griechen und erst recht in der nachkommenden Philosophie bis in die Gegenwart bleibe das Wesen der Wahrheit als ἀλήθεια *ungedacht*; obwohl die Unverborgenheit „das von früh auf Anwesende" (S. 40) für das griechische Denken sei, bleibe sie das Verborgenste. Das Verborgenste ist sie für das griechische und erst recht alles nachkommende Denken, weil sie nicht eigens gedacht und in ihrer Wesensstruktur freigelegt worden ist. Was es heißt, die Unverborgenheit als Unverborgenheit zu denken, zeigt die nachfolgende Analyse.

§ 23. Die überlieferte Wesensbestimmung der Wahrheit als Übereinstimmung und ihre Fundierung in der Unverborgenheit

Im folgenden Absatz zeigt Heidegger, wenn auch verkürzt, wie die überlieferte Wesensbestimmung der Wahrheit, die Übereinstimmung von Erkenntnis und Sache, in der Unverborgenheit fundiert ist. Wahrheit gilt als Wahrheit einer Erkenntnis. Erkenntnis ist das erkennende Bezogensein auf eine zu erkennende Sache. Wenn das, was als das Erkannte an der Sache ausgegeben wird, mit dieser Sache übereinstimmt, ist die Erkenntnis wahr. Wahrheit ist somit die Übereinstimmung einer Erkenntnis mit der Sache. Das Erkennen muß sich in seinem Sichbeziehen auf die Sache dieser Sache so anmessen, daß es die Sache so erfaßt, wie sie an ihr selbst ist. Mit Husserl können wir die vorprädikative und die prädikative Erkenntnis unterscheiden. Eine Erkenntnis ist vorprädikativ, wenn sie noch nicht die Form des angepaßten sprachlichen und das heißt satzmäßigen Ausdrucks angenommen hat. Eine prädikative Erkenntnis bzw. ein prädikatives Erkenntnisurteil ist eine solche wissenschaftliche Erkenntnis, die in einem entsprechenden sprachlichen Ausdruck satzmäßig fixiert ist. Nicht nur das zunächst noch vorprädikative Erkennen, sondern auch der die vorprädikative zur prädikativen Erkenntnis ausformende und aussagende Satz muß sich der zu erkennenden Sache anmessen, um mit ihr übereinstimmen und d. h. wahr sein zu können. Das Problem der Anmessung ist im Horizont der Husserlschen phänomenologischen Erkenntnisbegründung das Problem der idealiter geforderten adaequaten Evidenz. Für Husserl besteht die Übereinstimmung einer Erkenntnis mit der Sache in der Evidenz. Evidenz definiert er als Erfahrung von Seiendem und So-Seiendem, Erfahrung in der Weise des Es-selbst-geistig-zu-Gesicht-bekommens (Cartesianische Meditationen, § 5). Das, was das Erkennen an der Sache erkennt in der Weise des geistigen Erschauens, sind die Bestimmungen der Sache, die von dieser zunächst vorprädikativ und dann prädikativ urteilsmäßig prädiziert werden.

Heidegger aber fragt nach den *Voraussetzungen für* die *Übereinstimmung,* für die *Anmessung* und damit auch für die *Evidenz* einer Erkenntnis. Das Sichanmessen der Erkenntnis an die Sache schließt ein, daß die Sache selbst für die Erkenntnis verbindlich ist. Damit sie aber das sein kann, „muß doch die Sache selbst sich als solche zeigen" (Holzwege, S. 40). Die Sache zeigt sich im erkennenden Bezogensein auf sie als das, als was sie bestimmt wird. Das Sichzeigen der Sache geschieht für Husserl je schon innerhalb der intentionalen Erkenntnisbeziehung. Sie zeigt sich gemäß den erkennenden Zugangsweisen und für diese. Dem Sichzeigen der Sache selbst in der geistigen Erschauung fragt Husserl nicht weiter nach. Hier aber setzt Heideggers Fragestellung an. Für das Sichzeigen des intentionalen Gegenstandes innerhalb der intentionalen Erkenntnisbeziehung weist Heidegger Bedingungen der Möglichkeit auf, die ihrerseits nicht mehr von der Intentionalitäts-Struktur des Bewußtseins gefaßt werden können. Das Sichzeigen der Sache setzt ein ontologisches Geschehnis voraus: Wenn sie sich in diesen und jenen Bestimmungen zeigt, muß sie selbst mit ihren Bestimmungen schon „aus der Verborgenheit" (ebd.) herausgetreten und in die Unverborgenheit eingerückt sein. Solches Unverborgenwerden als das, was es ist, für den Menschen und nicht erst die erkennende Bestimmung des Sichzeigenden ist die primäre Begegnung des Menschen mit dem Seienden. Im Sichzeigen einer Sache innerhalb der intentionalen Erkenntnisbeziehung ist die Sache je schon ein Unverborgenes, ohne daß die Unverborgenheit des Unverborgenen beachtet und eigens aus dem Geschehen des Unverborgenwerdens gedacht wird.

Wenn wir hier von der intentional strukturierten Erkenntnis sprechen, so meinen wir damit einmal die wissenschaftliche Erkenntnis, zum anderen aber auch die vorwissenschaftliche Erkenntnis. Die vorwissenschaftliche Erkenntnis nehmen wir dann so, wie sie üblicherweise die Erkenntnistheorie beschreibt: als sinnliche Erfahrungserkenntnis und als Verstandeserkenntnis von den raum-zeitlich-materiellen Gegenständen. Von dieser Beschreibungsrichtung unterscheidet sich auch nicht die phänomenologische Beschreibung der vorwissenschaftlichen und lebensweltlichen Erfahrung. Husserl beschreibt die vorwissenschaftliche Erkenntnis von unserer Lebenswelt und den lebensweltlichen Dingen als die schlichte sinnliche Erfahrung von Wahrnehmungsdingen. Die vorwissenschaftliche Erfahrung ist als *schlichtes* Erfahren ein vorprädikatives, weil sich die Erkenntnis noch nicht in die satzmäßige Vorstellungsverbindung S ist P gebracht hat. Sowohl die wissenschaftlich prädikative als auch die vorwissenschaftliche, schlichte Erkenntnis, wie Husserl sie ansetzt, macht von Heideggers Ansatz her gesehen von einer Voraussetzung Gebrauch, ohne sie zu sehen und zu bedenken: dem Unverborgenwerden des Seienden. Nur sofern es unverborgen geworden ist, kann es intentionaler Gegenstand einmal der vorwissenschaftlichen, schlichten Erfahrung und zum anderen der wissenschaftlichen und prädikativen Erkenntnis werden.

Was für Husserl der primäre Erkenntniszugang zu den weltlichen Dingen ist, die vorwissenschaftliche schlichte Erfahrung, ist aus der Sicht Heideggers ebenso wie die wissenschaftlich-prädikative Erkenntnis ein abgeleitetes Phänomen. Die Frage des primären Zuganges zum Seienden verbindet sich für ihn mit dem ontologischen Problem der Unverborgenheit und des Unverborgenwerdens des Seienden. Die Zugangsweisen, in denen das primäre Unverborgenwerden des Seienden geschieht, sind für Heidegger nicht die schlichten Erfahrungsweisen, wie Husserl sie beschreibt und die aus Heideggers Sicht gar nicht den ‚natürlichen' Ding-Bezug treffen. Die ‚natürlichen' Zugangsweisen zum Seienden im Ganzen und den umweltlichen Dingen sind ihm die Befindlichkeiten, in denen dem Dasein das Seiende im Ganzen stimmungsmäßig offenbar ist, und die in der Befindlichkeit „mitgegründeten strebensmäßigen und willentlichen Verhaltungen zum Seienden" (Vom Wesen des Grundes, 1949. S. 12/13), d. h. die gestimmten Weisen des umsichtigen Besorgens. In ihnen geschieht aber nur insofern das primäre Offenbarwerden des Seienden, als sie erleuchtet und geführt sind durch ein Verständnis des Seins des Seienden. Verständnis des Seins des Seienden heißt: ekstatisch offenstehen in die horizontale Erschlossenheit (Enthülltheit) des Seins, um aus diesem Innestehen in der Offenheit des Seins Seiendes im besorgenden Umgang mit ihm (z. B. mit den Bauernschuhen) als das Seiende dieses Seins unverborgenwerden zu lassen. Auch Heidegger verwendet in „Vom Wesen des Grundes" die Termini ‚prädikativ' und ‚vorprädikativ', aber in einer anderen Bedeutung als Husserl. Er bezeichnet nicht wie Husserl das schlichte erfahrende Vorstellen, sondern das die schlichte Erfahrung selbst noch ermöglichende primäre Offenbarmachen als vorprädikativ. Sowohl das von Husserl beschriebene vorprädikative sinnliche Erfahren als auch die prädikative Erkenntnis sind fundiert in den primär offenbarmachenden Zugangsweisen, in denen Seiendes allererst als Seiendes für den Menschen offenbar wird. Das prädizierende Erkennen wäre dann ein sekundäres Offenbarmachen, als solches aber auch ein ausdrückliches, weil alle Prädikation sich in der Ausdrücklichkeit hält. Dagegen gehört zum Vollzugssinn des primären Offenbarmachens und Begegnenlassens die Unausdrücklichkeit und das Unthematischbleiben.

Der Erkenntnis-Satz, das Erkenntnis-Urteil, ist wahr, wenn er mit der Sache, über die er aussagt, übereinstimmt. In dieser Übereinstimmung richtet er sich nach der Sache. Der Satz und das Urteil sind wahr, indem sie richtig sind. Aber in ihrer Richtigkeit richten sie sich nach der Sache, die nicht einfach gegeben ist, sondern die an ihr selbst den Charakter des Unverborgenen hat. Als das Unverborgene verweist sie an ihr selbst in das ontologische Geschehen des Unverborgenwerdens. Solange wir die Wahrheit nur auf den Satz und auf das Urteil beziehen, solange der Gegenstand, nach dem sich die Erkenntnis richtet, um richtig und wahr zu sein, nicht als Unverborgenes (Offenbares, Entdecktes) gesehen wird, läßt sich die Wahrheit nur als Richtigkeit bestimmen. Über die Wesensbestimmung der Wahrheit als Richtigkeit und Übereinstimmung (ὁμοίωσις, adaequatio) kommen auch nicht, wie Heidegger betont, die kritischen Wahrheitsbegriffe hinaus, die seit Descartes von der Wahrheit als Gewißheit (certitudo) ausgehen. Denn sie sind für Heidegger nur Abwandlungen der Bestimmung der Wahrheit als Richtigkeit.

Das läßt sich unschwer bei Descartes nachweisen. Zu Beginn der III. Meditation stellt er im Rückblick auf die Gewinnung der ersten absolut unbezweifelbaren Erkenntnis die allgemeine Wahrheitsregel auf: Alles das ist wahr, was ich sehr klar und deutlich einsehe (valde clare et distincte percipio) (Meditationes de Prima Philosophia. III, 2). Die erste absolut unbezweifelbare Erkenntnis bezieht sich auf das eigene meditierend-zweifelnde Ich hinsichtlich seiner existentia und seiner essentia. Das percipere ist das verstandesmäßige Erkennen. Wie stellt sich die Erkenntnis vom eigenen Ich dar als eine sehr klare und deutliche Einsicht des Verstandes? Inwiefern ist die *sehr klare und deutliche* Verstandeseinsicht in das eigene Ich als eine absolut gewisse Erkenntnis immer noch eine *richtige* Erkenntnis im Sinne der *Übereinstimmung*?

In den Principia Philosophiae I, 45 erläutert Descartes, was er unter einer clara et distincta perceptio versteht. Klar ist eine

Erkenntnis, wenn sie dem aufmerkenden Geist gegenwärtig und unverhüllt ist (praesens et aperta). Erkenntnis meint hier das Erkannte eines Erkennens. Der erkennende Geist muß so auf die zu erkennende Sache bezogen sein, daß sie als erkannte ihm unverhüllt gegenwärtig ist oder, wie Husserl die Evidenz bestimmt, daß er sie im Erkennen geistig zu Gesicht bekommt. – Deutlich ist eine klare Erkenntnis, wenn die Sache als das Erkannte von allem anderen so getrennt und unterschieden (sejuncta et praecisa) ist, daß sie keine anderen Bestimmungen in sich enthält als die unverhüllt gegenwärtigen. Das percipere des Verstandes ist ein Sichrichten nach dem eigenen Ich, das in dem verstandesmäßigen Sichrichten auf es hinsichtlich seiner unbezweifelbaren existentia und seiner essentia (cogitatio) unverhüllt gegenwärtig und scharf abgehoben gegeben ist.

Die Wahrheit als Richtigkeit des erkennenden Vorstellens „steht und fällt mit der Wahrheit als Unverborgenheit des Seienden" (Holzwege, S. 40), weil sich die richtige Erkenntnis nach der zu erkennenden Sache als einem Unverborgenen richtet. Das Sichrichtenkönnen-nach ist fundiert in der Unverborgenheit. Wenn ein Seiendes nicht als dieses Seiende in die Unverborgenheit eingerückt ist, liegt es nicht vor für das erkennende Sichrichten-nach. Ohne die Unverborgenheit des Seienden auch keine Wahrheit als Richtigkeit eines vorstellenden Erkennens. Mit der Unverborgenheit *fiele* auch die Richtigkeit. Die Richtigkeit einer Erkenntnis *steht* nur auf dem Boden der Unverborgenheit des Seienden. Ist aber die Richtigkeit und mit ihr auch die Gewißheit einer Gegenstandserkenntnis fundiert in der Unverborgenheit, dann ist das Fundierende das ursprünglichere Phänomen der Wahrheit. Die Frage nach dem Wesen der Wahrheit muß sich dann formulieren als Frage nach der Wesensstruktur der Unverborgenheit des Seienden.

Nach dem, was bisher über die Unverborgenheit in ihrem Verhältnis zur Richtigkeit einer Erkenntnis ausgeführt wurde, leuchtet ein, daß Heidegger, wenn er in der Kunstwerk-Abhandlung und schon in „Sein und Zeit" die Wahrheit als Unverborgenheit faßt, sich nicht in eine wörtliche Übersetzung des griechischen Wortes flüchtet. Umgekehrt, seine wörtliche Übersetzung von ἀλήθεια entspringt der Besinnung auf das, was der Wahrheit im Sinne der Richtigkeit ermöglichend zugrundeliegt. Dieses Ermöglichende ist für den, der das Wesen der Wahrheit in der Richtigkeit sucht, ein Unerfahrenes und Ungedachtes; erfahren in der ontologischen Erfahrung und gedacht ist es erstmals durch Heidegger. Wer das zu bestreiten sucht mit dem Hinweis, die Unverborgenheit habe doch auch schon dieser oder jener Denker gedacht, bekundet damit, daß er an der mit dem Namen der Unverborgenheit bezeichneten *Sache* völlig vorbeisieht.

Heidegger bezieht sich ohne Namensnennung auf jene Kritiker, die seinen Gedanken von der Offenbarkeit des Seienden als der Ermöglichung für eine richtige Erkenntnis nicht gänzlich zurückweisen. Es sind diejenigen, die sich ‚zu dem Eingeständnis bequemen‘, daß man für die Begründung der Richtigkeit einer Erkenntnisaussage auf ein schon Offenbares zurückgehen müsse. Die Ansetzung eines schon Offenbaren müsse als eine unumgehbare Voraussetzung zugegeben werden. Wie aber ist hier das ‚schon Offenbare‘ verstanden? Nicht anders als das Vorliegende und Vorgegebene. Nur sofern die Sache mit ihren Bestimmungen für den Erkennenden vorgegeben ist, könne sich die Erkenntnis nach ihr richten. Solange aber das schon Offenbare nur als das schon Vorliegende genommen wird, wird in der Offenbarkeit des Vorliegenden nicht das Wahrheits-Phänomen erfahren, so daß es bei der Bestimmung der Wahrheit als Richtigkeit bleibt.

Für denjenigen, der sich zu jenem Eingeständnis bequemt, sieht es so aus, als ob *er* die unumgängliche Voraussetzung *macht*. Solange er das ‚schon Offenbare‘ lediglich als das Vorgegebene auffaßt, muß es für ihn auch so scheinen. Wird aber die Offenbarkeit des ‚schon Offenbaren‘ nicht wie ein factum brutum gefaßt, sondern wird in ihr das Geschehen des Offenbarwerdens erfahren, dann verhält es sich anders. Dann sind nicht mehr *wir* es, die die Unverborgenheit des Seienden voraussetzen, sondern „die Unverborgenheit des Seienden bestimmt uns in ein solches Wesen, daß wir bei unserem Vorstellen immer der Unverborgenheit nachgesetzt sind" (S. 41). Die Unverborgenheit ‚bestimmt uns', d. h. sie versetzt uns in den ekstatisch-offenständigen Bezug zu ihr. In diesem Bezug beruht unser Wesen, unsere Seinsverfassung. In dem ‚uns bestimmen‘ müssen wir auch mithören das ‚uns stimmen‘ im Sinne der Befindlichkeit. In der Unverborgenheit und durch sie ist das Seiende ein für uns Unverborgenes, zu dem wir uns dann auch vorstellend-erkennend verhalten können. Sofern je schon Unverborgenheit geschehen und Seiendes unverborgen geworden ist, sind wir in unserer Vorstellungsbeziehung (Erkenntnis-Beziehung) der Unverborgenheit *nachgesetzt.*

Damit wir die Erkenntnisbeziehung zu etwas aufnehmen können, muß nicht nur das Zuerkennende, sondern mit ihm auch „der ganze Bereich, in dem dieses Sichrichten nach etwas sich bewegt und ebenso dasjenige, für das eine Anmessung des Satzes an die Sache offenbar wird, ... sich als Ganzes schon im Unverborgenen abspielen" (ebd.). Der Erkenntnisgegenstand, die Erkenntnisbeziehung und der Erkennende selbst – dieses Beziehungsganze hält sich je schon in der Unverborgenheit. Wir können die Vorstellungsbeziehung zu den Dingen nur aufnehmen und im uns Richten nach ihnen richtige Urteile fällen, weil auch wir selbst aufgrund der geschehenden Unverborgenheit für uns selbst offenbar sind in unseren offenbaren vorprädikativen Verhaltungen zum offenbaren Seienden. Die Unverborgenheit und unser ekstatischer Seinsbezug zu ihr unterläuft die Subjekt-Objekt-Beziehung und macht sie zu einem abgeleiteten Phänomen. Wenn wir mit den oben genannten Kritikern das Eingeständnis machen und voraussetzen, daß die Sache, nach der wir uns im Erkenntnisbezug richten, schon offenbar sei, dann ist solches Voraussetzen nur möglich, weil uns schon „die Unverborgenheit des Seienden ... in jenes Gelichtete ausgesetzt" hat, „in das alles Seiende hereinsteht und aus dem es sich zurückzieht" (ebd.). Die Unverborgenheit und das Gelichtete sind nicht zweierlei, sondern dasselbe. Mit der je schon geschehenden Unverborgenheit werden wir in unser Wesen, in die ekstatische Offenständigkeit, bestimmt, indem wir in ihr Gelichtetes ausgesetzt werden. Das Gelichtete der Unverborgenheit ist in der Sache selbig mit dem, was Heidegger seit „Sein und Zeit" das Da des Daseins nennt (vgl. S. u. Z., S. 133). Das Bestimmtsein in das ekstatisch-offenständige Wesen sowie das Ausgesetztsein in das Gelichtete sind die Wurfbewegung des Geworfenseins, die in jener schon mehrfach herangezogenen Textstelle gedacht wird: „Vielmehr geschieht die Eröffnung des Offenen und die Lichtung des Seienden nur, indem die in der Geworfenheit ankommende Offenheit entworfen wird" (S. 59). In „Sein und Zeit" ist das Gelichtete des Da, die Erschlossenheit, aufgeschlossen in den Seinsweisen des existierenden Selbst. Weil es mit seinem Existieren das Da aufgeschlossen hält, wird es das Da-sein genannt. Die fundamentalen Seinsweisen, in denen das Dasein die Erschlossenheit offen hält, sind das Geworfensein, das Entwerfen und das ekstatische Sein-bei, also jene drei Existenzialien, die das Gefüge der Sorge und der abwandelbaren dreigliedrigen Zeitlichkeit des Daseins bilden. Die Wandlung im Grundgefüge des Ansatzes, die Kehre, erstreckt sich nur auf die Geworfenheit und den Entwurf. Geworfensein heißt jetzt *nicht nur*: je schon Versetztsein in die faktische Erschlossenheit, die dem Aufschließen des Entwurfs je schon als vom Dasein nicht selbst gelegter Grund vorausspringt, *sondern*: so in die Erschlossenheit geworfen sein, daß ihre in ihrem Erschließen ankommende Offenheit empfangend entworfen wird. Das in der Geworfenheit ankommende und im Entwerfen empfangend-aufgeschlossene Gelichtete wird im ekstatischen Sein-bei offengehalten, um das Seiende, bei dem sich das Dasein aufhält, in das ekstatisch offengehaltene Gelichtete hereinstehen und das heißt offenbarwerden zu lassen. Alles Entstehen und Vergehen von Seiendem, sowohl das natürliche als auch das menschengewirkte, spielt sich ab innerhalb des Gelichteten.

§ 24. *Unverborgenheit als Lichtung und zwiefache Verbergung*

Obwohl wir schon mehrfach von der geschehenden Unverborgenheit gesprochen haben, wurde doch das *Geschehen selbst* noch nicht bedacht. Deshalb stellt Heidegger die Frage: „Wie geschieht die Wahrheit als diese Unverborgenheit?" (Holzwege, S. 41). Mit dieser Frage wird, ausgehend von der Unverborgenheit des Seienden und dem Gelichteten, *in das Geschehen der Unverborgenheit und des Lichtens zurückgefragt.* Nur so kann die Wesensstruktur der Unverborgenheit erfaßt werden. Die Frage nach dem Wesen der Wahrheit formuliert sich als Frage nach der *Struktur des Geschehens* der Unverborgenheit. Die sich aufdrängende Frage, wie sich das jetzt zu erfragende Wahrheitsgeschehen zu dem schon erörterten Geschehen des Sichöffnens einer Welt im Sichzurückstellen der Welt auf die Erde verhält, müssen wir solange unbeantwortet lassen, bis die Kunstwerk-Abhandlung selbst sich vor diese Frage bringt. Die drei Schritte der Kunstwerk-Abhandlung von der Analyse des Zeugseins des Schuhzeugs zur Analyse der Eröffnung einer Welt und jetzt zur Analyse der Wahrheit als des Geschehnisses der entbergenden Lichtung wiederholen die Schrittfolge von „Sein und Zeit": Zeugsein, Welt, Wahrheit.

a) Die Bereiche des Seienden, das Seiende im Ganzen und die Lichtung

Die Erörterung der Frage nach dem Geschehnischarakter der Unverborgenheit wird vorbereitet durch eine ,noch deutlichere' Kennzeichnung dessen, „was diese Unverborgenheit selbst ist" (ebd.). Diese Kennzeichnung knüpft an das Vorausgegangene an. Zunächst gibt Heidegger einen Überblick über die verschiedenen Bereiche des Seienden, die insgesamt das Seiende im Ganzen ausmachen. Dinge und Menschen – damit ist zum einen die fundamentale Scheidung der Seinsbereiche des dinglich und des menschlich Seienden vollzogen, zum anderen sind mit den ,Dingen' insbesondere die von Natur aus seienden Dinge und nicht so sehr die hergestellten Dinge gemeint, die eigens noch genannt werden. Innerhalb des menschlichen Seinsbereiches gibt es auch Seiendes wie Geschenke und Opfer, Seiendes, das in seinem Seinscharakter nicht vom Zeugsein her zu fassen ist. Tier und Pflanze sind zwei eng zusammengehörige Seinsbereiche, die auch zum nichtmenschlich Seienden, aber nicht zum dinglich Seienden zählen, sondern den Bereich des nichtmenschlich Lebendigen bilden. Schließlich nennt Heidegger noch Zeug und Werk, zwei Seinsbereiche, deren Seiendes nahe verwandt zu sein scheint, weil sowohl die Gebrauchsdinge als auch die Kunstwerke vom Menschen hervorgebrachtes Seiendes sind. Dennoch sind Zeug und Kunstwerk seinsmäßig weit voneinander geschieden, wie sich schon gezeigt hat und im Folgenden verschärft herausstellen wird.

Die Aufzählung der verschiedenen Bereiche des Seienden ist so durchgeführt, daß jedes Mal das ‚sind‘, das Sein dieses Seienden, mitgenannt ist. Das verschiedenartige Seiende, verschiedenartig gemäß den verschiedenen Seinsarten, „steht im Sein" (ebd.). Das Seiende im Ganzen *ist* überdies so, daß durch „das Sein ... ein verhülltes Verhängnis" geht, „das zwischen das Gotthafte und das Widergöttliche verhängt ist" (ebd.). Zum Seienden im Ganzen gehört auch das Göttliche und dessen Gegensatz, das Widergöttliche, aber nicht wie Dinge, Menschen, Lebewesen, Zeug und Kunstwerke. Das Gotthafte und das Widergöttliche, das Heilige, das Göttliche und der Gott sind Weisen, wie das Seiende im Ganzen im Sein steht. Der Gegensatz zwischen dem Gotthaften und dem Widergöttlichen hat seinen ‚Ort‘ im Sein des Seienden im Ganzen. Er hat den Charakter eines Verhängnisses, das über uns verhängt ist und dessen Walten uns verhüllt bleibt. – Inmitten dieses in sich verschiedenartigen Seienden im Ganzen hat der Mensch seinen Aufenthalt so, daß er auf das Seiende tätig-handelnd und erkennend zugeht. Trotz der Macht, tätig das Seiende verändern zu können, bleibt vieles, das er nicht zu bewältigen vermag. Trotz des ständig anwachsenden Erkenntnisreichtums vor allem in den Wissenschaften wird, gemessen an der Unerschöpflichkeit des Seienden, sowohl seiner Makro- wie seiner Mikrostruktur nach, nur Weniges erkannt. Was uns als das Bekannte gilt, bleibt dennoch ein Ungefähres. Das vom Menschen Gemeisterte – in den verschiedenen Bereichen seines gesellschaftlich-kulturellen Lebens – bleibt ein Unsicheres, weil nicht dauerhaft Bleibendes. Trotz aller Erfolge in der tätigen Veränderung der Natur auf der Erde und im Weltraum und trotz des ins Unübersehbare ansteigenden Erkenntniszuwachses ist das Seiende niemals „unser Gemächte oder gar nur unsere Vorstellung" (ebd.). Die Übermacht des Seienden überragt den menschlichen Willen zur Veränderung und zum unaufhaltsamen Erkenntnisfortschritt. Ein Gemächte wäre das Seiende, wenn es nur ist, was und wie es ist, aus unserem Machen. Nur unsere Vorstellung wäre das Seiende, wenn es, was und wie es ist, nur ist als das Vorgestellte unseres Vorstellens. Letzteres richtet sich gegen jede Gestalt der Bewußtseinsphilosophie, die das Seiende nur gelten läßt als das Vorgestellte eines Vorstellens im Bewußtsein. Damit ist nicht so sehr die Position Berkeleys, sein materialer Idealismus, gemeint, der das Sein des materiellen Gegenstandes zu einem bloß reell-immanenten Bewußtseinsinhalt erklärt, sondern auch der formale Idealismus Kants und ebenso der Idealismus Husserls. Kants und Husserls Positionen kommen darin überein, daß sie dem materiellen Raumding eine eigene Seinsart zuerkennen im Unterschied zur Seinsart des vorstellenden Bewußtseins, wenn auch der reale Gegenstand nur der vorgestellte eines Vorstellens und als solcher nur *im* Bewußtsein ist. Das ‚im Bewußtsein sein' hat bei Kant denselben Sinn wie bei Husserl, der ihn mit dem Terminus der intentionalen Immanenz im Unterschied zur reellen Immanenz faßt. Warum aber das Seiende, auf das wir tätig-verändernd und erkennend zugehen, nicht nur das Vorgestellte unseres Vorstellens ist, wird nur dann verständlich, wenn man sieht, daß das Seiende, bevor es zum Gegenstand unseres Vorstellens wird, ein schon Unverborgenes ist.

Heidegger faßt seinen rohen Überschlag über die Seinsbereiche zusammen. „Bedenken wir dies Ganze in Einem", d. h. nehmen wir die aufgezählten Bereiche des Seienden zusammen als das Seiende im Ganzen, dann – so möchte man meinen, wenn man noch außerhalb der Erfahrung der Unverborgenheit steht – „fassen wir ... alles, was überhaupt ist" (ebd.). Alles, was ist, ist das aufzählbare Seiende in seinem Sein. Wenn wir so reden, wie verstehen wir dann das Sein, in dem das Seiende steht? Als etwas am Seienden, als die Seiendheit des Seienden. So gesehen scheint es nur das mannigfaltige Seiende in seiner Seiendheit zu geben, und nichts außerdem.

In dem folgenden kurzen Absatz, worin jedes Wort eine strenge Auslegung verlangt, setzt erst die oben angekündigte *deutlichere Kennzeichnung der Unverborgenheit*, und zwar als geschehene eines Geschehens, ein. Sie ist so durchgeführt, daß sie die *Unverborgenheit in ihrem Bezug zu dem soeben überschlagenen Seienden im Ganzen* charakterisiert. Wir heben zuerst der Reihe nach jene sprachlichen Wendungen heraus, in denen Heidegger den Bezug zwischen der Unverborgenheit und dem Seienden im Ganzen denkt, um sie anschließend nacheinander und im Zusammenhang zu interpretieren. Für die Unverborgenheit führt Heidegger jetzt ein neues Wort ein: Lichtung. Oben hatte er schon vom Gelichteten der Unverborgenheit gesprochen. Das Gelichtete und die Lichtung sind nicht einerlei, sondern ‚Lichtung‘ ist der Name für das Ganze des Geschehens und des Geschehenen, während ‚das Gelichtete‘ das Wort ist für das im Geschehen der Lichtung Geschehene.

Daß Heidegger jetzt von der Lichtung spricht, zeigt, daß die Kennzeichnung der Unverborgenheit in ihrem Bezug zum Seienden im Ganzen die Analyse des Geschehens der Unverborgenheit vorbereiten soll. Heidegger sagt: die Lichtung geschieht „über das Seiende hinaus“; als solche aber „nicht von ihm weg, sondern vor ihm her“; sie geschieht (west) „inmitten des Seienden im Ganzen“; „vom Seienden her gedacht [ist sie] seiender als das Seiende“; sie ist „nicht vom Seienden umschlossen“, sondern sie „umkreist“ alles Seiende. Die Lichtung wird angesprochen als: ein „Anderes“ als das Seiende, eine „offene Stelle“, die „offene Mitte“, „die lichtende Mitte“. Vom Seienden wird gesagt, daß es *ist*. Wenn die Lichtung selbst ein Anderes als das Seiende ist, dürfen wir von ihr nicht gedankenlos sagen, sie ist. Heidegger sagt daher von der Lichtung: sie „geschieht“, sie „west“, sie ist, aber nicht wie das Seiende, sondern sie ist „seiender“ als das Seiende, sie „umkreist“.

Die Lichtung als das Andere zum Seienden im Ganzen wird in ihrem Bezug zum Seienden im Ganzen gekennzeichnet als *über das Seiende hinaus.* Zunächst heißt hier ‚über-hinaus‘ soviel wie ‚außerdem‘. Es ist nicht nur Seiendes verschiedener Seinsart, sondern über das Seiende im Ganzen hinaus, außer dem Seienden im Ganzen, gibt es das ganz Andere im Verhältnis zum Seienden. Weil es selbst kein Seiendes ist, gehört es *nicht in* das Seiende im Ganzen, sondern dieses Andere gibt es über das Seiende hinaus. Jetzt spielt die zweite Bedeutung des ‚über-hinaus‘ hinein: Weil das ganz Andere zum Seienden, geschieht es nicht im Seienden wie irgendein Geschehen im Seienden.

Jedoch geschieht die Lichtung *nicht* derart über das Seiende hinaus, daß sie *von ihm weg* geschieht. Dann wäre sie als das Andere zum Seienden nicht nur von ihm unterschieden, sondern auch getrennt und unbezüglich zum Seienden.

Die Lichtung geschieht so über das Seiende hinaus, daß sie *vor ihm her* geschieht. Für wen aber geschieht sie *vor* dem Seienden *her*? Für den Menschen und sein Verhalten zum Seienden. Damit ist einmal gesagt: Die Lichtung geschieht als das vom Seienden Unterschiedene nicht unbezüglich zu ihm, sondern als mit ihm *zusammengehörig*. Denn wenn sie für unser Verhalten zum Seienden vor dem Seienden her geschieht, deutet das darauf hin, daß wir uns nur zum Seienden verhalten und darin das Seiende als Seiendes verstehen können, weil die Lichtung so vor dem Seienden her geschieht, daß das Seiende durch dieses Geschehen allererst als Seiendes offenbar ist. Wenn wir alles Seiende im Überschlag zusammennehmen, wie es oben geschah, und dann der Meinung sind, alles zusammengefaßt zu haben, was überhaupt ist, dann übersehen wir, daß wir nur so vom Seienden im Ganzen sprechen können, weil vor jeglichem Seienden her noch ein Anderes, die Lichtung, geschieht, die das Begegnen des Seienden und unser Verhalten zum Seienden ermöglicht.

In der sprachlichen Wendung ‚vor dem Seienden her‘ kann aber auch noch eine weitere Bedeutung mitgehört werden. Das Andere zum Seienden, das vom Seienden dergestalt unterschieden ist, daß es als mit ihm zugleich zusammengehörig die Offenbarkeit des Seienden ermöglicht, geschieht *nicht* so über das Seiende hinaus, daß es *hinter* dem Seienden geschieht. Das ‚über-hinaus' meint kein ‚hinter dem Seienden', kein ‚jenseits des Seienden', sondern umgekehrt: ein ‚vor dem Seienden her'. Darin spricht sich die Abwehr der überlieferten metaphysischen Interpretation des Seins des Seienden aus.

Dennoch bedarf auch das ‚vor dem Seienden her' einer weitergehenden Erläuterung. Die Lichtung geschieht, wenn sie *vor* dem Seienden *her* geschieht, *inmitten des Seienden im Ganzen*. Oben sagten wir, das Andere zum Seienden gehöre *nicht in* das Seiende im Ganzen, sondern es geschehe über das Seiende hinaus. Dem scheint das ‚inmitten' des Seienden im Ganzen zu widersprechen. Aber es scheint nur so. Nicht soll gesagt werden, die Lichtung gehöre doch in das Seiende im Ganzen als selbst etwas Seiendes. Die Lichtung geschieht über das Seiende hinaus, vor ihm her, inmitten des Seienden im Ganzen. ‚Inmitten' sagt, daß das Andere zum Seienden die Mitte *nicht des* Seienden (gen. subj.), sondern *für* das Seiende im Ganzen ist (gen. obj.). Die Lichtung geschieht für das Seiende im Ganzen als die beherrschende Mitte. Alles Seiende ist als Seiendes, d. h. sofern es als Seiendes offenbar ist, auf diese, das Ganze des Seienden bestimmende Mitte bezogen. – Das ‚inmitten' des Seienden im Ganzen wird von Heidegger aber auch *vom Menschen* gesagt. Der Mensch existiert inmitten des Seienden im Ganzen. Auch er ist ein Seiendes, aber durch die Seinsart der Existenz vor allem anderen Seienden ausgezeichnet. Existieren heißt: selbsthaft-ekstatisch Offenstehen für die Lichtung (Erschlossenheit), die – von uns aus gesehen – vor dem Seienden her geschieht, damit das Seiende für uns als Seiendes offenbar sei. Vor dem Seienden her – das bezieht sich nicht nur auf das Seiende, zu dem ich mich verhalte, sondern auch auf mich selbst, sofern ich mir selbst als Seiendes, das ich bin, offenbar bin. Wenn Heidegger einmal sagt: die Lichtung geschieht inmitten des Seienden im Ganzen, und wenn er zum anderen sagt: der Mensch existiert inmitten des Seienden, dann zielt beides auf denselben Sachverhalt. Die Lichtung geschieht nur, wenn auch der Mensch existiert. Dadurch ist sie nicht etwas von der Existenz Abhängiges, sondern umgekehrt, der Mensch existiert nur, weil die Lichtung geschieht. Aber sie geschieht nur in ihrer Selbstbindung an die ekstatische Existenz. Der Mensch existiert ‚inmitten‘ des Seienden im Ganzen, weil ‚inmitten‘ des Seienden die Lichtung geschieht, in die der Mensch mit seiner Existenz versetzt ist.

Ist die Lichtung die offene Mitte des Seienden, dann könnte sich der Gedanke nahelegen, sie werde vom Seienden umschlossen. Das jedoch wäre sie nur, wenn sie selbst ein Seiendes wäre, vielleicht ein seinsstärkeres oder gar das höchste Seiende, – wenn sie die selbst seiende Mitte des Seienden (gen. subj.) wäre. Da sie aber die nichtseiende Mitte für das Seiende im Ganzen ist, ist sie *nicht* wie ein Seiendes vom übrigen Seienden *umschlossen,* sondern sie ist es, die das Seiende im Ganzen umschließt, d. h. *umkreist.* In ihrem Umkreisen geschieht sie vor dem Seienden her. Heidegger spricht vom Umkreisen der Lichtung auch in Erinnerung an die „wohlgerundete Wahrheit“ des Parmenides. Daß die lichtende Mitte nicht vom Seienden umschlossen ist, sondern ihrerseits das Seiende umschließt, zeigt erneut, daß sie über das Seiende hinaus geschieht.

Die Lichtung ist, vom Seienden her gedacht, *seiender* als das Seiende. An anderer Stelle (Holzwege, S. 33) hieß es von der Welt, sie sei seiender als das Greifbare und Vernehmbare. ‚Vom Seienden her denken‘ könnte auf zweierlei Weise geschehen: einmal so, daß die Lichtung im Umkreis des Seienden wie ein Seiendes, wenn auch als seinsstärkeres Seiendes, gedacht würde; zum anderen so, daß die Differenz zwischen Seiendem und nichtseiender Lichtung beachtet wird. Letzteres ist in der fraglichen Textstelle gemeint. ‚Seiender‘ ist der Komparativ zu ‚seiend‘ und könnte ein seinsstärkeres Seiendes meinen. Der Komparativ kann aber auch besagen: das Seiende ist nicht das, was einzig ist, sondern die lichtende Mitte, in der das Seiende erst als Seiendes offenbar wird, ist, gerade weil sie selbst kein Seiendes ist, wirklicher als alles Wirkliche in ihr. Denn sie ist die Ermöglichung für das ‚ist‘ des Seienden, für sein Seiendsein.

Die Lichtung ist als das Andere zum Seienden die *lichtende Mitte* und das heißt die *offene Stelle* und *offene Mitte.* Die Rede von der ‚offenen‘ Mitte stellt den Bezug her zwischen der Lichtung und der Offenheit der Welt. Eine ‚offene‘ Stelle gibt es nur im Zusammenhang mit einem Verschlossenen, das Heidegger als die zum Wesen der Lichtung gehörende Verbergung aufweisen wird – in Abhebung gegen das Sichverschließende der Erde.

Nachdem Heidegger gesagt hat, was die Unverborgenheit selbst ist und in welchem Bezug sie zum Seienden im Ganzen steht, beginnt er im folgenden Absatz mit der *freilegenden Bestimmung des vollen Lichtungsgeschehens*. Das volle Wesen der Lichtung (und damit der Unverborgenheit) wird erst dann zur Bestimmung gebracht, wenn die zum Entbergungsgeschehen wesenhaft gehörende Verbergung, und zwar in zwiefacher Weise, bedacht wird.

Im vorangehenden Absatz wurde die Lichtung als das Andere zum Seienden in ihrem Bezug zum Seienden bestimmt. Es wurde gesagt, wie sie als das Andere zum Seienden auf das Seiende bezogen ist, ohne daß schon mitgesagt wurde, was das Seiende dieser Lichtung verdankt. Wir mußten unsererseits für unsere Interpretation schon davon sprechen. Jetzt sagt Heidegger, in welchem Bezug das Seiende zu der Lichtung steht, wenn diese inmitten von ihm, vor ihm her und es umkreisend geschieht. Das Seiende ‚kann als Seiendes nur sein‘, d. h. es kann als Seiendes nur offenbar sein, wenn es „in das Gelichtete dieser Lichtung herein- und hinaussteht" (S. 41/42). Das Seiende, das in das Gelichtete ‚hereinsteht‘, ist das nichtdaseinsmäßige Seiende. Das Seiende, das in das Gelichtete ‚hinaussteht‘, ist nur das daseinsmäßige Seiende, der Mensch.

Seiendes kann als in seinem Sein Unverborgenes nur sein, sofern es *in das Gelichtete* der Lichtung *hereinsteht*. Das Gelichtete ist das im Lichtungs-Geschehen Geschehene. Das Geschehen selbst können wir das Lichten nennen. Damit Seiendes als das, was und wie es ist, unverborgen sein kann, bedarf es des Lichtens der Lichtung, des Sichöffnens der offenen Stelle und Mitte, in dessen Offenheit und Gelichtetes das Seiende hereinsteht, d. h. in seine Offenbarkeit einrückt.

Der Mensch *steht* existierend in das Gelichtete der Lichtung *hinaus*. Er ist nicht nur wie nichtdaseinsmäßiges Seiendes dank der Lichtung ein Unverborgenes, sondern er hat in seinem Existieren einen ausgezeichneten Stand im Gelichteten. Stehend in der Lichtung ist er als ein durch Selbstheit bestimmtes Seiendes nicht in sich gekehrt und in sich bleibend, sondern in seinem Existieren ist er dem Gelichteten der Lichtung *zugekehrt*. Er existiert als ein Selbst nur aus dieser seinsmäßigen Zugekehrtheit, die Heidegger das *Hinaus*stehen nennt. Das in sich selbsthaft gelichtete Hinausstehen in das Gelichtete ist aber das, was Heidegger den ekstatischen Charakter der Existenz nennt. Wie der Mensch ekstatisch hinaussteht in das Gelichtete, haben wir schon gesagt im Zusammenhang des mehrfach herangezogenen Zitats aus dem III. Abschnitt der Abhandlung, dem wir für die Kehre in der Grundstellung Heideggers eine Schlüsselfunktion zusprechen. Das ekstatische Hinausstehen in das Gelichtete der Lichtung geschieht in den Seinsweisen der Geworfenheit, des Entwurfs und des Sein-bei. Mit seiner selbsthaft erschlossenen Existenz ist der Mensch geworfen in die lichtende Lichtung. Lichtend kommt im existierenden Geworfensein des Menschen das Sichlichtende an, um im Entwurf empfangend eröffnet zu werden. Als ekstatisches Sein-bei hält der Mensch das geworfen-entworfene Gelichtete offen für das eigene Unverborgenwerden in seinem Sichaufhalten beim Seienden und für das Offenbarwerden des Seienden, bei dem er sich aufhält.

Nur die lichtende Lichtung „schenkt und verbürgt uns Menschen einen Durchgang zum Seienden, das wir selbst nicht sind, und den Zugang zu dem Seienden, das wir selbst sind" (S. 42). Die Lichtung schenkt, d. h. sie gewährt dem Menschen in seinem ekstatischen Hinausstehen den Durchgang durch die vor dem Seienden her geschehende Lichtung zum Seienden als dem Unverborgenen. ‚Durchgang durch' heißt nicht, daß wir die Lichtung nur zu passieren hätten, um sie hinter uns zu lassen, wenn wir beim Seienden angelangt sind. Indem die Lichtung *vor* dem Seienden *her* geschieht, geschieht sie als das, zu dem ich existierend im vorhinein in einem Bezug stehe, wenn ich mich zu Seiendem verhalte. – Die Lichtung gewährt aber auch den Zugang zu mir selbst als einem Seienden und zu den seienden Anderen. Das Wort ‚Zugang' steht hier für die Verhaltung zum daseinsmäßigen Seienden in der Abhebung gegen die Verhaltungen zum nichtdaseinsmäßigen Seienden.

b) Die Verbergung im Wesen der Lichtung

Mit dem folgenden Satz leitet Heidegger zum Gedanken der *Verbergung im Wesen der Lichtung* über. Zu Beginn des Absatzes hieß es, das Seiende könne nur als Seiendes offenbar sein, wenn es in das Gelichtete der Lichtung hereinstehe. Nun wird gesagt, das Seiende sei dank dieser Lichtung „in gewissen und wechselnden Maßen unverborgen" (ebd.). Das Seiende ist nie vollständig und nie in einförmig-starrer Weise unverborgen, sondern ‚in gewissen Maßen‘, d. h. in begrenzter Weise, und in ‚wechselnden Maßen‘, d. h. in wandlungsreicher Weise. Ist es in wesenhaft endlichen Weisen unverborgen, dann ist es als Unverborgenes *zugleich auch Verborgenes*. Schon im nächsten Satz wird vom Unverborgenen als auch immer Verborgenen gesprochen, das aber „nur im Spielraum des Gelichteten" (ebd.) verborgen sein kann. Verborgen ist das unverborgene Seiende insoweit, als es sich aus der Unverborgenheit zurückhält. Das sagt auch der folgende Satz: Jegliches Seiende hält sich als in diesem oder jenem Maße Unverborgenes zugleich immer in eine Verborgenheit zurück. Heidegger sagt: Jegliches Seiende, „das begegnet und mitgegnet" (ebd.): das ‚begegnet‘ bezieht sich auf das nichtdaseinsmäßige Seiende, das ‚mitgegnet‘ auf das andere Dasein, auf das Mitdasein, das mir begegnet im mithaft geteilten Gelichteten. Nicht nur das nichtdaseinsmäßige Seiende, auch das Mitdasein ist dergestalt unverborgen, daß es die „seltsame Gegnerschaft des Anwesens" innehält, anwesend (unverborgen) zugleich auch abwesend (verborgen) zu sein. Wenn sich aber das Seiende als Unverborgenes-Verborgenes der Lichtung verdankt, gehört zu ihrem Geschehen sowohl die Entbergung als auch die Verbergung. Sie läßt in ihrem lichtenden Geschehen das Seiende unverborgen-verborgen sein. Heidegger faßt als erstes Ergebnis zusammen: „Die Lichtung, in die das Seiende hereinsteht, ist in sich zugleich Verbergung" (ebd.). ‚Lichtung‘ ist einmal das Wort für die Entbergung, zum anderen auch für das Zusammengehörige von Entbergung *und* Verbergung. Von der Verbergung, die zum Wesen der Lichtung gehört, wird sogleich gesagt, daß sie wie die lichtende Mitte ‚inmitten' des Seienden auf eine zweifache Art geschieht.

α) Verbergung als Versagen

Die beiden folgenden Absätze der Kunstwerk-Abhandlung sind den *zwei Grundweisen der Verbergung* im entbergenden Wesen der Lichtung gewidmet. Die erste Grundweise nennt Heidegger das *Versagen*. So wie die Lichtung und Entbergung im Ausgang vom Unverborgenen aufgewiesen wird, so die Verbergung im Ausgang vom Verborgenen des unverborgenen Seienden. Seiendes kann in einem solchen Maße unverborgen sein, daß wir von ihm nur noch sagen können, daß es sei. Wenn das Seiende nur noch in seinem puren Daßsein offenbar ist, hält es sich weitgehend in eine Verborgenheit zurück. Je geringer das Maß, in dem das Seiende unverborgen ist, desto geringer das Maß des Lichtens und Entbergens, desto mächtiger die Verbergung. Welche Verbergung? Diejenige, die der Lichtung und Entbergung voraufgeht als „der Anfang der Lichtung des Gelichteten" (ebd.). Die Verbergung als Versagen ist „nicht erst und nur die jedesmalige Grenze der Erkenntnis" des Seienden, weil überhaupt nicht nur ein Charakter des unverborgenen Seienden. Bevor die Versagung als Grenze der Erkenntnis ein Charakter des Seienden ist, ist sie ein Wesensmoment der nichtseienden Lichtung. Das Versagen ist der *Anfang* der Lichtung, weil es das ist, worausher sie in ihrem ent-bergenden Wesen anfängt. Das Entbergen ist wesenhaft ein vom Versagen her begrenztes Lichten. Dem jeweiligen Maß der Entbergung entsprechend ist das Unverborgene zumal Verborgenes als ein Sichversagendes. Wie wir unterscheiden zwischen der Lichtung und dem unverborgenen Seienden, so müssen wir auch unterscheiden zwischen dem verbergenden Wesen der Lichtung und dem Verborgenheitscharakter, der zum Unverborgenheitscharakter des Seienden gehört.

β) Verbergung als Verstellen

Die *zweite Grundweise der Verbergung* nennt Heidegger das *Verstellen*. Während das Versagen der *Anfang* der Lichtung des Gelichteten ist, hat das Verstellen sein Wesen *innerhalb* des Gelichteten. Heidegger nennt fünf Weisen des Verstellens, wiederum im Ausgang vom Seienden als einem verstellten. Seiendes kann *sich vor Seiendes schieben,* nicht im räumlichen Sinne, sondern im Sinne des Scheines: Seiendes zeigt sich so, als ob es dieses sei, in Wahrheit aber jenes ist. Seiendes kann anderes Seiendes *verschleiern.* Ein Schleier verhüllt nicht gänzlich, sondern gewährt immer noch eine gewisse Durchsicht auf das Verhüllte. Wenn Seiendes anderes verschleiert, läßt es dieses nur in undeutlicher Weise sich zeigen. Oder Seiendes *verdunkelt* anderes, d. h. es läßt anderes nicht in der ihm möglichen Klarheit erscheinen. Weniges kann Vieles im Seienden *verbauen,* so daß der Zugang zu dem, wie es in Wahrheit ist, erschwert wird. Schließlich kann Vereinzeltes Alles *verleugnen,* wenn es alles eines Bezirkes im Seienden oder gar das Seiende im Ganzen gewaltsam von dem, was es in Wahrheit ist, abriegelt. In diesen Weisen der Verstelltheit des Seienden ist das Verbergen nicht das Versagen der Entbergung und nicht das Sichversagen des Seienden hinsichtlich seiner Offenbarkeit. Das Seiende erscheint wohl, d. h. es ist wohl unverborgen, aber es gibt sich in seiner Offenbarkeit anders, als es ist. Dennoch müssen wir beide Weisen der Verbergung zusammendenken. Soweit das Verbergen das Versagen als der Anfang der Lichtung ist, ist das Seiende je nach dem Maß der Entbergung unverborgen, und das heißt zugleich verborgen. Das aus dem Versagen her begrenzte Maß seiner Unverborgenheit hat nicht den Charakter der Verstellung. Das endliche Maß des Entbergens kann aber zugleich bestimmt sein durch das Verbergen als Verstellen. Das Entbergen hat dann in zwiefacher Weise das Verbergen zur Gegnerschaft: einmal in der Weise des versagend-begrenzenden Maßes, zum anderen in der Weise des verstellenden Beirrens.

Daß das Verstellen *innerhalb* des Gelichteten waltet, heißt nicht, daß es nur ein Charakter der Offenbarkeit des Seienden ist. Das Gelichtete ist das Geschehene im Lichtungsgeschehen. Ebenso könnte es auch heißen: innerhalb der *Lichtung* – aber nicht wie das Versagen ‚vor‘ der Lichtung im Sinne des Anfanges, des Woher des Entbergens. Das Verstellen waltet innerhalb des Lichtens, sofern diesem schon sein begrenztes Maß zugemessen ist.

Daß Seiendes anderes Seiendes verstellt, ist der Grund dafür, daß *wir* uns am Seienden versehen und vertun, daß wir uns im Verhalten zu ihm verlaufen, vergehen oder vermessen. Hier wird die unserer geläufigen Auffassung zuwiderlaufende These ausgesprochen, daß nicht, weil wir uns täuschen, das Seiende anders scheint, als es in Wahrheit ist, sondern umgekehrt, daß wir uns nur täuschen können, weil das Seiende als Schein trügen kann. Wie wir aber wissen, kann das Seiende nicht aus eigener Macht anderes Seiendes verstellen und als Schein trügen. Aller Schein in der Offenbarkeit des Seienden gründet im verstellenden Entbergen, in das nicht nur das Seiende hereinsteht, so daß es verstellt offenbar ist, sondern in das auch wir hinausstehen. Ekstatisch hinausstehend lassen wir das Seiende gemäß der verstellenden Entbergungsweise begegnen. Die Bedingung der Möglichkeit für das Sichtäuschen ist das *verstellende* Entbergen, das in einem zumal das Seiende, zu dem ich mich verhalte, als scheinhaft trügend und mich in meiner Verhaltung-zu als mich täuschend offenbar werden läßt. Die von Heidegger bewußt zugespitzt formulierte These richtet sich vor allem gegen die subjektivistische Auffassung von der Täuschung, vom Irrtum und von der Unwahrheit eines Urteils.

Nachdem beide Grundweisen der Verbergung zum Aufweis gebracht sind, richtet Heidegger den Blick auf das ganzheitliche Geschehen der Lichtung als das Entbergen und zwiefache Verbergen. „Die Verbergung kann ein Versagen sein oder nur ein Verstellen" (ebd.) heißt nicht, daß die Verbergung als Versagen zugunsten der Verbergung als Verstellen einmal ausbleiben kann. Denn lichtet die Lichtung, waltet auch das Versagen als ihr Anfang. Eher gibt es ein Entbergen und eine Entborgenheit des Seienden ohne das Verstellen im Entbergen und ohne die Verstelltheit im entborgenen Seienden, niemals aber ein Entbergen ohne das Versagen und Entborgenheit des Seienden ohne ein Sichversagen des Seienden. Heidegger will sagen: Wir haben nie geradezu die Gewißheit, ob das Seiende nur als ein sichversagendes offenbar ist oder auch als ein verstelltes. Die Gewißheit in der Entscheidung, ob Seiendes verstellt offenbar ist oder nicht, fehlt uns, weil das zwiefach waltende Verbergen sich selbst verbergen und verstellen kann.

Daß die Verbergung in zweifacher Gestalt zum Wesen der Lichtung gehört, besagt, daß die Lichtung „niemals eine starre Bühne mit ständig aufgezogenem Vorhang" ist, „auf der sich das Spiel des Seienden abspielt" (ebd.). Die Lichtung und das Gelichtete gliche einer starren-einförmigen Bühne, deren ständig aufgezogener Vorhang den Blick auf das eindeutige Spiel des Seienden freigäbe, wenn die Lichtung pures, von jeglichem Dunkel freies Licht wäre. Stattdessen geschieht die Lichtung „nur als dieses zwiefache Verbergen" (ebd.). Das Versagen waltet als der uneinholbare Anfang der Lichtung, aber nicht in gleichem, sondern in wechselnden Maßen. Auch das Verstellen gehört wesenhaft zur Lichtung. Denn ein vom Verstellen nicht bestimmtes Entbergen gibt es nur in der entbergenden Gegenwendung gegen das verbergende Verstellen, ohne daß dadurch das Verstellen im Entbergen getilgt würde.

Die Wesensbestimmung der Unverborgenheit setzte ein bei der geschehenen Unverborgenheit des Seienden. Vom Geschehenen wurde zurückgefragt in das Geschehen selbst, das sich nunmehr gezeigt hat als das Geschehnis der Entbergung und zwiefach waltenden Verbergung. Jetzt erst ist nachgewiesen, daß die Unverborgenheit (Offenbarkeit) des Seienden kein vorhandener Zustand des Seienden ist, sondern das, was mit dem Seienden geschehen ist und je geschieht in dem Geschehen, das wir als die Einheit von Entbergen und zwiefachem Verbergen denken müssen. Wenn wir eine Erkenntnis und einen Satz, aber auch eine Sache, wie das Gold, wahr nennen, dann ist die Wahrheit nicht eine Eigenschaft des Satzes oder des Urteils und nicht eine Eigenschaft der Sache, sondern Satz und Sache haben ihre Wahrheit,

der Satz als richtiger und die Sache als echte und wirkliche, nur
dank des Geschehnisses der Wahrheit als Unverborgenheit.

§ 25. *Das Geschehnis der Wahrheit als Urstreit von*
Wahrheit (Entbergung) und zwiefacher Un-Wahrheit
(Verbergung als Verweigerung)

In dem ebenso zentralen folgenden Absatz setzt Heidegger die
Analyse des einheitlichen Geschehens von Entbergen und zwiefachem Verbergen fort. Die Analyse mündet ein in die Freilegung des Strukturgefüges des Wahrheitsgeschehens, das begrifflich gefaßt wird als *Urstreit* von Wahrheit (Entbergung) und
zwiefacher Unwahrheit (Verbergung).

a) Das verbergende Verweigern als ständige Herkunft
der Lichtung (Versagen) und als Beirrung (Verstellen)

Der Gedanke der Lichtung und ihres Entbergens, vor allem
auch ihres Verbergens, liegt uns in der vorphilosophischen Alltäglichkeit unseres Daseinsvollzuges fern. Ob wir unseren vorwissenschaftlichen Alltag verbringen oder Wissenschaft treiben,
die Dinge, mit denen wir in beiden Grundhaltungen des Daseins
zu tun haben, sind uns vertraut, verläßlich und geheuer. Zum
Seinsverständnis unseres vorphilosophischen Daseinsvollzuges gehört, die Dinge, mit denen wir uns vorwissenschaftlich aber auch
wissenschaftlich einlassen, als pure Gegebenheit hinzunehmen, die
eben so sind, wie sie sind, wobei es nur darauf ankommt, daß wir
sie richtig in den Griff des Handelns und Erkennens nehmen.
Zum Wesen des vorphilosophischen Seinsverständnisses gehört
die Verschließung vor der Unverborgenheit, dem Entbergen und
Verbergen. Trotz der Vertrautheit und Verläßlichkeit, in der
sich uns die Dinge zeigen, sind sie, was sie sind, nur als das Entborgene eines Entbergens, aber keines puren Entbergens, sondern
eines solchen, durch das ein „ständiges Verbergen in der Doppelgestalt des Versagens und des Verstellens" zieht (S. 43). Das

Geheure, das vertraute und verläßliche Seiende, ist im Grunde „un-geheuer", weil es kein bloß Gegebenes ist, sondern ein aus dem Entbergungsgeschehen Entborgenes, als solches aber ein in wechselnden Maßen Sichversagendes und Verstelltes.

Beide Grundweisen der Verbergung faßt Heidegger zusammen in dem Terminus der *Verweigerung*. Verbergung als Verweigerung meint ein Verweigern von Entbergung. Nach allem, was bisher über das Verbergen im Wesen der Lichtung gesagt wurde, läßt sich das Verweigern nicht mehr als Mangel an Wahrheit und als Fehler in der Wahrheit mißdeuten. Denn als Versagen ist das Verweigern sogar der Anfang der Lichtung. Wahrheit als Lichtungsgeschehen, als das Gelichtete und als Offenbarkeit des Seienden ist nicht „eitel Unverborgenheit, die sich alles Verborgenen entledigt hat" (ebd.). Die hier vollzogene Wesensbestimmung der Wahrheit soll sehen lassen, daß Wahrheit als Unverborgenheit und Entbergung nicht ist ohne die sie ermöglichende Verweigerung. Ohne die Verbergung wäre die Wahrheit nicht sie selbst. In dieser These liegt die philosophische Absage an eine Auffassung von Wahrheit als absoluter, die sich befreit hat von allem Dunkel, die nur reines Licht ist. „Zum Wesen der Wahrheit als der Unverborgenheit gehört dieses Verweigern in der Weise des zwiefachen Verbergens" (ebd.). Diese Wesenseinsicht wird in die befremdende Formel zusammengenommen: „Die Wahrheit ist in ihrem Wesen Un-wahrheit" (ebd.). Schon die getrennte Schreibweise zeigt an, daß Un-Wahrheit nicht in der Bedeutung von Falschheit gemeint ist. Ebensowenig will die Formel das Wesen der Wahrheit dialektisch bestimmen: daß die Wahrheit niemals nur sie selbst, sondern immer auch ihr Gegenteil sei. In dem Wort ‚Un-wahrheit' meint ‚-wahrheit' das Entbergen und ‚Un-' das zwiefache Verbergen. In dem Wort ‚Un-Wahrheit' soll die unzerreißbare Einheit von Entbergen und zwiefachem Verbergen gedacht werden. Das ‚Un-' in dem Wort ‚Un-Wahrheit' meint anderes als das ‚Un-' in dem Wort ‚Unverborgenheit': ersteres nennt das Gegen der Verbergung gegen die Entbergung, letzteres das Gegen der Entbergung gegen die Verbergung. Die Wahrheit west, d. h. waltet in ihrem Wesen als sie selbst nicht, wenn sie sich der Verbergung entledigte, sondern nur, „sofern das verbergende Verweigern als Versagen erst aller Lichtung die ständige Herkunft, als Verstellen jedoch aller Lichtung die unnachläßliche Schärfe der Beirrung zumißt" (ebd.). Der Lichtung ‚die ständige Herkunft zumessen' ist die weitergehende Erläuterung des ‚Anfangs der Lichtung'. Das Versagen als die ‚ständige Herkunft': ‚ständig', weil die Lichtung nie ohne ihre Herkunft ist; ‚Herkunft', sofern das Entbergen und Lichten der Aufbruch aus der Verbergung und dem Dunkel ist. Allzu leicht hören wir in den Worten ‚Verweigern' und ‚Versagen' vornehmlich das negative Nichtzulassen der Lichtung, während es die Ent-bergung als Aufbruch aus ... ermöglicht. ‚Beirrung' ist ein erläuterndes Wort für die verstellende Verbergungsweise innerhalb der Lichtung und ihres Gelichteten. Die Beirrung hat ihren ‚Ort' nicht nur im Menschen, in dessen Erkenntnis und Urteilsbildung, sondern ist ein ontologischer Charakter der Lichtung und ihres Gelichteten und betrifft in gleicher Weise die Unverborgenheit des Seienden und die des Menschen in seinem Verhalten zum Seienden.

b) Der Urstreit als das Gegeneinander des ursprünglichen
   Streites von Lichtung und zwiefacher Verbergung

Das verbergende Verweigern in den Grundweisen des Versagens und des Verstellens bzw. des Beirrens ist das „Gegenwendige ..., das im Wesen der Wahrheit zwischen Lichtung und Verbergung besteht" (ebd.). Nicht aber ist nur die Verbergung gegen die Entbergung gewendet, sondern umgekehrt auch die Entbergung gegen die Verbergung. Im Gegenwendigen zwischen Lichtung bzw. Entbergung und Verbergung liegt nicht nur das sie Unterscheidende, sondern ebensosehr das sie Einigende. Das Gegenwendige im Wesen der Wahrheit zwischen Lichtung und zwiefacher Verbergung nennt Heidegger das „Gegeneinander des ursprünglichen Streites" (ebd.) und somit den „Urstreit". Das Wesen der Wahrheit als der Unverborgenheit ist der *Urstreit*, in welchem die offene Mitte erstritten wird. Es ist das Gelichtete der Lichtung, in das das Seiende, soll es für uns als das, was es ist, offenbar sein, hereinstehen muß, aus dem es sich aber auch wieder zurückzieht, indem es sich in sich selbst, in sein Verborgenes, zurückstellt.

Wenn Heidegger sagt: „Die Wahrheit ist in ihrem Wesen Unwahrheit", dann erinnern wir uns zuerst an den Satz aus „Sein und Zeit": „Der volle existenzial-ontologische Sinn des Satzes: ,Dasein ist in der Wahrheit' sagt gleichursprünglich mit : ,Dasein ist in der Unwahrheit'" (S. u. Z., S. 222). Der Satz: Dasein ist in der Wahrheit, heißt: Dasein existiert als Sorge in der selbsthaft-ekstatisch aufgeschlossenen Erschlossenheit, in der Welt und Sein des nichtdaseinsmäßigen Seienden horizontal aufgeschlossen sind. In der Seinsweise des Geworfenseins ist die ekstatisch-horizontale Erschlossenheit faktisch aufgeschlossen, in der Seinsweise des Entwerfens verhält sich das Dasein selbst aufschließend zur faktischen Erschlossenheit, in der Seinsweise des Sein-bei hält es die aus dem geworfenen Entwurf übernommene Erschlossenheit auf für das entdeckende Offenbarwerdenlassen des Seienden, zu dem es sich umsichtig besorgend verhält. Zum In-der-Wahrheit-sein des Daseins gehört sowohl sein geworfenes aufschließendes Verhalten zur Erschlossenheit als auch sein darin gründendes entdeckendes Verhalten zum Seienden.

Das In-der-Unwahrheit-sein bezieht Heidegger in „Sein und Zeit" nur auf die Erschlossenheit im Grundmodus der Uneigentlichkeit, auf die in der Seinsweise des Verfallens liegende Verschließung. Das Verfallen modifiziert die mit der Sorge aufgeschlossene Erschlossenheit im ganzen, d. h. sie modifiziert das Geworfensein, den Entwurf und das Sein-bei. Verfallend existieren heißt: herausfallen aus dem Vollzug seines eigensten Seinkönnens, und das heißt: die Seinsmöglichkeit des In-der-Weltseins *nicht in ursprünglicher Weise* für sich selbst aufschließen, sondern nur so, wie sie für jedermann aufgeschlossen und öffentlich ausgelegt ist. Das Entwerfen nicht ursprünglich vollziehen besagt: die Existenzmöglichkeit nicht im vorlaufenden Seinsverhältnis zum eigenen Tod, der als die Möglichkeit der schlechthinnigen Unmöglichkeit des Daseins in die Erschlossenheit hereinsteht, für sich aufschließen. Verfallend bringt sich das Dasein weder in sein eigenstes Aufschließenkönnen noch vor den reinen Geworfenheitscharakter der Erschlossenheit. Verfallend verschließt es sein in den Tod vorlaufendes Aufschließenkönnen und mit ihm sein reines Geworfensein. In der verfallenden Sorge entwirft sich das Dasein dergestalt auf die Grundmöglichkeit seines In-der-Welt-seins, daß es sich die Weltbezüge und die korrelativen Weisen seines umsichtigen Besorgens nicht aus seinem vorlaufenden Aufschließen und dem Sicherschließen der faktischen Erschlossenheit vorgibt. Verfallend schließt es Welt und sein weltbezogenes Besorgen einzig im entwerfenden ‚Blick' auf die Weltbezüge und sein Besorgen auf, den entwerfenden ‚Blick' in das ursprüngliche Aufschließenkönnen und das faktische Sicherschließen der Erschlossenheit verschließend. Verfallend fällt das Dasein aus dem vorlaufenden Aufschließenkönnen heraus und fällt an die Weltbezüge und Weisen des Besorgens, so daß es an seine „Welt", an die Dinge seiner Umwelt, verloren ist und in den Weisen seines Besorgens aufgeht. Die verfallend aufgeschlossene Erschlossenheit hält sich nunmehr im Modus der *Verschlossenheit*. Mit diesem Terminus ist in „Sein und Zeit" nicht die Tilgung der Erschlossenheit gemeint, sondern die uneigentlich, nicht ursprünglich aufgeschlossene Erschlossenheit. Die im verschließenden Sein zum Tode und im Verschlossenhalten des reinen Geworfenheitscharakters der Erschlossenheit entworfene Erschlossenheit der Grundmöglichkeit wird im ekstatischen Sein-bei aufgehalten für das entdeckende Verhalten zum Seienden. Weil die Aufgeschlossenheit der Grundmöglichkeit vom verfallenden Verschließen bestimmt ist, hat das Entdecken den Charakter des *Verstellens*. Das im Modus der Verstelltheit entdeckte Seiende zeigt sich im Modus des Scheins. In „Sein und Zeit" wie in der Kunstwerk-Abhandlung bezeichnet der Terminus der Verstelltheit bzw. des Scheins alle möglichen Weisen, in denen Seiendes nicht rein als das, was es in Wahrheit ist, entdeckt ist.

Terminologisch ist festzuhalten: Heidegger verwendet in „Sein und Zeit" ‚Verschlossenheit' als Terminus für die an die Seinsweise des Verfallens gebundene nichtursprüngliche Erschlossenheit. ,Verstelltheit' und ,Schein' bezeichnen den Modus der Entdecktheit des Seienden, der im Verschlossenheitsmodus der Erschlossenheit gründet. Heidegger gebraucht in „Sein und Zeit" aber auch die Termini der ,Verdecktheit' und ,Verborgenheit', und zwar für das Noch-nicht-entdecktsein oder Nicht-mehr-entdecktsein von Seiendem.

Weil das Dasein wesenhaft verfallend-verschließend und Seiendes verstellend existiert, ist es seiner Seinsverfassung nach nicht nur in der Wahrheit, sondern ebensosehr in der Unwahrheit (S. u. Z., S. 222). Das heißt jetzt: Das Dasein hält in der Sorge die Erschlossenheit auf, die nie pure Erschlossenheit ist, sondern wesenhaft auch Verschlossenheit, also nicht ursprünglich aufgeschlossene Erschlossenheit. Und weil das Dasein nicht nur gelegentlich verfallend, sondern zunächst und zumeist verfallend existiert, gibt es ursprünglich aufgeschlossene Erschlossenheit nur in der Gegenwendung gegen die Verschlossenheitsweise der Erschlossenheit. Ebenso ist Seiendes nur so unverstellt entdeckt, daß ihm seine Entdecktheit in der Gegenwendung gegen die Verstelltheit abgerungen wird. ,Unwahrheit' meint also in „Sein und Zeit": den Verschlossenheitsmodus der Erschlossenheit und die Verstelltheit bzw. Verdecktheit und Verborgenheit des Seienden.

Auf dem Hintergrund dieser Bestimmungen interpretiert Heidegger in „Sein und Zeit" ἀ-λήθεια als einen privativen Ausdruck (ebd.). Das ἀ-privativum nennt die Befreiung der Entdecktheit von der Verstelltheit und Verdecktheit, den Raub der Entdecktheit des Seienden, der sie der Verborgenheit im Sinne der Verstelltheit und Verdecktheit entreißt. Die λήθη in der ἀλήθεια wird hier vor allem verstanden als die Verborgenheit (Verstelltheit, Verdecktheit) des Seienden und als Verschlossenheitsmodus der Erschlossenheit, in welchem die Verstelltheit des Seienden gründet.

Was Heidegger in „Sein und Zeit" als Verschlossenheitsmodus der Erschlossenheit und als Verstelltheit des Seienden denkt, das entspricht dem, was er in der Kunstwerk-Abhandlung als zweite

212

Grundweise der Verbergung, als das Verstellen, erörtert. Für das aber, was er hier als die erste Grundweise der Verbergung, als das Versagen denkt, gibt es *scheinbar* in „Sein und Zeit" keine Entsprechung. Richtig ist, daß ‚Unwahrheit' in „Sein und Zeit" nur auf die an das Verfallen gebundene Verschlossenheit bezogen wird. Richtig ist auch, daß die λήθη der ἀλήθεια in „Sein und Zeit" nur auf die Verschlossenheitsweise der Erschlossenheit abzielt, während sie in der Kunstwerk-Abhandlung sowohl das verbergende Versagen als das verbergende Verstellen meint. Ein Mißverständnis wäre es aber zu sagen, daß durch die Aufnahme des verbergenden Versagens in die Bedeutung der λήθη und der Unwahrheit das Grundgefüge im Wesen der Wahrheit auf dem Wege von „Sein und Zeit" zur Kunstwerk-Abhandlung sich völlig gewandelt habe.

Wir müssen uns vielmehr fragen, wo im Gefüge von „Sein und Zeit" *der Sache nach* bereits das gesehen ist, was später unter dem Namen des verbergenden Versagens gedacht wird. Die Lichtung und offene Mitte denkt Heidegger in „Sein und Zeit" unter dem Namen des Da und der Erschlossenheit. Das Dasein existiert nicht nur im Vollzug des eigentlichen, sondern auch des uneigentlichen Entwerfens als *Sein zum Tode*. Das Hereinstehen des Todes in die in der Sorge aufgeschlossene Erschlossenheit gehört zur Wesensverfassung der Erschlossenheit. Im selbsthaft-ekstatischen Aufgeschlossensein für die Erschlossenheit liegt wesenhaft beschlossen das selbsthaft-ekstatische Aufgeschlossensein für den Tod, zu dem sich das Dasein zunächst und zumeist verschließend und nur in seltenen Augenblicken nichtverschließend verhält. Aber als was steht der Tod in die Erschlossenheit herein? Als was ist der Tod in der Erschlossenheit so aufgeschlossen, daß sich das Dasein zu ihm wesenhaft verhält, – wesenhaft, weil es in seinem Geworfensein nicht nur in die Erschlossenheit, sondern mit ihr in das Seinsverhältnis zum eigenen Tod versetzt ist? Die Antwort entnehmen wir dem Satz: „Der Tod ist die Möglichkeit der schlechthinnigen Daseinsunmöglichkeit" (S. u. Z., S. 250). Das Sein zum Tode ist das existierende Seinsverhältnis zu dem, was in diesem Seinsverhältnis und für es aufgeschlossen und das heißt verstanden ist als die schlechthinnige Daseinsunmöglichkeit. Der Tod steht als die schlechthinnige Unmöglichkeit in die Erschlossenheit des In-der-Welt-seins herein. Das Un- der Un-möglichkeit ist die schlechthinnige Nichtung des Daseins als des Existierens aus den Möglichkeiten seines In-der-Welt-seins. Die Erschlossenheit des Daseins ist immer die Erschlossenheit von uneigentlich oder eigentlich entworfenen Möglichkeiten. Wenn die Existenzmöglichkeiten Möglichkeiten der Erschlossenheit sind, dann liegt in der Un-möglichkeit die Nichtung der Erschlossenheit. Die im Gesichtskreis der Erschlossenheit verstandene Nichtung der Erschlossenheit hat dann den *Grundcharakter einer Verschlossenheit.* Im Sein zum Tode ist der Tod existenziell verstanden als jene Verschlossenheit, die mächtiger noch ist als die Erschlossenheit, weil sie im faktischen Sterben die Erschlossenheit verschließend in sich zurücknimmt. Die mit dem Sein zum Tode existenziell verstandene Verschlossenheit müssen wir unterscheiden von jener an das Verfallen gebundenen Verschlossenheit. Von dieser können wir in Anlehnung an die Kunstwerk-Abhandlung sagen, daß sie *innerhalb* der Erschlossenheit ihr Wesen hat, so wie das verbergende Verstellen innerhalb des Gelichteten waltet. Die im Sein zum Tode verstandene Verschlossenheit, die wir terminologisch als abgründige Todes-Verschlossenheit bezeichnen, hat ihr Wesen – so können wir wieder in Anlehnung an die Kunstwerk-Abhandlung sagen – *vor* der Erschlossenheit. Denn auch sie ist der *Anfang* der Erschlossenheit. Die in der Sorge selbsthaft-ekstatisch aufgeschlossene Erschlossenheit im ganzen ist nur Aufgeschlossenheit aus dem Abgrund der Verschlossenheit, die als je eigener Tod in das Da des Daseins hereinsteht.

Daß die abgründige Todes-Verschlossenheit nicht nur nichtenden, sondern auch gewährenden Charakter hat, zeigt sich deutlich im vorlaufenden Sein zum Tode. Eigentliche Existenz vollzieht sich als eigentliches Entwerfen, dieses aber als Vorlaufen in den eigenen Tod. Das besagt: Das Dasein ringt die Ursprünglichkeit der Erschlossenheit seines In-der-Welt-seins der Todesverschlossenheit ab. Je unverschlossener und reiner es sich in die existierende Nähe zu seinem Tod bringt, desto ursprünglicher schließt es die Erschlossenheit seines In-der-Welt-seins auf.

Unsere Interpretationsthese lautet daher: Was Heidegger in der Abhandlung über den Ursprung des Kunstwerkes – und früher schon in „Vom Wesen der Wahrheit" – als Anfang und Herkunft der Lichtung denkt, ist nicht ein neuer Gedanke, der erst mit der Kehre seines Denkens in seine Grundstellung aufgenommen wird, sondern die Fortgestaltung eines Grundgedankens in „Sein und Zeit", des Seins zum Tode.

Hier sei nur kurz vermerkt, daß Heidegger in „Vom Wesen der Wahrheit" die beiden Grundweisen der Unwahrheit unter den Namen der Verbergung (vgl. 6. Abschnitt) und der Irre (vgl. 7. Abschnitt) denkt.

§ 26. Streit von Welt und Erde gegründet im Urstreit von Entbergung und zwiefacher Verbergung

Nach diesem Rückblick auf die Wahrheits-Frage in „Sein und Zeit" kehren wir zur Gedankenführung der Kunstwerk-Abhandlung zurück. Nachdem vom Urstreit gehandelt worden ist, erwarten wir eine Erörterung dessen, wie sich der Streit zwischen Welt und Erde zum Urstreit im Wesen der Wahrheit verhält. Schon die Rede vom ‚ursprünglichen' Streit und Urstreit läßt vermuten, daß letzterer ursprünglicher ist als jener, so daß der Streit von Welt und Erde im Urstreit von Entbergung und Verbergung gründet. Der folgende Absatz der Kunstwerk-Abhandlung ist dieser Frage gewidmet.

Heidegger sagt: Das Offene, das als die Lichtung inmitten des Seienden geschieht, „zeigt einen Wesenszug" (Holzwege, S. 43). Gemeint ist jetzt mit dem Wort ‚Wesenszug' nicht einer der beiden Wesenszüge im Werksein, sondern der Streit von Welt und Erde im ganzen. Das Verhältnis des Offenen (der Lichtung) und ihres Wesenszuges beschreibt Heidegger so: „*Zum* Offenen *gehört* eine Welt und die Erde" (ebd.; Auszeichnung von uns). Hier müssen wir die schon seit langem sich meldende Frage aussprechen: Sind denn nicht die Lichtung und das Offene einerlei mit der Welt? Wurde nicht die Welt gekennzeichnet als „die sich öffnende Offenheit der weiten Bahnen"? Heidegger selbst antwortet auf diese Frage: „Aber die Welt ist nicht einfach das Offene, was der Lichtung, die Erde ist nicht das Verschlossene, was der Verbergung entspricht" (ebd.). Mit diesem Satz wird die einfache Gleichsetzung von Welt und Offenem bzw. Lichtung sowie von Erde und Verschlossenem bzw. Verbergung abgewehrt. Denn in analoger Weise stellt sich die Frage bezüglich der Erde und der Verbergung. Wurde doch die Erde als das Sichverschließende bestimmt. Und so ist man versucht, einerseits die sich öffnende Welt mit der Lichtung (Entbergung) und andererseits die sich verschließende Erde mit der Verbergung gleichzusetzen. Auf die Zurückweisung einer solchen Ineinssetzung folgt die positive Bestimmung des Verhältnisses der zu Unterscheidenden. Welt ist nicht gleichzusetzen mit der Lichtung, aber sie ist „die Lichtung der Bahnen der wesentlichen Weisungen, in die sich alles Entscheiden fügt" (ebd.). Welt ist das Ganze der Weisung gebenden Bezüge, das sich nur öffnen kann dank der Lichtung als dem Geschehen von Entbergung und zwiefacher Verbergung. Die Offenheit, die in der Analyse des Streites von Welt und Erde immer schon ins Spiel kam, ist das Offene der Lichtung. Aber erst die Analyse des Wahrheitsgeschehens brachte das Lichten als das einheitliche Geschehen von Entbergung und zwiefacher Verbergung zum Aufweis. Die Entscheidungen interpretierten wir als die empfangenden Entwürfe, welche die in der Geworfenheit ankommenden, d. h. sich entbergenden Weltbezüge (Weisungen) öffnen. Von den Entscheidungen heißt es nunmehr, daß sie sich auf ein Nichtbewältigtes, Verborgenes, Beirrendes gründen (S. 44). Damit wird gesagt, wie die zur Lichtung gehörende zwiefache Verbergung bestimmend ist für das entscheidende Entwerfen. Das entscheidende Entwerfen empfängt die sich öffnende Welt, die sich lichtet in einem vom Versagen begrenzten und vom Verstellen (Beirren) bestimmten Maß.

Ebenso ist die Erde nicht ineinszusetzen mit der Verbergung im Wesen der Wahrheit, sondern sie geht als das Sichverschließende auf im Offenbarwerden des Seienden im Ganzen (ebd.). Die Verbergung gehört in das Wesen der Lichtung, die ‚über das Seiende hinaus geschieht‘, die selbst nichts Seiendes ist, aber das Unverborgenwerden des Seienden ermöglicht. Auch die Erde gehört in das Seiende, sowohl als Erde im Ganzen als auch als Erde in den Naturdingen und in den Gebrauchsdingen. Die Erde ist das Sichverschließende in der Offenbarkeit des Seienden im Ganzen. Als solche ist sie das Bergende, nicht aber die Verbergung. Wenn die Lichtung als das Offene bezeichnet wird, dann ist das Gegenwendige im Offenen das Verschlossene, das hier ein anderer Name für die Verbergung ist. Deshalb müssen das Verschlossene im Sinne der Verbergung und das Sichverschließende der Erde auseinandergehalten werden.

Wie aber ist das *ganzheitliche Geschehen* des Urstreites und, darin gründend, des Streites strukturiert? Welt und Erde sind je in sich aus ihrem je eigenen Wesen heraus streitig, indem sie sich im einander Sichgehören bestreiten. Nur als die einander Bestreitenden „treten sie in den Streit der Lichtung und Verbergung" (ebd.). Daß sie aber nicht von sich aus in den Urstreit treten, sondern daß sie sich nur aufgrund des Urstreites einander bestreiten können, wird aus dem unmittelbar folgenden Satz deutlich: „Erde durchragt *nur* die Welt, Welt gründet sich *nur* auf die Erde, *sofern* die Wahrheit als der Urstreit von Lichtung und Verbergung geschieht" (ebd.; Auszeichnung von uns). Die Bewegung des Geschehens entspringt im Urstreit. In ihm streitet das Lichten gegen das verbergende Versagen. Es streitet als Entbergen gegen das Versagen, das wir, weil es der Anfang und die Herkunft des Lichtens ist, die *anfängliche Verbergung* nennen können. Wohl ist das entbergende Bestreiten Beraubung der Verbergung. Doch liegt in der Gegenwendigkeit der Entbergung gegen die Verbergung nicht das Streben, die Verbergung zu beseitigen und aufzuheben. Denn die Entbergung braucht für ihr eigenes Wesen die Verbergung. „Das Sichverbergen verbürgt dem Sichentbergen sein Wesen" (Vorträge und Aufsätze, S. 271). Somit ist das Entbergen in seiner Wendung gegen die Verbergung zugleich dieser „zugeneigt" (ebd.).

Im Urstreit ist auch die Verbergung gegen die Entbergung gewendet. Indem die Entbergung als Raub gegen die Verbergung gewendet ist, behauptet sich die Verbergung in ihrem versagenden Wesen. Auch im Urstreit heben sich die Streitenden in die wechselseitige Selbstbehauptung. Je mehr die Entbergung das Sichverbergen bestreitet, desto unnachgiebiger behauptet sich die Verbergung und umgekehrt. Andererseits aber liegt in der Wendung der Verbergung gegen das Entbergen auch nicht das Streben, das Lichten zu löschen. Denn ihr eigenes Wesen beruht darin, bergende Verbergung für die Entbergung zu sein. So gesehen bedarf sie ihrerseits der Entbergung. Wie die Entbergung auf ihre Weise der Verbergung, so ist das Verbergen auf seine Weise der Entbergung zugeneigt. Entbergung und Verbergung sind in ihrem Gegeneinander zugleich einander zugehörig.

Im entbergenden Streiten gegen die anfängliche Verbergung erringt sich ein endliches Maß von Entbergung, das als solches zugleich durchwaltet ist von der Macht des verbergenden Verstellens.

Im entbergenden Aufgang öffnet sich wesensnotwendig eine Welt. Sie kann sich nur öffnen, weil Entbergung aus der anfänglichen Verbergung geschieht. Im Sichöffnen einer Welt kommt mit dem Offenbarwerden des Seienden im Ganzen die Erde als das Sichverschließende im Seienden hervor. Im sichöffnenden Hervorkommenlassen der Erde bestreitet die Welt das Sichverschließende der Erde, hebt darin aber zugleich das Bestrittene in seine eigene Selbstbehauptung. Je stärker die Selbstbehauptung, desto reiner birgt die Erde das Offene der Welt in ihr Sichverschließendes zurück. Das Zurückbergen der Welt ist die Weise, wie die Erde die Offenheit der Welt bestreitet. Auch ihr Bestreiten führt zur Selbstbehauptung der sich öffnenden Welt. Je wesentlicher sie sich öffnet, desto reiner kommt die Erde als das Sichverschließende hervor. Im Bestreiten der sich verschließenden Erde trachtet die sichöffnende Welt nicht danach, das Sichverschließende zu tilgen. Denn sie bedarf der sichverschließenden Erde, weil sie nur im Zurückgeborgenwerden Bestimmtheit gewinnt. Und ebenso trachtet die sichverschließende Erde nicht danach, im Bestreiten des Offenen der Welt dieses zu tilgen. Denn sie bedarf dieses Offenen, um als das Sichverschließende offenbar werden zu können.

Nur sofern der Urstreit von Lichtung (Entbergung) und Verbergung geschieht, ‚durchragt die Erde die Welt', das heißt: kommt sie in der sich öffnenden Welt hervor. Nur sofern der Urstreit geschieht, ‚gründet sich die Welt auf die Erde', wird sie in der sichverschließenden Erde zurückgeborgen. Sowohl das Hervorkommen der Erde als das Sichöffnen und Zurückgeborgenwerden der Welt gründen als streitendes Geschehen im Urgeschehen der streitenden Entbergung und Verbergung.

§ 27. Das Scheinen des Kunst-Schönen als werkgemäßes Geschehen der Unverborgenheit des Seienden

Nachdem Heidegger das Geschehnis der Wahrheit (Unverborgenheit) in seinem grundsätzlichen Strukturgehalt als Urstreit von Entbergung und Verbergung freigelegt und gezeigt hat, wie der Streit von Welt und Erde um Urstreit gründet, kehrt er zum Werksein des Kunstwerkes zurück. Wir erinnern uns an das Ergebnis des ersten Abschnittes der Kunstwerk-Abhandlung: Im Kunstwerk hat sich die Wahrheit als Unverborgenheit des Seienden ins Werk gesetzt. Das Werksein ist das Ins-Werk-gesetztsein der Unverborgenheit des Seienden. Im zweiten Abschnitt sollte dem Sich-ins-Werk-setzen der Unverborgenheit nachgefragt werden. Das geschah in zwei Hauptschritten. Zuerst wurden zwei Wesenszüge im Werksein aufgewiesen: das Sichöffnen einer Welt und das Hervorkommen der sichverschließenden Erde im Offenen der Welt. Die *werkgemäße Weise* des Sichöffnens von Welt wurde das Aufstellen einer Welt, das werkgemäße Hervorkommen der Erde das Her-stellen der Erde genannt. Im zweiten Hauptschritt wurde das *Sichöffnen* der Offenheit *eigens* erörtert. Diesen Frageschritt verstanden wir als ein Zurückfragen in das Geschehen des Sichöffnens. Das Geschehen wurde freigelegt als der Urstreit von Entbergen und zwiefachem Verbergen.

Wenn im Kunstwerk das *aufstellende* Sichöffnen einer Welt und das *her-stellende* Hervorkommen der Erde geschieht, dann ist dieses ausgezeichnete Geschehen eingefügt in das Urgeschehen von Entbergung und Verbergung, das seinerseits innerhalb des Kunstwerkes in ausgezeichneter, *werkgemäßer Weise* geschieht.

Das *werkgemäße* Geschehen der Wahrheit als Unverborgenheit ist jedoch nicht die einzige wesentliche, d. h. ausgezeichnete Weise des Wahrheitsgeschehens. Es gibt deren mehrere, die im dritten Abschnitt (S. 50) kurz gestreift werden. Eine dieser ausgezeichneten Weisen ist das Werksein des Kunstwerkes, um dessen Aufhellung es jetzt geht. Das Aufstellen einer Welt und Herstellen der Erde ist „die Bestreitung jenes Streites, in dem die Unverborgenheit des Seienden im Ganzen ... erstritten wird" (Holzwege, S. 44). ‚Jener' Streit ist jetzt nicht mehr nur der von Welt und Erde, sondern mit ihm der Urstreit von Entbergung und zwiefacher Verbergung. In diesem ganzheitlichen Streit wird die Unverborgenheit des Seienden, seine Offenbarkeit, erstritten, die als das Geschehene dem Geschehen des Urstreites und, darin eingefügt, des Streites entspringt.

Das den Urstreit und den Streit in sich schließende Geschehen der Unverborgenheit wurde sichtbar gemacht aus der unmittelbaren Erfahrung des *Tempels* und des *Gemäldes.* Wie der Tempel und wie das Gemälde das Seiende im Ganzen in werkgemäßer Weise in die Unverborgenheit ‚bringen', haben wir gesehen. Das hier von Heidegger verwendete entscheidende Wort ist das *Halten.* Im Kunstwerk wird die Unverborgenheit des Seienden im Ganzen ‚gehalten', und Heidegger erläutert es als: gehütet (ebd.). Das hütende Halten weist in die Richtung dessen, was im ersten Abschnitt gesagt wurde: Im Kunstwerk *komme* das Seiende in das Lichte seines Seins *zu stehen,* es komme in das *Ständige* seines Scheinens. Erst der dritte Abschnitt bemüht sich um eine Aufklärung dieses, für das werkgemäße Geschehen der Unverborgenheit zentralen Sachverhaltes. Aber auch jetzt wird, wie schon im ersten Abschnitt, einiges zur Deutung des *Kunstschönen* gesagt. Im Kunstwerk ist, wie der vorausgehende Gedankengang gezeigt hat, die Wahrheit, das Geschehen der Unverborgenheit, am Werk.

Das ist etwas wesenhaft anderes als die Bekundung eines Wahren im Sinne einer wahren Erkenntnis oder wahren Sache. Wenn das Gemälde van Goghs ein Paar Bauernschuhe zeigt oder wenn das Gedicht von C. F. Meyer vom römischen Brunnen sagt, dann bekunden beide Kunstwerke nicht nur, „was dieses vereinzelte Seiende als dieses sei" (ebd.), „sondern sie lassen Unverborgenheit als solche im Bezug auf das Seiende im Ganzen geschehen" (ebd.). Wesentlich für das Kunstwerk ist, daß mit dem werkgemäßen Aufgehen (Offenbarwerden) hier der Schuhe, dort des Brunnens das Seiende im Ganzen „seiender" wird. Es wird seiender, als es außerhalb des Kunstwerkes gewöhnlich für uns seiend ist. In der werkgemäßen Unverborgenheit des Seienden im Ganzen „ist das sichverbergende Sein gelichtet" (ebd.). Das bedeutet: In der werkgemäßen Unverborgenheit des Seienden im Ganzen hat sich das Sein, dessen eigene Wahrheit das Entbergen im zwiefachen Verbergen ist, entborgen und das Seiende im Ganzen unverborgen werden lassen. Sein hat sich im Kunstwerk dergestalt gelichtet, daß dieses „so geartete Lichte" sein Scheinen ins Werk „fügt" (ebd.). Das Scheinen ist die werkgemäße Weise der Unverborgenheit des Seienden. Das ‚Fügen' des Lichten in das Kunstwerk, so daß das Lichte scheint, vollbringt sich als das Zum-Stehen-bringen der Unverborgenheit. Es nennt die ausgezeichnete Weise, wie Unverborgenheit *nicht* nur *für* das Kunstwerk als ein Unverborgenes, sondern *im* Kunstwerk geschieht. Die ausgezeichnete Weise, wie Unverborgenheit *im* Kunstwerk geschehend ankommt und gehalten, zum Stehen gebracht und gefügt wird, ist das Scheinen der Unverborgenheit des Seienden. Dieses Scheinen aber ist das *Kunstschöne*. Das Kunstschöne ist *eine* der ausgezeichneten Weisen, „wie Wahrheit west" (ebd.), d. h. sein Wesen als Entbergen im zwiefachen Verbergen entfaltet.

§ 28. Überleitende Besinnung auf die Thematik des dritten Abschnittes: Unverborgenheit, das Geschaffensein des Kunstwerkes und das Wesen des Schaffens. Wahrheit als Kunst

Die letzten Absätze des zweiten Abschnittes gelten dem *Vorblick* auf die Thematik des letzten Abschnittes. *Zwei Hauptfragen,* die es auszuarbeiten und zu beantworten gilt, werden exponiert. Die *erste* von ihnen betrifft das Geschaffensein des Kunstwerkes und das Kunstschaffen. Im zweiten Abschnitt, der der Aufklärung des Wesens der Wahrheit als Unverborgenheit gewidmet war, wurde „das Wesen der Wahrheit nach einigen Hinsichten deutlicher gefaßt" (ebd.). Das Wesen der Unverborgenheit schließt nicht nur den Urstreit von Entbergung und zwiefacher Verbergung ein, sondern auch den im Urstreit gründenden Streit von Welt und Erde. Heidegger aber betont, daß das Wesen der im Kunstwerk geschehenden Unverborgenheit noch nicht erschöpfend, sondern nur „nach einigen Hinsichten" (ebd.) aufgeklärt wurde. Kam der erste Abschnitt zu dem vorläufigen Ergebnis, *daß* im Kunstwerk die Unverborgenheit als Entbergung des Seienden am Werk ist, so ist im zweiten Abschnitt durch den Aufweis des Geschehens der Unverborgenheit als Urstreit und Streit auch nur „klarer geworden" (ebd.), *was* im Kunstwerk am Werk ist. Was an Klärung noch aussteht, soll durch die Erörterung der beiden Hauptfragen des dritten Abschnittes gewonnen werden.

Rückblickend auf die Analyse des Werkseins im zweiten Abschnitt: auf das Aufstellen einer Welt und Her-stellen der Erde im Geschehnis des Urstreites und Streites, stellt Heidegger fest, daß das insoweit sichtbar gewordene Werksein „immer noch nichts über jene nächste und aufdringliche Wirklichkeit des Werkes, über das Dinghafte am Werk" (S. 45) sagt. Diese Feststellung trifft jedoch nur bedingt zu. Denn das Dinghafte am Kunstwerk, dem zu Anfang der Kunstwerk-Abhandlung mit Hilfe der überlieferten Dingbegriffe vergebens nachgefragt worden war, konnte im zweiten Abschnitt im Zusammenhang der

Erörterung des Her-stellens der Erde im Kunstwerk als die sich-verschließende Erde im Kunstwerk gefaßt werden. Stein, Holz, Erz und Farbe wurden in einem ersten Anlauf als die im Kunstwerk her-gestellte Erde bestimmt, wohinein sich die im Kunstwerk eröffnende Welt zurückstellt. Diese erste Bestimmung wird im dritten Abschnitt noch einmal aufgegriffen, wenn die Ausgangsfrage nach dem Dinghaften des Kunstwerkes ihre abschließende Beantwortung erhält. Uneingeschränkt aber gilt die Feststellung Heideggers, daß aus der bisher gediehenen Analyse des Werkseins noch kein Licht auf das Kunstwerk als ein *Gewirktes*, d. h. *Geschaffenes* gefallen ist. Zum Gewirkten des Kunstwerkes gehört sein Dinghaftes als das, woraus es gewirkt ist. Das Kunstschaffen bedarf „eines Mediums", „aus dem und in dem es schafft" (ebd.). Mit der Frage nach dem Schaffen und dem Geschaffensein des Kunstwerkes kommt das sogenannte Dinghafte in entscheidender Weise ins Spiel. Die Aufhellung des *Geschaffenseins als eines weiteren Wesenszuges im Werksein* soll in der Behandlung von zwei Teilfragen erfolgen. Mit dem Geschaffensein des Kunstwerkes steht zugleich das Kunstschaffen in Frage. Die erste Teilfrage betrifft die Unterscheidung des Schaffens und Geschaffenseins im Umkreis des Kunstwerkes und des Verfertigens und Angefertigtseins von Gebrauchsdingen (vgl. § 30). Die zweite Teilfrage fragt nach dem innersten Wesen des Kunstwerkes, aus dem sich erst ermessen läßt, „inwiefern das Geschaffensein ihm zugehört und inwieweit dieses das Werksein des Werkes bestimmt" (ebd.). Dem ‚innersten Wesen' des Kunstwerkes nachfragen kann nur heißen, das schon zum Aufweis gebrachte Wesen des Kunstwerkes auf *jene* Strukturen hin auszulegen, die bisher noch nicht zur Abhebung kamen. Das bisher freigelegte Wesen des Kunstwerkes ist das Geschehen der Wahrheit. Daher kann die Zugehörigkeit des Geschaffenseins zum Kunstwerk „nur aus einer noch ursprünglicheren Aufhellung des Wesens der Wahrheit" (ebd.) bestimmt werden. Nur aus einer fortschreitenden Erörterung des Geschehens der Wahrheit kann einsichtig werden, inwieweit das Geschaffensein mit den schon freigelegten Wesenszügen des Aufstellens einer Welt und des Her-stellens der Erde das Werksein des Kunstwerkes bestimmt (Vgl. §§ 33 u. 34). Ebenso ist das Wesen des Schaffens aus dem Wesen des Kunstwerkes, aus dem Geschehen der Wahrheit, zu bestimmen. Das Wesen des Schaffens muß „im vorhinein aus seinem Bezug zum Wesen der Wahrheit als der Unverborgenheit des Seienden" (ebd.) bestimmt werden (Vgl. §§ 30 b u. 32). Wir müssen die Frage nach dem Wesen der Wahrheit „noch einmal fragen" (ebd.), damit aus ihm das Wesen des Kunstschaffens und das Geschaffensein als Wesenszug des Werkseins erhellt werden. Erst wenn diese Fragen beantwortet sind, ist der im ersten Absatz aufgestellte Satz: Im Kunstwerk ist die Wahrheit am Werk, keine bloße Behauptung mehr, sondern ein an der Sache selbst ausgewiesener Wesenssatz. Die Beantwortung beider Fragen klärt vor allem, was es heißt, daß die Wahrheit ‚im' Kunstwerk am Werk ist.

Heidegger nennt in seinem Vorblick auf die Thematik des dritten Abschnittes auch schon die Richtung, in die hinein wesentlicher gefragt werden muß, damit sich das ‚innerste Wesen' des Kunstwerkes zeige. Es muß gefragt werden: „Inwiefern liegt überhaupt im Wesen der Wahrheit ein Zug zu dergleichen wie einem Werk? Welchen Wesens ist die Wahrheit, daß sie ins Werk gesetzt werden kann oder unter bestimmten Bedingungen sogar ins Werk gesetzt werden muß, um als Wahrheit zu sein?" (ebd.) Es muß im Wesen der Wahrheit nach einer Struktur gesucht werden, die ihren Zug zum Kunstwerk verstehen läßt. Aus dem Wesen der Wahrheit muß aufgeklärt werden, inwiefern sie sich *ins* Kunstwerk setzt bzw. *ins* Kunstwerk gesetzt wird (Vgl. § 31).

Die *zweite Hauptaufgabe* des dritten Abschnittes besteht aber darin, die in der Einleitung der Kunstwerk-Abhandlung exponierte Frage nach dem Wesen der Kunst zu beantworten. Der Ursprung des Kunstwerkes wurde erläutert als Wesensherkunft des Kunstwerkes. Als diese soll die Kunst zum Aufweis gebracht werden. Um die Kunst und ihr Wesen bestimmen zu können als Herkunft des Wesens des Kunstwerkes, bedurfte es der Anfrage beim wirklichen Kunstwerk. Nur wenn das Kunstwerk in seinem Wesen, in seinem Werksein, bestimmt ist, läßt sich die im Wesen des Kunstwerkes als dessen Herkunft waltende Kunst bestimmen. Nachdem das Geschaffensein im Zusammenhang mit dem Schaffen und dem bewahrenden Bezug zum Kunstwerk zum Aufweis gebracht sein wird, ist der Forderung nach einer umfassenden Bestimmung der Wirklichkeit des wirklichen Kunstwerkes entsprochen, so daß anschließend das Wesen der Kunst zur freilegenden Bestimmung gelangen kann. Im ersten Abschnitt konnte für die Wesensbestimmung der Kunst die Leitbestimmung gewonnen werden: die Kunst als das Sich-ins-Werk-Setzen der Wahrheit. Was es aber heißt, daß sich *die Wahrheit in der Weise der Kunst ins Kunstwerk*, in ein im Kunstschaffen hervorzubringendes Seiendes, *setzt*, blieb offen. Daher lautet die zweite Hauptfrage des dritten Abschnittes: „Was ist die Wahrheit, daß sie als Kunst geschehen kann oder sogar geschehen muß? Inwiefern gibt es überhaupt die Kunst?" (Vgl. §§ 40-46)

DRITTER ABSCHNITT
DIE WAHRHEIT UND DIE KUNST

ERSTES KAPITEL

Das künstlerische Schaffen und das Geschaffensein des Kunstwerkes

§ 29. *Hinleitung zur Frage nach dem Gewirktsein als dem Geschaffensein des Kunstwerkes*

Der Gedankengang dieses letzten, für Heideggers Philosophie der Kunst besonders aufschlußreichen Abschnittes setzt ein mit einer *Rückerinnerung* an die einleitende formalanzeigende Bestimmung des Verhältnisses von Kunst, Kunstwerk und Künstler. Die Kunst soll als Ursprung für Kunstwerk und Künstler aufgewiesen werden. Ursprung wird erläutert als „Herkunft des Wesens, worin das Sein eines Seienden west" (Holzwege, S. 46). Auf die Kunst als Ursprung hingesprochen, heißt das: Die Kunst soll sich zeigen als Herkunft des Wesens des Kunstwerkes und des Künstlers. Das Wesen des Kunstwerkes ist sein Werksein, das Wesen des Künstlers seine schaffende Existenz. Wenn die Kunst der Ursprung für das Werksein und das Schaffen ist, was ist sie dann selbst als Wesensherkunft? Um die Kunst als Wesensherkunft fassen zu können, müssen wir nach dem Wesen der Kunst fragen, fragen: „Was ist die Kunst?" (ebd.) Um aber das Wesen der Kunst als Ursprung für das Werksein und das Schaffen bestimmen zu können, mußten wir zunächst beim *wirklichen* Kunstwerk anfragen, also fragen nach der *Wirklichkeit* des Kunstwerkes. Die Wirklichkeit des wirklichen Kunstwerkes, sein Werksein, bestimmte sich „aus dem Geschehen der Wahrheit" als Unverborgenheit, das im Kunstwerk am Werk ist. Das ‚Am-Werk-sein' ist ein Wort für die *ausgezeichnete* Weise des Wahrheitsgeschehens im Kunstwerk. Das Geschehnis der Unverborgenheit wurde im zweiten Abschnitt als die im Urstreit gegründete Bestreitung des Streites von Welt und Erde freigelegt. Dieses Geschehnis ist kein einfaches, sondern ein mehrfältiges, als solches aber ein geeintes und insofern gesammeltes. Das Gesammeltsein des mehrfältig-einigen Geschehens, ‚die gesammelte Bewegnis‘ (ebd.), erwies sich als die Ruhe des phänomenal sich bekundenden Insichruhens des Kunstwerkes.

Was aber meinen wir denn, wenn wir sagen: Das Geschehnis der Unverborgenheit ist *im Kunstwerk* am Werk? Das Am-Werke-sein nennt das *werkgemäße* Geschehnis der Unverborgenheit. Wie aber denken wir das Kunstwerk, wenn wir sagen, daß *in* ihm die Unverborgenheit des Seienden im Ganzen in ausgezeichneter Weise geschieht? Man könnte meinen, damit *im* Kunstwerk das Geschehnis der Wahrheit am Werk sein könne, werde „schon das wirkliche Werk als der Träger jenes Geschehens vorausgesetzt" (ebd.). Mit dem Träger zielen wir wieder auf das Dinghafte am Kunstwerk, das *Dinghafte* aber als das im Werkschaffen *Gewirkte*. Daher sagt Heidegger: „So wird denn endlich dies eine klar: wir mögen dem Insichstehen des Werkes noch so eifrig nachfragen, wir verfehlen gleichwohl seine Wirklichkeit, solange wir uns nicht dazu verstehen, das Werk als ein Gewirktes zu nehmen" (ebd.). Das besagt: Die gewonnene Bestimmung des einzigartigen Insichruhens des Kunstwerkes aus dem in sich gesammelten Geschehnis des im Urstreit gründenden Streites von Welt und Erde hat das Kunstwerk als ein im Werkschaffen Gewirktes noch völlig außer Acht gelassen. Das Gewirktsein als das Geschaffensein gehört ebenso wesentlich in das Werksein wie das im Urstreit geschehende Aufstellen einer Welt und Her-stellen der Erde. Das Kunstwerk als ein Gewirktes und in diesem Sinne Geschaffenes zu nehmen, liegt, sagt Heidegger, sogar am nächsten; „denn im Wort Werk hören wir das Gewirkte" (ebd.). Das Werk heißt Werk, weil es hervorgegangen ist aus einem Werken. Das Werkhafte des Kunstwerkes besteht nicht nur, aber auch „in seinem Geschaffensein durch den Künstler" (ebd.). Die Frage nach dem Geschaffensein als dem schaffenden Gewirktsein des Kunstwerkes schließt die Frage nach dem künstlerisch werkenden Schaffen ein. Heidegger spricht im folgenden Satz in der Rolle des Lesers, der sich nach dem zurückgelegten langen Gedankenweg verwundert fragen wird, warum denn erst jetzt „diese nächstliegende und alles klärende Bestimmung des Werkes" (ebd.) genannt wird, – warum erst jetzt das Geschaffensein als ein Wesenscharakter des Kunstwerkes und das künstlerische Schaffen thematisiert werden. Daß das Werkhafte des Kunstwerkes in einer wesentlichen Weise im Geschaffensein liegt, ist für jedermann das Nächstliegende. Ohne Zweifel ist es für uns *gewöhnlich* das Erste, nicht nur das Kunstwerk, sondern auch die Kunst vom künstlerischen Schaffen her zu deuten. Das Schaffen fassen wir dann als die schöpferische Leistung des Künstlers, der in seinem Schaffen seine aus sich hervorgebrachten ästhetischen Form-Gedanken in der Formgebung eines Materials zum Ausdruck bringt. Abgesehen davon, daß wir in dieser gängigen Deutung wieder bei dem schon verabschiedeten Stoff-Form-Schema angelangt sind, entstammt die so geartete Auslegung des künstlerischen Schaffens der grundlegenden Ansetzung des künstlerischen Menschen als des genialisch aus sich selbst heraus schaffenden Subjekts. Diese Bestimmung des Menschen ist aber durch die Grundstellung Heideggers und durch den in der Kunstwerk-Abhandlung bislang zurückgelegten Weg aufs äußerste in Frage gestellt. Wenn wir für die Auslegung des Kunstschaffens nicht auf dieses selbstverständliche Deutungsschema von der schöpferisch-produzierenden Leistung des künstlerischen Individuums zurückgreifen dürfen, wie hätten wir dann zu Beginn der Kunstwerk-Abhandlung mit der Frage nach dem Geschaffensein des Kunstwerkes und dem künstlerischen Schaffen einsetzen sollen? Was hätte uns zu Beginn der Untersuchung die rechte Führung für die Behandlung dieser Frage gegeben? Im Vorblick auf die Thematik des dritten Abschnittes gegen Ende des zweiten Abschnittes wurde wegweisend gesagt, das Wesen des Schaffens müsse im vorhinein aus seinem Bezug zum Wesen der Unverborgenheit des Seienden bestimmt werden (vgl. S. 45). Weil das Wesen des Schaffens nur gefaßt werden kann, wenn es in seinem Wesensbezug zum Geschehnis der Unverborgenheit gesehen wird, mußte in den beiden vorangegangenen Abschnitten erst einmal dieses Geschehnis zum Aufweis gebracht werden. Für die Auslegung des zweiten Abschnittes haben wir verschiedentlich auf die wichtige Textpassage des dritten Abschnittes (S. 59) hingewiesen, der vom Geworfensein und Entwurf handelt. Das Kunstschaffen wird dort als der schaffende Entwurf gefaßt. Grundsätzlich wird der Entwurf – nicht nur der schaffende – als das öffnende Entwerfen der in der Geworfenheit ankommenden Offenheit bestimmt, wobei das öffnende Entwerfen den ontologischen Charakter des Empfangens dessen hat, was sich öffnend in der Geworfenheit ankommt. Auch haben wir angemerkt, daß in dieser Kennzeichnung des Entwurfs *die* Wandlung in der Grundstellung Heideggers zum Ausdruck kommt, die er selbst als Kehre bezeichnet hat. Weil gemäß dieser Wandlung der Entwurf nicht nur wie in „Sein und Zeit" ein geworfener ist, sondern als öffnender Entwurf eingefügt ist in die in der Geworfenheit ankommende, von ihr selbst her sich entbergende Unverborgenheit, mußte die Kunstwerk-Abhandlung bis zu ihrem jetzigen Haltepunkt erst einmal die Dimension der sich lichtenden Lichtung überhaupt und in der werkgemäßen Weise sichtbar machen. Nur von dieser Dimension her kann das Wesen des daseinsmäßigen Entwerfens überhaupt und des künstlerisch-schaffenden Entwurfes gefaßt werden.

Wohl wird das Geschaffensein des Kunstwerkes nur im Zusammenhang mit dem Schaffen und im Herblick aus dem Vorgang des Schaffens bestimmt werden müssen. Das bedeutet aber nicht, daß das Geschaffensein aus dem Schaffen abgeleitet, daß das Schaffen als schöpferische Leistung in sich selbst beruhen wird. Wenn Heidegger sagt: „So müssen wir uns unter dem Zwang der Sache doch dazu verstehen, auf die Tätigkeit des Künstlers einzugehen, um den Ursprung des Kunstwerkes zu treffen" (ebd.), dann geschieht das nicht im Sinne der gewöhnlichen Auffassung vom Kunstwerk als der schöpferischen Leistung des schaffenden Künstlers. Es geschieht in dem Sinne, daß der Künstler nur insoweit schaffendes Entspringenlassen des Kunstwerkes ist, als das Kunstwerk seinerseits und d. h. die im Kunstwerk geschehende

Unverborgenheit Ursprung des Künstlers ist und das künstlerische Schaffen entspringen läßt. Sagt Heidegger: „Der Versuch, das Werksein des Werkes rein aus diesem selbst zu bestimmen, erweist sich als undurchführbar" (ebd.), so müssen wir sinngemäß ergänzen: Der Versuch erweist sich *scheinbar* als undurchführbar. Scheinbar solange, wie man das künstlerische Schaffen als den in sich selbst gründenden Ursprung des Kunstwerkes vermeint. Stattdessen soll jetzt gezeigt werden, daß das künstlerische Schaffen nicht in sich selbst ruht, sondern nur ist, was es ist, aus seinem Wesensbezug zu der im Kunstwerk geschehenden Unverborgenheit.

Gemäß der Ankündigung im Vorblick auf die Thematik des dritten Abschnittes, das Schaffen „im vorhinein aus seinem Bezug zum Wesen der Wahrheit als der Unverborgenheit des Seienden" (S. 45) zu bestimmen, gibt Heidegger im folgenden kurzen Absatz die Anweisung, für die jetzt durchzuführende Thematisierung des künstlerischen Schaffens alles das im Gedächtnis zu behalten, was im Vorausgegangenen an Hand des Gemäldes und des griechischen Tempels vom Geschehen der Unverborgenheit des Seienden im Kunstwerk ausgeführt wurde.

§ 30. Wesensbestimmung des Schaffens. Unterschied zwischen dem schaffenden und dem anfertigenden Hervorbringen

a) Zurückweisung des Handwerklichen als Leitfaden für die Wesensbestimmung des Schaffens

Wie am Schluß des zweiten Abschnittes der Vorblick auf die Thematik des dritten Abschnittes ankündigte, soll zur Bestimmung des Geschaffenseins und des Schaffens als *erste Teilfrage* der *Unterschied* zwischen dem *künstlerischen* und dem *handwerklichen Hervorbringen* erörtert werden. Das künstlerische Schaffen ist ein Hervorbringen. Das allein reicht jedoch zur Wesenscharakterisierung nicht aus. Denn auch das handwerkliche (natürlich auch das fabrikmäßige) Anfertigen und Herstellen von Zeug, d. h. von Gebrauchsdingen im umfassenden Sinne, ist ein Hervorbringen. So stellt sich die Frage nach dem unterschiedlichen Wesen des schaffenden und des anfertigenden Hervorbringens. Das Handwerk schafft keine Werke, auch nicht in der Entgegensetzung zur fabrikmäßigen Produktion der Serienware, wenn eben ‚Werk‘ als Terminus vorbehalten bleiben soll dem Kunstwerk. Zur Aufgabe steht, beide Weisen des Hervorbringens je in ihren eigenen Wesenszügen sichtbar zu machen.

Ausgehend vom nächsten Anschein, den beide Weisen des Hervorbringens bieten, zeigt sich in der Tätigkeit des Töpfers und des Bildhauers, des Schreiners und des Kunstmalers dasselbe handwerkliche Verhalten. Auch das Schaffen von Kunstwerken verlangt aus sich das handwerkliche Tun. Das bezeugt die Wertschätzung, die zumindest die großen Künstler früherer Kunstepochen dem handwerklichen Können im Raume der Kunst zuteilwerden ließen. Von hier aus gesehen – möchte man meinen – sind das künstlerische und das handwerkliche Hervorbringen gar nicht so weit voneinander entfernt.

Die Nähe zwischen dem künstlerischen und dem handwerklichen Hervorbringen scheint auch das griechische Wort τέχνη zu bezeugen, das bedeutungsmäßig sowohl das Handwerk als die Kunst umfaßt. Entsprechend bedeutet τεχνίτης sowohl Handwerker als auch Künstler. Diesen Hinweisen könnte man entnehmen, das Wesen des Schaffens müsse im Ausgang von seiner handwerklichen Seite bestimmt werden. Doch diesem nächsten Anschein, als teile das Kunstschaffen die handwerkliche Seite mit dem handwerklichen Hervorbringen, und der geläufigen Ausdeutung des griechischen Gebrauches der Worte τέχνη und τεχνίτης tritt Heidegger entgegen. Heideggers Deutung des griechischen Seinsverständnisses gemäß bedeutet τέχνη primär weder Handwerk noch Kunst und überhaupt keine praktische Leistung, sondern „eine Weise des Wissens" (S. 47). Wissen aber heißt: Gesehenhaben im weitesten Sinne, nicht nur im Sinne des sinnlichen Sehens. Dieser weite Sinn des Wissens als des Gesehenhabens besagt: Vernehmen des Seienden als eines Anwesenden.

Das Anwesende ist das, was als ein solches unverborgen ist. Die Unverborgenheit des Seienden haben nach Heidegger die Griechen in dem Wort ἀλήθεια erfahren. Deshalb kann Heidegger sagen, das Wesen des Wissens, d. h. des Gesehenhabens und das heißt des Vernehmens des Seienden als des unverborgen Anwesenden beruhe für das griechische Denken in der ἀλήθεια als der Entbergung des Seienden. Für Heidegger haben die Griechen *aus* der Erfahrung der Unverborgenheit des Seienden gedacht, *nicht* aber *diese selbst* in ihrem Geschehenscharakter und Strukturgehalt gedacht. Zu ihrer Erfahrung der Unverborgenheit gehört auch die Erfahrung dessen, daß die Unverborgenheit *jedes* Verhalten zu Seiendem trägt und leitet. Damit steht die Kunstwerk-Abhandlung wieder bei dem, von dem sie meinte, sich vorerst abkehren zu müssen, um dem Wesen des Kunstschaffens nachzufragen. Sie steht wieder bei der Unverborgenheit, die jedes Verhalten zum Seienden und so *auch das künstlerische Hervorbringen des Kunstwerkes* leitet und führt.

Wie deutet Heidegger die τέχνη, sofern sie als eine Weise des Wissens, d. h. des Gesehenhabens und das heißt des entbergenden Vernehmens des Anwesenden, von der Unverborgenheit getragen und geleitet wird? Sie ist ein Hervorbringen des Seienden, indem sie dieses als Anwesendes „aus der Verborgenheit her eigens in die Unverborgenheit seines Aussehens vorbringt" (S. 48). Nur sofern die τέχνη ein solches in das Geschehen der Unverborgenheit eingelassenes entbergendes Hervorbringen ist, erscheint sie uns auch als Tätigkeit eines Machens. Der Künstler fällt mit dem Handwerker unter denselben Namen des τεχνίτης nicht, wie es anfangs schien, weil auch er, wenn auch nicht ausschließlich, ein Handwerker ist, sondern weil er mit dem Handwerker das *entbergende Hervorbringen* teilt, wenn auch jedes in sich verschiedenen Wesens ist. Das Her-stellen von Kunstwerken und das Herstellen von Zeug heißen τέχνη, weil sie darin übereinkommen, in der Weise eines Her-vor-bringens zu geschehen, das das Seiende von seinem im vorhinein gesehenen Aussehen her „in sein Anwesen vor kommen läßt" (ebd.). Weder das Schaffen von Kunstwerken noch das Anfertigen von Zeug ist ein bloß tätiges Herstellen, sondern ein Her-stellen, d. h. ein Her-vor-stellen und in diesem Sinne ein Her-vor-bringen in die Unverborgenheit seines Anwesens.

Damit ist nur das *Gemeinsame* des Schaffens und des Anfertigens zur Abhebung gekommen, das nicht, wie es sonst scheint, im Handwerklichen, sondern in der *entbergenden Hervorbringung* liegt. Diese geschieht nicht aus sich selbst heraus, sondern nur als getragen und geführt von der in der Geworfenheit ankommenden Unverborgenheit bzw. Lichtung des Seienden im Ganzen. Zum Seienden im Ganzen gehört außer dem zeughaft und werkhaft Seienden das naturhaft Seiende, das Heidegger im Unterschied zu dem in der entbergenden Hervor-bringung anwesenden Seienden das „eigenwüchsig aufgehende Seiende" (ebd.) nennt. Das Aufgehen aber des eigenwüchsig aufgehenden Seienden ist die φύσις. Das, was am künstlerischen Schaffen wie handwerkliches Tun aussieht, soll nicht weginterpretiert werden. Aber was so aussieht, ist in Wahrheit anderes, hat keine Gemeinsamkeit mit dem Tun des Handwerkers. Auch die Seite des sog. handwerklichen Tuns im künstlerischen Schaffen ist vom Wesen des Kunst-Schaffens bestimmt und durchstimmt und kann daher nur von ihm her angemessen erfaßt werden. Heidegger wehrt damit die Ansicht ab, das künstlerische Schaffen spalte sich in eine handwerkliche und in die eigentlich künstlerische Seite.

b) Der Hinblick auf die im Kunstwerk geschehende Unverborgenheit als Leitfaden für die Wesensbestimmung des Schaffens

Nachdem sich ergeben hat, daß das Handwerkliche nicht den Leitfaden hergeben kann für die denkende Bestimmung des Wesens des Schaffens, muß nach einem *anderen Leitfaden* Ausschau gehalten werden. Mit der Zurückweisung des Handwerklichen als Leitfaden ist nicht die geforderte Aufgabe der Abgrenzung des Schaffens vom Anfertigen fallengelassen. Es bleibt für die Lösung der gestellten Aufgabe kein anderer Weg, als den gesuchten Leitfaden doch wieder in dem Hinblick auf das zu schaffende Werk in seinem Werksein zu finden. Hier scheint sich uns aber ein Paradoxon in den Weg zu stellen. Wie soll das Wesen des schaffenden Hervorbringens aus dem Hinblick auf das zu schaffende Werk bestimmt werden, da doch das Kunstwerk erst *im* und *durch* den Vollzug des Schaffens wirklich wird, also in seinem wirklichen Dastehen vom Schaffen abhängt? Das Paradoxe scheint darin zu liegen, daß vom Kunstwerk her, das erst durch das Schaffen wirklich wird und dem Schaffen gleichsam nachgeordnet ist, das ihm vorgeordnete Schaffen bestimmt werden soll. Man möchte meinen, daß umgekehrt vorzugehen sei: erst das Schaffen für sich bestimmen und dann von dem so bestimmten Schaffen her das Werk als ein geschaffenes bestimmen. Jedoch, das Schaffen ohne Hinblick auf das geschaffene bzw. zu schaffende Werk in seinem Wesen fassen wollen, hieße, es doch wieder von vornherein von seinem Wesensbezug zu der im Kunstwerk geschehenden Unverborgenheit abschneiden, was von vornherein, wie der Vorblick betonte, verhindert werden sollte. Deshalb sagt Heidegger der gewohnten Vorstellungsweise widersprechend: Obwohl das Kunstwerk erst *im* Vollzug des Schaffens als wirkliches hervorgeht und insofern vom Schaffen abhängt, „gerade deshalb hängt das Wesen des Schaffens vom Wesen des Werkes ab" (ebd.). Hier erinnern wir uns erneut an die einleitenden Sätze der Kunstwerk-Abhandlung, daß nicht nur und erstlich der Künstler der Ursprung des Kunstwerkes sei, sondern daß auf seine Weise auch das Kunstwerk der Ursprung des Künstlers und seines Schaffens sei. Daß das Geschaffensein des Kunstwerkes einen Rückbezug hat zum Schaffen, wird nicht bestritten. Dem widerstreitet aber nicht, daß das Schaffen und mit ihm das Geschaffensein des Kunstwerkes aus dem Wesen, aus dem Werksein des Kunstwerkes bestimmt werden müssen. Das Werksein wurde aufgewiesen als das Geschehnis der Unverborgenheit in der Weise des Urstreites und des darin gegründeten Streites. Dieses Ergebnis der Besinnung auf den einzuschlagenden Weg entspricht dem, was im Vorblick auf die zu behandelnde Thematik angekündigt wurde.

Damit ist endgültig der einzuschlagende Weg für die Klärung

der anstehenden Fragen gefunden. Heidegger gibt hier selbst die Antwort auf jene zuvor (S. 46) für den Leser geäußerte Verwunderung darüber, daß nach einem so langen Gedankengang erst jetzt das Geschaffensein und Schaffen thematisch werden. Die ersten beiden Abschnitte mußten sich so ausgiebig der Frage nach dem Werksein des Kunstwerkes widmen, weil eine Wesensbestimmung des Schaffens und des Geschaffenseins des Kunstwerkes *nur* aus dem zuvor schon freigelegten und weitreichend bestimmten Werksein des Werkes möglich wird. Nicht wird nur das Schaffen und Geschaffensein aus dem schon zur Auslegung gebrachten Werksein zu charakterisieren sein, sondern *auch das Werksein* wird durch die jetzt zu verfolgenden Analysen über seine bisher gediehene Bestimmung hinaus „noch wesentlicher" (S. 48) zur Abhebung kommen.

Die vorangegangenen Abschnitte, vor allem der zweite, führten zur Wesensumgrenzung des Kunstwerkes. Ihr gemäß beruht das Werksein des Kunstwerkes im Streit von Welt und Erde und, weil dieser als ein Grundzug eingefügt ist in den Urstreit von Entbergung und zwiefacher Verbergung, im Geschehnis der Wahrheit als der Unverborgenheit des Seienden im Ganzen. Aus dem Hinblick auf dieses so aufgewiesene Werksein wird – in Anlehnung an die Wesensbestimmung der τέχνη – das Schaffen von Kunstwerken als ein „Hervorgehenlassen in ein Hervorgebrachtes" (S. 49) gekennzeichnet. Diese erste Bestimmung des Kunstschaffens bleibt jedoch noch zu allgemein. In ihr ist noch nicht der Unterschied zwischen dem Schaffen eines Kunstwerkes und dem Anfertigen von Zeug gefaßt, das auch ein Hervorgehenlassen in ein Hervorgebrachtes ist. Für die Unterscheidung beider Weisen des Her-vor-bringens werden wir beachten müssen, daß wohl das Zeug im anfertigenden Hervorgehenlassen im Geschehnis der Unverborgenheit hervorgebracht wird, daß aber dieses Geschehnis *nicht im* Zeug geschieht. Dagegen liegt das Auszeichnende des schaffenden Hervorgehenlassens des Kunstwerkes darin, daß *in* dem Hervorgebrachten die Unverborgenheit geschieht. In dem ‚*im* hervorgebrachten Werk' verbirgt sich das Problem. Deshalb heißt es jetzt auch, das Werkwerden des Kunstwerkes im Geschaffenwerden sei „eine Weise des Werdens und Geschehens der Wahrheit" (ebd.). *Im* Schaffen und Geschaffenwerden des Kunstwerkes geschieht die Unverborgenheit. Darin liegt: Das Schaffen und Geschaffenwerden geschehen *nicht nur aus* dem Bezug zur Unverborgenheit. Der *Wesensbezug des Schaffens zur Unverborgenheit* hat sein Auszeichnendes darin, daß *im* Werkwerden des Kunstwerkes die Unverborgenheit dergestalt geschieht, daß sie auch *im* fertig geschaffenen Werk am Werke ist.

§ 31. Das Sicheinrichten der Offenheit in ihr eigenes Offenes als Grund für den Zug der Unverborgenheit zum Kunstwerk

a) Das Bergen der Offenheit in der Offenbarkeit des Seienden als allgemeiner Grundzug im Wesen der Unverborgenheit

Daher muß – einen Denkschritt weitergehend – gefragt werden: Was ist die Unverborgenheit an ihr selbst, „daß sie in dergleichen wie einem Geschaffenen geschehen muß?" (S. 49), und das heißt negativ gefragt: daß sie *nicht nur für* das Hervorgehenlassen eines Hervorzubringenden in seine Offenbarkeit geschieht? Heidegger erläutert diese wesentliche Frage durch eine zweite Frage: „Inwiefern hat die Wahrheit aus dem Grunde ihres Wesens einen Zug zum Werk" (ebd.), um *im* Kunstwerk in ausgezeichneter Weise zu geschehen? Heidegger fragt weiter: „Läßt sich dies aus dem bisher aufgehellten Wesen der Wahrheit begreifen?" (ebd.) Es muß versucht werden, aus dem im zweiten Abschnitt aufgehellten Wesen der Unverborgenheit diese Frage zu beantworten.

Das bisher aufgehellte Wesen der Wahrheit wurde in die Formel gebracht: „Die Wahrheit ist in ihrem Wesen Un-wahrheit" (S. 43). Verkürzt lautet jetzt die Formel: „Die Wahrheit ist Un-Wahrheit" (S. 49). In der überarbeiteten Fassung von 1960 fügt Heidegger als Erläuterung dieser Formel hinzu: „insofern zu ihr der Herkunftsbereich des Noch-nicht-(des Un-)Entborgenen im

Sinne der Verbergung gehört" (Reclam-Ausgabe, S. 67). Durch diese erweiternde Erläuterung wird die ‚Un-Wahrheit' zunächst nur auf die anfängliche Verborgenheit bezogen, während in der Formel „Die Wahrheit ist in ihrem Wesen Un-Wahrheit" der Terminus ‚Un-Wahrheit' beide Weisen der Verbergung in sich befaßte. Der nun folgende Satz, der sich in der ersten Fassung unmittelbar an die Formel anschloß, erläutert auch ganz im Sinne der ersten Einführung dieser Formel ‚Un-Wahrheit' in der Bedeutung des zweifachen Verbergens. In der Wahrheit waltet nicht nur das eine ‚Un-' der Un-verborgenheit; dieses ‚Un-' nennt die Nicht-Verborgenheit. „In der Un-verborgenheit als Wahrheit west zugleich das andere ‚Un-' eines zwiefachen Verwehrens" (ebd.), nicht das ‚Un-' der Un-verborgenheit, sondern das ‚Un-' aus dem Wort ‚Un-wahrheit'. Dieses ‚Un-' nennt umgekehrt das Nicht der Entbergung, und zwar in der Doppelgestalt des verwehrenden Verbergens. Das Wesen der Wahrheit beruht „im Gegeneinander von Lichtung [Entbergung] und zwiefacher Verbergung" (ebd.). Dieses ursprüngliche Gegeneinander wurde der Urstreit genannt, in welchem der Streit von Welt und Erde gründet. Im ganzheitlichen Streitgeschehen wird „das Offene erstritten" (ebd.), das als das Offene einer Welt bestimmt, wir könnten auch sagen: eingeschränkt ist, durch das Verbergen als Versagen und durch das Verbergen als Verstellen. In das erstrittene Offene – so rekapituliert Heidegger, um sogleich auf einen neuen und wesentlichen Sachverhalt im Wesen der Wahrheit zu stoßen – steht alles Seiende, wenn es unverborgen wird, herein, und aus ihm hält es sich zurück, wenn es entweder in die Verdeckung eingeht oder vergeht. Wann immer und wie immer der Streit ausbricht – sagt Heidegger und hat dabei die geschichtlich wandelbaren Weisen des Streitgeschehens im Blick. Das Offene des Streitraumes wird erstritten, indem die Entbergung und zwiefache Verbergung in ihrem Gegeneinander auseinandertreten, ohne sich zu entzweien. Indem sich die Lichtung in der Gegenwendung gegen die anfängliche und die verstellende Verbergung erringt und die Verbergung sich in ihrem Eigenwesen behauptend von der Entbergung wegrückt, treten Entbergung und Verbergung dergestalt auseinander, daß sich das Offene als das Auseinander eröffnet. Bis hierher hat Heidegger das schon aufgehellte Wesen der Wahrheit vergegenwärtigt. Die Vergegenwärtigung war notwendig, weil nunmehr für die Klärung der Frage nach dem Geschaffensein und dem Schaffen das Wesen der Unverborgenheit *auf einen Wesenszug* befragt werden soll, der der *Wesensgrund für den Zug der Unverborgenheit zum Kunstwerk ist.*

Der nun folgende Satz im Text nennt den gesuchten Wesenszug im Wesen der Unverborgenheit, von dem her der Zug der Wahrheit zum Kunstwerk einsichtig werden soll. „Die Offenheit dieses Offenen, d. h. die Wahrheit, kann nur sein, was sie ist, nämlich diese Offenheit, wenn sie sich und solange sie sich selbst in ihr Offenes einrichtet" (ebd.). Der hiermit neu eingeführte, das Wesen der Wahrheit betreffende Gedanke nennt als Wesenszug das *Sicheinrichten der Offenheit in ihr eigenes Offenes.* Damit sich die Offenheit in ihr eigenes Offenes einrichten kann, „muß in diesem Offenen je ein Seiendes sein, worin die Offenheit ihren Stand und ihre Ständigkeit nimmt" (ebd.). Sicheinrichten der Offenheit im Offenen heißt: in einem Seienden, das im Offenen offenbar wird, Stand nehmen. Indem solches geschieht, „besetzt" (ebd.) die Offenheit selbst ihr eigenes Offenes und hält in diesem Besetzen das Offene „offen und aus" (ebd.). Zur Erläuterung des Wortes ‚Besetzen' fügt Heidegger an, daß ‚Besetzen' und ‚Setzen' (Ins-Werk-*Setzen*) aus dem griechischen Sinn der θέσις gedacht seien, „die ein Aufstellen im Unverborgenen meint" (ebd.).

Das Sicheinrichten der Offenheit in ein offenbares Seiendes ihres Offenen ist als Wesenszug im Wesen der Unverborgenheit der *Wesensgrund für das Sich-ins-Werk-setzen* der Wahrheit, darüber hinaus aber *auch für die anderen wesentlichen Weisen,* „wie die Wahrheit sich in dem durch sie eröffneten Seienden einrichtet" (S. 50). Wie wir aber auf unserem Auslegungsgang durch die Kunstwerk-Abhandlung immer wieder betont haben, geschieht die Wahrheit *nicht nur* im Kunstwerk und in den anderen von Heidegger genannten wesentlichen Weisen, sondern

239

auch außerhalb von ihnen in der gewöhnlichen, uneigentlichen, nichtwesentlichen Weise. Wenn das Sicheinrichten der Offenheit im Seienden ihres Offenen der Wesenszug der wesentlichen Weisen des Wahrheitsgeschehens ist, dann muß es im Wesen der Wahrheit einen *Grundzug* geben, der den wesentlichen Weisen *und* der gewöhnlichen Weise des Wahrheitsgeschehens gemeinsam ist. Dieser allgemeine Grundzug im Wesen der Wahrheit läßt erst verstehen, inwiefern sich die Wahrheit in ihren wesentlichen Geschehnisweisen in einem ausgezeichneten Seienden ihrer Offenheit einzurichten vermag.

Wir streiften diesen allgemeinen Grundzug, als die Kunstwerk-Abhandlung im ersten Abschnitt davon handelte, daß die sich öffnende Welt auf die in ihr hervorkommende Erde sich *zurückstelle* (Holzwege, S. 32). Das Offene der Welt würde, wenn es nicht im Sichverschließenden der Erde *geborgen* würde, ins Unbestimmte entschweben. Es ist der Gedanke, daß die sich öffnende Offenheit der Welt nur Offenheit sein kann, sofern sie geborgen wird in der Offenbarkeit des innerweltlichen Seienden, die von der sichverschließenden Erde bestimmt wird. Die Offenheit der Welt ist nicht nur die ontologische Bedingung der Möglichkeit für das Offenbarwerden des innerweltlichen Seienden in ihr. Das ist Heideggers Position in „Sein und Zeit" und in den Schriften vor der Kehre. Ein wesentlicher Gedanke der Kehre ist die Einsicht, daß die Enthüllung des Seins und die Offenbarkeit des Seienden nicht nur unterschieden und zusammengehörig sind in der Weise der Bedingung der Möglichkeit-für, sondern zusammengehörig in der Weise, daß in der Offenbarkeit des Seienden die Enthülltheit des Seins bzw. die Offenheit der Welt *geborgen* ist. Das *Bergen* der Offenheit in der Offenbarkeit des Seienden ist der *allgemeine Grundzug im Wesen der Wahrheit*, der auch die gewöhnliche Weise des Wahrheitsgeschehens bestimmt und der sich in den wesentlichen Weisen des Wahrheitsgeschehens *abwandelt* zum Sicheinrichten der Offenheit in ein ausgezeichnetes Seiendes ihres Offenen.

In bezug auf das Sicheinrichten der Offenheit sagt Heidegger: „Mit dem Hinweis auf das Sicheinrichten der Offenheit in das

Offene rührt das Denken an einen Bezirk, der hier noch nicht auseinandergelegt werden kann" (S. 49). Hierauf bezieht sich einer der „Zusätze" von 1956. Dort heißt es: „Schwer bleibt, die Bestimmungen zu erörtern, die in kurzer Fassung (S. 49) über das ‚Einrichten' und ‚Sicheinrichten der Wahrheit im Seienden' gegeben werden. Wiederum müssen wir vermeiden, ‚einrichten' im modernen Sinne und nach der Weise des Technikvortrages als ‚organisieren' und fertigmachen zu verstehen. Vielmehr denkt das ‚Einrichten' an den S. 50 genannten ‚Zug der Wahrheit zum Werk', daß die Wahrheit inmitten des Seienden, selber werkhaft seiend, seiend werde (S. 50)" (Holzwege. GA Bd. 5, S. 72 f.). In der Kunstwerk-Abhandlung setzt Heidegger fort: „Nur dieses sei angemerkt, daß, wenn das Wesen der Unverborgenheit des Seienden in irgend einer Weise zum Sein selbst gehört (vgl. Sein und Zeit § 44), dieses aus seinem Wesen her den Spielraum der Offenheit (die Lichtung des Da) geschehen läßt und ihn als solches einbringt, worin jegliches Seiende in seiner Weise aufgeht" (Holzwege, S. 49). Auf diesen Satz im Zusammenhang mit dem vorangehenden bezieht sich die Fortsetzung des „Zusatzes": „Bedenken wir, inwiefern Wahrheit als Unverborgenheit des Seienden nichts anderes besagt als Anwesen des Seienden als solchen, d. h. Sein (siehe S. 59), dann rührt die Rede vom Sicheinrichten der Wahrheit, d. h. des Seins, im Seienden an das Fragwürdige der ontologischen Differenz (vgl. Identität und Differenz, 1957, S. 37 ff.)" (Holzwege. GA Bd. 5, S. 73). Der Bezirk, an den das Denken mit dem Hinweis auf das Sicheinrichten der Offenheit in das Offene rührt, ist die *ontologische Differenz*, was auch noch einmal durch eine Randbemerkung Heideggers aus seinem Handexemplar der Reclam-Ausgabe von 1960 bestätigt wird. Letztere lautet: „Dazu die ‚ontologische Differenz', vgl. ‚Identität und Differenz', S. 37 ff." (Holzwege. GA Bd. 5, S. 48). Die ontologische Differenz ist der Unterschied von Sein und Seiendem. Inwiefern mit dem Unterschied von Offenheit und offenbarem Seienden, mit dem Unterschied von Unverborgenheit (Wahrheit) als Lichtung und zwiefacher Verbergung und unverborgenem Seienden die Differenz von *Sein* und Seiendem im Thema steht, erläutert Heidegger in dem Satz: „Nur dieses sei angemerkt …" Wir erläutern diesen Satz. Das „Wesen der Unverborgenheit des Seienden" gehört in *der* Weise *zum Sein selbst,* daß es dessen Wesen ist. Das „Sein selbst" meint das Sein in seinem Wesen, aus dem her es „den Spielraum der Offenheit (die Lichtung des Da) geschehen läßt", in welchem jegliches Seiende in seiner Weise (je nach seiner Seinsart) aufgeht. Das Wesen des Seins ist die Unverborgenheit als Entbergung und zwiefache Verbergung. Das Sein selbst, das Wesen des Seins, ist das aus der Differenz zum Seienden und dessen Seiendheit (kategoriale Seinsstrukturen) gedachte Sein, der Sinn von Sein überhaupt. Die Wahrheitsfrage und die Seinsfrage sind nicht zwei Fragen, sondern ein und dieselbe. Der Hinweis auf den § 44 von „Sein und Zeit" erinnert daran, daß das, was hier in der Kunstwerk-Abhandlung als Wesen der Unverborgenheit gedacht wird, dort unter dem Namen der Erschlossenheit des Seins und der Welt im Unterschied zur Entdecktheit des Seienden erörtert wird. Wie in „Sein und Zeit" die Erschlossenheit zum Sein selbst gehört, sofern sie in ihrem zeithaften Wesen der Sinn von Sein überhaupt ist, so gehört in der Kunstwerk-Abhandlung das Wesen der Unverborgenheit, das Geschehen der Entbergung und Verbergung, zum Sein selbst. Die Differenz von Unverborgenheit (Wahrheitsgeschehen) und unverborgenem Seienden ist, wenn das Wahrheitsgeschehen das Wesen des Seins ist, die ontologische Differenz von Sein und Seiendem.

Den Zusammenhang zwischen dem Wesen der Unverborgenheit und dem Sein selbst erläutert auch der oben zitierte „Zusatz". Unverborgenheit des Seienden besagt Anwesen des Seienden als solchen, wobei im Anwesen das Geschehen zu denken ist, in welchem das Seiende als solches anwest, d. h. seiend wird. Im Geschehen des Anwesens rückt es in die Offenbarkeit seines Seins ein. Das Geschehen des Anwesens können wir auch mit Heidegger das Anwesenlassen nennen. Wenn im Anwesen als dem Anwesenlassen Seiendes allererst für uns seiend wird, dann ist das Anwesen als Anwesenlassen das Sein des Seienden, aber das Sein selbst im Unterschied zum Seienden in seinem Sein. Heidegger

242

sagt: Die Rede vom Sicheinrichten der Wahrheit, d. h. des Seins, im Seienden ... Er setzt also Wahrheit als das Wahrheitsgeschehen mit dem Sein selbst, dem Wesen des Seins, in eins.

Wenn Heidegger das Sicheinrichten der Offenheit in das darin offenbare Seiende zusammendenkt mit dem Sein selbst, das aus seinem Wesen her die Offenheit für das Aufgehen des Seienden geschehen läßt, dann ist damit gesagt: Zum Wesen des Seins gehört, die Offenheit für die Offenbarkeit des Seienden dergestalt geschehen zu lassen, daß sich die Offenheit in dem in ihr offenbarwerdenden Seienden selbst *birgt* bzw. einrichtet. In den wesentlichen Weisen des Unverborgenheitsgeschehens wandelt sich das Sichbergen ab zum Sicheinrichten. Das *Gemeinsame* des *Sichbergens* und des *Sicheinrichtens* der Offenheit in das offenbare Seiende ist darin zu sehen, daß die Offenheit nicht nur, wie in „Sein und Zeit" und in den Schriften vor der Kehre, die ontologische Bedingung der Möglichkeit für das Offenbarwerden des Seienden ist, – daß sie als vom Offenbaren unterschieden mit diesem nicht nur in der Weise der Bedingung der Möglichkeit zusammengehörig ist, sondern daß sie als vom Offenbaren unterschiedene zugleich ‚in ihm ist'. ‚Im offenbaren Seienden' ist sie einmal in der Weise des Sichbergens und Geborgenseins, zum anderen in der Weise des Sicheinrichtens. Die Einsicht in die Wesensstruktur des Sichbergens bzw. des Sicheinrichtens verwandelt die Gestalt der ontologischen Differenz, die Heidegger ihr in „Sein und Zeit" und den in ihrem Umkreis stehenden Schriften gegeben hat.

Im nächstfolgenden Absatz der Kunstwerk-Abhandlung führt Heidegger den Gedanken des Sicheinrichtens der Offenheit bzw. der Wahrheit als Unverborgenheit weiter aus. „Wahrheit geschieht nur so, daß sie in dem durch sie selbst sich öffnenden Streit und Spielraum sich einrichtet" (Holzwege, S. 49). Das bedeutet: Zum Wesen des Wahrheitsgeschehens gehört *nicht nur* das Geschehen der Lichtung und zwiefachen Verbergung und des Unverborgenwerdens des Seienden *in* der erstrittenen Offenheit, sondern auch das Sicheinrichten der Offenheit in dem in ihr unverborgenwerdenden Seienden. Dieser Satz Heideggers bezieht

243

sich auf die wesentlichen Weisen des Wahrheitsgeschehens. Er schließt aber auch die gewöhnliche Weise des Wahrheitsgeschehens ein, wobei der Satz dahingehend abgewandelt werden muß, daß sich die geschehende Wahrheit in dem durch sie selbst sich öffnenden Streit und Spielraum *birgt*. Im folgenden Satz gibt Heidegger eine Begründung dafür, daß sich die Wahrheit in dem durch sie selbst sich öffnenden Streit einrichtet: „Weil die Wahrheit das Gegenwendige von Lichtung und Verbergung ist, deshalb gehört zu ihr das, was hier die Einrichtung genannt sei" (ebd.). Hier wird nicht etwa gesagt, daß die Einrichtung (und mit ihr das Sichbergen) dasselbe sei wie die Verbergung im Wesen der entbergenden Lichtung. Denn es ist ja das von den beiden Weisen der Verbergung (Versagen und Verstellen) bestimmte endliche Maß der Offenheit, das sich im Unverborgenwerdenlassen des Seienden zugleich in das unverborgene Seiende einrichtet oder sich in ihm birgt. Das Sicheinrichten und das Sichbergen im offenbaren Seienden sind innerhalb des ganzheitlichen Geschehens der Unverborgenheit den beiden Weisen der Verbergung ‚nachgeordnet'. Das Sichbergen und das Sicheinrichten liegen im Wesen der Unverborgenheit als dem Gegenwendigen von Lichtung und Verbergung beschlossen. Deshalb sagt Heidegger ein paar Zeilen weiter: „Lichtung der Offenheit und Einrichtung in das Offene gehören zusammen" (S. 50). ‚Lichtung der Offenheit' heißt hier: Sichöffnen der Offenheit im Urstreit von Entbergung und zwiefachem Verbergen; ‚Sicheinrichten in das Offene' ist gleichbedeutend mit der abwechselnd wiederkehrenden Wendung: Sicheinrichten in ein Seiendes dieses Offenen. Das ganzheitliche Geschehen von Lichtung und zwiefacher Verbergung im Streit von Welt und Erde *und* das Sicheinrichten der im Streitgeschehen erstrittenen Offenheit in ein Seiendes dieser Offenheit gehören so zusammen, daß sie „das selbe eine Wesen des Wahrheitsgeschehens" (ebd.) bilden.

b) Fünf wesentliche Weisen des Sicheinrichtens der Unverborgenheit im Seienden ihres Offenen

Dieses jetzt durch den Aufweis des Wesenszuges des Sicheinrichtens vollständiger erfaßte Wesen des Wahrheitsgeschehens geschieht in *mannigfaltigen wesentlichen Weisen* geschichtlich. Im nächsten Absatz werden fünf solcher wesentlichen Weisen des Wahrheitsgeschehens genannt. Als erste „wesentliche Weise, wie die Wahrheit sich in dem durch sie eröffneten Seienden einrichtet" (ebd.), führt Heidegger das Sich-ins-Werk-setzen der Wahrheit auf. Hier wird deutlich gesagt: Die Unverborgenheit richtet sich in dem Seienden ein, das durch sie eröffnet ist. Dieses Seiende ist das Kunstwerk. Das Kunstwerk wird als Seiendes eröffnet, heißt: Es wird offenbar in der sich öffnenden Offenheit. Heidegger verwendet das Wort ‚Eröffnen‘ einmal in bezug auf die Offenheit, zum anderen aber auch bezüglich des Seienden. Im letzteren Fall hat ‚Eröffnen‘ die Bedeutung von ‚Offenbarwerden lassen‘. Was dieses *rätselhafte* Sicheinrichten der geschehenden Unverborgenheit im seienden Kunstwerk besagt, bleibt vorerst noch ungeklärt. Es steht aber zu erwarten, daß es *mehr bedeutet als nur das Sichbergen der Offenheit in der Offenbarkeit des Seienden,* wenn auch dieser Zug im Wesen der Unverborgenheit den Grund dafür hergibt, daß die Unverborgenheit sich in wesentlichen, also ausgezeichneten Weisen in dem von ihr und in ihr eröffneten Seienden einrichten kann.

An zweiter Stelle nennt Heidegger „die staatgründende Tat". Er sagt: „Eine andere Weise, wie Wahrheit west" und meint aber: eine andere wesentliche Weise, wie Wahrheit sich in dem durch sie selbst unverborgen gewordenen Seienden einrichtet. In der staatgründenden Tat richtet sich die Unverborgenheit in einem Seienden ganz anderer Art als das Kunstwerk ein: in dem institutionalisierten staatlichen Gefüge.

Eine dritte wesentliche Weise, in der die Unverborgenheit „zum Leuchten kommt, ist die Nähe dessen, was schlechthin nicht ein Seiendes ist, sondern das Seiendste des Seienden" (ebd.). Das Seiendste des Seienden ist nicht das höchste Seiende – denn es ist ja schlechthin nicht ein Seiendes – sondern das Sein selbst, das das Seiende als Seiendes bestimmt. Die Nähe des vom Seienden schlechthin unterschiedenen, es aber unverborgenwerden lassenden Seins selbst ist eine Nähe *im* Seienden. Denn es ist die Weise, wie das Sein selbst in seinem Lichtungs-Geschehen sich nicht nur im offenbarwerdenden Seienden birgt, sondern in ihm sich einrichtet. Diesen Gedanken können wir uns näher bringen in der Zuwendung zur Freiburger Antrittsvorlesung „Was ist Metaphysik?". Das Sein selbst richtet sich im offenbarwerdenden Seienden ein, wenn erfahren wird, daß das Seiende im Ganzen „in seiner vollen, bislang verborgenen Befremdlichkeit als das schlechthin Andere – gegenüber dem Nichts" offenbar wird (Was ist Metaphysik? 11. Auflage 1975, S. 34). Solche Erfahrung ist in der Befindlichkeit der Angst gegeben. Das in der Angst sich erschließende Nichts ist nicht erst seit dem 1943 verfaßten Nachwort zur Antrittsvorlesung, nicht erst mit und nach der Kehre, sondern bereits innerhalb des Gedankenkreises der Vorlesung das sich von allem Seienden unterscheidende Sein selbst. Aber es ist *die* Erfahrung des Seins, wie sie uns mitten in der Verfallenheit an das Seiende trifft. Das geht evident aus den auf das gegebene Zitat der Antrittsvorlesung folgenden Sätzen hervor. „In der hellen Nacht des Nichts der Angst ersteht erst die ursprüngliche Offenheit des Seienden als eines solchen: daß es Seiendes ist – und nicht Nichts" (ebd.). Das Erstehen der ursprünglichen Offenheit des Seienden bedeutet eine Wandlung in der Offenbarkeit des Seienden dergestalt, daß nunmehr das Seiende in seine *ursprüngliche* Offenbarkeit einrückt. Das nachgesagte „und nicht Nichts" wird als „die vorgängige Ermöglichung der Offenbarkeit von Seiendem überhaupt" (W. i. M., S. 35) erläutert. Was anderes aber ist in „Sein und Zeit" die vorgängige Ermöglichung der Offenbarkeit (Entdecktheit) des Seienden als die Erschlossenheit des Seins? Wenn sich mitten im verfallenden Aufgegangensein im Seienden die Erschlossenheit des In-der-Welt-seins in der Weise der Angst erschließt, dann erschließt sich die Erschlossenheit des Seins des Seienden als Nichts. Das Nichts ist die Erschlossenheit des Seins, wie sie sich in der Befindlichkeit der Angst erschließt – und das nicht nur vor, sondern auch nach der Kehre.

Die Erschlossenheit des Seins im Modus des Nichts erschließt sich nicht „abgelöst ‚neben' dem Seienden im Ganzen", sondern „in eins mit dem Seienden im Ganzen" (W. i. M., S. 33). Und das wiederum geschieht in zwiefach-einiger Weise: in der Weise des entgleitenlassenden Verweisens auf das versinkende Seiende im Ganzen (W. i. M., S. 34) und in der Weise des Offenbarwerdenlassens des Seienden „in seiner vollen, bislang verborgenen Befremdlichkeit" (ebd.). Nur sofern wir uns in unserem verfallenden Aufgegangensein im Seienden entgleiten, und nur sofern darin das Seiende, das für uns bislang gemäß unserem Verfallensein offenbar war, in seiner nichtursprünglichen Offenbarkeit versinkt, kann es nunmehr in seiner für uns zuvor verborgenen Ursprünglichkeit für uns offenbar werden. In der Erschließungsweise der Angst erfahren wir existenziell ein solches ursprüngliches Einrücken in die Offenbarkeit, aber so, daß wir es in eins mit der sich erschließenden Erschlossenheit des Nichts als des sich vom Seienden unterscheidenden Seins erfahren. Was Heidegger in der Antrittsvorlesung als das „in eins mit" denkt, ist in der Kunstwerk-Abhandlung weitergedacht in dem Gedanken des Sicheinrichtens. Die ursprüngliche Offenbarkeit des Seienden ist nunmehr die Weise, wie die Erschlossenheit, d. h. die Lichtung, sich in dem in ihr offenbarwerdenden Seienden so einrichtet, daß sie aus ihm zum Leuchten kommt.

Als vierte wesentliche Weise, wie Wahrheit als Unverborgenheit sich gründet und das heißt im Seienden einrichtet, nennt Heidegger das wesentliche Opfer im menschlichen Mit- und Füreinander.

Die Aufzählung solcher Weisen des Sicheinrichtens der Wahrheit im Seienden wird beschlossen mit der Nennung des fragenden Denkens als des Denkens des Seins. Das Denken des Seins ist eine wesentliche Weise, wie Unverborgenheit ‚wird', weil in diesem Denken die Unverborgenheit *als solche* gedacht wird. Die im Denken ursprünglich geschehende Unverborgenheit richtet sich in das *Gedachte* des Denkens ein. Das Gedachte sind die ins

Wort gebrachten Gedanken, gefügt in die Gedankenwerke, die von den Kunstwerken zu unterscheiden sind. Das Denken des Seins gelangt „zur wesentlichen Enthüllung des Seienden als solchen" (Holzwege, S. 50), indem es diese Enthüllung als das denkt, was alles Seiende als solches offenbarwerden läßt, so daß dieses als Seiendes vorliegt. Als so Vorliegendes wird es in verschiedenen Hinsichten Thema der Wissenschaften vom Seienden. Das Denken des Seins ist unter allen Wissenschaften die einzige, in der Wahrheit ursprünglich geschieht. Diese Auszeichnung wird den positiven Wissenschaften vom Seienden abgesprochen. In ihnen vollzieht sich kein ursprüngliches Geschehen der Unverborgenheit, weil sie als Wissenschaften vom schon offenbaren Seienden in einem je schon eröffneten Wahrheitsbereich, d. h. auf einem je schon gelegten Grund der eröffneten Wahrheit stehen, ohne um diesen sie tragenden und ermöglichenden Grund zu wissen. In den Wissenschaften vom schon offenbaren Seienden vollzieht sich nur noch der Ausbau des schon aus dem Lichtungs-Geschehen offenbargewordenen Bereiches von Seiendem. Ein solcher Ausbau vollzieht sich im „Auffassen und Begründen dessen, was in seinem Umkreis sich an möglichem und notwendigem Richtigen zeigt" (ebd.). Die je nach Seinsbereich unterschiedlich am Seienden aufgezeigten, begründeten und prädizierten seienden Bestimmungen haben zur Voraussetzung, daß das Seiende, an dem sie abgehoben werden, aus dem Lichtungsgeschehen offenbargeworden ist. Alle positiven Wissenschaften halten sich als Wissenschaften vom Seienden in den Grenzen des Wahren als des Richtigen. Allein die Philosophie als Wissenschaft vom Sein kommt „über das Richtige hinaus zu einer Wahrheit und d. h. zur wesentlichen Enthüllung des Seienden als solchen" (ebd.). Sie kommt „zu einer Wahrheit", indem sie die Wahrheit in ihrem Wesen als Unverborgenheit denkt. Sie denkt das Wesen der Wahrheit als Unverborgenheit, indem sie diese als das Geschehen der Lichtung und zwiefachen Verbergung denkt. Das Wahrheitsgeschehen denkend, bedenkt sie die ontologischen Voraussetzungen der positiven Wissenschaften vom Seienden und der Richtigkeit ihrer Erkenntnisurteile.

§ 32. Fortsetzung der Wesensbestimmung des Schaffens: das Sicheinrichten der Lichtung der Offenheit im schaffenden Bringen des Offenen in das hervorzubringende Kunstwerk

Der bis zur Aufzählung der fünf wesentlichen, ausgezeichneten Weisen des Sicheinrichtens der Lichtung gediehene Gedanke von der Zusammengehörigkeit der Lichtung des Offenen und der Einrichtung in das Offene wird in den folgenden Sätzen weitergeführt, nunmehr in der speziellen Kennzeichnung des Sich-ins-Werk-setzens. Denn jetzt wird es darum gehen, mit Hilfe der Einsicht in den Wesenszug des Sicheinrichtens der *wesentlich geschehenden* Wahrheit die spezielle Weise des Sicheinrichtens der Offenheit im Kunstwerk zur Abhebung zu bringen. In dieser Analyse soll das Wesen des Schaffens und das Geschaffensein des Kunstwerkes als weiterer Wesenscharakter seines Werkseins ans Licht treten.

Der erste Antwortschritt auf die oben gestellte Frage, inwiefern im Wesen der Unverborgenheit ein Zug zum Kunstwerk liege, kann nunmehr erfolgen. Heidegger sagt: „Weil es zum Wesen der Wahrheit gehört, sich in das Seiende einzurichten, um so erst Wahrheit zu werden, deshalb liegt im Wesen der Wahrheit der Zug zum Werk als einer ausgezeichneten Möglichkeit der Wahrheit, inmitten des Seienden selbst seiend zu sein" (ebd.). Hier wird deutlich gesagt, daß der Wesenszug in der wesentlich geschehenden Wahrheit, sich in das Seiende einzurichten, der Wesensgrund dafür ist, daß im Wesen der Wahrheit der ziehende Zug zum Kunstwerk liegt. Das Kunstwerk ist ein Seiendes. Der im Wesen der Wahrheit liegende Zug zum seienden Kunstwerk ist eine ausgezeichnete Möglichkeit der Wahrheit, sich dergestalt in einem ausgezeichneten Seienden einzurichten, daß sie als nichtseiende Lichtung inmitten des Seienden selbst seiend wird. Wie aber geschieht das Sicheinrichten der geschehenden Unverborgenheit in der Weise des Sich-*ins-Kunstwerk*-setzens? Was kann es denn heißen, daß die Unverborgenheit als die vom unverborgenen Seienden sich schlechthin unterscheidende Ermöglichung des Seienden als eines Offenbaren ihre ausgezeichnete

Möglichkeit darin hat, im seienden Kunstwerk *selbst seiend* zu werden?

Die folgenden zentralen Sätze müssen ihrer gedanklichen Gedrängtheit wegen Wort für Wort ausgelegt werden. Heidegger sagt: „Die Einrichtung der Wahrheit ins Werk ist das Hervorbringen eines solchen Seienden, das vordem noch nicht war und nachmals nie mehr werden wird" (ebd.). Denn *das* Seiende, in das sich hier die Lichtung einrichtet, ist ein im künstlerischen Schaffen hervorzubringendes. Das Sicheinrichten geht somit innigst mit dem künstlerischen Schaffen zusammen. Die ausgezeichnete Weise, wie sich die Offenheit in das Kunstwerk als ein ausgezeichnetes Seiendes einrichtet, ist ihrerseits nur zu klären im Zusammenhang mit einer Wesenserhellung des *schaffenden Hervorbringens*. Früher (S. 49) wurde das Schaffen als ein Hervorgehenlassen in ein Hervorgebrachtes gekennzeichnet. *Dieses* Hervorgebrachte ist im Unterschied zu einem angefertigten und somit auch hervorgebrachten Zeug ein einzigartiges. Jedes große Kunstwerk ist als ein vordem noch nicht gewesenes und nachmals nie mehr wiederholbares in seiner Weise einmalig. Worin beruht diese Einmaligkeit und Unwiederholbarkeit? Was geschieht in der schaffenden Hervorbringung, wenn sich in ihr die Unverborgenheit einrichtet und im hervorzubringenden Kunstwerk selbst seiend wird? Heidegger sagt: „Die Hervorbringung stellt dieses Seiende [das hervorzubringende Kunstwerk] dergestalt ins Offene, daß das zu Bringende [das hervorzubringende Kunstwerk] erst die Offenheit des Offenen lichtet, in das es [das Kunstwerk] hervorkommt" (S. 50). Die schaffende Hervorbringung hat den rätselhaften Doppelcharakter, daß sie, indem sie das seiende Kunstwerk ins Anwesen bringt, dieses werdende Kunstwerk zugleich *die* Offenheit des Offenen lichten läßt, in die es als seiendes Kunstwerk hervorkommt. Wir stehen hier vor dem zentralen Gedanken der Heideggerschen Philosophie der Kunst. Das Rätselhafte und nicht leicht Faßliche dieses Gedankens liegt darin, daß hier nicht nur die sich öffnende Offenheit das Kunstwerk wie alles Seiende unverborgen werden läßt und daß sich die das Seiende entbergende Lichtung in das von ihr

250

entborgene Seiende birgt, sondern daß das Kunstwerk *mit* seinem Offenbarwerden *die* Offenheit des Offenen lichtet, *in welche* das Kunstwerk selbst hervorkommt.

Der dem obigen Zitat folgende Satz verschafft weitere Aufklärung über den jetzt zu denkenden Sachverhalt. „Wo die Hervorbringung eigens die Offenheit des Seienden, die Wahrheit, bringt, ist das Hervorgebrachte ein Werk" (ebd.). Im vorangehenden Satz hieß es, das Schaffen bringe das seiende Kunstwerk hervor, indem es dieses ins Offene stelle. Dagegen heißt es jetzt, die Hervorbringung bringe eigens die Offenheit des Seienden, die Wahrheit als die Lichtung. Das zu Bringende in der schaffenden Hervorbringung ist einmal das seiende Kunstwerk, zum anderen die Offenheit des Offenen, in das das Kunstwerk hervorkommt. Was sich auf den ersten Blick wie ein unvereinbarer Gegensatz ausnimmt, ist nur das Ungewohnte, beides in eins zu denken. Wir kommen dem hier zu denkenden Sachverhalt näher, wenn wir noch die beiden folgenden Sätze aus dem Text hinzunehmen: „Solches Hervorbringen ist das Schaffen. Als dieses Bringen ist es eher ein Empfangen und Entnehmen innerhalb des Bezugs zur Unverborgenheit" (S. 50/51). Jetzt wird gesagt: Das Schaffen ist als ein Hervorbringen ein Bringen der Offenheit. Dieses Bringen aber geschieht aus dem ekstatischen Bezug des schaffenden Daseins zur Unverborgenheit, zum Geschehnis der Entbergung und zwiefachen Verbergung. Jedes Dasein steht qua Dasein existierend im ekstatischen Bezug zur geschehenden Unverborgenheit. Nur aufgrund dieses Bezuges ist es sich selbst als existierendes Seiendes und ist ihm das Seiende im Ganzen offenbar. Das Dasein ist in seiner ekstatischen Existenz so in die das Seiende im Ganzen umkreisende Lichtung versetzt, daß es je schon herkommend aus der Unverborgenheit auf das darin offenbarwerdende Seiende zugehen kann. Das ekstatische Existieren aus dem ekstatischen Bezug zum Lichtungs-Verbergungs-Geschehen vollzieht sich als ein Entwerfen, das die in der Geworfenheit des Daseins ankommende Offenheit öffnend entwirft (vgl. S. 59). Diese Bestimmung des Entwurfs hat aber formal-allgemeinen Charakter und gilt in dieser Weite sowohl für das gewöhnlich-alltägliche als auch für das ausgezeichnete, für das schaffend-entwerfende Dasein. Bestimmt Heidegger das Bringen des schaffenden Hervorbringens als ein Empfangen und Entnehmen, so zielt er damit auf den Sachverhalt, den er als das Entwerfen der in der Geworfenheit ankommenden und das heißt sich von ihr her öffnenden Offenheit faßt. Das Empfangen und Entnehmen sind eine formal-allgemeine Charakterisierung des daseinsmäßigen Entwerfens überhaupt. Auch das Bringen des schaffenden Hervorbringens ist wie alle Weisen des daseinsmäßigen Entwerfens ein empfangend-entnehmendes Bringen. Das jetzt zu denkende Wesen des schaffenden Bringens ist, wenn es als empfangendes Entwerfen charakterisiert wird, in seinem ausgezeichneten Wesenscharakter noch nicht beschrieben. Das ‚Bringen‘ dient hier als Bezeichnung für das ausgezeichnete, das schaffend-empfangende Entwerfen. Das gewöhnliche Entwerfen, z. B. das, was zum handwerklichen Hervorbringen gehört, ist ein solches empfangendes Entwerfen, das die sich zuwerfende Offenheit öffnet, um sie als solche offenzuhalten für das Offenbarwerden des Seienden. Zum Wesen dieses, die Offenheit für das Offenbarwerden von Seiendem offenhaltenden Existierens gehört, daß im Offenbarwerden des Seienden die offengehaltene Offenheit sich in das offenbarwerdende Seiende birgt.

Das schaffende Entwerfen hat demgegenüber nicht nur den Charakter des daseinsmäßigen Öffnens der sich in der Geworfenheit zuwerfenden Offenheit, sondern den ausgezeichneten Charakter des *öffnenden Bringens*. Es empfängt nicht nur innerhalb seines Bezugs zur Unverborgenheit die sich zuwerfende Offenheit, um sie im Offenhalten für das Offenbarwerden des Seienden sich im offenbarwerdenden Seienden bergen zu lassen. Vielmehr empfängt es die sich in der Geworfenheit zuwerfende Offenheit dergestalt, daß es diese Offenheit in das hervorzubringende Kunstwerk bringt. In diesem entwerfenden Bringen richtet sich die Offenheit in das hervorzubringende Kunstwerk ein. Das zum künstlerischen Schaffen gehörende ausgezeichnete Sicheinrichten der Offenheit in das seiende Kunstwerk ist kein bloßes Sichbergen der Offenheit. Das Sicheinrichten besagt, daß die sich

öffnende Offenheit in der Offenbarkeit des seienden Kunstwerkes einen ausgezeichneten Stand gewinnt, um aus ihm heraus
als sich öffnende Offenheit für das Offenbarwerden des Seienden
im Ganzen walten zu können. Im bloßen Sichbergen der Offenheit in dem in ihr offenbaren Seienden als der gewöhnlichen
Weise des Wahrheitsgeschehens wird die Offenheit *nicht in* ein
Seiendes *gebracht*, um aus ihm heraus als entbergende Offenheit
zu walten, sondern im bloßen Sichbergen wird die Offenheit in
der Offenbarkeit des Seienden *untergebracht*.

Jetzt verstehen wir, inwiefern Heidegger einmal sagen kann,
daß das zu Bringende der schaffenden Hervorbringung das seiende Kunstwerk sei, und daß er anschließend sagen kann, daß
die schaffende Hervorbringung die Offenheit des Seienden bringe.
Beides meint das Selbe. Indem das schaffende Hervorbringen ein
Seiendes als Kunstwerk in sein Anwesen hervorgehen läßt, bringt
es die aus dem ekstatischen Bezug zur Unverborgenheit empfangene Offenheit eigens in die Offenbarkeit des Kunstwerkes. Die
Offenbarkeit des Kunstwerkes ist als Offenbarkeit eines Seienden
dadurch eine ausgezeichnete, daß sie die ausgezeichnete Weise
ist, wie die in ihr zum Stehen gebrachte Offenheit aus ihr waltet.
Das schaffende Hervorgehenlassen des Kunstwerkes heißt: die
sich öffnende Offenheit eigens in das offenbarwerdende Kunstwerk bringen, nicht um sie dort unterzubringen, sondern damit
die Unverborgenheit *aus* diesem ausgezeichneten Wesensort in
ursprünglicher Weise als Entbergung des Seienden im Ganzen zu
walten vermag. Wenn die Lichtung und Offenheit eigens in ein
hervorgebrachtes Seiendes gebracht wird, *scheint* sie als das
Kunstschöne.

Die erste der beiden Hauptfragen des dritten Abschnittes fragt
nach dem Gewirktsein und das heißt nach dem Geschaffensein als
einem weiteren Wesenscharakter im Werksein des Kunstwerkes.
Eine Aufhellung des Geschaffenseins schließt eine Wesensbestimmung des künstlerischen Schaffens im Unterschied zum handwerklichen Hervorbringen ein. Deshalb wurde vor der Untersuchung des Geschaffenseins erst einmal eine Wesenserhellung
des Schaffens in Angriff genommen (vgl. §§ 30 und 32). Eine

erste und richtungweisende Antwort auf die Frage nach dem Wesen des Schaffens ist jetzt gefunden: *Das Schaffen ist als ein empfangendes Entwerfen der in der Geworfenheit sich öffnenden Offenheit ein Bringen dieser Offenheit in das hervorzubringende Kunstwerk.* Im Bringen der Offenheit in das hervorkommende Kunstwerk läßt der Künstler das Kunstwerk in seine Offenbarkeit hervorgehen, und umgekehrt: Im Hervorbringen des Kunstwerkes bringt der Künstler die sich öffnende Offenheit in das offenbarwerdende Kunstwerk. Das schaffende Hervorbringen des Kunstwerkes ist im Unterschied zum handwerklichen oder fabrikmäßigen Hervorbringen bestimmt als ein entwerfendes und als solches empfangendes Bringen der Offenheit in das hervorzubringende Kunstwerk. Die jetzt gegebene Antwort auf die Frage nach dem Wesen des künstlerischen Schaffens wurde, wie gefordert (S. 48), aus dem Werksein des Kunstwerkes und das heißt aus dem im Kunstwerk waltenden Unverborgenheitsgeschehen gefunden.

§ 33. Erste wesentliche Bestimmung des Geschaffenseins: das Festgestelltsein des Geschehens der Unverborgenheit in die Gestalt

Nach der Aufhellung des Wesens des künstlerischen Schaffens nimmt die Kunstwerk-Abhandlung die Frage nach dem Geschaffensein als einem Wesenscharakter im Werksein auf und beantwortet sie durch den Aufweis von zwei wesentlichen Bestimmungen.

a) Das Sichrichten der Unverborgenheit ins Kunstwerk

Wenn das Kunstschaffen als das Hervorbringen des Kunstwerkes ein aus dem ekstatischen Bezug zur Unverborgenheit sich vollziehendes empfangendes Bringen der Offenheit in das hervorzubringende Kunstwerk ist, wie ist dann im Horizont dieser Wesensbestimmung des künstlerischen Schaffens das Geschaffensein des Kunstwerkes zu bestimmen? Die jetzt anhebende Bestimmung des Geschaffenseins muß die gewonnene Wesensaufhellung des Schaffens im Blick behalten. „Die Wahrheit richtet sich ins Werk" (S. 51). Der von Heidegger in der Analyse des künstlerischen Schaffens verwendete Terminus ‚sich einrichten' wird hier in abgewandelter Weise aufgenommen als das Sich-richten-in. Die Wahrheit als die geschehende Unverborgenheit ‚richtet sich ins' Kunstwerk. Aber sie richtet sich nur ins Kunstwerk, sofern sie im Schaffen in das hervorzubringende Kunstwerk eigens gebracht wird. In der vorangegangenen Analyse des Sich-einrichtens der Wahrheit wurde von Heidegger verkürzt nur von der Wahrheit als Unverborgenheit und von der sich öffnenden Offenheit gesprochen. Wahrheit als Unverborgenheit geschieht jedoch nur – und das wird jetzt von Heidegger erneut vergegenwärtigt – „als der Streit zwischen Lichtung und Verbergung in der Gegenwendigkeit von Welt und Erde" (ebd.). Richtet sich die geschehende Unverborgenheit ins Kunstwerk, so heißt das: Sie will als der im Urstreit gründende Streit von Welt und Erde ins Werk *gerichtet* und das heißt gesetzt werden. Das Werksein als das Ins-Werk-*gesetztsein* der Unverborgenheit heißt: das Ins-Kunstwerk-*gerichtetsein* der Unverborgenheit. Heißt es: „Die Wahrheit will als dieser Streit von Welt und Erde ins Werk gerichtet werden", dann besagt das ‚Wollen' nicht, daß die Unverborgenheit einen personalen oder impersonalen Willen hat. Das ‚Wollen' nennt den im Wesen der Unverborgenheit liegenden Zug, in einem hervorzubringenden Kunstwerk dergestalt sich einzurichten und eingerichtet zu werden, daß die Unverborgenheit *in* und *aus* dem Kunstwerk in eigentlicher, nämlich ausgezeichneter Weise geschehen kann. Das sagt der nächste Satz Heideggers: „Der Streit soll in einem eigens hervorzubringenden Seienden nicht behoben, auch nicht bloß untergebracht, sondern gerade aus diesem eröffnet werden" (ebd.). Sofern ich für mich selbst offenbar bin in der Offenbarkeit des Seienden im Ganzen, geschieht je schon der Streit von Welt und Erde im Urstreit von Entbergung-Verbergung. In der Offenbarkeit des Seienden, inmitten dessen ich zum offenbaren Seienden mich verhaltend existiere, ist der Streit von Welt und Erde auch nicht behoben, nicht beseitigt, aber *untergebracht* und das heißt *geborgen*. Bergend untergebracht ist der Streit auch in den im Anfertigen hervorgebrachten Dingen. Der Streit, der in den Naturdingen auf *eine* Weise und in den vom Menschen hervorgebrachten Gebrauchsdingen auf *andere* Weise bergend untergebracht ist, wird in den im Schaffen hervorgebrachten Kunstwerken eigens eröffnet, indem er im schaffenden Bringen in das Kunstwerk gebracht wird. Erneut stehen wir vor dem rätselhaften Sachverhalt, daß das Kunstwerk, indem es als ein Seiendes in seine Offenbarkeit hervorgebracht wird, in sich den Streit von Welt und Erde im Urstreit von Lichtung und Verbergung so aufnimmt, daß das ganzheitliche Streitgeschehen im Kunstwerk in einer ursprünglichen Weise geschieht. Wie kann das hervorzubringende Kunstwerk den Streit in sich aufnehmen und eröffnen?

b) Der Riß als ausgezeichnete Weise des Streites von Welt und Erde im Kunstwerk

Wenn der Streit in der Hervorbringung des Kunstwerkes *aus* diesem eröffnet werden soll, dann muß das Kunstwerk „in sich die Wesenszüge des Streites haben" (ebd.). Es hat die Wesenszüge des Streites in sich, indem in ihm eine Welt aufstellend eröffnet und die Erde her-gestellt wird. In dem Satz „Dieses Seiende muß daher in sich die Wesenszüge des Streites haben" liegt die Betonung auf dem ‚in sich haben'. Damit das Kunstwerk aus ihm selbst den Streit eröffnen kann, muß dieses hervorzubringende Seiende nicht wie das andere Seiende nur aus dem Streitgeschehen unverborgen werden, sondern es muß den Streit und dessen Wesenszüge, das Sichöffnen einer Welt und das Hervorkommen der Erde als der Sichverschließenden, *in sich* haben. Nur dadurch ist es ein ausgezeichnetes Seiendes. Das im künstlerischen Schaffen hervorzubringende Seiende hat die Wesenszüge des Streites in sich in der werkgemäßen Weise des *aufstellenden* Eröffnens einer Welt und des *her-stellenden* Hervorkommenlassens der Erde. Das *Stellen* des Auf-*stellens* und des Her-*stellens* nennt die ausgezeichnete Weise, wie im Kunstwerk Welt sich öffnet und die Erde hervorkommt. Jetzt aber, nachdem sich das künstlerische Hervorbringen bestimmt hat als ein schaffend-empfangendes Bringen, müssen das Aufstellen und Her-stellen, soweit sie in das künstlerische Schaffen gehören, *aus dem schaffenden Bringen* gedacht werden.

Heidegger fährt im Text fort: „In dem Streit wird die Einheit von Welt und Erde erstritten" (ebd.). Wie wir im zweiten Abschnitt gesehen haben, fallen im streitenden Gegeneinander Welt und Erde nicht auseinander. Vielmehr ist der Streit von der Art, daß sich Welt und Erde in ihrer wechselseitigen Bestreitung zugleich einander gehören. Denn ein Jedes hebt in der Bestreitung des Anderen dieses Andere in die Selbstbehauptung seines Wesens, dessen das Bestreitende bedarf, um zu sein, was es ist. Die Erde bedarf der Offenheit der Welt, um in ihr als das Sichverschließende offenbar werden zu können; die sich öffnende Welt bedarf der sichverschließenden Erde, um nicht im Maßlosen und Unentschiedenen zu verschweben. Deshalb wird im Streitgeschehen die einigende Einheit von Welt und Erde erstritten, die aber nur geeint sind in ihrem Gegeneinander.

Noch einmal sagt Heidegger, was es heißt, wenn eine Welt sich öffnet und die Erde zum Ragen im Offenen der Welt kommt. „Indem eine Welt sich öffnet, stellt sie einem geschichtlichen Menschentum Sieg und Niederlage, Segen und Fluch, Herrschaft und Knechtschaft zur Entscheidung" (ebd.). Das Sichöffnen einer Welt besagt, daß sich die Weisung gebenden Sinnbezüge auftun, aus deren Offenheit sich das geschichtlich-volkhafte und geschichtlich-einzelne Verhalten des Menschen zu sich selbst und zum Seienden, das er nicht selbst ist, bestimmt. Die das Seiende im Ganzen umschließenden Weltbezüge werden auch hier wieder verkürzt genannt als die Weisungen für Sieg und Niederlage, Segen und Fluch, Herrschaft und Knechtschaft. Was als Sieg und Niederlage, als Segen und Fluch, als Herrschaft und Knechtschaft jeweils gilt, wandelt sich geschichtlich. Welt öffnet sich, indem sie in der Geworfenheit ankommt und als solche entwerfend eröffnet wird. Das entwerfende Eröffnen ist dem verbunden, was sich in der Geworfenheit öffnet. Die so in der Geworfenheit sich uns zuwerfende Welt steht dem menschlichen Dasein zur Entscheidung. Die Entscheidung, die hier fallen muß, vollzieht sich im Entwerfen. Heidegger sagt: „Die aufgehende Welt bringt gerade das noch Unentschiedene und Maßlose zum Vorschein und eröffnet so die verborgene Notwendigkeit von Maß und Entschiedenheit" (ebd.). Das will sagen: Die in der Geworfenheit des Menschen aufgehende, sich öffnende Welt bringt in ihrem Sich-von-ihr-her-Öffnen das Unentschiedene und insofern noch Maßlose zum Vorschein. Dadurch eröffnet sie die Notwendigkeit von Entschiedenheit und Maß. Entschiedenheit kommt in die sich öffnende Welt, sofern der Mensch die in seiner Geworfenheit ankommend- sichöffnende Welt entwerfend eröffnet. Der Entwurf hat an ihm selbst den Charakter eines Entscheidens, weil sich in seinem Vollzug entscheidet, was aus dem Sichzuwerfenden entworfen wird. In dem entscheidenden Entwerfen des Daseins wird Welt daseinsmäßig als das eröffnet, als was das Seiende innerweltlich offenbar wird. Als was die sich zuwerfende Welt entworfen wird, als das wird sie auch im innerweltlichen Offenbarwerden des Seienden im Ganzen in diesem geborgen. Bergung der Welt im Offenbarwerden des innerweltlichen Seienden im Ganzen erfordert die Erde, die das Sichverschließende in der Offenbarkeit des Seienden im Ganzen ist. Deshalb heißt es im Text: „Indem aber eine Welt sich öffnet, kommt die Erde zum Ragen. Sie zeigt sich als das alles Tragende, als das in sein Gesetz Geborgene und ständig Sichverschließende" (ebd.). In der in der Geworfenheit sich öffnenden und im Entwerfen eröffneten Offenheit der Welt kommt die Erde hervor als das Sichverschließend-Bergende. Die Entschiedenheit, deren die sich öffnende Welt bedarf, gewinnt sie im entscheidenden Entwerfen *und* Geborgenwerden im Sichverschließenden der Erde. Denn es liegt im Wesen des daseinsmäßigen Entwerfens, Welt als solche für das Offenbarwerden des innerweltlichen Seienden im Ganzen zu entwerfen. Welt aber ist nur Welt für das innerweltliche Seiende, sofern sie in ihm geborgen wird. „Welt verlangt ihre Entschiedenheit und ihr Maß und läßt das Seiende in das Offene ihrer Bahnen gelangen. Erde trachtet, tragend-aufragend sich verschlossen zu halten und alles ihrem Gesetz anzuvertrauen" (ebd.). Welt verlangt als sich in der Geworfenheit öffnende ihre Entschiedenheit und erlangt diese im daseinsmäßigen Entwerfen der sich zuwerfenden Welt. Die so im daseinsmäßigen Entwerfen Entschiedenheit erlangende Welt läßt das Seiende im Ganzen in das Offene ihrer Bahnen und Bezüge gelangen. In diesem Gelangenlassen wird das Seiende im Ganzen unverborgen, aber nur so, daß die in der Geworfenheit ankommend sich öffnende und im Entwerfen eröffnete Offenheit der Welt sich im Sichverschließenden der Erde birgt. Die Offenheit der Welt birgt sich im daseinsmäßigen Offenhalten der Offenheit der Welt für das Offenbarwerden des Seienden, im daseinsmäßigen Offenbarwerdenlassen des Seienden. Zum Wesen des daseinsmäßigen Offenbarwerdenlassens gehört das Bergen und Unterbringen der Offenheit der Welt in der Offenbarkeit des innerweltlichen Seienden. Sagt Heidegger: Die Erde trachtet, als Sichverschließende alles ihrem bergenden Gesetz anzuvertrauen, so geschieht dieses Bergen im daseinsmäßigen Unterbringen der Offenheit im Seienden.

Der Streit zwischen Welt und Erde ist als Streit *im Kunstwerk* ein *Riß*. Aber er ist kein Riß, der zwischen den Streitenden eine unüberbrückbare Kluft aufreißt, sondern ein Riß, der im streitenden Auseinanderreißen zugleich die Streitenden zusammenreißt in „die Innigkeit des Sichzugehörens der Streitenden" (ebd.). Der Streit als auseinander-zusammen-reißender Riß wird nun von Heidegger nach drei Hinsichten charakterisiert: als Grundriß, als Aufriß und als Umriß.

Er ist *Grund*riß, sofern er die gegeneinander Gewendeten, Welt und Erde, „in die Herkunft ihrer Einheit aus dem einigen Grunde" zusammenreißt (ebd.). Die Einheit von Welt und Erde ist diejenige, die im Gegeneinander, das zugleich ein Sichgehören ist, erstritten wird. Dieser Einheit wird eine Herkunft aus dem einigen, d. h. einen und gemeinsamen Grund zugesprochen. Dieser Grund, dem die sich öffnende Offenheit und die Offenbarkeit des Sichverschließenden entspringen, kann kein anderer als die anfängliche Verborgenheit sein. Im Streit zwischen Welt und Erde reißt der Riß die Streitenden in die Herkunft ihrer Einheit aus dem einigen Grunde zusammen, insofern er sie als solche, die dem gemeinsamen Grunde entspringen, sich einander bestreiten läßt. Im Streit als Riß lassen die Streitenden ihren gemeinsamen Grund nicht hinter sich. Die Weise, in der in den Streitenden ihr gemeinsamer Grund waltet, ist das Zusammenreißen des Risses als des Grundrisses.

Der Riß ist als Grundriß zugleich *Auf-riß*, insofern er „die Grundzüge des Aufgehens der Lichtung des Seienden zeichnet" (ebd.). Wie ‚Grund-' in dem Wort ‚Grundriß' den einigen Grund der Herkunft von Welt und Erde meint, so nennt das ‚Auf-' in dem Wort ‚Aufriß' das Aufgehen des Seienden im Ganzen aus der entbergend-verbergenden Lichtung. Die Grundzüge des Aufgehens sind die unterschiedlichen Weisen, in denen innerhalb des Seienden im Ganzen das Seiende als Natur, das Seiende als das vom Menschen Hervorgebrachte und das Seiende als Dasein offenbar wird. In den unterschiedlichen Grundzügen des Aufgehens des Seienden waltet der Riß zwischen Welt und Erde nicht in gleichförmiger, sondern in abwandelbarer Weise gemäß den unterschiedlichen Grundzügen.

Der Riß ist als Grund- und Aufriß zugleich auch *Umriß*, sofern er Welt und Erde in ihrem Sichbestreiten nicht auseinanderbersten, d. h. auseinanderreißen läßt, sondern sie in ihrem Gegeneinander zusammenhaltend umreißt. Der Riß ist in zweifacher Weise Zusammenriß: einmal als Grundriß, zum anderen als Umriß. Als Grundriß reißt er die Streitenden von ihrem einigen Grunde her zusammen, als Umriß reißt er sie in ihrer Gegenwendigkeit zusammen.

c) Das Festgestelltsein des Risses in die Erde des Kunstwerkes. Die Gestalt, das Scheinen der Unverborgenheit, als das Schöne

Nachdem Heidegger den im zweiten Abschnitt aufgewiesenen Streit von Welt und Erde, gründend im Urstreit von Entbergung-Verbergung, in dreifacher Hinsicht als Riß charakterisiert hat, geht er über zu dem lange schon erwarteten Schritt in der Beantwortung der Frage, *wie* denn das ganzheitliche Geschehen der Unverborgenheit *sich* in dem eigens hervorzubringenden Seienden, dem Kunstwerk, *einrichtet*. Das Eingerichtetsein der Unverborgenheit im Kunstwerk ist das Geschaffensein des Kunstwerkes. Nur wenn wir Genaueres darüber erfahren, wie die Wahrheit im Kunstwerk eingerichtet ist, gewinnen wir die gesuchte Einsicht in das Geschaffensein. Oben hatte es geheißen, Wahrheit als Unverborgenheit wolle in ein eigens hervorzubringendes Seiendes gerichtet, weil in ihm als Streit von Welt und Erde eröffnet werden. Daran anknüpfend wird jetzt gesagt, Wahrheit als Unverborgenheit richte sich als Streit in ein hervorzubringendes Seiendes „nur so ein, daß der Streit in diesem Seienden eröffnet, d. h. dieses selbst in den Riß gebracht wird" (ebd.). Der weiterführende Gedankenschritt liegt in der Wendung: daß das hervorzubringende Seiende, das Kunstwerk, in den Riß gebracht wird. Das Kunstwerk wird nicht als ein schon hervorgebrachtes, sondern als ein hervorzubringendes, d. h. im schaffenden Hervorbringen, in den Riß gebracht. Das schaffende Hervorbringen ist ein In-den-Riß-bringen. Der Riß ist als Grund-, Auf- und Umriß bzw. Durchriß der im Urstreit gründende Streit von Welt und Erde. Somit bleibt zu fragen, wie ein solches hervorbringendes In-den-Riß-bringen geschieht.

Heidegger sagt: „Die Wahrheit richtet sich im Seienden ein, so zwar, daß dieses selbst das Offene der Wahrheit besetzt" (S. 51/52). Ein Kunstwerk schaffend hervorbringen heißt, es in den Streit von Welt und Erde als den Riß bringen. Solches geschieht dadurch, daß das hervorzubringende Kunstwerk das Offene der Unverborgenheit besetzt. Was bedeutet das ‚Besetzen'? Es bedeutet nicht, daß das Kunstwerk als ein hervorzubringendes Seiendes nur in der sich öffnenden Offenheit offenbar wird, wie sonst Seiendes unverborgen wird. Der im Text folgende Satz sagt uns positiv, wie das ‚Besetzen' zu denken ist. „Dieses Besetzen aber kann nur so geschehen, daß sich das Hervorzubringende, der Riß, dem Sichverschließenden, das im Offenen ragt, anvertraut" (S. 52). Auch jetzt fällt auf, daß das Hervorzubringende hier der Riß, oben aber das seiende Kunstwerk ist. Somit gilt es wieder, beides in eins zu denken. Wir wissen aus der Wesensbestimmung des künstlerischen Schaffens, daß das schaffende Hervorbringen des Kunstwerkes im Bringen der im Streit von Welt und Erde sich öffnenden Offenheit in das Kunstwerk geschieht. Das hervorzubringende Kunstwerk besetzt im Hervorgebrachtwerden die sich im Streitgeschehen öffnende Offenheit, indem der her-vor-zubringende, d. h. im Schaffen zu bringende Riß sich der sichverschließenden Erde anvertraut. Was das Sichanvertrauen heißt, sagt der nächste Satz: „Der Riß muß sich in die ziehende Schwere des Steins, in die stumme Härte des Holzes, in die dunkle Glut der Farben zurückstellen" (ebd.). Im Zusammenhang der Auslegung dessen, was im Tempel als Kunstwerk geschieht, tauchte das ,Zurückstellen' erstmals auf. Dort war es die im Kunstwerk eröffnete Welt, die nur Welt ist, sofern sie im Kunstwerk auf die Erde zurückgestellt wird. Jetzt aber ist es der Streit von Welt und Erde als der Riß, der sich in das Woraus des Kunstwerkes zurückstellt. Das deutet auf die ausgezeichnete Stellung der Erde im Kunstwerk. Das zur Erde gehörige Woraus des Kunstwerkes, der Stein, das Holz oder die Farbe, hebt sich von der Erde außerhalb des Kunstwerkes dadurch ab, daß es den Streit von Welt und Erde als den Riß so in sich aufnimmt, daß dieser Streit im Kunstwerk eigens eröffnet wird und insofern in ausgezeichneter Weise geschieht. Was man sonst als den formenden Umgang mit dem künstlerisch zu formenden Material denkt, ist aus dem Geschehnis der Unverborgenheit gedacht das schaffende Bringen des Streites von Welt und Erde aus dem ekstatischen Bezug zur geschehenden Unverborgenheit in die Erde des Kunstwerkes. Das schaffende Bringen der im Streit als Riß sich öffnenden Offenheit in das hervorzubringende Kunstwerk heißt: den Riß in die Erde zurückstellen. Das aus der Erde und ihrem Grundzug des Sichverschließens zu denkende Woraus des Kunstwerkes ist innerhalb des Kunstwerkes nur offenbar gemäß dem gebrachten und in ihm zurückgestellten Riß. Das hervorzubringende Kunstwerk in den Riß bringen besagt, es hervorbringen im Bringen des Risses und Zurückstellen des Risses in die Erde. Die ausgezeichnete Stellung der Erde im Kunstwerk ist darin zu sehen, daß sie den eigens gebrachten Streit so in sich aufnimmt, daß der Streit aus diesem Aufgenommensein geschieht. Von hier aus klärt sich, was es heißt, daß das hervorzubringende Seiende das Offene der Unverborgenheit besetzt. Besetzen heißt: die Stelle einnehmen, in der die Unverborgenheit ursprünglich geschieht.

Das Hervorzubringende ist das erdhaft-seiende Kunstwerk und der Streit als Riß in einem zumal, weil das Hervorbringen, das Hervorgehenlassen des Kunstwerkes in seine Offenbarkeit *im* schaffenden Bringen und Zurückstellen des Risses in das hervorgehende Kunstwerk geschieht. Wie im Zurückstellen des Risses in die Erde des Kunstwerkes der Riß als werkgemäßer Streit walten kann, sagt der nächste Satz: „Indem die Erde den Riß in sich zurücknimmt, wird der Riß erst in das Offene her-gestellt und so in das gestellt, d. h. gesetzt, was als Sichverschließendes und Behütendes ins Offene ragt" (ebd.). Im schaffenden Zurückstellen des Risses, das ein Wesenszug des schaffenden Bringens ist, in das Erdhafte des Kunstwerkes nimmt die Erde den Riß in sich zurück. Erst im Zurückstellen des Risses in den Stein oder in die Farbe des Kunstwerkes wird der Riß „in das Offene her-gestellt". Das Her-stellen tauchte als Terminus für die Weise auf, wie im Kunstwerk die Erde in ihre Offenbarkeit hervorkommt. Inwiefern ist das Her-stellen der Erde zugleich auch das Herstellen des Risses in das Offene? Die Erde wird her-gestellt, d. h. sie kommt hervor als das offenbare Sichverschließende nur im Zurückstellen des Risses in sie. Im Her-stellen der Erde wird deshalb der Riß in das Offene her-gestellt, weil er nur als der von der sichverschließenden Erde aufgenommene walten kann in der Weise des Streitgeschehens. Das Herstellen des Risses in das Offene ist ein Stellen und dieses ein Setzen des Risses in die sichverschließende Erde. Das ‚Setzen' aber ist dasjenige, das wir aus der Wesensbestimmung der Kunst als dem Ins-Werk-*setzen* kennen.

Heidegger bringt seinen Gedankengang, der zur *ersten wesentlichen Bestimmung des Geschaffenseins* führen soll, ins Ziel, wenn er sagt: „Der in den Riß gebrachte und so in die Erde zurückgestellte und damit festgestellte Streit ist die Gestalt" (ebd.). Die Wendung ‚der in den Riß gebrachte Streit' besagt, daß der Riß die ausgezeichnete Weise ist, in der der Streit von Welt und Erde im Kunstwerk eröffnet ist. Das Zurückstellen des Risses in die Erde des Kunstwerkes, in die Farbe oder in den Stein, hat den Charakter des *Feststellens*. Im Feststellen des im Schaffen aus dem ekstatischen Bezug zum Wahrheitsgeschehen gebrachten Streites gewinnt dieser, d. h. die in ihm erstrittene Offenheit, die Festigkeit und Entschiedenheit, die Heidegger die *Gestalt* nennt. Heidegger fährt fort: „Geschaffensein des Werkes heißt: Festgestelltsein der Wahrheit in die Gestalt" (ebd.). Die Gestalt ist die erste wesentliche Bestimmung des Geschaffenseins des Kunstwerkes. Gestalt heißt: das in die Erde des Kunstwerkes Festgestelltsein der als Streit (Riß) geschehenden Unverborgenheit.

Mit dieser ersten Bestimmung des Geschaffenseins als eines Wesenscharakters des Werkseins fällt ein klärendes Licht auf früher gegebene Kennzeichnungen. Wahrheit wird als geschehende Unverborgenheit in das hervorzubringende Kunstwerk gebracht, sie richtet sich in ihm ein, sofern sie als der in den Riß gebrachte Streit in die sichverschließende Erde des Kunstwerkes zurückgestellt und somit in ihr festgestellt wird. Als so im Erdhaften des Kunstwerkes festgestellte Unverborgenheit wird sie „inmitten des Seienden selbst seiend" (S. 50). Sie wird aber nur seiend inmitten des Seienden im Ganzen, um aus ihrem Festgestelltsein und Stand heraus um so ursprünglicher als Unverborgenheit geschehen zu können.

Von der Gestalt wird gesagt: „Sie ist das Gefüge, als welches der Riß sich fügt" (S. 52). Die Gestalt als das in die Erde des Kunstwerkes Festgestelltsein des Streites (als des Risses) ist das *Gefüge*, das der Streit als Riß annimmt, wenn er in die Erde des Kunstwerkes festgestellt wird. Als das in die Erde festgestellte Streitgeschehen der Unverborgenheit ist die Gestalt das künstlerisch Gestaltete. *Das Gestalten des Schaffens ist aber kein Formen eines Stoffes, sondern das Bringen und Feststellen des Strei-*

264

tes in die Erde. Die Gestalt als der in die Erde gefügte Riß „ist die Fuge des Scheinens der Wahrheit" (ebd.). Das so gefügte Scheinen des Streitgeschehens der Unverborgenheit ist das *Kunstschöne*. Früher (S. 44) hieß es: Das im Geschehen der Unverborgenheit sich lichtende Lichte (Offene) füge sein Scheinen ins Werk. Nunmehr sehen wir deutlicher: Das Offene kann als das Lichte nur scheinen im Sinne des Kunstschönen, sofern es in die Erde des Kunstwerkes festgestellt wird. Das Scheinen des Offenen ist die ausgezeichnete Weise, wie der Streit als Riß im Kunstwerk eröffnet wird: als das eigens in die Erde des hervorzubringenden Kunstwerkes zu bringende und darin festzustellende Streitgeschehen.

Desgleichen verdeutlicht sich jetzt jene Textstelle aus dem ersten Abschnitt der Kunstwerk-Abhandlung (S. 25), die sagt, daß im Kunstwerk die Wahrheit des Seienden zum Stehen gebracht sei, daß das zeughaft Seiende, die Bauernschuhe, im Kunstwerk in das Lichte seines Seins zu stehen komme, daß das Sein des Seienden in das Ständige seines Scheinens komme. Die Wahrheit als das Geschehen der Unverborgenheit, das das Seiende im Ganzen unverborgen werden läßt, wird insofern im Kunstwerk zum Stehen gebracht, als sie als der Streit in die Erde zurückgestellt und in ihr festgestellt wird. Das Lichte seines Seins nennt nicht nur die Enthülltheit überhaupt, sondern das Scheinen der Enthülltheit aus dem Festgestelltsein der geschehenden Unverborgenheit.

Heidegger schließt die erste wesentliche Bestimmung des Geschaffenseins des Kunstwerkes mit einer Erläuterung des Wortes ‚Gestalt' ab, die uns sagt, was alles wir in diesem Wort mitdenken müssen. „Was hier Gestalt heißt, ist stets aus jenem Stellen und Ge-stell zu denken, als welches das Werk west, insofern es sich auf- und her-stellt" (S. 52). Die Ge-*stalt* ist aus dem *Stellen* zu denken, das in der Analyse des Werkseins als das Auf*stellen* einer Welt und Her-*stellen* der Erde aufgewiesen worden ist. Ge-stell dient hier als Wort für die Versammlung und innere Zusammengehörigkeit der verschiedenen Weisen des Stellens, die geeint sind im Werksein des Kunstwerkes und in dem zum Werksein gehörenden Schaffen. Die verschiedenen Weisen des Stellens sind: das Aufstellen einer Welt, das Zurückstellen der sich öffnenden Welt in die Erde, das im Zurückstellen geschehende Herstellen der Erde. Das Stellen des Aufstellens, Zurückstellens und Her-stellens geschieht als das Feststellen des Streitgeschehens. Daß alle diese Weisen des Stellens aus der Unverborgenheit zu denken sind, unterstreicht noch einmal der „Zusatz" von 1956. „Stellen und Legen haben den Sinn von: *Her-* ins Unverborgene, *vor-* in das Anwesende bringen, d. h. vorliegenlassen" (Holzwege. GA Bd. 5, S. 70). Eine Randbemerkung aus seinem Handexemplar verdeutlicht das ‚Her-' durch die Worte: „aus der Lichtung" (ebd.). Jede der Weisen des Stellens hat ihre eigene Bedeutung innerhalb des einheitlichen Geschehens, in welchem die Unverborgenheit sich ins Kunstwerk setzt und im künstlerischen Schaffen ins Kunstwerk gesetzt wird. Das künstlerische Schaffen ist das aus dem ekstatischen Bezug zur Unverborgenheit sich vollziehende Bringen der sich öffnenden Offenheit, des Streitgeschehens, in die Erde des hervorzubringenden Kunstwerkes. Das Geschaffensein des Kunstwerkes beruht – das sagt die erste wesentliche Bestimmung – im Gebracht- und Festgestelltsein des Streitgeschehens in die Erde des Kunstwerkes.

d) Das Brauchen der Erde im Kunstwerk – das Verbrauchen der Erde im Zeug

Heidegger schließt den Aufweis der ersten wesentlichen Bestimmung des Geschaffenseins ab mit einer erneuten Besinnung auf das *ausgezeichnete* Verhältnis zur Erde im Schaffen des Kunstwerkes. Ein Kunstwerk wird geschaffen, wenn der Streit von Welt und Erde als der Riß in die Erde zurückgestellt wird. In solchem Zurückstellen geschieht das Her-vor-stellen der Erde selbst *als* des Sichverschließenden. Die Erde selbst wird hervorgestellt, indem sie *als* das Sichverschließende der Farbe, des Steines oder des Holzes offenbar wird. Das Hervorstellen der Erde ist ein *Brauchen* der Erde im Unterschied zu einem *Verbrauchen* oder gar *Mißbrauchen* der Erde. Schon einmal (Holzwege, S. 36) wurde der Umgang des Künstlers mit dem erdhaften Woraus seines werdenden Kunstwerkes abgehoben gegen den handwerklichen Umgang mit der Erde. Der schaffende Umgang wurde ein Gebrauchen genannt, das aber nicht den Charakter des Verbrauchens hat wie das handwerkliche Gebrauchen. Jetzt geht Heidegger noch einen Schritt weiter in der Richtung der positiv-aufweisenden Bestimmung des künstlerischen Gebrauchens der Erde. Das aus dem künstlerischen Schaffen zu denkende Gebrauchen der Erde ist ein Brauchen der Erde. Inwiefern? Das Brauchen nennt ein Bedürfen. Das künstlerische Schaffen bedarf der Erde, um ihrem Grundzug des Sichverschließens gemäß den im Schaffen zu bringenden Streit von Welt und Erde in die Erde zu bringen. Das künstlerische Brauchen der Erde nimmt diese nicht für etwas in Anspruch, was der Erde wesensfremd wäre, sondern „befreit sie gerade zu ihr selbst" (S. 52). Im Kunstwerk hat die Erde ihre ausgezeichnete Möglichkeit, eigens als das Sichverschließend-Bergende unverborgen zu werden. Früher hörten wir, die Erde als die Sichverschließende bedarf der sich öffnenden Offenheit, um in dieser offenbar werden zu können. Zugleich bedarf die sich öffnende Welt der Erde, um im Zurückgestelltwerden auf die in ihr offenbar werdende Erde Entschiedenheit zu gewinnen. In dieser Weise wird die Erde auch *außerhalb* des Kunstwerkes offenbar. *Im* Kunstwerk aber vermag die Erde in ausgezeichneter Weise als die Sichverschließende unverborgen zu werden, weil sie hier den Streit *nicht nur bergend* in sich aufnimmt, sondern weil im schaffenden Bringen der Streit in die Erde des Kunstwerkes gebracht ist. Die Erde im Kunstwerk wird als Erde offenbar nicht nur *aus* dem Streit-Geschehen, sofern dieses in ihr untergebracht ist, sondern sie wird offenbar in dem Streitgeschehen, das eigens in sie gebracht ist, um aus ihr heraus zu geschehen. Weil im Kunstwerk dergestalt die Unverborgenheit in ausgezeichneter Weise geschieht, und weil die Erde als das Sichverschließende nur offenbar wird im Geschehen der Unverborgenheit, hat die Erde im Kunstwerk die ausgezeichnete Möglichkeit, zu ihr selbst, d. h. zu ihrem Wesen, dem Sichverschließenden, befreit zu werden.

Das schaffende Brauchen der Erde hebt Heidegger ab vom

handwerklichen Verbrauchen und Mißbrauchen der Erde. Wenn Heidegger sagt (ebd.): „Dieses Brauchen aber verbraucht und mißbraucht die Erde nicht als einen Stoff", dann bedeutet das nicht, daß jedes handwerkliche Hervorbringen die Erde als Stoff verbraucht und insofern mißbraucht. Ebensowenig ist mit jenem Satz ausgesprochen, daß das Woraus des Gebrauchsdinges im Unterschied zum Woraus des Kunstwerks wesenhaft nur als Stoff und Material zu kennzeichnen sei. Früher (S. 36) hieß es: „Es bleibt sogar zweifelhaft, ob bei der Wesensbestimmung des Zeuges das, woraus es besteht, durch die Kennzeichnung als Stoff in seinem zeughaften Wesen getroffen ist." Damit deutet Heidegger an, daß das Woraus eines Zeuges auch aus der Erde gefaßt werden muß, wenn auch so, daß die Erde in einem hergestellten Zeug in anderer Weise unverborgen ist als in einem Kunstwerk. Das schaffende Verhalten zum Woraus des Kunstwerkes ist ein Brauchen der Erde, wodurch die Erde zu ihrem Wesen befreit wird; das handwerkliche Verhalten zum Woraus des Zeuges ist wesenhaft ein Verbrauchen, nicht aber auch ein Mißbrauchen der Erde. Das Brauchen der Erde ist „ein Werken mit ihr" (S. 52), das nur dem äußeren Anschein nach wie ein handwerkliches Verwenden von Stoff aussieht. In Wahrheit aber ist das künstlerische Schaffen als Brauchen der Erde ein *Werken mit der Erde*, d. h. eine solche Verhaltung zu ihr, die ein Werk hervorbringt, indem sie das Streit-Geschehen in die Erde bringt. Das künstlerische Werken mit der Erde sieht solange wie eine handwerkliche Tätigkeit aus, wie man im handwerklichen und künstlerischen Umgang mit der Erde nur ein Hervorbringen sieht, ohne den Unterschied im Wesen beider Weisen des Hervorbringens zu beachten. Das ‚Werkschaffen' ist niemals und auch nicht in begrenzter Hinsicht eine handwerkliche Tätigkeit, weil es auf dem schaffenden Entwurf beruht, der nicht nur wie der anfertigende Entwurf die in der Geworfenheit ankommende Offenheit öffnet für das Unverborgenwerden des anzufertigenden Seienden, sondern die in der Geworfenheit ankommende Offenheit in das Woraus des Kunstwerkes bringt. Dieses schaffende Bringen vollzieht sich als das Feststellen des Geschehens der Unverborgenheit in die Erde des Kunstwerkes. Die so in die Erde, z. B. in die Farbe des Gemäldes, festgestellte Unverborgenheit ist die Gestalt.

Von diesem „Feststellen der Wahrheit in die Gestalt" (ebd.) hebt Heidegger die Anfertigung des Zeuges ab: „Dagegen ist die Anfertigung des Zeugs nie unmittelbar die Erwirkung des Geschehens der Wahrheit" (ebd.). Also ist das schaffende Hervorbringen „unmittelbar die Erwirkung des Geschehens der Wahrheit". Inwiefern? Im Schaffen erwirkt der Künstler, wenn er ein bis dahin noch nicht Seiendes hervorbringt, unmittelbar das Geschehen der Unverborgenheit, weil er die Unverborgenheit *nicht nur für* das Offenbarwerden eines Seienden geschehen läßt, sondern mit dem hervorbringenden Offenbarwerdenlassen des Kunstwerkes die geschehende Unverborgenheit selbst in das im Hervorbringen offenbarwerdende Seiende her-vor-bringt. Das Anfertigen von Zeug ist das Hervorbringen eines Seienden und ist als solches gegründet im ekstatischen Bezug zur geschehenden Unverborgenheit. Das Schaffen eines Kunstwerkes ist nur insofern auch das Hervorbringen eines Seienden, als es ein Bringen der geschehenden Unverborgenheit in das hervorzubringende Seiende ist, damit die Unverborgenheit aus ihrem Festgestelltsein heraus in ausgezeichneter Weise geschehe als die Entbergung des Seienden.

Während ein Kunstwerk hervorgebracht ist, damit in ihm und aus ihm die in es gebrachte Unverborgenheit des Seienden geschehen könne, ist ein Gebrauchsding hervorgebracht, damit es bereitstehe für den Gebrauch. Dem *Geschaffensein des Kunstwerkes* als dem Festgestelltsein der geschehenden Unverborgenheit stellt Heidegger gegenüber das *Fertigsein des Zeuges* als das „Geformtsein eines Stoffes und zwar als Bereitstellung für den Gebrauch" (ebd.). Auch hier ist wieder zu betonen, daß das Hervorgebrachtsein eines Gebrauchsdinges nicht wesensnotwendig mit Hilfe des Form-Stoff-Schemas aufgefaßt werden muß. Wohl ist das Seinsverständnis des herstellenden Verhaltens der genuine Ursprungsbereich für dieses Begriffspaar. Das Anfertigen von Zeug kann gekennzeichnet werden als das Formen eines Stoffes, wobei die Formgebung sich dem Um-zu-Bezug der Dienlichkeit des herzustellenden Zeuges unterstellt. Das Anfertigen des Zeuges wird aber nicht dadurch dem schaffenden Hervorbringen entgegengesetzt, daß dieses ein Brauchen der Erde und jenes ein Verbrauchen der Erde als Stoff ist. Wohl ist das handwerkliche Anfertigen wesenhaft ein Verbrauchen der Erde im Unterschied zum Brauchen. Das Verbrauchen befreit die Erde nicht zu ihrem Wesen, sondern unterstellt ihr Sichverschließendes der Dienlichkeit, im Hinblick worauf das Zeug angefertigt wird. Im Zeug „verschwindet" (S. 35) die Erde, aber doch nur insofern, als sie in ihm nicht wie im Kunstwerk eigens als das Sichverschließende hervorkommt. Das so im Zeug zurückgedrängte Sichverschließende der Erde bleibt als solches erhalten und ermöglicht in dieser Weise die Bergung der Welt. Indem ein Zeug in seinem Angefertigtsein für den Gebrauch bereitsteht, ist es „über sich selbst hinweg dahin entlassen", „in der Dienlichkeit aufzugehen" (S. 52). Ein Kunstwerk aber ist nicht wie ein Zeug über sich selbst als hervorgebrachtes hinweg zu etwas anderem entlassen, sondern es ist hervorgebracht, damit in ihm die Unverborgenheit des Seienden ursprünglich geschehen könne. Weil aus ihm die Unverborgenheit ursprünglich geschieht, wird sein erdhaftes Woraus nicht wie beim Zeug durch die Unterstellung unter die Dienlichkeit in seinem Sichverschließenden zurückgedrängt, sondern gerade her-vor-gestellt. In dem Satze: „Fertigsein des Zeuges heißt, daß dieses über sich selbst hinweg dahin entlassen ist, in der Dienlichkeit aufzugehen", wird zweierlei gesagt. Einmal, daß im handwerklichen Hervorgebrachtsein des Zeuges das erdhafte Woraus umwillen der Dienlichkeit des Zeuges verbraucht und d. h. in seinem Sichverschließenden nicht eigens hervorgestellt wird. Zum anderen — und damit gibt Heidegger die *Überleitung* von der ersten zur zweiten Wesensbestimmung des Geschaffenseins — daß im Zeug mit seinem erdhaften Woraus auch sein Hervorgebrachtsein dem Zeugsein als der verläßlichen Dienlichkeit unterstellt ist. Während im Fertigsein des Zeuges sein anfertigendes Hervorgebrachtsein zugunsten der Dienlichkeit zurücktritt, tritt das Geschaffensein aus dem geschaffenen Kunstwerk hervor.

270

§ 34. Zweite wesentliche Bestimmung des Geschaffenseins: das Hineingeschaffensein des Geschaffenseins in das Kunstwerk

a) Das Hervorragen des Geschaffenseins aus dem Kunstwerk: der Anstoß als das Daß des Geschaffenseins

Die erste wesentliche Bestimmung des Geschaffenseins des Kunstwerkes ist das Festgestelltsein der als Urstreit von Entbergung und Verbergung und als Streit von Welt und Erde geschehenden Unverborgenheit in das erdhafte Woraus des Kunstwerkes. Die so festgestellte Unverborgenheit nennt Heidegger die Gestalt. Der Aufweis der *zweiten wesentlichen Bestimmung* – hier auch das zweite Kennzeichen genannt – des Geschaffenseins wird wieder in scharfer Abgrenzung gegen das Angefertigtsein des Gebrauchsdinges durchgeführt. „Das Fertigsein des Zeuges und das Geschaffensein des Werkes kommen miteinander darin überein, daß sie ein Hervorgebrachtsein ausmachen" (S. 52). Hier greift Heidegger den schon früher (§ 30) genannten Wesenscharakter wieder auf, den das angefertigte Zeug und das geschaffene Kunstwerk teilen. Anfertigen und Schaffen sind sich darin gleich, daß sie ein Hervorbringen sind. Hervorbringen heißt aber: Hervorgehenlassen eines noch nicht Seienden in die Offenbarkeit seines Seins. Das anfertigende und das schaffende Her-vor-gehenlassen vollziehen sich innerhalb des das Hervorgehenlassen ermöglichenden ekstatischen Bezuges zum ganzheitlichen Geschehen der Unverborgenheit. Wie das Anfertigen und das Schaffen miteinander darin übereinkommen, ein Her-vorbringen zu sein, so teilen auch das Angefertigtsein eines Zeuges und das Geschaffensein eines Kunstwerkes das Hervorgebrachtsein. Dennoch ist das Kunstwerk in einem wesentlich anderen Sinne ein Hervorgebrachtes als das Gebrauchsding. Hierzu sagt Heidegger: „Aber das Geschaffensein des Werkes hat gegenüber jeder anderen Hervorbringung darin sein Besonderes, daß es in das Geschaffene mithinein geschaffen ist" (ebd.). Um das zu sehen, müssen wir alles das erneut vergegenwärtigen, was über das Schaffen als Bringen, Zurückstellen und Feststellen des Strei-

tes in die Erde des Kunstwerkes und was bisher über das Geschaffensein als Festgestelltsein des gebrachten Streites in die
Erde zum Aufweis gebracht worden ist.

Was kann es heißen, wenn gesagt wird, das Geschaffensein des
Kunstwerkes unterscheide sich wesentlich vom Angefertigtsein
des Gebrauchsdinges dadurch, daß nur es in das geschaffene
Kunstwerk *mithinein* geschaffen sei? Dem möchte man entgegen-
halten, daß doch jedes hervorgebrachte Seiende den Charakter
des Hervorgebrachtseins an sich hat. Mühelos sehen wir ihm an,
daß es im Unterschied zu den Naturdingen vom Menschen hervorgebracht ist. „Jedem Hervorgebrachten ist, wenn überhaupt
etwas, doch das Hervorgebrachtsein mitgegeben" (S. 53), insofern das Hervorgebrachte in seinem Sich-uns-zeigen sich immer
auch als ein Hervorgebrachtes zeigt. Das Hervorgebrachtsein
des Gebrauchsdinges gehört *mit* zu seiner *Gegebenheit* für uns,
auch dann, wenn wir diesen Seinscharakter nicht thematisch erfassen sollten. Daß einem jeden Hervorgebrachten, das kein
Kunstwerk ist, sein Hervorgebrachtsein in der erläuterten Weise
mitgegeben ist, soll auch nicht bestritten werden, wenn das Besondere des Geschaffenseins des Kunstwerkes in seinem Hineingeschaffensein in das Kunstwerk gesehen wird. Das Hineingeschaffensein des Geschaffenseins in das Kunstwerk wird somit
mehr bedeuten als nur das einfache Mitgegebensein des Hervorgebrachtseins. Das Hineingeschaffensein des Geschaffenseins in
das Kunstwerk bedeutet, daß das Geschaffensein „aus ihm, dem
so Hervorgebrachten, eigens hervorragt" (ebd.). Für wen aber
ragt es hervor? Für uns, sofern wir in der unmittelbaren Erfahrung des Kunstwerkes stehen.

Um zu verstehen, inwiefern das Geschaffensein im schaffenden
Hervorbringen eines Kunstwerkes in dieses so hineingeschaffen
ist, daß es aus diesem hervorragt, müssen wir auf die schon gegebene Wesensbestimmung des Schaffens zurückgehen. Künstleri-
sches Schaffen ist nicht nur in der Weise ein Hervorbringen, daß
es *aus* dem ekstatischen Bezug zur geschehenden Unverborgenheit
ein noch nicht Seiendes her-vor-kommen läßt in die Offenbarkeit
und in solchem Hervorkommenlassen die im Streit von Welt

und Erde erstrittene Offenheit in der Offenbarkeit des hervorgebrachten Seienden birgt. Das künstlerische Schaffen ist ein solches Hervorbringen, das aus dem ekstatischen Bezug zur geschehenden Unverborgenheit die Offenheit selbst bzw. das Streit-Geschehen selbst im Hervorkommenlassen eines Seienden *in dieses bringt*, so daß das Streit-Geschehen aus dem Standgewonnenhaben in der Erde des Kunstwerkes ursprünglich zu geschehen vermag. Das im Schaffen hervorgebrachte Seiende, das Kunstwerk, ist ein ausgezeichnetes Seiendes deshalb, weil es *nicht nur aus* dem Streitgeschehen unverborgen wurde, sondern weil es in seine eigene Offenbarkeit das Streit-Geschehen aufgenommen hat, damit dieses nicht nur wie im angefertigten Seienden bergend untergebracht und insofern durch die Offenbarkeit des Seienden ‚verborgen‘ ist, sondern damit es als ‚nicht verborgenes‘ walten könne. Wenn das Streitgeschehen der Unverborgenheit nicht wie sonst außerhalb des Kunstwerkes durch die es bergende Offenbarkeit des innerweltlichen Seienden ‚verborgen‘ waltet, geschieht es in ausgezeichneter Weise. ‚Nicht verborgen‘ in der Weise des Nichtgeborgenseins im offenbaren innerweltlichen Seienden heißt nicht, daß das Streitgeschehen ohne das Seiende und dessen Offenbarkeit waltet. Auch wenn das Streitgeschehen ursprünglich und d. h. in ‚nicht verborgener‘ Weise waltet, vermag es so nur zu walten, sofern es sich in die Offenbarkeit eines hervorgebrachten Seienden, in das Erdhafte des Kunstwerkes, eingerichtet hat.

Von hier aus verstehen wir, inwiefern das Geschaffensein eigens in das geschaffene Kunstwerk mithinein geschaffen ist. Geschaffensein heißt, wie soeben vergegenwärtigt, das Hineingebrachtsein und Festgestelltsein des Streitgeschehens in die Erde des Kunstwerkes. Weil hier die im Streitgeschehen sich öffnende Offenheit nicht in der Offenbarkeit des Seienden bergend untergebracht, sondern so in die Erde des Kunstwerkes gebracht und festgestellt ist, daß sie sich aus diesem Stand heraus öffnet, *ragt das Gebracht- und Festgestelltsein des Streit-Geschehens als das Geschaffensein* aus dem Kunstwerk *eigens hervor*. Für uns, die wir das Kunstwerk betrachten, ragt das hineingeschaffene Geschaffensein aus dem Kunstwerk hervor. *Wie* aber *erfahren* wir das aus dem Kunstwerk hervorragende Geschaffensein als das Gebracht- und Festgestelltsein des Streit-Geschehens der Unverborgenheit?

Auf diese Frage antwortet der nächste Absatz der Kunstwerk-Abhandlung. Bevor Heidegger positiv aufzeigt, wie wir das Hervorragen des hineingeschaffenen Geschaffenseins erfahren, sagt er, was es nicht bedeutet. Das „Hervorkommen des Geschaffenseins aus dem Werk" (ebd.) für uns meint nicht, daß wir dem Kunstwerk anmerken, es sei von einem großen Künstler geschaffen und als solches die geniale Leistung einer schöpferisch-produktiven Aktivität. Solange wir das Geschaffensein des Kunstwerkes in dieser Weise verstehen, denken wir das künstlerische Schaffen aus dem Umkreis der auf sich selbst beruhenden schöpferischen Subjektivität des Künstlers. Im Horizont dieser Auffassung bleibt alles das verdeckt, was in der Kunstwerk-Abhandlung als das Werksein des Kunstwerkes, als das Geschehnis der Unverborgenheit, als das ekstatische Wesen des Menschen überhaupt und des künstlerisch-schaffenden Menschen zum Aufweis gebracht wurde. Das Hervorkommen des Geschaffenseins am Kunstwerk bedeutet nicht, daß es von diesem oder jenem bedeutenden Künstler geschaffen sei, sondern daß wir erfahren „das einfache factum est" (ebd.), das einfache ‚es ist geschaffen'. Solches in der Betrachtung des Kunstwerkes erfahren heißt aber, erfahren, „daß Unverborgenheit des Seienden hier geschehen ist" (ebd.). Unverborgenheit ‚ist im Kunstwerk geschehen', sofern sie im schaffenden Bezug des Daseins zu ihr in die Erde des Kunstwerkes gebracht und festgestellt ist. Im Malen des Gemäldes, das die Bauernschuhe zeigt, ist die streitend geschehende Unverborgenheit so in die Farbe gebracht und darin festgestellt, daß das Geschehen der Unverborgenheit aus diesem Stand ursprünglich geschieht als Entbergung des Schuhzeuges und mit ihm des Seienden im Ganzen, zu dem auch das die Schuhe im Tragen besorgende Dasein gehört. Im Anblick des Gemäldes erfahren wir aber nicht nur, daß Unverborgenheit des Seienden im Kunstwerk *geschehen ist,* so als sei es ein zum Stillstand gekommenes Geschehnis, sondern wir erfahren, daß Unverborgenheit des Seienden „als dieses Geschehene erst geschieht" (ebd.). Das will sagen: Nur sofern im schaffenden Hervorbringen des Gemäldes die geschehende Unverborgenheit eigens in die Farbe festgestellt ist, vermag die Unverborgenheit aus ihrem Stand heraus in der ‚nicht verborgenen' und somit ursprünglichen Weise zu geschehen.

Wenn wir im Anblick des Kunstwerkes das Geschaffensein als das Geschehensein und Geschehen der Unverborgenheit erfahren, dann gehört dazu die Erfahrung, „daß überhaupt solches Werk ist und nicht vielmehr nicht ist" (ebd.). Es ist die Erfahrung des Ungewöhnlichen und vielleicht auch Ungeheuren, die uns in das verhaltene Staunen versetzt. In solcher Erfahrung werden wir von dem Geschehnis der Unverborgenheit im Kunstwerk *angestoßen*. „Der Anstoß, daß das Werk als dieses Werk ist und das Nichtaussetzen dieses Stoßes macht die Beständigkeit des Insichruhens am Werk aus" (ebd.). Das Anstoßen ist die Weise, wie das in das Kunstwerk hineingeschaffene Geschaffensein, das Hineingebrachtsein des Streit-Geschehens, aus ihm hervorragt und hervorkommt. Es kommt für mich hervor, indem es mich anstößt. Es stößt mich an, sofern es als das Hineingebrachtsein des Streit-Geschehens in die Farbe des Gemäldes mich als den das Entbergungs-Geschehen Erfahrenden in das Geschehen einbezieht. Heidegger sagt zur Erfahrung dieses Stoßes: „Gerade dort, wo der Künstler und der Vorgang und die Umstände der Entstehung des Werkes unbekannt bleiben, tritt dieser Stoß, dieses ‚Daß' des Geschaffenseins, am reinsten aus dem Werk hervor" (ebd.). Wenn wir bei einem Kunstwerk aus Gründen mangelnder Überlieferung und Mitteilung kaum oder gar nicht den Namen des Künstlers kennen, – wenn wir über keine historischen Kenntnisse der biographischen Situation verfügen, in der das Kunstwerk entstanden ist, dann ist uns die Möglichkeit genommen, das Kunstwerk vorwiegend aus der Biographie des Künstlers auszulegen. Weil uns die biographischen Daten den Zugang zum Wesentlichen des Kunstwerkes verstellen können, kann der Mangel an ihnen der unmittelbaren Erfahrung des

Kunstwerkes aus dem, was in ihm geschieht, förderlich sein. In den unmittelbaren Erfahrungs-Bezug zum Kunstwerk gelangen heißt, den Stoß, der von dem Geschehen der Unverborgenheit im Kunstwerk ausgeht, erfahren.

b) Das Verschwinden des Daß des Angefertigtseins von Zeug in der Dienlichkeit

Der Stoß ist nicht etwas, was zu dem Hineingeschaffensein des Geschaffenseins in das Kunstwerk noch als eine Eigenschaft hinzukäme. Der Stoß ist die Weise, wie das Geschaffensein als Hineingebrachtsein des Geschehens der Unverborgenheit in die Farbe für mich geschieht. Weil hier das Streit-Geschehen *nicht* in einem Seienden, das lediglich aus dem Streit-Geschehen offenbar wird, *geborgen* und somit ,verborgen' ist, sondern weil das Streit-Geschehen in ein Seiendes hineingebracht ist, um als Entbergungs-Geschehen walten zu können, deshalb sind wir dem Daß des Geschaffenseins, also dem Daß des Hineingebrachtseins des Streit-Geschehens in die Farbe und seinem Stoßen ausgesetzt. Das Daß des Geschaffenseins meint nicht das bloße Daß, d. h. die bloße Tatsache seines Hervorgebrachtseins. In dieser Weise gehört das Daß des Angefertigtseins, die Tatsache des Erzeugtseins, auch zum Zeug als dem Erzeugnis. Das Daß des Angefertigtseins von Gebrauchsdingen hat einen wesenhaft anderen Charakter als das Daß des Geschaffenseins von Kunstwerken. Heidegger sagt: „Aber dieses ,Daß' tritt am Zeug nicht heraus, im Gegenteil, es verschwindet in der Dienlichkeit" (ebd.). Inwiefern tritt am Zeug das Daß seines Angefertigtseins nicht heraus? Inwiefern verschwindet das Daß des Angefertigtseins in der Dienlichkeit des Zeuges? Hier ist wieder an früher Gesagtes zu erinnern. Das Daß des Angefertigtseins des Zeuges tritt an diesem deshalb nicht heraus, weil sein Hervorgebrachtsein *nicht* wie beim Kunstwerk im Hineingebrachtsein der geschehenden Unverborgenheit in das hervorzubringende Seiende besteht. Wenn das Streitgeschehen nicht im angefertigten Zeug festgestellt ist, sondern wenn das Zeug nur hervorgebracht ist aus dem Geschehen des Streites, dann kann das Daß des Angefertigtseins nicht wie das Daß des Geschaffenseins am Zeug heraustreten. Das Daß des Angefertigtseins verschwindet in der Dienlichkeit des Zeuges – aber nicht so, als ob zunächst das Daß seines Hervorgebrachtseins wie das Daß des Geschaffenseins offenbar ist, um dann erst in der Dienlichkeit des Zeuges unterzutauchen. Das Daß des Angefertigtseins verschwindet insofern in der Dienlichkeit des offenbaren Zeuges, als das Geschehen der Unverborgenheit in der Offenbarkeit des dienlichen Zeuges untergebracht wird. Als so untergebrachtes ist es gerade nicht wie beim Kunstwerk in das hervorzubringende Seiende hineingebracht.

Wie das Daß des Angefertigtseins in der Dienlichkeit verschwindet, sagt der folgende Satz: „Je handlicher ein Zeug zur Hand ist, umso unauffälliger bleibt es, daß z. B. ein solcher Hammer ist, umso ausschließlicher hält sich das Zeug in seinem Zeugsein" (ebd.). Was Heidegger hier – wie auch schon in „Sein und Zeit" – von der spezifischen Gegebenheit des Zeuges innerhalb des besorgenden Seinsverständnisses sagt, ist eine Wesensfolge des soeben auseinandergelegten Sachverhaltes. Weil das anfertigende Hervorbringen *nur* ein Hervorbringen des zeughaft Seienden, *nicht* aber *auch* ein Bringen der geschehenden Unverborgenheit in das hervorzubringende Seiende ist, kann das Daß seines Angefertigtseins nicht wie das Daß des Geschaffenseins an ihm heraustreten. Es gehört zum Wesen der Offenbarkeit des dienlichen Zeuges, im besorgenden Umgang mit ihm in Unauffälligkeit zu begegnen. Je mehr ich aufgehe in meinen Weisen des besorgenden Umgangs, desto unauffälliger ist das von mir besorgte Zuhandene offenbar. Je zugreifender ich mit ihm umgehe, desto mehr hält sich das Zuhandene in seinem Zuhandensein, um so weniger läßt es das Daß seines Angefertigtseins erfahren. Schon oben (Holzwege, S. 52) wurde gesagt, Fertigsein des Zeuges heiße, „daß dieses über sich selbst hinweg dahin entlassen ist, in der Dienlichkeit aufzugehen". Das anfertigende Hervorbringen vollzieht sich im Seinsverständnis der verläßlichen Dienlichkeit als des Zeugseins. Es läßt das Anzufertigende her-vor-gehen in sein Dienlichsein. Das im Anfertigen Hervorgebrachte hält sich dergestalt in seinem Zeugsein als verläßlichem Dienlichsein, daß es das Hervorgebrachtsein zurücktreten läßt.

Bis jetzt war die Rede vom Daß des Geschaffenseins und vom Daß des Angefertigtseins. In beiden Fällen bezieht sich das Daß auf das Sein als Hervorgebrachtsein von Seiendem. Wir können aber – fügt Heidegger hinzu – „an jedem Vorhandenen bemerken, daß es ist" (S. 53). ‚An jedem Vorhandenen' heißt hier einmal: an jedem nichtdaseinsmäßigen Seienden (Vorhandenes in einem ganz weiten Sinne). ‚An jedem Vorhandenen' heißt hier aber vorrangig: an jedem herstellungsunbedürftigen Seienden in der Abhebung gegen das vom Menschen herstellbare Seiende. Wie aber bemerken wir gewöhnlich das Daß des von Natur aus Vorhandenseins des naturhaft Seienden? Nicht nur und nicht zuerst in der Weise, daß wir das Vorhandensein im Sinne des Wirklichseins von Dingen konstatieren in der sinnlichen Empfindung. Daß dieses und jenes Seiende, ja das Seiende im Ganzen, ist, verstehe ich nicht erst in der nackten sinnlichen Empfindung, sondern in der Befindlichkeit der Stimmungen, in denen mir das Ganze des Seienden enthüllt ist. Aber *daß* Seiendes *ist,* wird von uns zumeist nur als das Selbstverständlichste vermerkt. Diese Selbstverständlichkeit ist ein Vergessen. Vergessen bedeutet hier das Verschlossenhalten des in der Befindlichkeit erfahrbaren ‚Daß Seiendes ist und nicht nicht ist'. In einer ausgezeichneten Befindlichkeit, die den Namen ‚Angst' trägt, können wir vor dieses ‚daß Seiendes ist' gebracht werden. In ihr enthüllt sich das Nichts, aber das Nichts als die nichtseiende Unverborgenheit, die das Seiende im Ganzen hinsichtlich seiner bisherigen selbstverständlich-gewöhnlichen Gegebenheit entgleiten läßt und in diesem Entgleitenlassen uns vor die ursprüngliche, nicht mehr gewöhnliche Offenbarkeit des Seienden bringt. Jetzt erfahren wir, *daß* Seiendes *ist – ist* aber als das schlechthin Andere gegenüber der nichtseienden, in der Angst sich erschließenden Unverborgenheit. In der Befindlichkeit der Angst ist es die geschehende Unverborgenheit, die sich für uns eigens bekundet im Entgleitenlassen des vertrauten Seienden und im Erfahrenlassen des sonst verschlossenen ‚daß Seiendes ist'. Im Kunstwerk ist es dieselbe geschehende Unverborgenheit, die sich hier jedoch insofern als Anstoß bekundet, als sie im künstlerischen Schaffen in das hervorzubringende Kunstwerk gebracht ist.

c) Das Kunstwerk im Vor-sich-her-werfen seines Geschaffenseins

„Was aber ist gewöhnlicher als dieses, daß Seiendes ist?" (S. 53) Damit ist die Weise genannt, in der uns gewöhnlich und das heißt hier außerhalb der unmittelbaren Erfahrung des Kunstwerkes das Ganze des Seienden enthüllt ist. „Im Werk dagegen ist dieses, daß es als solches *ist,* gerade das Ungewöhnliche" (ebd.). Innerhalb der unmittelbaren Erfahrung des Kunstwerkes sind wir dem Stoß ausgesetzt, der uns aus dem stoßenden Geschehen der Unverborgenheit erfahren läßt, *daß* dieses Kunstwerk *ist.* Der Stoß bringt uns vor das Daß des Geschaffenseins dieses Seienden. Das erfahrene Daß seines Geschaffenseins ist das Ungewöhnliche. Wie wir jetzt wissen, meint die Erfahrung des Daß seines Geschaffenseins nicht die Banalität zu wissen, daß dieses Seiende ein vom Menschen hervorgebrachtes ist. Das Daß des Geschaffenseins erfahren heißt: Ausgesetztsein dem Geschehnis der Unverborgenheit, das im Kunstwerk geschieht, sofern es im Schaffen in das werdende Kunstwerk gebracht ist. Immer dann, wenn die geschehende Unverborgenheit nicht verborgen ist durch das allein andrängende Seiende, erfahren wir aus dem Innestehen im ursprünglichen Geschehen der Unverborgenheit in ursprünglicher Weise, *daß* Seiendes *ist.* Weil die Unverborgenheit im Kunstwerk, sofern sie in es gebracht und festgestellt ist, in nicht verborgener Weise geschieht, erfahre ich aus dem mich anstoßenden Geschehen der Unverborgenheit, daß dieses seiende Kunstwerk als ein geschaffenes ist. In diesem Sinne hieß es auch oben (Holzwege, S. 50): „Die Hervorbringung stellt dieses Seiende dergestalt ins Offene, daß das zu Bringende erst die Offenheit des Offenen lichtet, in das es hervorkommt." Das Kunstwerk als ein Seiendes kommt als dieses Seiende, das es ist, nur in *das* Offene hervor, dessen Offenheit es lichtet, sofern diese in das Erdhafte des Kunstwerkes gebracht und festgestellt ist.

Wichtig ist zu sehen, daß ich mit dem Daß des Geschaffenseins nicht nur erfahre, *daß* dieses seiende Kunstwerk *ist*, sondern, weil die im Kunstwerk geschehende Unverborgenheit als ursprüngliche Entbergung des Seienden im Ganzen waltet, in einem zumal das Daß des Seins des Seienden im Ganzen erfahre. Mit dem Hineingebrachtsein der geschehenden Unverborgenheit in das Kunstwerk, in die Farbe des Gemäldes, erfahre ich die im Kunstwerk geschehende Entbergung des Schuhzeuges in seiner Hineingehörigkeit in das Seiende im Ganzen.

Wenn wir im Blick behalten, daß das Schaffen ein Bringen des Geschehens der Unverborgenheit in das hervorzubringende Kunstwerk ist, und daß das Geschaffensein in der Weise des Anstoßes hervorragt, dann verstehen wir auch den folgenden Satz: „Das Ereignis seines Geschaffenseins zittert im Werk nicht einfach nach, sondern das Ereignishafte, daß das Werk als dieses Werk ist, wirft das Werk vor sich her und hat es ständig um sich geworfen" (S. 53). Das Ereignishafte ist, *daß* das Kunstwerk als dieses je einzelne Werk *geschaffen ist*. Sein Geschaffensein würde im Kunstwerk nur nachzittern, wenn das Kunstwerk so wie zeughaft Seiendes aus dem Geschehnis der Unverborgenheit hervor-ginge. Dann hätte es sein Hervorgebrachtsein wie jedes Hervorgebrachte in sich, aber so, daß die geschehende Unverborgenheit, in der es im Hervorgebrachtwerden unverborgen wird, in ihm bergend untergebracht ist. Dadurch aber, daß das Kunstwerk als dieses geschaffene Seiende selbst nur offenbar ist aus dem Unverborgenheitsgeschehen, das in es gebracht und in ihm festgestellt ist, hat es sein Her-vor-gebrachtsein nicht in sich und d. h. hinter sich, sondern vor sich. Vor sich, insofern die in ihm geschehende Unverborgenheit vor ihm her geschieht. Vor ihm her innerhalb unseres unmittelbaren Erfahrungsbezuges zum Kunstwerk, das für uns nur aus der in ihm geschehenden Unverborgenheit als dieses Kunstwerk offenbar ist. Das seiende Kunstwerk gewinnt seine eigene Offenbarkeit aus dem in ihm festgestellten Geschehen der Unverborgenheit, das es als seinen Ursprung nicht hinter sich und nur insofern auch in sich hat, sondern das es vor sich hat, indem es aus ihm vor ihm her geschieht.

„Je wesentlicher das Werk sich öffnet", d. h. je ursprünglicher die in das Kunstwerk gebrachte Unverborgenheit aus ihrem Festgestelltsein heraus geschieht, „umso leuchtender wird die Einzigkeit dessen, daß es ist und nicht vielmehr nicht ist" (S. 53/54). Das Kunstwerk öffnet sich, wenn die in seinem Erdhaften festgestellte Unverborgenheit als Entbergung des Seienden im Ganzen in ausgezeichneter, d. h. nicht verborgener Weise geschieht. Das so festgestellte Geschehen der Unverborgenheit hat den Charakter des Stoßens. Je ursprünglicher die Unverborgenheit entbergend geschieht, desto wesentlicher kommt der Stoß ins Offene. Aber er kommt nicht so ins Offene, als ob zuvor schon das Offene bestünde, in das hinein der Stoß geschähe, sondern das Stoßen dieses Stoßes ist die Weise, wie im und aus dem Kunstwerk die Unverborgenheit geschieht. Je wesentlicher die Unverborgenheit im Kunstwerk stoßend geschieht, um so mehr ist das Kunstwerk für mich offenbar in seiner Befremdlichkeit und Einsamkeit. „Im Hervorbringen des Werkes liegt dieses Darbringen des ‚daß es sei'" (S. 54), weil das Schaffen ein Hineinbringen der geschehenden Unverborgenheit in das Kunstwerk ist, das Hineingebrachtsein der Unverborgenheit aber als das Geschaffensein des Kunstwerkes, als das ‚daß es geschaffen ist' hervorragt.

d) Zusammenfassender Rückblick auf die zwei Bestimmungen des Geschaffenseins

Gegen Ende des zweiten Abschnittes und zu Beginn des dritten Abschnittes der Kunstwerk-Abhandlung wurde die Frage nach dem Geschaffensein des Kunstwerkes in der Erwartung exponiert, daß wir durch ihre Beantwortung dem Werkhaften und der Wirklichkeit des Kunstwerkes näherkommen. In dieser Erwartung sind wir nicht enttäuscht worden. Im zweiten Abschnitt wurde aufgewiesen, daß und wie im Kunstwerk Unverborgenheit geschieht als Streit von Welt und Erde im Urstreit von Entbergung und zwiefacher Verbergung. Es blieb aber immer noch ungeklärt, was es heiße, daß ‚im' Kunstwerk Unverborgenheit geschieht. Im dritten Abschnitt wurde daher im Hinblick auf das im Kunstwerk waltende Geschehen der Unverborgenheit das künstlerische Schaffen als ein Bringen der geschehenden Unverborgenheit in das hervorzubringende Kunstwerk bestimmt. Damit rückte der schaffende Bezug zum erdhaften Woraus des Kunstwerkes ins Blickfeld. Aus dieser Wesensbestimmung des Schaffens ergaben sich die zwei Wesensbestimmungen des Geschaffenseins des Kunstwerkes. Das Geschaffensein zeigte sich uns einmal als „das Festgestellt-sein des Streites durch den Riß in die Gestalt" (S. 54). Auch hier wird wieder deutlich, daß der Riß in seiner dreifachen Hinsicht die werkgemäße Weise des Streit-Geschehens im Kunstwerk ist. Das Geschaffensein als das Festgestelltsein des Streit-Geschehens zeigte sich uns zum anderen als „eigens in das Werk eingeschaffen", so daß es „als der Stoß jenes ‚Daß' ins Offene" steht. (ebd.) Der Wesenscharakter des Eingeschaffenseins des Geschaffenseins in das Kunstwerk liegt in der Eigentümlichkeit des schaffenden Hervorbringens beschlossen, in der Hervorbringung dieses besonderen Seienden die geschehende Unverborgenheit in dieses Seiende hineinzubringen. Das Geschaffensein als das Hineingebrachtsein des Unverborgenheitsgeschehens in das Kunstwerk ragt daher als der Stoß aus dem Kunstwerk hervor.

Beide Wesensbestimmungen des Geschaffenseins haben uns einen *tieferen* Einblick verschafft in die besondere Wirklichkeitsweise des Kunstwerkes. Das früher aufgewiesene aufstellende Eröffnen einer Welt und her-stellende Hervorkommenlassen der Erde im Kunstwerk als Wesenszüge des Werkseins gelangen durch die jetzt vollzogene Wesensanalyse des Schaffens und Geschaffenseins zu größerer Klarheit. Dennoch – sagt Heidegger im Vorblick auf die nächste Thematik der Abhandlung – *erschöpfe sich* im Geschaffensein die Wirklichkeit des Kunstwerkes *nicht*. Denn zum Kunstwerk gehört nicht nur der Künstler als der Schaffende, sondern gehören auch die *Nichtschaffenden* als diejenigen, die das Kunstwerk betrachten. Zu ihnen zählt auch der Schaffende, der in bezug auf das Kunstwerk nicht nur der Schaffende ist. Außer dem Geschaffensein des Kunstwerkes, das in einer Entsprechung zum Schaffen steht, wird dem Kunstwerk auch ein solches Sein eignen, das dem nichtschaffenden Betrachten des Kunstwerkes entspricht. Heidegger nennt es die Bewahrung bzw. das *Bewahrtsein* des Kunstwerkes, das *ebenso wesenhaft* für das Werksein des Kunstwerkes ist wie das Geschaffensein.

ZWEITES KAPITEL

Die Bewahrung des Kunstwerkes

§ 35. Die Inständigkeit der Bewahrung als Innestehen in der im Kunstwerk geschehenden Unverborgenheit

Weil das *Bewahrtsein ebenso wesentlich zum Werksein gehört wie das Geschaffensein,* erschöpft sich die Wirklichkeit des Werkes nicht in seinem Geschaffensein. Erst wenn das Bewahrtsein als zum Werksein des Kunstwerkes gehörig aufgewiesen ist, darf die Analyse des Werkseins den Anspruch erheben, das Kunstwerk in seiner vollen Wirklichkeit freigelegt zu haben.

Die Analyse des Geschaffenseins und insbesondere der zweiten Wesensbestimmung hat den jetzt zu vollziehenden letzten Schritt in der Enthüllung des Werkseins vorbereitet. Das Hervorragen des in das Kunstwerk hineingeschaffenen Geschaffenseins in der Weise des Anstoßes brachte denjenigen, der dem Stoßen dieses Anstoßes ausgesetzt ist, bereits mit ins Spiel. Deshalb muß der jetzt geforderte Schritt in der Wesensenthüllung des Kunstwerkes im „Hinblick auf das Wesen des Geschaffenseins des Werkes" (S. 54) und vor allem im Hinblick auf die zweite wesentliche Bestimmung ausgeführt werden. Der jetzt zu vollziehende Schritt ist derjenige, „auf den alles bisher Gesagte zustrebt" (ebd.). Denn erst durch das, was dieser Schritt zum Aufweis bringt, klärt sich unser Wesensverhältnis zum Kunstwerk, das wir bisher immer nur als die unmittelbare Erfahrung des Kunstwerkes angesprochen haben. Was aber geschieht mit uns in unserem Wesen, wenn wir zum Kunstwerk im unmittelbaren Erfahrungsbezug stehen? Und was bedeutet es für das Kunstwerk selbst, daß wir zu ihm in dem Bezug der unmittelbaren Erfahrung stehen?

Innerhalb des Aufweises der zweiten Wesensbestimmung des Geschaffenseins hieß es: Je wesentlicher der Stoß ins Offene kommt, d. h. je ursprünglicher die in das Kunstwerk gebrachte

Unverborgenheit in der Weise des Stoßens geschieht, desto befremdlicher und einsamer wird das Kunstwerk. An diese Kennzeichnung knüpft die jetzt beginnende *Analyse des bewahrenden Bezugs zum Kunstwerk* an. „Je einsamer das Werk, festgestellt in die Gestalt, in sich steht, je reiner es alle Bezüge zu den Menschen zu lösen scheint, umso einfacher tritt der Stoß, daß solches Werk *ist*, ins Offene ..." (ebd.). Im stoßenden Hervorragen des Geschaffenseins aus dem Kunstwerk, d. h. im ursprünglichen Geschehen der in das Kunstwerk gebrachten Unverborgenheit, erfahren wir das Kunstwerk in seinem einzigartigen Insichstehen. In seinem Insichstehen wird es als einsam erfahren, wenn es herausgerückt ist aus allen wesensfremden Bezügen und eingerückt ist in die wesenseigenen Bezüge, die zu seinem Werksein gehören. Damit *scheint* es auch alle Bezüge zu den Menschen gelöst zu haben. Doch der Schein trügt. Wohl rückt das Kunstwerk, wenn es in seiner Einsamkeit erfahren wird, aus allen wesensfremden Bezügen zum Menschen heraus, um dadurch aber in den einzig wesensgemäßen Bezug zum Menschen einzurücken.

Der Stoß, worin das in das Kunstwerk hineingeschaffene Geschaffensein uns anrührt, ist als Anstoßen ein *Auf-* und ein *Umstoßen*. Alles, was jetzt über das Aufstoßen und Umstoßen, über das uns Einrücken und uns Herausrücken gesagt wird, bleibt für uns solange ein Spiel mit Worten, als wir nicht imstande sind, das Gesagte als einen phänomenologischen Aufweis von Geschehnisweisen im Umkreis der Unverborgenheit nachzuvollziehen.

Der Stoß, „daß solches Werk *ist*", tritt ins Offene, – die in das hervorzubringende Kunstwerk schaffend gebrachte Unverborgenheit geschieht in der Weise des ursprünglichen Sichöffnens der Offenheit. Solches Geschehen der Unverborgenheit ist als ein mich Anstoßen ein *Aufstoßen des Ungeheuren*. Das Aufstoßen des „Ungeheuren" geschieht inmitten des „geheuer Scheinende[n]" (ebd.). Das Aufstoßen des Ungeheuren kann daher nur geschehen als ein *Umstoßen des geheuer Scheinenden*. Das geheuer Scheinende ist das Seiende im Ganzen und bin ich selbst inmitten dieses Ganzen. Das Geheure ist der Name für die gewöhnlichselbstverständliche Weise, in der ich für mich selbst offenbar bin und in der das Ganze des Seienden für mich offenbar ist. Das Geheure umfaßt alle jene Phänomene, die Heidegger in „Sein und Zeit" in den Termini der durchschnittlichen Alltäglichkeit, der Uneigentlichkeit bzw. Indifferenz zwischen Uneigentlichkeit und Eigentlichkeit, des Man und des Verfallens bedacht hat. Das Geheure ist das geheuer Scheinende. Es erscheint mir solange als geheuer, wie sich kein Ungeheures zeigt. Das Ungeheure ist nicht dieses oder jenes innerweltliche und mich in bestimmter Hinsicht Bedrohende. Das Ungeheure ist das sich im Kunstwerk bekundende Unverborgenheitsgeschehen und die zu ihm gehörende ursprüngliche Erfahrung, „daß solches Werk ist". Weil der vom Kunstwerk ausgehende Stoß mich trifft im geheuer-vertrauten Aufenthalt im Seienden, muß er im Aufstoßen des Ungeheuren das bislang geheuer Scheinende umstoßen. Erst jetzt in der Erfahrung des Ungeheuren mache ich die Erfahrung, daß das bislang Geheure nur ein geheuer *Scheinendes* ist. Das *Auf*stoßen des Ungeheuren besagt, daß dieses Ungeheure bislang verschlossen war. Das bislang Geheure, die vertraute und selbstverständliche Selbstgegebenheit und Gegebenheit des Seienden, ist jene Offenbarkeitsweise des Seienden im Ganzen, in der die Unverborgenheit selbst und ihr Geschehnischarakter verschlossen ist. Diese Verschlossenheit gehört einerseits zum Bergungscharakter der Unverborgenheit und andererseits zur Verborgenheit als der Verstellung. Aufgestoßen wird das Ungeheure der werkhaft geschehenden Unverborgenheit, indem die Verschlossenheit, in der sich die Unverborgenheit hielt, aufgeschlossen wird. Sie wird aufgeschlossen, indem sie umgestoßen wird. Mit dem Aufschließen der Verschlossenheit und dem ursprünglichen Geschehen der Unverborgenheit wandelt sich die Offenbarkeit des Seienden im Ganzen. Bislang war ich mir selbst und war das Seiende, inmitten dessen ich mich aufhalte, enthüllt im Modus des Geheuer-Selbstverständlichen, so als trüge sich das Seiende selbst. Jetzt aber, da ich in den Bezug zur ursprünglich im Kunstwerk geschehenden Unverborgenheit gelangt bin, wandelt sich die Offenbarkeit des Seienden.

Das Stoßen des Anstoßes, das ein Auf- und Umstoßen ist, hat

zugleich den Charakter eines mehrfachen *Rückens*. Die schaffend in das Kunstwerk gebrachte Unverborgenheit *entrückt* das Kunstwerk „in die durch es selbst eröffnete Offenheit des Seienden" (ebd.). Das Kunstwerk wird offenbar in der in ihm selbst ursprünglich geschehenden Unverborgenheit. Dadurch ist es aus dem geheuer Scheinenden herausgenommen. Es selbst ist *nicht mit* dem geheuer Scheinenden offenbar. Die Entrückung des Kunstwerkes in die ihm eigene Offenheit ist aber, wenn sie als Umstoßen der Verschließung der Unverborgenheit geschieht, ein *Mich-Herausrücken* aus dem Gewöhnlichen und ein *Mich-Einrücken* in die ursprünglich sich öffnende Offenheit. Das Herausrücken aus dem Gewöhnlichen meint das Herausrücken aus der Verschließung der Unverborgenheit und aus der dazu gehörenden geheuer-selbstverständlichen Offenbarkeit des Seienden.

Wenn ich dieser dreifachen Verrückung, der Entrückung des Kunstwerkes, dem Herausrücken aus dem Gewöhnlichen und dem Einrücken in die ursprünglich im Kunstwerk geschehende Unverborgenheit *folge,* dann verwandle ich „die gewohnten Bezüge zur Welt und zur Erde" und halte fortan „mit allem geläufigen Tun und Schätzen, Kennen und Blicken" an mich (ebd.). Solche Verwandlung geschieht als Wandel der Weise, wie ich selbsthaft ekstatisch eröffnet bin für das Streit-Geschehen von Welt und Erde. Sofern aber meine selbsthaft ekstatische Offenheit für das Streit-Geschehen die Ermöglichung ist für meine Verhaltungen zum Seienden, wandeln sich auch diese. Es wandelt sich mein geläufiges Tun und Schätzen, das bestimmt war durch die geheuer-gewöhnliche Offenbarkeit des Seienden. So eingerückt in die im Kunstwerk geschehende Unverborgenheit *verweile* ich in ihr. „Die Verhaltenheit dieses Verweilens läßt das Geschaffene erst das Werk sein, das es ist" (ebd.). Das Verweilen und die Verhaltenheit des Verweilens setzen voraus, daß ich dem vom Kunstwerk und seinem Unverborgenheitsgeschehen ausgehenden Stoßen und Rücken folge. Das Folgen erfolgt nicht mit einer gesetzmäßigen Notwendigkeit. Das Folgen ist ein freies Folgen, ein Folgenkönnen. Es ist ein Sich-einlassen-wollen auf das, was im Kunstwerk am Werke ist. Das verhaltene

Verweilen in der im Kunstwerk geschehenden Unverborgenheit läßt damit, daß es sich auf das Unverborgenheitsgeschehen einläßt, das Kunstwerk das sein, was es ist. Dieses ‚das Kunstwerk ein Kunstwerk sein lassen' nennt Heidegger die *Bewahrung*. Das Wort ist gewählt, weil es dem Wort ‚Wahrheit' verwandt ist. Die Bewahrung ist derjenige Bezug zu der im Kunstwerk geschehenden Wahrheit, in welchem ich die im Kunstwerk geschehende Wahrheit geschehen lasse. Solches Geschehenlassen ist ein Wahren und Bewahren dieser Wahrheit. Damit die ins Kunstwerk gebrachte Unverborgenheit als Entbergung des Seienden geschehen kann, bedarf das Kunstwerk nicht nur des schaffenden Künstlers, sondern auch derjenigen, für die das Kunstwerk geschaffen ist. Das Bewahrtsein der im Kunstwerk geschehenden Unverborgenheit gehört ebenso wesentlich zum Werksein wie das Geschaffensein. Mit anderen Worten, ohne das Bewahrtsein und die Bewahrung wäre das Kunstwerk nicht das, was es ist. Diesen Sachverhalt, der im folgenden noch weiter erläutert wird, formuliert Heidegger zunächst so: „So wenig ein Werk überhaupt sein kann, ohne geschaffen zu sein, so wesentlich es die Schaffenden braucht, so wenig kann das Geschaffene selbst seiend werden ohne die Bewahrenden" (ebd.).

Daß die Bewahrung ebenso wesentlich zum Werksein des Kunstwerkes gehört wie das Geschaffensein, leuchtet nicht unmittelbar ein. Man möchte meinen, daß ein Kunstwerk, wenn es einmal geschaffen ist, eben das ist, als was es geschaffen ist, unabhängig davon, ob wir uns dem Kunstwerk zuwenden oder nicht. Dieser Meinung zufolge hat die bewahrende Zuwendung zum Kunstwerk nichts mit dem Wirklichsein dieses Werkes zu tun, sondern nur etwas mit mir und meinem Verhältnis zu ihm. Ein solcher Einwand mag solange im Recht sein, wie er den Einblick in die im Kunstwerk geschehende Unverborgenheit nicht mitvollzieht. Beruht aber das Werksein in all seinen Wesenszügen in der im Kunstwerk geschehenden Unverborgenheit, dann leuchtet ein, daß die in die Gestalt festgestellte Unverborgenheit als solche nur geschehen kann, wenn es solche gibt, die sich in das Unverborgenheitsgeschehen einrücken lassen. In diesem Sicheinrückenlassen lassen sie das Kunstwerk in seinem Werksein, in der in ihm geschehenden Unverborgenheit, sein. In der Bewahrung ein Werk Werk sein lassen ist eine spezifische Weise des sonst formal-allgemein formulierten Sein-lassens des Seienden.

Die Bewahrung des Kunstwerkes ist aber nicht nur in dem ganz weiten Sinne gemeint, daß ich in der Zuwendung zu ihm in die in ihm geschehende Unverborgenheit überhaupt einrücke. Denn die im Kunstwerk geschehende Unverborgenheit ist eine *geschichtlich wandelbare*; die in ihr sich öffnende Welt ist eine *geschichtliche Welt*. Die im Kunstwerk geschehende Unverborgenheit in der Zuwendung zu ihr bewahren heißt, Einrücken-können in die geschichtlich jeweilige Gestalt der Unverborgenheit.

Heidegger bedenkt aber auch die Möglichkeit, daß die geschichtliche Gestalt der Unverborgenheit in einem Kunstwerk die Bewahrenden „nicht unmittelbar so findet, daß sie der im Werk geschehenden Wahrheit entsprechen" (S. 54/55). Ein Kunstwerk findet dann die Bewahrenden nicht unmittelbar, wenn es sie zur Zeit seines Geschaffenseins nicht findet. Hier ist an all die bekannten Fälle zu denken, in denen Kunstwerke, die eine neue Epoche der Kunst eröffnen, unverstanden bleiben, bis sie einmal in späterer Zeit entdeckt werden. Findet nun ein Kunstwerk nicht unmittelbar seine Bewahrenden, also diejenigen, die sich in die in ihm geschehende Unverborgenheit einrücken lassen, dann ist damit nicht etwa ein Beweis für die Meinung gegeben, ein Kunstwerk sei auch ohne die Bewahrenden ein Werk, das Bewahrtsein gehöre doch nicht so wesentlich wie das Geschaffensein zum Werksein. Auch wenn es nicht in einem aktuellen Bezug der Bewahrung steht, bleibt es dennoch potenziell auf die möglichen Bewahrenden bezogen. Um das zu sehen, müssen wir beachten, daß das Kunstwerk nicht nur dann in den Wesensbezug der Bewahrung einrückt, wenn es tatsächlich und von Fall zu Fall solche gibt, die sich ihm zuwenden. Vielmehr liegt es im Wesen des Schaffens beschlossen, die in das Kunstwerk zu bringende Unverborgenheit für die Bewahrenden zu bringen. Dadurch wird die Bewahrung nicht aus dem Schaffen abgeleitet, sondern das schaffende Hervorbringen ist nur, was es ist, in seinem Wesensbezug zu den Bewahrenden. Ein Kunstwerk ist demzufolge auch dann ein Werk, das in seinem Werksein mitbestimmt ist durch den Bezug der Bewahrung, wenn es faktisch die Bewahrenden noch nicht oder auch nicht mehr gibt. Die Bewahrung ist ein Wesenszug des Werkseins, der grundsätzlich in den beiden Modi des aktuellen und potenziellen Bewahrens möglich ist. Was Heidegger (S. 55) das immer Bezogenbleiben eines Werkes auf die Bewahrenden, das auf sie Warten und das Erwerben und Erharren der Einkehr in die Wahrheit des Kunstwerkes nennt, macht insgesamt die zum Werksein wesenhaft gehörende potenzielle Bewahrung aus. Auch „die Vergessenheit, in die das Werk fallen kann, ist nicht nichts" (ebd.), sondern immer noch eine Weise der Bewahrung, ein defizienter Modus. Denn das Vergessensein eines Kunstwerkes heißt, daß hier der bewahrende Bezug, der einmal lebendig war, sich verschlossen hat. Die Verschließung des bewahrenden Bezugs birgt in sich die Möglichkeit einer Wiederaufschließung. Die Vergessenheit als Verschlossenheit gehört mit dem Warten auf die Bewahrenden in den potenziellen Bezug der Bewahrung.

Ein Kunstwerk aktuell bewahren, und zwar dergestalt, daß der geschichtlichen Gestalt der Unverborgenheit entsprochen wird, das nennt Heidegger das „Innestehen in der im Werk geschehenden Offenheit des Seienden" (ebd.). Die Bewahrung ist ihrem Wesen nach *Inständigkeit*. Wie die Inständigkeit zu denken ist, erfahren wir aus den beiden folgenden Absätzen der Kunstwerk-Abhandlung, in denen Heidegger ausdrücklich den sachlichen Bezug zwischen dem Wesen der Inständigkeit und der Thematik in „Sein und Zeit" aufweist.

*§ 36. Das Wollen der Inständigkeit als das ekstatische
Sicheinlassen des existierenden Menschen in die
Unverborgenheit des Seins*

Das bewahrende Innestehen in der im Kunstwerk geschehenden Unverborgenheit, die *Inständigkeit,* wird als ein Wissen bezeichnet. Dieses Wissen muß aber in seinem Wissenscharakter
aus dem Wesen der Inständigkeit aufgeklärt werden. Es geht
nicht an, das Wissen der Inständigkeit aus irgendwelchen sonst
bekannten Wissens-Begriffen deuten zu wollen. Das Wissen der
Inständigkeit ist kein bloßes Kennen und Vorstellen von etwas,
sondern ein Wollen. „Wer wahrhaft das Seiende weiß, weiß, was
er inmitten des Seienden will" (ebd.). Doch mit dieser Wesens-
erläuterung sind wir zurückverwiesen auf einen anderen bekannten und vieldeutigen Begriff. Auch hier geht es nicht an, das
wissende Wollen der Inständigkeit aus den sonst geläufigen Wil-
lens-Begriffen aufzuklären zu suchen. Zunächst ist zu sagen, daß
hier im Wesensbereich der Inständigkeit Wissen und Wollen
nicht derart unterschieden und aufeinander bezogen sind, daß
das Wollen zuerst die Anwendung eines Wissens beschließt und
sodann das Wissen anwendet, etwa in der Ausführung von
Handlungen.

Um zu verstehen, wie das wissende Wollen bzw. das wollende
Wissen der Inständigkeit positiv zu erläutern ist, verweist Heidegger auf „Sein und Zeit". „Das hier genannte Wollen ... ist aus
der Grunderfahrung des Denkens in ,Sein und Zeit' gedacht"
(ebd.). Das Wissen, das selbst ein Wollen, und das Wollen, das
selbst ein Wissen ist, „ist das ekstatische Sicheinlassen des existierenden Menschen in die Unverborgenheit des Seins" (ebd.).
Damit ist zunächst gesagt: Das Wissen und das Wollen, die hier
selbig sind, ist aus der ekstatischen Existenz des Menschen zu denken. Die „Grunderfahrung des Denkens in ,Sein und Zeit'" ist
der Einblick in die spezifische Seinsverfassung des Menschen, in
die ekstatische Existenz-Verfassung. Mit dem Einblick in die ekstatische Wesensverfassung des Menschen ist aber der entscheidende Schritt über den überlieferten Subjekt-Begriff hinaus ge-

tan. Denn das ekstatische Wesen der Existenz ist es, was den Menschen in seinem Sein über ihn selbst hinaus sein läßt. Als solcher existiert er in der selbsthaft-ekstatischen Aufgeschlossenheit für die Erschlossenheit des Seins des Seienden im Ganzen. Mit der selbsthaft-ekstatischen Erschlossenheit meinen wir die Weise, wie der Mensch in seiner Existenz und dessen Existenzweisen für sich selbst aufgeschlossen ist. Weil er in diesen Seinsweisen ekstatisch aufgeschlossen ist, existiert er in ihnen offenstehend für die Erschlossenheit des Seins des Seienden im Ganzen. Somit schließt die Grunderfahrung des ekstatischen Wesens der Existenz die Erfahrung des Menschen als Dasein ein. Auch wenn Heidegger in „Sein und Zeit" terminologisch ‚Existenz' als Terminus für das Sein des Menschen und ‚Dasein' als Bezeichnung für das Seiende ‚Mensch' festlegt, so ist in dem Wort ‚Dasein' durch das ganze Werk hindurch sehr viel mehr gedacht als nur das Seiende ‚Mensch' in seiner Existenz-Verfassung. Da-sein heißt: Sein, Existieren in der Weise des Da, der Erschlossenheit. Doch eine solche Erläuterung bleibt zu allgemein und achtet noch nicht auf die innere Differenzierung der Erschlossenheit. Existieren in der Weise der Erschlossenheit heißt: Existieren als selbsthaft-ekstatisches Erschlossensein für die Erschlossenheit des Seins des Seienden im Ganzen. Das Da ist in „Sein und Zeit" nicht nur gesehen als die Erschlossenheit der Existenz, sondern mit ihr auch als die horizontale Erschlossenheit des Zuhandenseins und Vorhandenseins, als die horizontale Erschlossenheit des Seins des Seienden im Ganzen.

Die Ganzheit der vielstrukturierten Existenz faßt Heidegger in „Sein und Zeit" als die Sorge. Ihre drei Hauptstrukturen sind: das Entwerfen, die Geworfenheit und das Sein-bei. Das ekstatische Wesen der Existenz besagt, daß die Sorge im ganzen und in jedem ihrer Strukturmomente in ihrer ekstatischen Verfaßtheit gesehen werden muß. Das Existieren als das selbsthaft-ekstatische Erschlossensein für die horizontale Erschlossenheit des Seins des Seienden im Ganzen muß nun differenzierter gefaßt werden. Der Mensch als Dasein existiert selbsthaft ekstatisch als entwerfendes Aufschließen, als Geworfensein in die faktische

292

Erschlossenheit und als ekstatisches Aufgeschlossenhalten der geworfen-entworfenen ganzheitlichen Erschlossenheit im besorgenden, offenbarwerdenlassenden Sein beim innerweltlichen Seienden.

Das alles, was wir soeben vergegenwärtigt haben, müssen wir
im Blick haben, wenn es in der Kunstwerk-Abhandlung heißt:
Das wissende Wollen der bewahrenden Inständigkeit „ist das
ekstatische Sicheinlassen des existierenden Menschen in die Unverborgenheit des Seins" (ebd.). Das ‚ekstatische Sicheinlassen' ist
zunächst einmal der Name für das bewahrende Existieren im Da,
in der Unverborgenheit des Seins. ‚Unverborgenheit des Seins'
heißt hier: Unverborgenheit, Wahrheit des Seins überhaupt, wobei dieser Genitiv als genitivus subiectivus zu lesen ist: die Unverborgenheit, die das Eigentum, das Wesenhafte des Seins selbst
ist. Aber auch das Da in „Sein und Zeit" ist die Erschlossenheit
des Seins überhaupt, und nur in ihr gliedert sich das Sein in
Existenz, Zuhandensein, Vorhandensein, Leben und Bestand (als
Seinsweise der mathematischen Sachverhalte).

In dem ‚ekstatischen Sicheinlassen' müssen wir aber nicht nur
die in sich existenzial gegliederte Existenz überhaupt wiedererkennen, sondern die Existenz *im Modus ihrer Eigentlichkeit*. Das
wird deutlich aus dem nächsten Satz der Kunstwerk-Abhandlung: „Die in ‚Sein und Zeit' gedachte Entschlossenheit ist nicht
die decidierte Aktion eines Subjekts, sondern die Eröffnung des
Daseins aus der Befangenheit im Seienden zur Offenheit des
Seins" (ebd.). In der *bewahrenden Inständigkeit* müssen wir die
dreigliedrige Existenz im Modus der eigentlich aufgeschlossenen
Erschlossenheit wiedererkennen. Die Entschlossenheit wäre die
dezidierte Aktion eines Subjekts, wenn mit ihr die Haltung des
Sichentschließens zu etwas gemeint wäre. Eine solche Haltung
ist eine Verhaltung zu dem, was im Seienden bewirkt oder
durchgeführt werden soll. Die in „Sein und Zeit" gedachte Entschlossenheit nennt stattdessen den Eigentlichkeits-Modus des
selbsthaft-ekstatischen Erschlosseseins für die horizontale Erschlossenheit des Seins des Seienden im Ganzen. In ihr wird jener
ontologische Sachverhalt gedacht, der die Haltung des Sichent-

schließens zu etwas ermöglicht. In den Eigentlichkeits-Modus der ganzheitlichen Erschlossenheit gelangt das Dasein nur im Ausgang vom vorherrschenden Uneigentlichkeits-Modus, den Heidegger das Verfallen nennt. Das Dasein existiert verfallend heißt: Es ist zunächst immer schon von ihm selbst als eigentlichem Selbstseinkönnen *abgefallen* und an das innerweltliche Seiende, bei dem es sich besorgend aufhält, *verfallen* (vgl. S. u. Z., S. 175). Von ihm selbst als eigentlichem Selbstseinkönnen abfallen heißt: den besorgenden Aufenthalt beim Seienden nicht aus dem ursprünglich selbst vollzogenen Entwerfen entspringenlassen, sondern den Entwurf nur nach Maßgabe des durchschnittlichen Miteinanderseins vollziehen. Das wiederum heißt: im Entwerfen die Grundmöglichkeiten des In-der-Welt-seins nur gemäß der Weise, wie sie schon für das durchschnittliche Miteinandersein erschlossen sind, für sich aufschließen. Wenn sich das Dasein seinen besorgenden Aufenthalt nicht selbst durch den ursprünglich aufschließenden Entwurf vorgibt, hält es sich in der nicht ursprünglich aufgeschlossenen Erschlossenheit seiner besorgenden Verhaltensweisen. In solchem Sichhalten fällt es ab an das besorgte Seiende. Das Abgefallensein an das Seiende kommt der „Befangenheit im Seienden" gleich. Die Entschlossenheit ist insofern die Eröffnung des Daseins aus seiner Befangenheit im Seienden zur Offenheit des Seins, als sich das Dasein in ihr zurückholt aus dem Abgefallensein an das besorgte Seiende und vorholt in ein ursprünglich aufschließendes Entwerfen. Im Vollzug des eigentlichen Entwerfens ist die ganzheitliche Erschlossenheit in ihrer Differenzierung ursprünglich aufgeschlossen, und nicht etwa nur die selbsthaft ekstatische Erschlossenheit. Im Eigentlichkeits-Modus des Existierens verläßt das Dasein seine Befangenheit im Seienden, geht es nicht mehr auf in seinen besorgenden Verhaltungen und verliert sich nicht an das besorgte Seiende, sondern gewinnt seinen Selbst-Stand im ursprünglich geworfenen Entwurf. Das führt jedoch nicht dazu, daß es sich seiner Verhaltungen zum Seienden entledigt. Was sich in der Entschlossenheit wandelt, ist die Verselbständigung der besorgenden Verhaltungen zum Seienden, die zurückgefügt werden in den ursprünglich vollzogenen Entwurf, worin das Dasein, solange es eigentlich existiert, Stand gewonnen hat. In „Sein und Zeit" ist die Entschlossenheit die Wiederaufschließung des Daseins aus der Verfallenheit in das innerweltliche Seiende zur ursprünglichen Erschlossenheit. In der Kunstwerk-Abhandlung ist die Entschlossenheit als die bewahrende Inständigkeit die Eröffnung des Daseins aus der Befangenheit im Seienden zur Offenheit des Seins. Bei allem Wandel in der Sprache Heideggers und trotz der Verschiebung in der Grundstellung Heideggers, die zwischen „Sein und Zeit" und der Kunstwerk-Abhandlung erfolgt ist, kommt es in erster Linie darauf an, den einheitlichen Gedankenzug nicht aus den Augen zu verlieren.

In dem Absatz, um dessen Auslegung wir uns gerade bemühen, geht es Heidegger nachdrücklich darum, diesen einheitlichen Gedankenzug sichtbar zu machen. Wenn die Bewahrung der im Kunstwerk geschehenden Unverborgenheit Inständigkeit genannt wird, dann sollen wir es nicht nur bei dem Innestehen in der im Kunstwerk geschehenden Offenheit des Seienden belassen, sondern dieses Innestehen in der strukturalen Differenzierung der Existenz-Verfassung denken. (Vgl. hierzu auch „Was ist Metaphysik?" 15. Auflage, S. 15, wo Heidegger noch genauer angibt, welche existenzialen Strukturen in der Inständigkeit mitgedacht werden müssen.) Der ekstatische Charakter der Existenz wird hier von Heidegger durch den Hinweis darauf unterstrichen, daß wir als Existenz „nicht erst aus einem Innern zu einem Draußen hinaus" gehen (Holzwege, S. 55). In der Einleitung zu „Was ist Metaphysik?" (S. 15) heißt es hierzu: „Das ekstatische Wesen der Existenz wird deshalb auch dann noch unzureichend verstanden, wenn man es nur als ‚Hinausstehen‘ vorstellt und das ‚Hinaus‘ als das ‚Weg von‘ dem Innern einer Immanenz des Bewußtseins und des Geistes auffaßt". Die Immanenz des Bewußtseins ist der Gegenbegriff zur ekstatischen Existenz. Dabei bleiben die Unterschiede, in denen die Bewußtseinsimmanenz gedacht werden kann, für die Abhebung von der ekstatischen Existenz unerheblich. Die Immanenz des Bewußtseins kann gedacht sein als das in sich verschlossene Bewußtsein, das wohl das ego-cogitocogitatum umfaßt, das cogitatum aber nur als ein inneres Vorstellungsbild setzt, an das die kritische Frage gerichtet wird, ob und inwieweit es eine bewußtseinstranszendente Sache repräsentiert. Im Horizont dieses Bewußtseins-Begriffes ist das Draußen die vom Bewußtsein streng geschiedene äußere Sphäre der Außenwelt. Das ist die Position Descartes'. Eine andere Position, die sich kritisch von der cartesianischen abhebt, ist diejenige Husserls, die jedoch grundsätzlich schon durch Kant und seinen kritischen transzendentalen Idealismus erarbeitet wurde. Was für Descartes das Draußen der Körperwelt ist, zu dem wir erkennend nur gelangen auf dem Wege eines, wenn auch nur vermittelten Hinaus aus dem Innern des Bewußtseins, das ist für Husserl gar kein Draußen im strengen Sinne, sondern nur ein nicht reelles Beschlossensein der realen Welt. Als nicht reell im Bewußtsein beschlossen, d. h. nicht so im Bewußtsein enthalten, wie der Bewußtseinsakt zum Bewußtsein gehört, ist die Welt nicht gänzlich außerhalb des Bewußtseins, sondern als der intentionale Bewußtseinsgegenstand *intentional immanent* im Bewußtsein. Die intentionale Immanenz des Seienden läßt sich wie folgt beschreiben. In meinen Bewußtseinsakten bin ich nicht in mein Selbstbewußtsein verschlossen, um im Erkenntnisfall, auf welche Weise auch immer, aus meiner Bewußtseinsimmanenz hinauszugehen in die bewußtseinsfremde Sphäre. Weil mein Bewußtsein wesenhaft an ihm selbst durch das intentionale Abzielen auf das jeweils gemeinte Seiende bestimmt ist, bin ich als intentional strukturiertes Bewußtsein in meinen reell immanenten Akten immer schon bei dem nicht reell, aber intentional immanenten Seienden. So sehr jedoch die Lehre von der Intentionalität des Bewußtseins die Unterscheidung zwischen einem Bewußtseinsinnern und dem Draußen überwunden hat, so wenig läßt sich dieses bewußtseinsmäßige immer schon Sein bei den Dingen der Welt als ekstatische Verfassung des Bewußtseins kennzeichnen. Durch die Lehre von der Intentionalität wird die Immanenz des Bewußtseins nicht verlassen, sondern ausgebaut, indem nunmehr in der Immanenz des Bewußtseins die reelle von der intentionalen unterschieden wird. Die Immanenz des Bewußtseins wird erst dann verlassen, wenn erkannt wird, daß das Ich des Bewußtseins, der Bewußtseinsakte, gegründet ist in der dreigliedrigen ekstatischen Existenz. Erst mit dem Einblick in die ekstatische Existenzverfassung und mit dem Aufweis der die Existenz konstituierenden Existenzialien zeigt sich das Grundphänomen der Erschlossenheit, und zwar in seiner Differenzierung als selbsthaft-ekstatisches Erschlossensein für die horizontale Erschlossenheit des Seins des Seienden im Ganzen. Hier geht der Mensch nicht erst aus einem Innern in ein Draußen hinaus, weil sein Selbst als ekstatisch verfaßtes gar kein Inneres in der Abgrenzung gegen ein Draußen ist. Die ekstatische Verfaßtheit des Selbst des Daseins besagt, daß ich nur für mich selbsthaft erschlossen bin aus meinem selbsthaften Offenstand für die horizontale Erschlossenheit. Diese Erschlossenheit läßt sich nun aber nicht doch wieder von der Immanenz her deuten, wenn man etwa sagen wollte: Wohl ist die selbsthaft-ekstatisch aufgeschlossene Erschlossenheit keine Immanenz des Bewußtseins, aber eine Immanenz der Existenz. Von einer Immanenz der Existenz und ihrer Erschlossenheit ließe sich nur dann sprechen, wenn das Selbst des Daseins mit seinen Seinsweisen die Erschlossenheit umschließen und in sich tragen würde. Für Husserl umschließt das Ich mit seinen Akten die Bewußtseinshelle, sowohl die der reellen wie die der intentionalen Immanenz. Die Helle, in der die Dinge für das Ich erscheinen, ist die Helle des Bewußtseins, die das Eigentum des Ich ist. Die Erschlossenheit aber, in deren Helle sich das Seiende zeigt, ist nicht Eigentum des Selbst und seiner Existenz. Das Entscheidende des Gedankens von der ekstatischen Verfaßtheit des Daseins ginge verloren, sähe man nicht, daß das ekstatische Selbst mit seinen ekstatischen Seinsweisen, in denen es selbsthaft-ekstatisch gelichtet ist, umschlossen ist von der Erschlossenheit, für die es ekstatisch aufgeschlossen ist. Von dem so in „Sein und Zeit" gesehenen Sachverhalt herkommend kann Heidegger dann in der Kunstwerk-Abhandlung sagen: „das Wesen der Existenz ist das ausstehende Innestehen im wesenhaften Auseinander der Lichtung des Seienden" (S. 55). Das ‚Ausstehen' des Innestehens nennt das ekstatische, das offenständige Wesen der Existenz. Wenn das Innestehen das Wort für das eigentliche

Existieren ist, dann ist das ausstehende Innestehen im wesenhaften Auseinander der Lichtung des Seienden das Wesen der eigentlichen Existenz.

Nach allem, was wir über den Unterschied zwischen der Bewußtseinsimmanenz und dem ekstatischen Wesen der Existenz ausgeführt haben, leuchtet jetzt die Bemerkung Heideggers unmittelbar ein, daß weder im künstlerischen Schaffen noch im Bewahren als dem wissenden Wollen und d. h. als dem ekstatischen Sicheinlassen in die Unverborgenheit des Seins „an das Leisten und an die Aktion eines sich selbst als Zweck setzenden und anstrebenden Subjekts gedacht" ist (ebd.). Denn was vom Begriff des Bewußtseins gilt, das trifft auch für den Begriff des Subjekts und dessen Subjektivität zu.

Nachdem Heidegger gezeigt hat, wie die Inständigkeit grundsätzlich aus der ekstatischen Existenz und speziell aus der Entschlossenheit des eigentlichen Existierens zu denken ist, sammelt er die gewonnenen Einsichten in einer zusammenfassenden Beschreibung des Phänomens der bewahrenden Inständigkeit: „Wollen ist die nüchterne Ent-schlossenheit des existierenden Übersichhinausgehens, das sich der Offenheit des Seienden als der ins Werk gesetzten aussetzt" (ebd.). Nicht jedes Wollen, sondern das wissende Wollen des inständigen Bewahrens ist als nüchterne Ent-schlossenheit die Eröffnung aus der Befangenheit im Seienden zur Offenheit des Seins. Diese Eröffnung zur Offenheit des Seins geschieht als existierendes Übersichhinausgehen. In dem ‚Übersichhinausgehen' hören wir das Übersteigen des Seienden, sowohl des Seienden, das das Dasein selbst ist, als des Seienden, das es selbst nicht ist, inmitten dessen es aber existiert. In „Vom Wesen des Grundes" spricht Heidegger vom Woraufhin dieses Überstiegs und nennt es die Welt, die Welt aber als die horizontale Erschlossenheit der Bedeutsamkeit. Hier in der Kunstwerk-Abhandlung ist es die schaffend ins Kunstwerk gebrachte Offenheit, der sich das inständig bewahrende Dasein aussetzt. Das aber, dem es sich aussetzt, ist das, woraufhin es über sich selbst und über das Seiende hinausgeht. Das inständige Bewahren setzt sich der ins Kunstwerk gesetzten Offenheit aus, die als Offenheit des Seienden die Entbergung des Seienden ist. Dergestalt sich der im Kunstwerk geschehenden Unverborgenheit aussetzend bringt sich die inständige Bewahrung in ihr eigenes Wesensgesetz. Die Bewahrung des Kunstwerkes ist als Inständigkeit das ekstatische Innestehen in der geschehenden Unverborgenheit, die im Herkommen aus der gewöhnlichen Befangenheit im Seienden als das Ungeheure erfahren wird.

§ 37. Das aus der ekstatischen Existenz gedachte Bewahren kein Erleben des Kunstwerkes

Die Kunstbetrachtung, die sich aus dem erläuterten Wesen der Bewahrung versteht, steht in schärfstem Gegensatz zur Kunstbetrachtung, die ihre Grundlagen im *ästhetischen Erlebnis* hat. Das ästhetische Erleben als Zugangsweise zum Kunstwerk hat für seine eigene Konstitution und ohne darum zu wissen immer schon das Kunstwerk aus seinem Werksein als Insichstehen herausgenommen und als ästhetischen Gegenstand für das ästhetische Erleben gesetzt. Das Verhältnis von ästhetisch Erlebendem und erlebtem ästhetischen Gegenstand ist eine spezielle Ausgestaltung der erkenntnistheoretischen Subjekt-Objekt-Beziehung. Die Theorie des ästhetischen Erlebnisses versteht das Kunstwerk und das künstlerisch Gestaltete nicht als hervorgegangen aus dem Feststellen der geschehenden Unverborgenheit in die Gestalt, sondern sie nimmt das Kunstwerk als das Ergebnis der künstlerischen Formgebung eines vorgegebenen Materials. Die Formgebung ist dann verstanden als der Prozeß, in dem der Künstler seinen ästhetischen Ideen in einem Material Ausdruck zu verleihen sucht. In der künstlerischen Formgebung werden die Ideen in einem sinnlich erscheinenden Stoff objektiviert. Als so Objekt gewordener und sinnlich erscheinender ästhetischer Formgedanke affiziert das Kunstwerk das ästhetische Anschauen und regt den Erlebenden zu nacherlebenden oder auch eigenen phantasiegesteuerten Erlebnissen an. Die sich aus dem Horizont des ästhetischen Erlebnisses verstehende Kunstbetrachtung „vereinzelt die Menschen ... auf ihre Erlebnisse" (S. 55/56). Das ästhetische Erlebnis-Subjekt ist in der Weise, wie es das Kunstwerk erlebt, autonom. Ein und dasselbe Kunstwerk regt in dem einen diese, in dem anderen jene Erlebnisse an. Die Eigenständigkeit der Erlebnisse kann dann noch als subjektiv-schöpferische Leistung des Erlebenden aufgefaßt werden. Die Vereinzelung auf die Erlebnisse kann ausgegeben werden als Ausdruck der Originalität des Kunstbetrachters. Dieser Originalität steht die des schaffenden Künstlers zur Seite.

Dieser aus der Subjektivität des Subjekts sich nährenden Auffassung von der Kunstbetrachtung stellt Heidegger die Bewahrung gegenüber. Im bewahrenden Bezug zu der im Kunstwerk geschehenden Unverborgenheit werde ich nicht auf meine je eigenen ästhetischen Erlebnisse vereinzelt, sondern rücke ein „in die Zugehörigkeit zu der im Werk geschehenden Wahrheit" (S. 56). Indem der bewahrende Bezug mich einrückt in solche Zugehörigkeit, gründet er „so das Für- und Miteinandersein als das geschichtliche Ausstehen des Da-seins aus dem Bezug zur Unverborgenheit" (ebd.). Wenn auch der Künstler ein je einzelner und als solcher vielleicht ein Einziger ist, so nicht im Sinne eines großen Individuums, das *seine* Formgedanken ausdrückt. Heidegger sieht den großen Künstler als denjenigen, der die für die Gemeinschaft eines Volkes geschehende Unverborgenheit schaffend in das Kunstwerk bringt. Die aus dem ekstatischen Bezug zur Unverborgenheit empfangene und als solche in das Kunstwerk zu bringende Unverborgenheit ist an ihr selbst mithaft teilbar. Sowohl der schaffende wie der bewahrende Bezug zu der im Kunstwerk geschehenden Unverborgenheit gründet das gemeinschaftliche Für- und Miteinandersein, das auch alle Formen des Gegeneinander einschließt. Das so im künstlerischen Schaffen und im künstlerischen Bewahren sich gründende gemeinschaftlich-volkhafte Miteinander-in-der-Welt-sein vollbringt sich als das „geschichtliche Ausstehen des Da-seins aus dem Bezug zur Unverborgenheit" (ebd.). Hier meinen ‚Da-sein' und ‚Bezug zur Unverborgenheit' nicht zweierlei, sondern das Ausstehen des

Daseins vollzieht sich als das ekstatische Innestehen im Da, das selbst die geschehende Unverborgenheit ist. Das ,Ausstehen' ist das ,-sein' des Da-seins. Das ,-sein' nennt das ekstatische Existieren, das als solches der ekstatische Bezug zur Unverborgenheit ist.

Weil das inständige Bewahren der äußerste Gegensatz zum ästhetischen Erleben ist, hält es sich folgerichtig fern von allen abkünftigen Phänomenen des ästhetischen Erlebnisses: fern von der geschmäcklerischen Kennerschaft des Formalen am Kunstwerk, seiner ästhetischen Qualitäten und Reize. Heidegger begründet die Ferne der Bewahrung von jenen ästhetischen Phänomenen so: Weil das Bewahren ein Wissen, dieses als Gesehenhaben ein Entschiedensein und dieses das Innestehen ist in dem Streit, der in der Weise des Risses in das Kunstwerk gefügt ist. Die Begründung will sagen: Weil das Bewahren das Innestehen in der im Kunstwerk geschehenden Wahrheit ist, kann es sich nicht auf jene ästhetische Kennerschaft verlegen, die in einer Zugangsweise zum Kunstwerk gründet, in welcher der Bereich der Unverborgenheit und der ekstatische Bezug zu ihr verschlossen ist.

Die bewahrende Zugangsweise zum Kunstwerk ist nicht wie das ästhetische Erlebnis auf sich selbst gestellt, sondern sie erhält ihre Vorzeichnung durch die in das Kunstwerk gebrachte und darin festgestellte Unverborgenheit. Die rechte Bewahrung hat daher den Charakter einer Ent-sprechung, in der sie sich nur dem verstehend aussetzen kann, was sich als Unverborgenheit des Seienden öffnet. Bisher wurde die Bewahrung in ihrer formal-allgemeinen Struktur gekennzeichnet. In der konkreten Situation ist sie jedoch nicht in dieser einförmigen Weise existent, sondern „in verschiedenen Stufen des Wissens mit je verschiedener Reichweite, Beständigkeit und Helligkeit" (ebd.). Daß der bloße Kunstgenuß, wenn er sich aus dem ästhetischen Erlebniszugang versteht, von der hier entworfenen bewahrenden Zugangsweise ausgeschlossen bleibt, leuchtet aus dem Tatbestand ein, daß sich der Erlebniszugang vom Bereich der Unverborgenheit abgeschnürt hat, Bewahrung aber nur dann geschieht, wenn die Zuwendung zum Kunstwerk ein Sichaussetzen der im Kunstwerk geschehenden Unverborgenheit ist. Wenn der „Stoß ins Un-geheure im Geläufigen und Kennerischen abgefangen wird" (ebd.), dann geschieht das Sichabschnüren von der Unverborgenheit, dann versteht sich der Mensch als das erlebende Subjekt, der in seinen ästhetischen Erlebnissen auf das Kunstwerk als das ästhetische Objekt bezogen ist. Alles, was sich zum Kunstbetrieb rechnen läßt, hat in dieser ästhetischen Subjekt-Objekt-Beziehung seinen Stand. Wenn wir uns gegen das Innestehen in der werkgemäß geschehenden Unverborgenheit verschließen, dann – sagt Heidegger – erreichen selbst die sorgfältige Überlieferung der Kunstwerke und die wissenschaftlichen Versuche zu ihrer Rückgewinnung nie mehr das Werksein selbst. Damit ist die Möglichkeit offen gelassen, daß die wissenschaftliche Bemühung um das Kunstwerk auch aus dem bewahrenden Bezug zum Werksein geschehen kann. Heidegger bedenkt aber auch noch eine weitere Möglichkeit. Wenn Kunstwerke aus einer weit zurückliegenden Epoche durch wissenschaftliche Bemühungen, aber unter Verschließung des Bezuges zur Unverborgenheit, zugänglich gemacht werden, dann löst sich das Werksein, die in die Gestalt festgestellte Unverborgenheit, nicht in nichts auf, sondern hält sich in der Verschlossenheit. Das, was die Kunstwerke sehen lassen, ist dann nicht mehr erfahren aus der Inständigkeit. Das aber, was die Kunstwerke und wie sie es in dieser verschließenden Zugangsweise sehen lassen, bleibt noch eine Erinnerung an das Werksein. Auch das in der Erinnerung an das Werksein dastehende Kunstwerk kann zur Mitgestaltung der Geschichte eines Volkes führen.

Seine Besinnung auf Wesen und Struktur der bewahrenden Zugangsweise zum Kunstwerk abschließend stellt Heidegger den eben gestreiften Möglichkeiten der Zuwendung zum Kunstwerk noch einmal die rechte Bewahrung gegenüber. In ihr wird das Kunstwerk in der „durch es selbst geschehenden" Unverborgenheit bewahrt, in ihr allein kommt die „eigenste Wirklichkeit des Werkes" (ebd.) zum Tragen der Geschichte.

DRITTES KAPITEL

Beantwortung der einleitenden Frage nach dem
Dinghaften des Kunstwerkes

§ 38. Verwandlung der Frage nach dem Dinghaften
in die Frage nach dem Erdhaften im Kunstwerk

Der erste Abschnitt der Kunstwerk-Abhandlung gelangte zu
der wegweisenden Einsicht, daß „die Wirklichkeit des Werkes
durch nichts anderes bestimmt werden kann als durch das, was
im Werk am Werk ist" (S. 27). Was aber ist im Werk am Werk?
„Im Werk ist, wenn da eine Eröffnung des Seienden geschieht,
in dem, was und wie es ist, ein Geschehen der Wahrheit am
Werk" (S. 25). Die Wirklichkeit des Kunstwerkes bestimmen
heißt dann, dem Geschehen der Wahrheit im Kunstwerk nachfragen. Das Werksein des Kunstwerkes liegt in diesem Geschehen. Und so wurde im zweiten Abschnitt diesem im Kunstwerk
waltenden Geschehen der Wahrheit als Unverborgenheit nachgefragt, indem zunächst zwei Wesenszüge des Werkseins aufgewiesen wurden: das Aufstellen einer Welt und das Her-stellen
der Erde. Die Einheit beider Wesenszüge konnte als das Geschehen des Streites von Welt und Erde zum Aufweis gebracht
werden. Schließlich wurde gezeigt, daß und wie dieser Streit
gründet in dem Urstreit von Entbergung und zwiefacher Verbergung. Zu Beginn des dritten Abschnittes vergewisserte sich
die Kunstwerk-Abhandlung dessen, daß die volle Wirklichkeit
des Kunstwerkes mit dem bisher allein freigelegten Streit-Geschehen noch nicht getroffen sei, daß zum Werksein des Kunstwerkes auch sein Geschaffensein gehöre. Aber nicht nur dieses,
sondern auch das Bewahrtsein in der inständigen Bewahrung
wurde als konstitutiver Wesenszug des Werkseins freigelegt.

Nunmehr kann die Abhandlung konstatieren (S. 56): „Die
Wirklichkeit des Werkes ist aus dem Wesen des Werkseins in

den Grundzügen bestimmt." Wenn Heidegger nun die einleitende Frage nach dem Dinghaften des Kunstwerkes (S. 10) wieder aufnimmt und aus den gewonnenen Grundzügen des Werkseins her beantwortet, dann gibt er nur einer Erkenntnis eine abschließende Formulierung, die sich unterwegs schon eingestellt hat und teilweise auch schon ausgesprochen wurde. Zu Beginn der Abhandlung wurde die gesuchte „unmittelbare und volle Wirklichkeit des Kunstwerkes" (S. 10) im Dinghaften des Kunstwerkes vermutet. Um das Dinghafte am Kunstwerk fassen zu können, erschien eine grundsätzliche Besinnung auf das Dingsein des Dinges erforderlich. Sie erfolgte in der ersten Hälfte des ersten Abschnittes unter der Leitung von drei zentralen überlieferten Dingbegriffen. Die Frage nach dem Dingsein des Dinges überhaupt wurde gefragt in der Weise einer Prüfung, inwieweit ein jeder dieser drei Dingbegriffe imstande sei, das Dinghafte des Dinges zu fassen. Das bedeutete, daß die Prüfung bereits geleitet war von einem Vorverständnis des wahren Dinghaften. Was in diesem Vorverständnis als das Dinghafte des Dinges verstanden war, wurde als das Insichruhen und als das Eigenwüchsige des Dinges angesprochen. Rückblickend sehen wir, daß diese Charaktere des Dinghaften, die keiner der überlieferten Dingbegriffe zu fassen vermochte, einem Vorverständnis dessen angehören, was Heidegger als die Erde und als das Erdhafte des Dinges denkt.

Jetzt, nachdem sich auf einem langen Weg der Auslegung des Werkseins gezeigt hat, daß das sogenannte Dinghafte am Kunstwerk die Erde ist, muß mit aller Entschiedenheit ausgesprochen werden, daß die Frage nach dem Dinghaften am Werk nicht mehr gefragt werden darf. Denn in dieser Frage nehmen wir das Kunstwerk „sogleich und im vorhinein endgültig als einen vorhandenen Gegenstand" (S. 56). Immer wenn wir das Dinghafte am Kunstwerk als den Stoff bzw. als das Material auffassen, das im künstlerischen Schaffensvorgang der Formgebung unterworfen wird, ist das Material das vorgegebene Vorhandene. Als das so Vorhandene ist das Material nicht mehr die Erde, die als das Sichverschließende nur offenbar ist im Sichöffnen der

Welt und im Sichzurückstellen der sich öffnenden Welt auf die Erde. Der Einwand liegt nahe, daß doch das Woraus eines Kunstwerkes zumindest vor dem Geschaffenwerden des Werkes als noch nicht künstlerisch geformtes Material vorhanden ist. Aber auf diesen Einwand ist zu entgegnen, daß das sog. Material primär nicht ein bloß vorhandener Stoff in einer naturgegebenen Form ist, sondern daß er, bevor er als Material aufgefaßt wird, zur Erde gehört. Der Stein, aus dem ein Kunstwerk geschaffen werden soll, gehört zur Erde, wie sie außerhalb des Kunstwerkes offenbar ist. Auch hier ist sie als die Sichverschließende nur offenbar in der Offenheit der Welt und im Sichzurückstellen der Welt auf sie. Sehen wir im Woraus des Kunstwerkes das vorhandene Material, das in die künstlerische Formgebung eingegangen ist, dann „fragen wir nie vom Werk her, sondern von uns" (ebd.). Vom Werk her fragen heißt, aus der Erfahrung des Werkseins heraus fragen. Das Werksein ist das Streit-Geschehen der Unverborgenheit. Fassen wir das Woraus des Kunstwerkes als vorhandenes Material auf, dann haben wir es nicht aus seinem Werksein, nicht aus dem in ihm waltenden Geschehen der Unverborgenheit, bestimmt. Das Woraus des Kunstwerkes fassen wir nur dann seinem Werksein gemäß, wenn wir es als das Erdhafte nehmen, und zwar so, wie dieses Erdhafte in das Geschehen der Unverborgenheit gehört. Von uns aus statt vom Werksein aus nach dem Woraus des Kunstwerkes fragen heißt, das Kunstwerk nicht wie in der inständigen Bewahrung ein Werk sein lassen, also das Kunstwerk und den schaffenden wie auch betrachtenden Bezug zum Kunstwerk nicht aus dem alles bestimmenden Bereich der geschehenden Unverborgenheit erfahren. Sehen wir ab von diesem Bereich, überspringen wir ihn, dann ist das Woraus ein immer schon vorgegebenes und somit vorhandenes Material, dann ist das künstlerisch geformte Material ein ästhetischer Gegenstand, zu dem ich mich ästhetisch erlebend verhalte.

Was am Kunstwerk, wenn wir es als einen vorhandenen ästhetischen Gegenstand nehmen, wie das Dinghafte vor allem im Sinne des dritten Dingbegriffes aussieht, ist aus dem Werksein erfahren das Erdhafte des Kunstwerkes. Noch einmal zeigt

Heidegger auf, wie das Erdhafte in das Werksein, in das werkgemäße Geschehen der Unverborgenheit, gehört. „Die Erde ragt ins Werk, weil das Werk als solches west, worin die Wahrheit am Werke ist, und weil Wahrheit nur west, indem sie sich in ein Seiendes einrichtet" (S. 57). Zum Kunstwerk gehört das Erdhafte, das es ein Seiendes sein läßt. Das Erdhafte gehört zum Kunstwerk, weil es das Wesen des Kunstwerkes ist, daß *in* ihm als einem Seienden die Unverborgenheit als Entbergung des Seienden geschieht. Die Wahrheit west aber nur, sie entfaltet ihr Wesen nur dann in ausgezeichneter Weise, wenn sie sich in ein Seiendes einrichtet. Hier richtet sie sich in das Erdhafte des Kunstwerkes ein. Das sichverschließende Erdhafte des Kunstwerkes ist das, woran die im Streit-Geschehen sich bildende Offenheit ihren höchsten Widerstand, damit aber die von ihr selbst her geforderte Stätte ihres Standes gewinnt, aus dem heraus sie in werkgemäß-ausgezeichneter Weise sich öffnet und das innerweltliche Seiende entbirgt. Das Erdhafte des Kunstwerkes ist das, worein das Streit-Geschehen der Unverborgenheit schaffend festgestellt wird als die Gestalt.

§ 39. *Beantwortung der Frage nach dem Dinghaften des*
Dinges aus dem Wissen vom Werkhaften des Kunstwerkes.
Die Zugehörigkeit des Dinges zur Erde

Im ersten Abschnitt der Kunstwerk-Abhandlung wurde die Frage nach dem Dinghaften des Dinges überhaupt nur in der Absicht gestellt, aus einem geklärten formal-allgemeinen Dingbegriff das besondere Dinghafte am Kunstwerk bestimmen zu können. Nun aber hat sich herausgestellt, daß das sogenannte Dinghafte am Kunstwerk gar kein solches ist im Sinne der überlieferten Dingbegriffe, sondern das Erdhafte. Dennoch war das Fragen dieser Frage auf dem Wege einer Vergegenwärtigung der drei überlieferten Dingbegriffe nicht überflüssig, und zwar aus einem zweifachen Grunde. Einmal mußten wir dem Tatbestand, im Herrschaftsbereich der Überlieferung zu stehen, Rechnung tragen. Es mußte ausdrücklich dargetan werden, daß die überlieferten Ding-Bestimmungen das im Vorverständnis stehende und der unmittelbaren Erfahrung entstammende Wissen vom ursprünglichen Dingsein nicht zu fassen vermögen. Wenn nach diesem negativen Ergebnis auch noch nicht positiv das ursprüngliche Dingsein zum Aufweis gebracht werden konnte, so war doch die entscheidende Erkenntnis gewonnen, daß auf dem Wege der überlieferten Dingbegriffe eine Bestimmung der Wirklichkeit des Kunstwerkes nicht zum Ziele führt. Denn fassen die überlieferten Dingbegriffe nicht das Dingsein des Dinges überhaupt, dann verfehlen sie auch die Wirklichkeit des Kunstwerkes.

Zum anderen war durch das Scheitern der Frage nach dem Dingsein das Bedürfnis geweckt, nicht nur nach dem Wesen des Kunstwerkes, sondern auch nach dem des Dinges neu zu fragen. Die inzwischen erfolgte Freilegung des Werkhaften des Kunstwerkes hat uns darüber hinaus – und das liegt im Wesen des Kunstwerkes beschlossen – einen Einblick nicht nur in das Wesen des Zeuges, sondern auch in das Wesen des Dinges (Naturdinges) verschafft. Aus dem Wissen des Werkhaften, des Werkseins des Kunstwerkes, kann „die Frage nach dem Dinghaften des Dinges auf den rechten Weg gebracht werden" (ebd.). Damit ist aber auch gesagt, daß die Kunstwerk-Analyse nur den rechten Weg für die durchzuführende Analyse aufgezeigt hat, nicht aber diese selbst schon einschließt. Diese Wegweisung ist etwas Entscheidendes angesichts des Tatbestandes, daß die überlieferten Denkweisen „das Dinghafte des Dinges überfallen" (ebd.) und d. h. nicht erfahren lassen. Weil diese Dingbegriffe zugleich Seinsbegriffe, begrifflich gefaßte Auslegungen des Seins von Seiendem sind, führen sie zu einer Auslegung des Seienden im Ganzen, wonach ein jedes Seiendes die Substanz seiner Eigenschaften oder ein in einer Form dastehender Stoff ist. Diese Auslegungen des Seins fassen aber weder das ursprüngliche Dingsein des Dinges, noch das ursprüngliche Zeugsein des Zeuges noch das ursprüngliche Werksein des Kunstwerkes. Sie fassen die ursprüngliche Wesensverfassung von keinem dieser Seinsbereiche, weil sie von vornherein durch die Blindheit gegen das ursprüngliche Wesen der Wahrheit, gegen die Unverborgenheit, geprägt sind.

Die Auslegung des Werkseins des Kunstwerkes hat im beschreibenden Nachgehen des Geschehnisses der Entbergung des Seienden im Kunstwerk den Einblick in die ursprüngliche Wesensverfassung sowohl des Zeuges als des Dinges ermöglicht. Mit dem Aufweis der Erde als der Sichverschließenden hat die Analyse des Kunstwerkes die Zugehörigkeit des Dinges zur Erde sehen lassen. Damit hat sie das, was schon zu Anfang der Kunstwerk-Abhandlung als ursprüngliches Dingsein in einem noch dunklen Vorverständnis stand, zur Klärung gebracht. Das Insichruhen und die Eigenwüchsigkeit sind Charaktere der sich wesenhaft verschließenden Erde. Der rechte Weg, den wir der Kunstwerk-Analyse für das Ingangbringen der Frage nach dem ursprünglichen Dinghaften des Dinges verdanken, ist der „maß- und gewichtgebende Vorblick für die Auslegung . . . auf die Zugehörigkeit des Dinges zur Erde" (ebd.). Dieser Vorblick ist die zur hermeneutischen Situation gehörende Vorsicht, „die das in Vorhabe Genommene auf eine bestimmte Auslegbarkeit hin ‚anschneidet'" (S. u. Z., S. 150). Die durch diesen Vorblick geführte Auslegung des Dinghaften des Dinges muß dessen eingedenk bleiben, daß die Erde, der das Ding zugehört, sich als das zu nichts gedrängte Tragende-Sichverschließende nur enthüllt im Hineinragen in die Offenheit einer Welt und in der gegenseitigen Bestreitung beider. Der Streit von Welt und Erde, der auch außerhalb des Kunstwerkes und der sonstigen wesentlichen Weisen des Wahrheitsgeschehens in nicht ursprünglicher Weise und untergebracht im innerweltlichen Seienden waltet, wird im Kunstwerk in die Gestalt festgestellt und durch das Kunstwerk als dieser Streit eigens erfahrbar. Sowohl das ursprünglich Zeughafte als das ursprünglich Dinghafte erfahren wir eigens, d. h. in ausgezeichneter Weise, erst durch das Kunstwerk. Sagt Heidegger, daß wir vom Dinghaften „nie geradezu und wenn überhaupt, dann nur unbestimmt wissen, also des Werkes bedürfen" (S. 57), dann heißt das, daß wir außerhalb des Kunstwerkes im gewöhnlichen Daseinsvollzug nie das Dinghafte des Dinges erfahren, sondern nur das Ding aus seinem nicht eigens mit erfahrenen Dingsein. Denn darin liegt das Auszeichnende des Kunstwerkes, daß es das Zeug und das Ding aus der in ihm geschehenden Unverborgenheit sehen läßt, daß das Zeugsein des Zeuges und das Dingsein des Dinges in das Ständige ihres Scheinens kommen (Vgl. Holzwege, S. 25). Daß wir vom Zeughaften und Dinghaften im gewöhnlichen Daseinsvollzug nie geradezu wissen, sondern dafür des Kunstwerkes bedürfen, heißt aber nicht, daß eine philosophische Analyse des Zeugseins und des Dingseins notwendig den Weg durch das Kunstwerk nehmen muß.

Heidegger fügt abschließend noch eine Überlegung an, die verdeutlichend dartun soll, was es heißt, daß wir für die Erfahrung des Dinghaften der Dinge der Erde des Kunstwerkes bedürfen. Hier könnte der Einwand gemacht werden, daß das Kunstwerk, damit es „das Dinghafte triftig ins Offene rücken soll", „vor seinem Geschaffenwerden und für dieses in einen Bezug zu den Dingen der Erde, zur Natur, gebracht sein" muß (S. 58). Dieser Einwand könnte sich auf einen Satz Albrecht Dürers berufen, der sagt: „Denn wahrhaftig steckt die Kunst in der Natur, wer sie heraus kann reißen, der hat sie" (Die Lehre von menschlicher Proportion (1528), in: Dürer, Schriftlicher Nachlaß. Hg. H. Rupprich. 3. Bd. Berlin 1969, S. 295). Dieser Satz könnte dahingehend verstanden werden, daß der Künstler vor seinem Schaffen des Kunstwerkes und für dieses das, was er ins Kunstwerk heben will, schon in der Natur liegen sieht. Das würde bedeuten, daß das zu schaffende Kunstwerk schon, bevor es das Dinghafte der Naturdinge ins Offene rückt, in einem Bezug zum Dinghaften der Dinge der vorgegebenen Natur steht. Dann aber – und darauf zielt der Einwand ab – käme es gar nicht dem Kunstwerk zu, ursprünglich das Dinghafte ins Offene zu rücken, sondern ursprünglich läge das Dinghafte in der Natur, die dem Kunstwerk vorausgeht. Aufgabe des Kunstwerkes wäre dann, das, was in der Natur schon vorliegt, in die Sichtbarkeit der künstlerischen Darstellung hervorzuholen.

Diesem Einwand und dieser Auslegung des Dürerschen Wortes über die Kunst gegenüber zeigt Heidegger, daß sie zu kurz denken. Daß das Dinghafte der Dinge in der Natur liegt, ist nicht ein Wissen, das dem Kunstwerk und seinem Geschaffenwerden vorausgeht, so daß es nur darauf ankäme, das, was man schon weiß, ins Kunstwerk zu heben. Daß das Dinghafte und wie es in der Natur liegt, daß die Dinge der Natur in einem solchen Dingsein sich zeigen, das wird erst durch das Kunstwerk offenbar. Das Herausholen der Kunst aus der Natur heißt, den Streit von Welt und Erde und das darin geschehende Sichzeigen des Dinghaften der Dinge der Erde im schaffenden Entwurf ins Offene bringen. Das geschieht im schaffenden Hervorbringen des Kunstwerkes. Das Kunstwerk hat im Wissen vom Dinghaften den Vorrang. Es stellt durch den schaffenden Entwurf mit dem Streit von Welt und Erde das ursprüngliche Dinghafte ins Offene und stiftet unser Wissen vom Dinghaften der Naturdinge. Nicht also geht ein Wissen vom Dinghaften für das Schaffen des Kunstwerkes voraus, sondern umgekehrt, aus dem geschaffenen Kunstwerk erfahren wir erst, wie es um das Dinghafte des Dinges in der Natur steht.

VIERTES KAPITEL

Das Wesen der Kunst

§ 40. Die Kunst als Ursprung des Kunstwerkes. Ihr Entspringenlassen der Schaffenden und Bewahrenden als des wesenhaft Zusammengehörigen am Kunstwerk

Die letzten Seiten der Kunstwerk-Abhandlung widmen sich der Beantwortung der einleitend gestellten Grundfrage, wie sie der Titel der Abhandlung formuliert: der Frage nach dem Ursprung des Kunstwerkes. In der ersten formalanzeigenden Erläuterung wurde der Titel verdeutlicht als Frage nach der Herkunft des Wesens des Kunstwerkes. Als Wesensherkunft des Kunstwerkes sollte nicht etwa der Künstler, sondern die Kunst zum Aufweis gebracht werden. Der Künstler sollte nur insoweit auch Ursprung des Kunstwerkes sein, als andererseits auch das Kunstwerk auf seine Weise Ursprung des Künstlers ist. Die Kunst sollte – so lautete die Ankündigung – als Wesensherkunft von Kunstwerk und Künstler in ihrem Wechselbezug dargetan werden. Um die Kunst als Ursprung für das Kunstwerk aufweisen und bestimmen zu können, muß uns die Kunst gegeben sein. Wenn sie auch nicht mit dem Kunstwerk zusammenfällt, da sie dessen Wesensherkunft sein soll, so wird sie doch nur im Ausgang vom Kunstwerk aufzusuchen sein. Daher mußte zuerst das Kunstwerk als Werk der Kunst einer Bestimmung entgegengeführt werden. Hier stieß die Überlegung über den einzuschlagenden Weg der Abhandlung auf den hermeneutischen Zirkel. Denn um fragen zu können, was und wie ein Werk der Kunst im Unterschied zu einem ‚Werk‘ des Handwerks ist, bedürfen wir schon eines Vorverständnisses von Kunst. Andererseits soll unser Wissen von der Kunst als Wesensherkunft des Kunstwerkes erst gewonnen werden durch ein Anfragen beim Kunstwerk.

Der bisher zurückgelegte Gedankenweg der Abhandlung galt der schrittweisen Bestimmung des Wesens bzw. des Werkseins des wirklichen Kunstwerkes, um dadurch der Kunst, die als Wesensherkunft im Kunstwerk walten muß, so nahe wie möglich zu kommen. Diese einleitende Überlegung zum Weg der Abhandlung vergegenwärtigt Heidegger jetzt, wenn er sagt, die Bemühung um die Wirklichkeit des Werkes solle den Boden bereiten, „um am wirklichen Werk die Kunst und ihr Wesen zu finden" (S. 58). Im Hinblick auf die *freigelegte Wirklichkeit des Kunstwerkes* hebt jetzt die Frage nach dem Wesen der Kunst an. Damit wendet sich die Abhandlung nicht vom Kunstwerk ab. Die Kunst ist nichts für sich allein, sondern Wesensherkunft des Kunstwerkes. Wenn nach dem Wesen der Kunst gefragt wird, soll das, was als Wesen des Kunstwerkes aufgewiesen worden ist, von der Kunst als der Herkunft dieses Wesens in ein noch helleres Licht des Verstehens rücken.

Heidegger sagt uns, wie er die Frage nach der Kunst und ihrem Wesen verstanden wissen will. Die Frage nach dem Wesen der Kunst soll so gefragt werden, daß sie dadurch „erst wieder auf einen Grund gebracht" wird (ebd.). Diese Absichtserklärung schließt die Feststellung ein, daß die Art, wie bisher nach der Kunst gefragt und über sie nachgedacht wird, grundlos ist. Nicht geht es darum, auf dem bestehenden Boden der Kunstphilosophie zu neuen Erkenntnissen zu gelangen, sondern in der Kunstwerk-Abhandlung geht es einzig darum, den bestehenden Boden als brüchig zu erweisen und für die Frage nach der Kunst einen neuen Grund zu legen.

Die jetzt angestrebte Antwort auf die Frage nach dem Wesen der Kunst versteht sich jedoch nicht als eine abschließende Erkenntnis, in der das Fragen zur Ruhe käme. Vielmehr ist sie nur „der äußerste Auslauf des letzten Schrittes einer langen Folge von Frageschritten" (ebd.). Der Antwort-Schritt versteht sich selbst noch als Frage-Schritt. Der in diesem äußersten Schritt gewonnene Einblick in das Wesen der Kunst hält sich offen für ein mögliches Weiterfragen. Es ist Heideggers tiefste, sein Denken durchstimmende Überzeugung, daß jede gegebene Antwort nur solange als Antwort, als Erkenntnisschritt in Kraft bleibt, wie sich dieser für ein Weiterfragen offenhält.

Rückblickend auf den Gedankenweg des dritten Abschnittes kann Heidegger die Feststellung treffen, daß die Wirklichkeit des Kunstwerkes wie beabsichtigt „nicht nur deutlicher, sondern zugleich wesentlich reicher" als im zweiten Abschnitt zum Aufweis gebracht worden ist. Reicher dadurch, daß das *Geschaffensein* und *Bewahrtsein* als weitere Wesenszüge des Werkseins zur Abhebung kamen. Wenn das Geschaffensein des Kunstwerkes nicht ohne das Bewahrtsein möglich ist, dann gehören zum Geschaffensein sowohl die Schaffenden als die Bewahrenden. Wie aber gehören die Schaffenden und die Bewahrenden zum Kunstwerk und seinem Geschaffensein? Nicht so, daß die Schaffenden und die Bewahrenden von sich her den Bezug zum Kunstwerk herstellten, sondern so, daß umgekehrt das Kunstwerk „die Schaffenden in ihrem Wesen ermöglicht und aus seinem Wesen die Bewahrenden braucht" (ebd.). Damit greift Heidegger auf das einleitend formal angezeigte Ursprungsverhältnis zurück, wonach der Künstler nur insoweit Ursprung des Kunstwerkes ist, als das Werk der Ursprung des Künstlers ist. Eine Antwort darauf, wie das Werk in seinem Werksein den Künstler entspringen läßt, wurde bereits in der Wesens-Analyse des künstlerischen Schaffens gegeben. Der Satz, daß das Werk es sei, das die Schaffenden in ihrem Wesen ermögliche und aus seinem Wesen die Bewahrenden brauche, gehört in die Vergegenwärtigung der reicher gewordenen Wirklichkeit des Kunstwerkes. Das Werk ermöglicht die Schaffenden in ihrem Wesen heißt, es ermöglicht den Künstler in seinem schaffenden Entwerfen. Die Wesens-Analyse des Schaffens zeigte, daß das schaffende Hervorbringen nur dann angemessen in die Sicht gelangt, wenn es aus dem Werksein und d. h. aus dem Geschehnis der Unverborgenheit im Kunstwerk, zur Auslegung gelangt. Schaffen ist – so sahen wir – als ein Hervorbringen ein aus dem ekstatischen Bezug zur Unverborgenheit entnehmendes Bringen des Streitgeschehens in die Erde des Kunstwerkes. Das Kunstwerk ist also insofern Ursprung des Künstlers, als das schaffende Hervorbringen des

Kunstwerkes nur möglich ist, weil das Streitgeschehen der Unverborgenheit sich von ihm selbst her in das Erdhafte des Kunstwerkes bringen läßt. Dieses Bringen-lassen liegt nicht im Verfügungsbereich des künstlerischen Schaffens.

Die Wesens-Analyse der Bewahrung zeigte, daß das Kunstwerk aus seinem Werksein und das heißt hier aus seinem Geschaffensein die Bewahrung braucht. Denn das schaffend in das Erdhafte des Kunstwerkes gebrachte und darin festgestellte Streitgeschehen der Unverborgenheit kann nur als dieses geschehen, wenn es diejenigen gibt, die in der Zuwendung zum Kunstwerk existierend innestehen in der im Kunstwerk geschehenden Unverborgenheit. Damit ist über die einleitende formale Anzeige der vielfältigen Ursprungsverhältnisse hinaus aufgezeigt, daß das Kunstwerk nicht nur die Schaffenden, sondern auch die Bewahrenden entspringen läßt.

Jetzt, nachdem die reicher gewordene Wirklichkeit des Kunstwerkes und das zu ihr gehörende Entspringenlassen des schaffenden Künstlers und des bewahrenden Betrachters erneut vergegenwärtigt ist, kann die *Frage nach der Kunst als dem Ursprung des Kunstwerkes* gestellt werden. Ist die Kunst die Herkunft des Wesens des Kunstwerkes und gehören zur Wirklichkeit des Kunstwerkes die beiden Weisen des Entspringenlassens des Schaffenden und des Bewahrenden, dann läßt die Kunst mit dem Kunstwerk „das wesenhaft Zusammengehörige" an ihm, den Schaffenden und Bewahrenden, „in seinem Wesen entspringen" (ebd.). Die Kunst als Ursprung des Kunstwerkes läßt mit diesem die Weise, wie das Kunstwerk den Schaffenden und wie es den Bewahrenden entspringen läßt, entspringen. Wenn daher nach der Kunst als Wesensherkunft des Kunstwerkes gefragt wird, dann soll erfragt werden, was die Kunst als dieses vielfältigeinige Entspringenlassen ist.

§ 41. Dichtung im weiten Sinne als Ursprungscharakter der Kunst

Die erste Beschreibung eines Kunstwerkes aus der unmittelbaren Erfahrung, die Analyse des van Gogh'schen Gemäldes, gelangte zu dem für den weiteren Weg der Abhandlung richtungweisenden Ergebnis, daß im Kunstwerk das Geschehnis der Wahrheit, und zwar nicht überhaupt, sondern in werkgemäßer Weise am Werke sei. Schon gegen Ende des ersten Abschnittes konnte die leitende Wesensbestimmung der Kunst formuliert, wenn auch noch nicht in ihrer Tragweite durchschaut werden: Kunst als das *Ins-Werk-Setzen der Wahrheit*. Nachdem die Analyse des Werkseins nicht nur den schaffenden, sondern auch den bewahrenden Bezug zum Kunstwerk aufgewiesen hat, sehen wir, daß das Ins-Werk-Setzen *zweideutig* ist. Kunst als Ins-Werk-Setzen der Wahrheit geschieht *einmal* als „das Feststellen der sich einrichtenden Wahrheit in die Gestalt" und somit „im Schaffen als dem Hervor-bringen der Unverborgenheit des Seienden" (S. 59). Kunst als Ins-Werk-Setzen der Wahrheit geschieht *zum anderen* als das „in Gang und ins Geschehen-Bringen des Werkseins", was sich im Bewahren vollzieht (ebd.). Das feststellende Bringen der Unverborgenheit ins Kunstwerk allein führt noch nicht dazu, daß das Werksein, die ins Kunstwerk gebrachte Unverborgenheit, geschieht. Es bedarf noch des bewahrenden Innestehens in der festgestellten Unverborgenheit, um diese als die werkgemäße Entbergung des Seienden ins Geschehen zu bringen.

Zusammenfassend kann Heidegger sagen: Die Kunst ist „die schaffende Bewahrung" der Unverborgenheit (ebd.). Darin liegt: Die Kunst ist „ein Werden und Geschehen der Wahrheit" (ebd.), die in werkgemäßer Weise geschieht, indem sie ins Erdhafte des Kunstwerkes gebracht, darin festgestellt *und* bewahrt wird. *Woher* aber geschieht die Wahrheit, wenn sie, sich in das seiende Kunstwerk einrichtend, in dieses gebracht und bewahrt wird? Weil sie dem ekstatischen Bezug zur Unverborgenheit entnommen wird und diese nichts Seiendes ist, kann gesagt werden: Die

Wahrheit als die Unverborgenheit geschieht aus dem Nichts. ‚Nichts' meint dann aber „das bloße Nicht des Seienden" (ebd.), und zwar des gewöhnlich Vorhandenen. Innerhalb der Befangenheit im Seienden nehmen wir das selbstverständlich Vorhandene als das allein Wirkliche und Wahre. Dieser scheinbar einzig mögliche Gegebenheitscharakter des Seienden wird erschüttert, es sinkt als das vermeintlich allein Wahre und Wirkliche zusammen, wenn wir in den Machtbereich der im Kunstwerk geschehenden Entbergung des Seienden gelangen. Aus dem Vorhandenen und Gewöhnlichen, wie es in der Befangenheit im Seienden andrängt, wird nicht die Wahrheit des wahren Seienden abgelesen. Die Wahrheit des wahren Seienden zeigt sich nur aus dem *ursprünglichen* Geschehen der Unverborgenheit. Hier nun stoßen wir auf den für das sich kehrende Denken Heideggers so aufschlußreichen Satz, den wir im Laufe unserer Interpretationen schon des öfteren heranziehen mußten: „Vielmehr geschieht die Eröffnung des Offenen und die Lichtung des Seienden nur, indem die in der Geworfenheit ankommende Offenheit entworfen wird" (ebd.). Heidegger gibt hiermit eine *grundsätzliche* Bestimmung für das Bezugsganze von Unverborgenheit und Mensch. In diesem Wesenssatz gibt er eine Wesensbestimmung des Da-seins, wobei Da-sein, wie schon in „Sein und Zeit", der Name *nicht nur* für den Menschen und dessen Sein ist, sondern *auch* für den ekstatischen Bezug des existierenden Menschen zum Sein des Seienden im Ganzen.

Innerhalb der Gedankenentwicklung der Kunstwerk-Abhandlung ist die jetzt gegebene Bestimmung eine Vertiefung jener Bestimmung des schaffenden Hervorbringens, wonach dieses als Bringen der Unverborgenheit „ein Empfangen und Entnehmen innerhalb des Bezugs zur Unverborgenheit" (S. 51) ist. Das schaffende Bringen ist der schaffende Entwurf. Das Entwerfen hat den Charakter des Eröffnens. Es eröffnet aber nur ein Offenes, sofern die Offenheit in der Geworfenheit ankommend sich für das eröffnende Entwerfen öffnet. Geworfenheit besagt: Der Mensch existiert so, daß er in die sich öffnende Offenheit, in die entbergend-verbergende Unverborgenheit, versetzt ist. Eine wesentliche Weise seines Seins ist die *geworfene* Eröffnetheit für die sich öffnende Offenheit, deren Sichöffnen für den Menschen ankommt, ohne daß er sich, solange er existiert, diesem ankommenden Sichöffnen entziehen könnte. Zugleich aber braucht das Sichöffnen der Offenheit das verstehende Eröffnen des *Entwurfs* als einer anderen wesentlichen Weise des menschlichen Seins. Im ekstatischen Bezug zur Unverborgenheit existiert also der Mensch dergestalt, daß er die in seinem Geworfensein in den Bezug zur Unverborgenheit ankommend sich öffnende Offenheit empfängt und nur als so empfangene eröffnend entwirft.

Die Kunst ist, so hieß es oben, ein Geschehen der Wahrheit. Wie die Wahrheit, die Eröffnung des Offenen, in der schaffenden Bewahrung geschieht, wurde soeben gesagt: im Entwerfen der in der Geworfenheit ankommenden Offenheit. Die so geschehende Unverborgenheit, d. h. Entbergung und Verbergung des Seienden, wird in diesem Geschehen *gedichtet* (S. 59). Heidegger stößt zu einer vertiefenden Wesensbestimmung der Kunst vor und sagt: „Alle Kunst ist als Geschehenlassen der Ankunft der Wahrheit des Seienden als eines solchen im Wesen Dichtung" (ebd.). Was hier *Dichtung* bedeutet, wird erst später erläutert. Nur so viel sei gesagt, daß hier nicht die Kunstgattung des sprachlichen Kunstwerkes gemeint ist, sondern das, *worin alle Kunstgattungen ihr Wesen haben,* das sprachliche Kunstwerk vielleicht in einer hervorragenden Weise. Jetzt haben wir *zwei* Wesensbestimmungen der Kunst, die zusammengehören. Das Wesen der Kunst, die Wesensherkunft für Kunstwerk und Künstler ist, ist das Sich-ins-Werk-Setzen der Unverborgenheit. Die Unverborgenheit wird ins Werk gesetzt, indem sie gedichtet wird. Das Dichten aber ist das Wesenhafte der Kunst in ihrem Ins-Werk-Setzen der Unverborgenheit des Seienden. Dann aber geschieht es *aus dem dichtenden Wesen der Kunst,* „daß sie inmitten des Seienden eine offene Stelle aufschlägt, in deren Offenheit alles anders ist wie sonst" (ebd.). Die aufgeschlagene offene Stelle inmitten des Seienden ist die Offenheit, die in das Kunstwerk gesetzt ist, damit sie in ihm sich ursprünglich öffne und im ursprünglichen Sichöffnen das Seiende im Ganzen anders als sonst, d. h. ursprünglich entberge.

Noch einmal erläutert Heidegger das Geschehen der Unverborgenheit im Kunstwerk im Hinblick auf die Geworfenheit und den Entwurf. Der schaffende, aber auch der bewahrende Entwurf eröffnet die sich uns in der Geworfenheit *zu-werfende* Unverborgenheit des Seienden. Das ,sichunszuwerfen' entspricht dem oben verwendeten ,ankommen'. Die sich uns in der Geworfenheit zuwerfende Unverborgenheit wird vom schaffenden und (in entsprechender Abwandlung) bewahrenden Entwurf eröffnet und als solche ins Kunstwerk gesetzt. Diese so ins Kunstwerk schaffend gesetzte Unverborgenheit läßt das Seiende im Ganzen in seiner bisherigen Selbstverständlichkeit und Gewöhnlichkeit zum Unseienden werden. Nicht, daß sie dieses vernichten würde, sondern sie entzieht ihm nur die bisher beanspruchte Maßgabe für das Sein des Seienden. Was man die Wirkung des Kunstwerkes nennt, hat nicht den Charakter eines kausalen Wirkens. Kausalzusammenhänge gibt es nur im Seienden. Die Wirkung des Kunstwerkes auf die Gegebenheitsweise des Seienden im Ganzen beruht in einem „Wandel der Unverborgenheit des Seienden und das sagt: des Seins" (ebd.). Der Wandel der Unverborgenheit des Seienden, d. h. der Art, wie das Seiende sich zeigt, gehört in den Wandel des Unverborgenheitsgeschehens, des Geschehens der Entbergung und zwiefachen Verbergung. Dieser Wandel ist vor allem ein Wandel in der Verbergung als Verstellung, die solange die Unverborgenheit des Seienden verstellend bestimmt, wie das Seiende im Modus des Gewöhnlichen und Selbstverständlichen gegeben ist. Der aus dem Kunstwerk geschehende Wandel der Unverborgenheit, hier der Offenbarkeit des Seienden, gründet im Wandel der geschehenden Unverborgenheit. Diese aber meint nicht die Offenbarkeit, sondern die sich öffnende Offenheit. Die Unverborgenheit als sich öffnende Offenheit kann die Unverborgenheit des Seins genannt werden. Denn die als Entbergung und Verbergung geschehende Unverborgenheit ist das, worin das *Sein als Sein sein Wesen* hat. Das Sein als Sein ist das, von woher sich das Sein eines jeden Seienden bestimmt. Das Sein als

Sein denken heißt, den Sinn von Sein denken. Der Sinn als das, von woher wir das Sein aller Seinsbereiche verstehen, ist die Unverborgenheit als das Geschehen von Entbergung und zwiefacher Verbergung.

Die Kunst ist als das Ins-Werk-Setzen der Unverborgenheit *Dichtung*. Es liegt auf der Hand, daß wir von diesem Begriff der Dichtung, den es erst noch positiv aufzuklären gilt, die gewöhnliche und oberflächliche Auffassung von ihr als einem schweifenden Ersinnen des Beliebigen, einem Verschweben des bloßen Vorstellens und Einbildens in das Unwirkliche fernhalten müssen. Wenn die Kunst als schaffende Bewahrung das Geschehenlassen der Unverborgenheit im Kunstwerk ist, und wenn sie als solche in ihrem Wesen Dichtung ist, dann läßt sich von der Dichtung sagen, daß sie „als lichtender Entwurf ... Unverborgenheit auseinanderfaltet und in den Riß der Gestalt vorauswirft" (S. 60). Das hier verwendete ‚auseinanderfalten' erläutert, wie der Mensch im schaffenden Entwurf die Offenheit eröffnet. Wenn der Entwurf auseinanderfaltet, dann ist damit gesagt, daß er nicht von sich aus die Offenheit öffnet, sondern daß sein Eröffnen den endlichen Charakter des öffnenden Auseinanderfaltens dessen hat, was sich als Auseinanderfaltbares und in diesem Sinne zu Eröffnendes zuwirft. Das im Auseinanderfalten sich vollziehende Eröffnen der Offenheit geschieht im Wesensraum der Kunst als ein Feststellen dieser Offenheit (des Streit-Geschehens) in die Gestalt. Der schaffende Entwurf *wirft* im Auseinanderfalten und Feststellen die Offenheit in dem Sinne *voraus,* wie das Kunstwerk sein Geschaffensein vor sich her wirft (vgl. Holzwege, S. 53). Die Dichtung, das Wesen der Kunst, läßt als der auseinanderfaltende Entwurf das Offene im Kunstwerk dergestalt geschehen, daß sie das Seiende „zum Leuchten und Klingen bringt" (S. 60). Das Seiende, wie das Gemälde es zeigt, kommt zum Leuchten, d. h. es zeigt sich in seiner Ungewöhnlichkeit. Das Seiende, wie es das Sprachwerk, das Gedicht, nennt, kommt zum Klingen, d. h. es zeigt sich frei von der Selbstverständlichkeit.

Wenn wir das Kunstwerk in seinem Bezug zum Geschehnis der

Unverborgenheit des Seienden erfahren und bedacht haben, spü-
ren wir die Unzulänglichkeit der langen Gewohnheit, das Wesen der Kunst, die Dichtung, von der Imagination und Einbildungskraft her zu fassen. Kant ist es, der die ästhetische pro-
duktive Einbildungskraft auch ein sinnliches Dichtungsvermögen
nennt (vgl. Anthropologie in pragmatischer Hinsicht, §§ 28 u. 31).
Dichtend ist für ihn die Einbildungskraft, wenn sie produktiv
ist. Die Einbildungskraft ist aber seit der neuzeitlichen Bestimmung des Menschen als Subjekt und Selbstbewußtsein ein von der
Subjektivität her bestimmtes subjektives Vermögen, das wir in
den einzelnen Akten des ästhetischen Einbildens (Bilden der
ästhetischen Ideen) aktivieren. Es kommt darauf an, das dichtende Wesen der Kunst nicht von der produktiven Einbildungskraft her zu fassen, sondern eher umgekehrt, die Einbildungskraft zurückzuverwurzeln in die Dichtung als den auseinander-
faltenden Entwurf.

Damit ist die Dichtung in einem ganz weiten Sinn als Wesen
der Kunst angedeutet. Dieser weite Sinn ist vorerst positiv nur
als der auseinanderfaltende Entwurf angezeigt. Im folgenden
gilt es, dieses Wesen der Dichtung als ein Frag-würdiges zu bedenken.

§ 42. Das Wesen der Kunst und die Sprache

a) Dichtung im weiten Sinne als Wesen aller Kunstgattungen

Obwohl wir im vorangehenden Paragraphen schon andeute-
ten, daß ‚Dichtung‘ als Wesen der Kunst nicht in dem engeren
Sinne der einen Kunstgattung gemeint sei, muß dennoch die bei
einer solchen Wesensbestimmung der Kunst sich nahelegende Meinung eigens ausgesprochen und zurückgewiesen werden. Wenn
Dichtung das Wesen der Kunst ist und die Kunst alle Kunstgattungen bestimmt, eine der Kunstgattungen aber als Dichtung bezeichnet wird, dann könnte sich die Meinung einstellen, alle
anderen Kunstgattungen wie Architektur, Malerei, Plastik und
Musik seien Abarten der Dichtung als Poesie. Dieser Meinung

zufolge wäre die Dichtung deshalb das Wesen der Kunst, weil alle anderen Kunstgattungen sich aus der Poesie herleiteten. Diese Meinung verfehlt jedoch den Grund für die Wesensbestimmung der Kunst als Dichtung. Denn auch die Poesie ist wie die anderen Kunstgattungen nur *eine* Weise „des lichtenden Entwerfens der Wahrheit" (S. 60) und somit eine von mehreren Weisen des Dichtens im weiten Sinne. Weder lassen sich alle übrigen Kunstgattungen aus der Gattung der Poesie ableiten, noch läßt sich überhaupt eine Kunstgattung aus einer anderen herleiten. Dessenungeachtet nimmt für Heidegger die *Dichtung im engeren Sinne* in ihrem Verhältnis zu allen anderen Kunstgattungen eine ausgezeichnete Stellung ein. Auch Kant räumt der Dichtkunst den obersten Rang ein (vgl. Kritik d. Urteilskraft, § 53). Entscheidend ist aber, wie Heidegger den ausgezeichneten Rang der Dichtkunst begründet. Das Kunstwerk der Poesie ist das Sprachwerk. Und so ist zu vermuten, daß der Dichtung im engeren Sinne die hervorragende Stellung durch die Sprache zufällt. Damit leuchtet ein *Wesenszusammenhang zwischen Kunst und Sprache* auf, dem sich die Kunstwerk-Abhandlung nunmehr zuwendet.

b) Das Wesen der Sprache als Geschehnis der Unverborgenheit

Die ausgezeichnete Stellung der Dichtung im engeren Sinne unter den Kunstgattungen ergibt sich aus dem *Wesenszusammenhang zwischen der Sprache und der Unverborgenheit des Seienden.* Unser gewöhnliches Sprachverständnis läßt von einem solchen Zusammenhang nichts sehen. Der Zusammenhang zwischen dem Wesen der Sprache und der Unverborgenheit ist für unser natürliches Verständnis von der Sprache ebenso verschlossen wie das Wesen der Sprache und wie die Unverborgenheit des Seienden. Innerhalb unseres geläufigen Sprachverständnisses zeigt sich uns die Sprache als ein Mittel der Äußerung und Mitteilung von Gedanken, Gefühlen und Willensregungen durch artikulierte Laute, die als Träger von Bedeutungen fungieren. Sprache wird gemeinhin aufgefaßt als Mittel für die zwischenmenschliche Verständigung in allen ihren Formen. Sie geschieht in den gesprochenen und schriftlich fixierten sprachlichen Ausdrücken. Gegen diese natürliche Auffassung von der Sprache, von der auch Sprachwissenschaft und Sprachphilosophie Gebrauch machen, bezieht Heidegger Stellung. Unbestritten bleibt, daß sich die Sprache für uns, wenn wir nicht nur in ihr leben, sondern auf sie achten, als Verständigungsmittel zeigt. Doch damit ist nicht ausgemacht, daß dieser Erscheinungscharakter der Sprache auch schon den rechten Zugang zum Wesen der Sprache verbürgt. Die Sprache ist „nicht nur und nicht erstlich ein lautlicher und schriftlicher Ausdruck dessen, was mitgeteilt werden soll" (S. 60). ‚Nicht nur und nicht erstlich' heißt: Die Sprache ist nicht nur das, was wir als den mit einer Bedeutung verbundenen lautlichen Ausdruck kennen; die Sprache ist deshalb auch nicht primär, von ihrem Wesen her, lautlicher Ausdruck. Eine solche Charakterisierung der Sprache bleibt an einem abgeleiteten Charakter der Sprache hängen, ohne in ihren Wesensbereich vorzustoßen. Dieser geläufigen Kennzeichnung der Sprache gemäß setzen wir in uns die Vorstellungen an, in denen wir das Seiende, uns selbst, die Anderen und das nichtmenschliche Seiende, also alles, was ist, vorstellen. Das in den Vorstellungen Vorgestellte ist das Seiende als das so und so Gemeinte. Dem so Gemeinten ordnen wir den sprachlichen Ausdruck zu. Sprechen wir diesen aus, dann befördern wir das im Vorstellen des Seienden Gemeinte in Wörtern und Sätzen aus unserem Inneren nach Draußen, so daß der Andere über die sinnliche Wahrnehmung des sprachlichen Ausdrucks das von mir Gemeinte in seiner eigenen Innerlichkeit vorstellen kann. Dieser Auffassung von der Sprache als gegenseitigem Verständigungsmittel über die je eigenen Gedanken und Gefühle liegt die Ansicht zugrunde, daß das in den Vorstellungen gemeinte Seiende, schon bevor es in Worte und Sätze gekleidet wird, für uns als das, was und wie es ist, gegeben, offenbar ist. Wenn Heidegger sagt: „Sie [die Sprache] befördert das Offenbare und Verdeckte als so Gemeintes nicht nur erst in Wörtern und Sätzen weiter" (ebd.), so will er betonen, daß die Sprache nicht etwas ist, was in Gestalt des sprachlichen Aus-

322

drucks im nachhinein zu dem schon für uns auf anderem Wege Sichzeigenden hinzukommt. Heidegger fährt fort: „sondern die Sprache bringt das Seiende als ein Seiendes allererst ins Offene" (ebd.). Das Seiende als ein Seiendes ins Offene bringen heißt, das Seiende als das, was und wie es ist, d. h. offenbar ist, offenbar werden lassen. Das Seiende ist *nicht* schon *vor* der Sprache als das, was und wie es ist, offenbar, sondern nur in der Sprache und durch die Sprache. Dann aber muß das Wesen der Sprache anderswo als nur im sprachlichen Ausdruck gesucht werden. Dann muß aus dem offenbarmachenden Wesen der Sprache das bestimmt werden, was wir vordergründig als das Wesentliche der Sprache vermeinen. Das Entbergen des Seienden geschieht aber, wie wir aus Früherem wissen, als das Geschehen der Unverborgenheit, als das Streitgeschehen der sich öffnenden Offenheit und sichverschließenden Erde. Dann gehört das Wesen der Sprache in das Wesen der Unverborgenheit, dann ist die *geschehende Unverborgenheit an ihr selbst sprachlich* im Sinne des Wesens der Sprache.

Der Wesenszusammenhang von Unverborgenheit und Sprache ist ein Gedanke, den Heidegger bereits in „Sein und Zeit" grundlegend und systematisch erarbeitet hat. Im § 34 zeigt er auf, wie die Erschlossenheit gefügt ist durch die Rede als das existenzial-ontologische Fundament der Sprache. Was Heidegger hier das existenzial-ontologische Fundament nennt, ist das Wesen der Sprache. Wir vergegenwärtigen uns in knapper Form den Gang der Analyse, wobei wir auch auf früher Ausgeführtes zurückgreifen können. Befindlichkeit und Verstehen nennt Heidegger die fundamentalen Existenzialien, die die Erschlossenheit des In-der-Welt-seins konstituieren. (S. u. Z., S. 160) Der Ausdruck ,fundamentale Existenzialien' besagt, daß es diese beiden Existenzialien sind, in denen die ganzheitliche Erschlossenheit, in sich in selbsthaft-ekstatische und horizontale Erschlossenheit gegliedert, aufgeschlossen ist. Im § 12 gibt Heidegger eine Vorzeichnung des In-der-Welt-seins aus der Orientierung am In-Sein als solchem, genauer aber am existenzialen Sein-bei der Welt als einem ,im In-Sein fundierten Existenzial' (S. u. Z., S. 54). Das besagt: Das In-Sein hat als ein Seinsphänomen in sich ein Gefälle; es umfaßt die in Befindlichkeit und Verstehen aufgeschlossene Erschlossenheit (von Welt) *und* das darin ontologisch fundierte besorgende Sein-bei (dem entdeckten innerweltlichen Seienden). In den fundamentalen Seinsweisen der Befindlichkeit und des Verstehens ist das In-der-Welt-sein dergestalt aufgeschlossen, daß sich das Dasein in der Aufgeschlossenheit von Grundmöglichkeiten des In-der-Welt-seins hält. Diese Möglichkeiten sind ihm mit dem Geworfensein in die Erschlossenheit vorgegeben. Es versteht sich in diesen Möglichkeiten, sofern es sich auf die faktischen Möglichkeiten entwirft, d. h. sie für sich aufschließt. Diese Existenzmöglichkeiten sind als Möglichkeiten des In-der-Welt-seins Möglichkeiten des besorgenden Existierens in der Einheit mit einem möglichen Welthorizont.

Wie wir aus früher Dargestelltem wissen, existiert das Dasein auf dem Grunde des Verstehens auch als Auslegung. Es ist das Eigentümliche dieser im Verstehen fundierten Seinsweise, daß sich das Dasein in ihr das im verstehenden Entwerfen Aufgeschlossene zueignet. Nach der Vergegenwärtigung des phänomenalen Zusammenhangs der in den vorangehenden Analysen freigelegten Phänomene der Befindlichkeit, des Verstehens und der Auslegung nennt Heidegger den Grund dafür, daß erst jetzt die Sprache Thema innerhalb der Daseinsanalystik werde. Weil aufgewiesen werden soll, daß die Sprache in der existenzialen Verfassung der Erschlossenheit des Daseins ihre Wurzeln hat, mußten erst einmal die Erschlossenheit und die existenzialen Seinsweisen, in denen die Erschlossenheit aufgeschlossen ist, zum Aufweis gebracht werden. Wenn nun die Rede als das existenzial-ontologische Fundament der Sprache aufgezeigt werden soll, dann handelt es sich dabei um ein existenziales Phänomen, das in den vorangegangenen Analysen der Konstitution der Erschlossenheit immer schon mit im Thema stand, ohne eigens thematisiert worden zu sein.

Die These Heideggers lautet: „Die Rede ist mit Befindlichkeit und Verstehen existenzial gleichursprünglich" (S. u. Z., S. 161). Das rechte Verständnis dieser These hängt von dem rechten Verständnis der hier genannten ‚Gleichursprünglichkeit' ab. Dieser von Heidegger geprägte Terminus für die Anzeige des Verhältnisses von mehreren Seinsstrukturen untereinander hat nicht immer die gleiche Bedeutung. Die Gleichursprünglichkeit von Befindlichkeit und Verstehen besagt nicht das gleiche wie die Gleichursprünglichkeit von Befindlichkeit und Verstehen einerseits und Rede andererseits. Daß die existenzial-ontologische Analyse des verstehenden Entwurfs von dem existenzialen Phänomen der Rede „ständig schon Gebrauch gemacht" hat, zeigt Heidegger durch die Hebung des in der Analyse des Verstehens unbeachtet gelassenen Phänomens. Die im Verstehen aufgeschlossene Erschlossenheit des In-der-Welt-seins „ist auch schon vor der zueignenden Auslegung immer schon gegliedert" (S. u. Z., S. 161). Gleich im Anschluß daran heißt es: „Rede ist die Artikulation der Verständlichkeit." Artikulation heißt Gliederung. Rede als das mit dem befindlichen Verstehen gleichursprüngliche Phänomen ist die Gliederung der im befindlichen Verstehen aufgeschlossenen Erschlossenheit. Die Gegliedertheit betrifft die Erschlossenheit der Möglichkeit des In-der-Welt-seins, d. h. die Erschlossenheit der zu dieser Möglichkeit gehörenden Einheit der zusammengehörigen Weisen des besorgenden Sein-bei sowie die Erschlossenheit der dazugehörigen horizontalen Ganzheit von Welt. Das in der Rede Gliederbare nennt Heidegger den Sinn, das im Reden Gegliederte als solches das Bedeutungsganze. Rede ist als existenziales Seinsphänomen aus dem existenzialen Vollzugscharakter der Existenz zu kennzeichnen. Rede vollzieht sich als Reden, Reden aber meint den Vollzug des Gliederns. Das Gliedern gehört in den Vollzug des verstehenden Entwerfens. Im verstehenden Aufschließen der geworfenen Existenzmöglichkeiten liegt ‚zugleich' ein Gliedern dessen, was aufgeschlossen wird. Gleichursprünglich mit dem geworfenen Entwerfen geschieht im Sein des Daseins das Gliedern dessen, worauf sich das Dasein entwirft. Auch das Gliedern ist aus der Erschlossenheit her zu fassen. Das entwerfende Aufschließen der Möglichkeit des In-der-Welt-seins schließt in sich ein das aufschließende Gliedern. Dieses ist nicht etwa im geworfenen Entwurf fundiert, sondern liegt im Vollzug des geworfenen Sichentwerfens-auf beschlossen.

325

Heidegger betont: Das redende Gliedern ist mit Befindlichkeit und Verstehen, d. h. mit dem in der Befindlichkeit sich erschließenden Geworfensein und dem Sichentwerfen-auf gleichursprünglich. Das redende Gliedern muß daher sowohl im verstehenden Sichentwerfen-auf als *auch* im befindlichen Geworfensein aufgespürt werden. Wie also ist die Rede mit dem Geworfensein gleichursprünglich? Das Geworfensein kommt ins Spiel mit den geworfenen Möglichkeiten des In-der-Welt-seins. So wie das Verstehen nur ein Aufschließen von Möglichkeiten ist, die dem Dasein in seiner geworfenen Erschlossenheit vorgegeben sind, so ist das zum Verstehen gehörende aufschließende Gliedern nur ein solches von Möglichkeiten, die als geworfene ihre Gliederbarkeit mit sich führen. Wenn wir daher im Zuge unserer Interpretation davon sprechen, daß im Vollzug des *verstehenden* Aufschließens immer auch schon der Vollzug des *gliedernden* Aufschließens liegt, dann ist mitgenannt das Geworfensein des Sichentwerfens-auf und die Gleichursprünglichkeit der redenden Gliederung mit dem Geworfensein.

Der spezifische Sinn der Gleichursprünglichkeit von Rede einerseits und Befindlichkeit und Verstehen (Geworfensein und Entwurf) andererseits ist darin zu sehen, daß die Gliederbarkeit bzw. das aufschließende Gliedern zum Vollzugssinn des geworfenen Entwurfs gehört. Innerhalb der Gleichursprünglichkeit von Befindlichkeit und Verstehen hat jedes dieser Phänomene gegenüber dem anderen eine größere Eigenständigkeit, als sie die Rede in ihrer Gleichursprünglichkeit im Verhältnis zu jenen Phänomenen hat. Der Sachverhalt läßt sich auch so formulieren: Obwohl der Entwurf wesenhaft ein geworfener ist und umgekehrt das Geworfensein immer zu einem Entwurf gehört, so läßt sich doch der Eigencharakter eines jeden dieser Phänomene umreißen. In derselben Weise aber läßt sich ein Eigencharakter der redenden Gliederung gegenüber dem Geworfensein und dem Entwurf nicht umgrenzen. Um die redende Gliederung in ihrem existenzialen Charakter kennzeichnen zu können, bedarf es des Hinblicks auf den verstehenden Entwurf und auf die befindliche Geworfenheit.

Das mit dem Sein des Daseins sich vollziehende redende Gliedern schließt im Sichentwerfen auf die Möglichkeiten des In-der-Welt-seins diese als ein Bedeutungsganzes auf. Das so im aufschließenden Entwerfen gegliederte Bedeutungsganze der Möglichkeit des In-der-Welt-seins ist das Fundament für das ebenfalls zum Existenzvollzug gehörende Auslegen. In diesem eignet sich das Dasein das im geworfenen Entwerfen und im darin beschlossenen aufschließenden Gliedern aufgeschlossene Bedeutungsganze zu. Das Auslegen ist ein im geworfenen Entwerfen und redenden Gliedern fundierter Modus des Aufschließens. Das auslegende Aufschließen vollzieht sich als schrittweises Auseinanderlegen des im zugrundeliegenden gliedernden Entwerfen primär aufgeschlossenen Bedeutungsganzen der Möglichkeit des In-der-Welt-seins. Das Auslegen nimmt innerhalb der ontologischen Stufung dieselbe Stufe ein wie das umsichtige Entdecken des besorgenden Sein-bei. In der Analyse der Auslegung (§ 32, S. 148 ff.) heißt es: Das besorgende Sein beim Zuhandenen gibt sich aus der Bedeutsamkeit her, die das Dasein im Welt aufschließenden Entwurf aufgeschlossen hat, zu verstehen, „welche Bewandtnis es je mit dem Begegnenden haben kann". Indem das umsichtige Besorgen Seiendes als Zuhandenes entdeckt, legt es die schon entworfene Welt aus. Im Lichte der aus der entworfenen Bewandtnisganzheit der Welt herausgelegten Bewandtnis läßt das Dasein Seiendes als das durch die Bewandtnis bestimmte Zuhandene offenbar werden. Jetzt erst, da das Seiende im Lichte seiner Bewandtnis für das Dasein entdeckt ist, kommt es *„ausdrücklich* in die verstehende Sicht", wird es als Hammer oder Material verstanden.

Diesen analytischen Gedankengang müssen wir mit dem folgenden aus der Analyse der Rede zusammendenken, um zu sehen, wie das Auslegen *seinerseits* ein Gliedern, aber ein *schon fundiertes,* ist. Die zur Ganzheit einer Welt, zur Bedeutsamkeit, gehörende Bewandtnisganzheit ist im Horizont des redenden Gliederns die Bedeutungsganzheit. Wenn die Auslegung die Bewandtnisganzheit auseinanderlegt hinsichtlich der einzelnen Bewandtnisse, dann gliedert sie im Vollzug des Auseinanderlegens die Bewandtnisganzheit, sofern diese eine Bedeutungsganzheit ist, hinsichtlich der Bedeutungen. Die so aus der vorerschlossenen Bedeutungsganzheit ausgegliederten Bedeutungen, die Bedeutungsganzheit im fundierten Modus des Ausgelegt- und Ausgegliedertseins, „spricht sich aus" und kommt im Sichaussprechen zu Wort. Im Sichaussprechen der im Auslegen gegliederten Bedeutungsganzheit ‚wachsen den Bedeutungen Worte zu', d. h. verlautbaren sie in den lautenden Worten. Diese Genesis der gesprochenen und schriftlich fixierbaren Worte und Wortverbindungen einer Sprache steht im Gegensatz zu der üblichen Auffassung, daß es erst das sichzeigende Seiende gibt und daß dann lautliche Ausdrücke gebildet und mit Bedeutungen verbunden werden.

In „Sein und Zeit" unterscheidet Heidegger terminologisch zwischen Sprache und Rede. Sprache ist die verlautende Wortganzheit. Der ontologische Ursprung der in der Wortganzheit verlautenden Sprache liegt in der Rede als dem aufschließenden Gliedern. Wie das Verstehen ontologisch ein zweistufiges Phänomen ist, so auch das redende Gliedern. Kein verstehendes Entwerfen ohne das auslegende Zueignen und Auseinanderlegen dessen, was entworfen ist. Und ebenso: Kein in dem Verstehen beschlossenes Gliedern ohne ein auslegendes Gliedern dessen, was primär gliedernd aufgeschlossen worden ist.

Vom gliedernden Auslegen wissen wir aber, daß es sich im entdeckenden Sein-bei vollzieht. Daraus entnehmen wir: Wenn im auslegenden Entdecken das Seiende als das durch die herausgelegte Bewandtnis bestimmte Seiende für mich offenbar wird, dann rückt es, *weil das Auslegen zugleich ein sich aussprechendes Gliedern ist,* in seine *sprachlich verfaßte Entdecktheit* ein. Das besagt aber: Das Seiende ist als gegebenes, genauer *als entdecktes* nie sprachfrei, um erst im nachhinein mit einer sprachlichen Bedeutung und einem Wortlaut belegt zu werden.

In der Kunstwerk-Abhandlung stoßen wir nicht auf den terminologischen Unterschied von Rede und Sprache. Hier taucht nur der Terminus ‚Sprache' auf. Aber in ihm denkt Heidegger die Einheit dessen, was er in „Sein und Zeit" terminologisch unterschieden hat. Wohl gehören die Wörter und Sätze zur Sprache. Aber ihre ontologische Genesis ist aus dem *Wesen* der Sprache zu denken, das nicht ebenso offen am Tage liegt wie die verlautende Wortganzheit. Die Sprache, aus ihrem Wesen gedacht, befördert nicht das schon vorsprachlich Offenbare als das Gemeinte unserer Vorstellungen und Gefühle in von außen hinzukommenden Worten und Sätzen von einem Subjekt zum anderen. Die Sprache bringt vielmehr das Seiende als das so und so Offenbare allererst ins Offene, weil die Sprache in der geschehenden, Seiendes entbergenden Unverborgenheit ihr Wesen hat. Diesen Gedanken verstehen wir jetzt, nachdem wir gesehen haben, wie Heidegger in „Sein und Zeit" die Erschlossenheit des In-der-Welt-seins als durch das redende Gliedern gefügt zum Aufweis bringt. Die Erschlossenheit der Welt ist die Ermöglichung für die Entdecktheit des innerweltlichen Seienden. Weil schon die Erschlossenheit der Welt gefügt ist durch das Gliedern als das Wesen der Sprache, ist die Entdecktheit, in die das innerweltliche Seiende einrückt, von Hause aus sprachlich verfaßt. Das Gefüge von Erschlossenheit der Welt und des Seins des Seienden und Entdecktheit, das Geschehen der in Befindlichkeit und im Verstehen sich erschließenden Erschlossenheit und des im besorgenden Sein-bei sich vollziehenden Entdeckens hat Heidegger *weitergedacht* zum Geschehen der Unverborgenheit, d. h. zum Geschehen des Sichlichtens und zwiefachen Verbergens im Entbergen des Seienden. Im Wesen der Sprache, das zum Wesen der Unverborgenheit gehört, geschieht daher das Streit-Geschehen als das Sichöffnen der Offenheit und Offenbarwerdenlassen des Seienden.

Früher hieß es, Stein, Pflanze und Tier seien weltlos, weil sie in ihrem Sein nicht wie der Mensch bestimmt seien durch den ekstatischen Aufenthalt in der Offenheit von Welt. Jetzt wurde gezeigt, wie die Sprache mit ihrem Wesen in die geschehende Unverborgenheit hineinreicht. Nur wo Sprache ihr entbergendes Wesen entfaltet, gibt es Offenheit für die Offenbarkeit von Seiendem. Wenn Stein, Pflanze und Tier in ihrem Sein sprachlos sind, dann ermangeln sie der Offenheit des Seienden, aber ebenso auch der Offenheit des Nichtseienden und des Leeren.

Die Sprache nennt erstmals das Seiende. Das heißt nicht, daß das schon offenbare Seiende noch mit einem Namen, mit einem Wort versehen wird. Das Nennen bringt „das Seiende erst zum Wort und zum Erscheinen" (S. 60/61). Das Seiende ist für uns nicht schon, bevor es zum Wort gebracht ist, *als* das, was und wie es ist, offenbar, sondern es wird für uns erst in diesem Ge-brachtwerden *als* das Seiende offenbar. Sein Offenbarwerden ist sein Erscheinen. Das Erscheinen des Seienden geschieht nur inner-halb der Sprache, nicht außerhalb ihrer. Das Nennen „ernennt das Seiende erst zu seinem Sein aus diesem" (S. 61). Das heißt nicht, daß das Nennen das Seiende erst ins Sein bringt. Das Sei-ende aus dem Sein zu seinem Sein ernennen besagt, das Seiende aus der Unverborgenheit des Seins in die Offenbarkeit seines Seins einrücken lassen.

Das im Wesen der Sprache beschlossene Nennen, das Heideg-ger jetzt ein Sagen nennt, „ist ein Entwerfen des Lichten, darin angesagt wird, als was das Seiende ins Offene kommt" (ebd.). Vorher hieß es: Das Nennen ist als ein Zum-Wort-Bringen ein Zum-Erscheinen-Bringen des Seienden. Anders gewendet, das aus dem Wesen der Sprache geschehende Zum-Erscheinen-Bringen hat den Charakter des Offenbarwerdenlassens, des Entbergens. Das Offenbarwerdenlassen des Seienden ist nicht im Sinne der Gleichsetzung, sondern ist in seinem Wesen, d. h. ursprünglicher noch ein Entwerfen des Lichten. Hiermit knüpft Heidegger wie-der an den lichtenden Entwurf an, der als das Wesen der *Dich-tung im weiten Sinne* die sich zuwerfende Unverborgenheit aus-einanderfaltet (vgl. S. 60). Die Sprache kann nur das Seiende als ein Seiendes ins Offene bringen, wenn sie in ihrem innersten Wesen das Lichte, die Offenheit öffnend entwirft. In diesem Entwerfen wird angesagt, d. h. entscheidet sich, als was das Seiende offenbar wird. Jetzt sind wir auch innerhalb der Kunst-werk-Abhandlung auf den Wesenszusammenhang zwischen Spra-che und Entwurf gestoßen, wie vorher in „Sein und Zeit". Wie dort im § 34 ist auch hier das Entwerfen ein Sagen (redendes Gliedern). Wie dort wird auch hier der Strukturzusammenhang zwischen dem Entwerfen und der Geworfenheit bestimmt, nur mit dem Unterschied, daß hier der Strukturzusammenhang gemäß der Kehre die uns schon vertraute Wandlung erfahren hat. Entwerfen ist – sagt jetzt Heidegger – „das Auslösen eines Wurfes, als welcher die Unverborgenheit sich in das Seiende als solches schickt" (S. 61). Diese Bestimmung müssen wir zusammennehmen mit den beiden anderen: daß die in der Geworfenheit ankommende Offenheit entworfen wird, und: der Entwurf der sich uns zu-werfenden Unverborgenheit des Seienden (S. 60). Alle drei Bestimmungen gelten demselben Sachverhalt. Hier wird das entwerfende Eröffnen charakterisiert als das Auslösen jenes Wurfes, worin sich die Unverborgenheit uns zuwirft, und zwar als solche, die in der Geworfenheit ankommt. Alle drei Bestimmungen des eröffnenden Entwurfs in seinem Bezug zu dem Zueröffnenden lassen sehen, daß das Entwerfen innerhalb des ekstatischen Bezuges zur Unverborgenheit ein Entnehmen und Empfangen ist (vgl. S. 51). Nicht schickt sich die Unverborgenheit als Wurf, d. h. als Sichzuwerfendes in das Seiende ohne das Auslösen des Wurfes, sondern nur als im Entwerfen ausgelöster Wurf. Die Unverborgenheit als Entbergung des Seienden braucht das entwerfende Auslösen. In der Wendung ‚des Sichschickens in das Seiende' kommt die Struktur des Sichbergens und Sicheinrichtens der Unverborgenheit in das entborgene Seiende ins Spiel.

Jetzt ist gezeigt, daß das lichtende Entwerfen wesenhaft ein Sagen als ein Ansagen ist. Das Wesen der Sprache gehört in die geschehende Unverborgenheit, die im einheitlichen Geschehen des Sichzuwerfens und des Auslösens des Wurfes geschieht. In diesem einheitlichen Geschehen wird das Seiende im Ganzen gemäß der im Ansagen fallenden Entscheidung entborgen. Das entwerfende Ansagen, die Einheit von Wurf und Auslösen des Wurfes, ist „die Absage an alle dumpfe Wirrnis, in der sich das Seiende verhüllt und entzieht" (S. 61). Die dumpfe Wirrnis ist der Gegenbegriff zum offenbaren Seienden im Ganzen, in der das Seiende nicht nur so verhüllt ist und sich so entzieht wie auch im Umkreis des Offenen kraft der zur Entbergung gehörenden Verbergung. Die dumpfe Wirrnis meint ein Verhüllen des Seienden vor und außerhalb jeglicher Entbergung, so daß wir innerhalb der dumpfen Wirrnis gar nicht vom Seienden sprechen dürfen. Die dumpfe Wirrnis ist das, worin sich Pflanze und Tier halten: der verhüllte Andrang einer Umgebung, in die sie hineinhängen (vgl. S. 34).

c) Das Geschehnis im Wesen der Sprache: Dichtung im weiten Sinne als das Wesen der Kunst; die Kunstgattungen

Nunmehr beginnt die Kunstwerk-Abhandlung, wieder in die Richtung auf die Frage nach der *Dichtung im weiten Sinne als dem Wesen der Kunst* einzuschwenken. Das entwerfende Ansagen, das als das Wesen der Sprache aufgewiesen wurde, wird jetzt als Dichtung im weiten Sinne bezeichnet. Solche Ineinssetzung wird möglich, nachdem die Analyse des Wesens der Sprache auf das *Sagen als Entwerfen des Lichten* gestoßen ist, das so begriffene Entwerfen aber als das *Eigentümliche der Dichtung im weiten Sinne* erkannt worden war (vgl. S. 60). Wenn die Dichtung in diesem weiten Sinne das Wesen der Kunst ist, dann verdeutlicht sich jetzt der *Wesenszusammenhang zwischen Kunst und Sprache.*

Das entwerfende Sagen, das Wesen der Sprache und als solches Dichtung im weiten Sinne, ist „die Sage der Welt und der Erde, die Sage vom Spielraum ihres Streites und damit von der Stätte aller Nähe und Ferne der Götter" (S. 61). Wenn im entwerfenden Sagen als dem Auslösen des Wurfes die Unverborgenheit geschieht, in diesem Geschehen aber das Streitgeschehen von Welt und Erde gründet, dann ist auch der *Streit von Welt und Erde vom Wesen der Sprache bestimmt.* Jedes Volk hat seine Sprache. In der jeweiligen Sprache geschieht jenes Sagen als das Auslösen eines Wurfes. Je nach der Weise, wie das Sagen im Streitgeschehen der Unverborgenheit geschieht, öffnet sich für das Volk dieser Sprache seine Welt, kommt die Erde als das Verschlossene in der Offenheit der Welt hervor. Im Geschehnis des Sagens liegt je eine Grundentscheidung, als was sich Welt öffnet und wie die Erde als das Sichverschließende offenbar ist. Das Entscheidende der Entscheidung liegt sowohl in der Weise,

wie sich Unverborgenheit zuwirft, als in der Weise, wie der
Mensch den Wurf auslöst. Im Geschehnis des entwerfenden Sagens, das den Wurf der sich zuwerfenden Unverborgenheit auslöst, geschieht die Unverborgenheit und d. h. das ganzheitliche
Geschehen des Urstreites von Entbergung und zwiefacher Verbergung und des Streites von Welt und Erde. Von diesem entwerfenden Sagen bemerkt Heidegger, daß es in einem zumal das
Sagbare bereitet und das Unsagbare zur Welt bringt. Zum Sagbaren gehört immer auch das Unsagbare. Das entwerfende Sagen bereitet das Sagbare, indem es die Offenheit der Welt eröffnet und das Seiende im Ganzen gemäß der Offenheit offenbar
werden läßt. Die Offenheit der Welt öffnet sich aber nur in der
Gegenwendigkeit zur sichverschließenden Erde. Zur Offenheit
der Welt gehört somit auch ein Nichtoffenes, so daß die Offenbarkeit des Seienden im Ganzen auch ein Nichtoffenbares einschließt. Das Nichtoffene in der Offenheit und das ihm gemäße
Nichtoffenbare im offenbaren Seienden ist das, was Heidegger
das Unsagbare nennt. In dem Grundgeschehnis dieses entwerfenden Sagens, das sowohl ein Bereiten des Sagbaren als auch ein
Zur-Welt-bringen des Unsagbaren in dem jetzt erläuterten
Sinne ist, „werden einem geschichtlichen Volk die Begriffe seines
Wesens, d. h. seiner Zugehörigkeit zur Welt-Geschichte vorge-
prägt" (ebd.). Das Wesen eines Volkes, eines volkhaften Daseins, beruht in der Zugehörigkeit zur Welt-Geschichte. In diesem rein ontologisch und nicht historisch gemeinten Terminus
denkt Heidegger das Geschehen des Streites von sich öffnender
Welt und sichverschließender Erde. Dieses Geschehen ist, wie wir
wissen, das Grundgeschehen im Wesen der Sprache. Es geschieht
im entwerfenden Sagen als dem Auslösen des Wurfes, worin sich
die Unverborgenheit dem volkhaften Dasein zuwirft. Dieses
Grundgeschehen geschieht nicht gleichförmig, sondern in unterschiedlichen Weisen. Je nach der geschichtlichen Weise, in der dem
volkhaften Dasein seine Welt sich öffnet und die Erde als das
Sichverschließende hervorkommt, bestimmt sich seine Zugehörigkeit zu diesem Grundgeschehen. Die jeweilige geschichtlich
entschiedene Zugehörigkeit prägt und spricht sich aus in den

Grundworten, in denen ein Volk sein Wesen zur Sprache bringt.

Das ganzheitliche Geschehnis der Unverborgenheit ist das Grundgeschehnis im Wesen der Sprache. Dieses aber ist das Wesen der Dichtung im weiten Sinne. Daher sagt Heidegger: Weil die Dichtung in der vorangegangenen Erläuterung in einem so weiten Sinne als das Wesen der Sprache gedacht sei, müsse es offenbleiben, ob die Kunst, deren Wesen als Dichtung bestimmt wurde, in all ihren Weisen von der Architektur bis zur Poesie das Wesen der Dichtung im weiten Sinne erschöpfe. Damit spricht er die Vermutung aus, daß das jetzt freigelegte Wesen der Dichtung im weiten Sinne als Wesen der Sprache noch umfassender ist als die Kunst, – daß die Dichtung, obwohl sie das Wesen der Kunst ist, auch über den Umkreis der Kunst hinaus ihr Wesen entfaltet.

Die Sprache ist in ihrem Wesen Dichtung, die Dichtung ist in ihrem Wesen das Grundgeschehnis der Sprache. Das, was im Wesen der Dichtung die Grenzen der Kunst übersteigt, ist das Grundgeschehnis der Sprache, „in dem für den Menschen überhaupt erst Seiendes als Seiendes sich erschließt" (ebd.). Das Geschehnis der Entbergung des Seienden als das Grundgeschehnis der Sprache geschieht nicht nur in der Kunst, sondern auch außerhalb ihrer, wenn es auch in der Kunst in ausgezeichneter Weise waltet. Mit dem Aufweis, daß das Wesen der Sprache in diesem umfassendsten Grundgeschehnis der Entbergung des Seienden im Ganzen beruht, hat sich die Kunstwerk-Abhandlung instandgesetzt, die oben ausgesprochene These von der *ausgezeichneten Stellung der Dichtung im engeren Sinne* im Ganzen der Künste zu begründen. Weil das Wesen der Sprache in dem Grundgeschehnis der Entbergung des Seienden beruht, „ist die Poesie, die Dichtung im engeren Sinne, die ursprünglichste Dichtung im wesentlichen Sinne" (ebd.). Diese Begründung ist von dem Gedanken geleitet, daß die Kunstgattung, deren Element die Sprache ist, der Dichtung im weiten Sinne (dem Grundgeschehnis im Wesen der Sprache) am nächsten ist. Ist aber die Dichtung im weiten Sinne das Wesen der Kunst, dann ‚*verwirk-*

licht' die Dichtung im engeren Sinne das Wesen der Kunst am vollkommensten. Diejenige Kunstgattung, deren Kunstwerke die Sprachwerke sind, hält sich in einem Element, das „das ursprüngliche Wesen der Dichtung verwahrt" (ebd.). Die Kunstgattung der Poesie heißt deshalb Dichtung, weil sie aufgrund ihres Sprachelementes zum Wesen der Dichtung im weiten Sinne, welches das Grundgeschehnis im Wesen der Sprache ist, die größte Nähe hat.

Obwohl alle Kunstgattungen ihr Wesen in der Dichtung im weiten Sinne haben, schafft nur eine von ihnen Kunstwerke der Sprache. Gemeinsam ist allen Kunstgattungen, daß sie im Wesen der Sprache gründen. Daraus folgt nicht, daß sie alle im Wort schaffen müssen. Es wird deutlich, daß jetzt, da es um die *Abgrenzung der Poesie von den anderen Kunstgattungen* geht, Sprache einmal im Sinne des Wesens und des entbergenden Grundgeschehnisses und zum anderen im Sinne des lautenden Wortes gemeint ist. Das Grundgeschehnis der Sprache, das entwerfende Sagen als Auslösen des Wurfes der sich zuwerfenden Unverborgenheit, waltet nicht nur dort, wo es sich in das lautende Wort vor allem des Dichters ausspricht, sondern auch dort, wo sich die Unverborgenheit in den Marmor oder in die Farbe einrichtet.

Die bildenden Künste schaffen ihre Kunstwerke „immer schon und immer nur im Offenen der Sage und des Nennens" (ebd.), welches Offene sich in *der* Kunstgattung am reinsten öffnet, in der sich das Grundgeschehnis der Sprache, die Dichtung im weiten Sinne, im Wort ausspricht. Die nichtpoetischen Kunstgattungen werden vom Grundgeschehnis der Sprache durchwaltet und geleitet, auch wenn sich in ihnen dieses Geschehnis nicht ins Wort hebt. Dadurch sind sie neben der Poesie eigene Wege, auf denen die Kunst als das Ins-Werk-Setzen der Unverborgenheit ihr entspringenlassendes Wesen entfaltet. Die nichtpoetischen Kunstgattungen sind je eigene Weisen des Dichtens im weiten Sinne, je eigene Weisen des Sich-ins-Werk-Setzens der Lichtung (Unverborgenheit) des Seienden. Diese Lichtung geschieht wesenhaft, aber „ganz unbeachtet" im Geschehnis der Sprache – unbeachtet deshalb, weil diese Kunstgattungen nicht im Worte schaffen.

Heidegger schließt die Analyse des Wesens der Kunst als Dichtung im Sinne des Grundgeschehnisses der Sprache mit einem ergänzenden Hinweis ab. Das Wesen der Kunst ist die Dichtung im weiten Sinne. Die Kunst ist die Wesensherkunft des Kunstwerkes und des schaffenden wie auch bewahrenden Bezugs zum Kunstwerk. Alles, was über die Dichtung als Wesen der Kunst ausgeführt wurde, war insbesondere im Hinblick auf das Schaffen als entwerfendes Sagen gesprochen. Weil aber der bewahrende Bezug gleichwesentlich zur Wirklichkeit des Kunstwerkes gehört und vom Wesen der Kunst einbehalten wird, ist nicht nur das künstlerische Schaffen, sondern auch das Bewahren von der Dichtung im weiten Sinne bestimmt. Das Bewahren ist neben dem Schaffen eine eigene Weise des lichtenden Entwurfs. Ist dieser ein entwerfendes Sagen, dann gilt auch vom bewahrenden Entwerfen, daß es nur geschieht im Grundgeschehnis der Sprache.

§ 43. Stiftung der Wahrheit als das Wesen der Dichtung im weiten Sinne.
Die drei Weisen des Stiftens als Wesensbau der Kunst

Als das Wesen der Kunst wurde die Dichtung im weiten Sinne und diese in ihrem sprachlichen Wesen auseinandergelegt. Nunmehr soll das *Wesen der Dichtung im weiten Sinne* als die *Stiftung der Wahrheit* als der Unverborgenheit zum Aufweis gebracht werden. Dabei soll das Stiften in drei zusammengehörigen Weisen aufgezeigt werden. Das Zusammenspiel zwischen dem Stiften als Schenken, dem Stiften als Gründen und dem Stiften als Anfangen soll als der innerste Bau des Wesens der Kunst zur Einsicht gelangen. Stiften ist hier zunächst im Hinblick auf das Kunstschaffen gemeint. Wieder betont Heidegger, daß die Stiftung als Schaffen nur wirklich ist in der zur Wirklichkeit des Kunstwerkes gehörenden Bewahrung. Demzufolge wird einer jeden Weise des schaffenden Stiftens eine Weise des bewahrenden Stiftens entsprechen.

a) Stiften als Schenken

Heidegger geht wieder aus vom Ins-Werk-Setzen der Unverborgenheit als der ersten Richtung weisenden Wesensbestimmung der Kunst. Den Übergang von dieser Bestimmung zur Wesensbestimmung der Kunst als Dichtung im weiten Sinne erläuterten wir als eine vertiefende Erfassung des Wesens der Kunst. Jetzt charakterisiert Heidegger das Ins-Werk-Setzen der Unverborgenheit als ein Aufstoßen des Un-geheuren und Umstoßen des Geheuren. Dem ,Aufstoßen des Ungeheuren' begegneten wir das erste Mal im Übergang vom zweiten Kennzeichen des Geschaffenseins des Kunstwerkes zur Bewahrung des Werkes (vgl. § 35). Dort war die Rede davon, daß das in das Kunstwerk eingeschaffene Geschaffensein uns entgegentritt in der Weise des Stoßes. Das Hineingebrachtsein der geschehenden Unverborgenheit in das Erdhafte des Kunstwerkes geht uns in der Weise des Stoßens an, worin das Geheure, die Gewöhnlichkeit und Selbstverständlichkeit des Seienden im Ganzen, umgestoßen und das Ungeheure der ursprünglichen Entbergung des Seienden aufgestoßen wird. Das dort so beschriebene Geschehen der Unverborgenheit im Kunstwerk wird jetzt von Heidegger aus dem Wesen der Kunst gemäßer und zwar als das Gefüge von dreierlei Weisen des Entspringenlassens gefaßt. Aus dem nächstfolgenden Absatz, der die zweite Weise des Stiftens freilegt, erfahren wir, daß das Aufstoßen des Ungeheuren im Kunstwerk in der Weise des dichtenden *Entwurfs* geschieht. Es ist der Entwurf, der als der schaffende „sich ins Werk stellt", d. h. die Unverborgenheit ins Erdhafte des Kunstwerkes bringt. Aber nicht nur der dichtende Entwurf als die eine Weise des Stiftens, sondern alle drei Weisen des Stiftens in ihrem Zusammenspiel bilden die Weise, wie die Unverborgenheit ins Kunstwerk gebracht wird und in ihm geschieht. Das entwerfende Aufstoßen der Unverborgenheit hat den Eigencharakter des Aufschließens und Eröffnens. Ist der dichtende Entwurf die eine Weise des Stiftens, dann hat dieses Stiften den Sinn des Eröffnens. Wie wir aus einer anderen Textstelle wissen, läßt sich die im Entwerfen öffnende Unverborgenheit weder aus dem Bisherigen ableiten noch durch das Vorhandene und Verfügbare aufwiegen und wettmachen. Weil das entwerfende Stiften, d. h. Eröffnen der Unverborgenheit, nicht aus dem, was schon ist, aufklärbar ist, – weil es alles, was ist, übertrifft, nennt Heidegger es ein Überfließen, eine *Schenkung* (S. 62).

b) Stiften als Gründen

Der schenkende Entwurf, das Eröffnen der Unverborgenheit, geschieht „nie ins Leere und Unbestimmte hinein" (ebd.). Der folgende Satz leitet die Erläuterung ein. Die Unverborgenheit wird im Kunstwerk „den kommenden Bewahrenden, d. h. einem geschichtlichen Menschentum zugeworfen" (ebd.). Das ‚Zuwerfen' kennen wir aus den Textstellen, in denen Heidegger den strukturalen Bezug der Geworfenheit zum Entwurf erläutert. Das, was sich dem Menschen innerhalb seines ekstatischen Bezuges zur Unverborgenheit zuwirft, ist das, was von ihm entwerfend eröffnet wird. Die im schenkenden Entwurf sich vollziehende Eröffnung von Unverborgenheit geschieht *deshalb nicht* ins Leere und Unbestimmte hinein, *weil* sie ein Eröffnen dessen ist, was aus dem Geworfensein in den Bezug zur Unverborgenheit sich als Zueröffnendes zuwirft. Aber was sich für den eröffnenden Entwurf zuwirft, ist „niemals ein willkürlich Zugemutetes" (ebd.). Damit schickt sich Heidegger an, „die in der Geworfenheit ankommende Offenheit" (S. 59) ursprünglicher in den Blick zu bringen. Der schenkende Entwurf geschieht nicht ins Leere hinein, weil er ein Sichzuwerfendes eröffnet. Das Sichzuwerfende ist kein willkürlich Zugemutetes, sondern das, „worein das Dasein als geschichtliches schon geworfen ist" (S. 62). Der schenkende Entwurf eröffnet das, was sich aus dem zuwirft, worein das geschichtliche Dasein geworfen ist. Das, worein das geschichtliche Dasein für sein eröffnendes Entwerfen schon geworfen ist, nennt Heidegger die Erde. Aber nicht die Erde überhaupt, sondern für jedes geschichtliche Volk „seine Erde". Die Erde eines geschichtlichen Volkes, des volkhaften Daseins, wird erläutert als „der sich verschließende Grund, dem es auf-

338

ruht mit all dem, was es, sich selbst noch verborgen, schon ist" (ebd.).

Innerhalb des phänomenalen Sachverhaltes, den Heidegger jetzt als Zusammenhang von Geworfenheit und Geschichtlichkeit auseinanderlegt, erhält der Begriff der Erde eine erweiterte Bedeutung. Erde meint jetzt den sich verschließenden Grund, in dem das volkhafte Dasein gründet. Dieser Grund birgt als der sich verschließende die Möglichkeit, in die das volkhafte Dasein geworfen ist. Das volkhafte Dasein *ist schon* diese Möglichkeiten, weil sie seinen sich verschließenden Grund bilden. Aber es ist sich selbst hinsichtlich dessen, daß es diese Möglichkeiten schon ist, daß diese Möglichkeiten seinen geworfenen Grund bilden, noch verborgen. Was wir hier die Möglichkeiten des geschichtlich-volkhaften Daseins nennen, bezeichnet Heidegger als das „dem Menschen Mitgegebene" (S. 62/63). Jetzt wird deutlich, um welchen phänomenalen Sachverhalt es sich hier handelt. Es ist die Weiterentwicklung jenes Gedankens, den Heidegger in „Sein und Zeit" im Zuge der Analytik der Geschichtlichkeit des Daseins unter dem Namen des *geschichtlichen Erbes* herausstellt: „Die Entschlossenheit, in der das Dasein auf sich selbst zurückkommt, erschließt die jeweiligen faktischen Möglichkeiten eigentlichen Existierens *aus dem Erbe,* das sie als geworfene *übernimmt"* (S. u. Z., S. 383). Alles dem Menschen in der Weise des geworfenen Grundes Mitgegebene muß „im Entwurf aus dem verschlossenen Grund heraufgeholt und eigens auf diesen gesetzt werden" (Holzwege, S. 63). Das Entwerfen ist in seinem Eröffnen ein Heraufholen des Zueröffnenden aus dem verschlossenen, das Zueröffnende bergenden Grund. Jetzt wird noch deutlicher, was es heißt, daß der schenkende Entwurf nie ins Leere und Unbestimmte hinein vollzogen werde. Die zu eröffnende Offenheit ist keine leere und unbestimmte, sondern sie ist die Offenheit der dem volkhaften Dasein in seinem Geworfensein mitgegebenen Möglichkeiten seines In-der-Welt-seins. Im Entwerfen öffnet das Dasein die in der Geworfenheit ankommende Offenheit, aber die Offenheit der im geworfenen Grunde verschlossenen Möglichkeiten. Das Sichzuwerfen der Unverborgenheit ist ein Sichzuwerfen der zu eröffnenden Offenheit der aus dem geworfenen Grunde eröffnend heraufzuholenden Möglichkeiten des volkhaften In-der-Welt-seins. Die mitgegebenen Möglichkeiten müssen im eröffnenden Heraufholen eigens auf den Grund gesetzt werden, wodurch der tragende Grund erst *als* solcher „gegründet" wird (S. 63). Der geworfene Grund ist nur insofern der das Dasein tragende Grund, als er im Heraufholen der Möglichkeiten *als* der das Dasein tragende Grund eröffnet wird. Im Heraufholen zeigt sich, daß das eröffnende Entwerfen ein geworfenes ist. Dadurch, daß das schenkende Entwerfen als Eröffnen sich nur vollziehen kann, sofern sich die Unverborgenheit zuwirft als zu eröffnende Offenheit einer im geworfenen Grunde verschlossenen Möglichkeit, kommt mit dem schenkenden Stiften eine zweite Weise des Stiftens ins Spiel: das *gründende Stiften*. Das Gründen des tragenden Grundes gehört nicht mehr zum Eigenen des schenkenden Stiftens, sondern ist der Sinn der zweiten Weise des Stiftens. Das Stiften gründet den Grund, wenn es dem schenkenden Stiften die zu eröffnende Offenheit einer Möglichkeit vorgibt. Es gründet in dieser Vorgabe den Grund, weil nur so das Dasein existierend auf seinen Grund kommt. Nur im Eröffnen der Offenheit einer im Grunde verschlossenen Möglichkeit kommt der Grund zum Tragen.

Dadurch, daß das schenkende Entwerfen ein Heraufholen ist, ist es in den geworfenen Grund zurückgebunden. Das künstlerische Schaffen ist als Einheit von schenkendem Entwerfen und Heraufholen des Zuentwerfenden ein Schöpfen, so wie das Holen von Wasser ein Schöpfen aus der Quelle ist. Das so aus der Geworfenheit in den verschlossenen Grund gedachte Schöpferische des künstlerischen Schaffens ist die schärfste Absage an die subjektivistische Deutung des Schöpferischen als einer „genialen Leistung des selbstherrlichen Subjekts" (ebd.).

Heidegger faßt das bisherige Ergebnis im Aufweis der Weisen des Stiftens zusammen: Stiftung von Unverborgenheit des Seienden im Kunstwerk als das Wesen der Kunst ist ein freies Schenken und ein grund-legendes Gründen in einem zumal. Unterschied und Zusammengehörigkeit beider Weisen des Stiftens werden noch einmal verdeutlicht. In einer Hinsicht kommt der Entwurf aus dem Nichts. Denn das in ihm geschehende Sich-öffnen der Offenheit läßt sich nicht herleiten aus der bisherigen und geläufigen Offenbarkeit des Seienden. Dieses Stiften ist ein freies Schenken, das frei ist von dem, was schon offenbar ist. Die im Schenken sich öffnende Offenheit kommt aus dem Nichtseienden.

In anderer Hinsicht kommt der Entwurf nie aus dem Nichts. Es ist die Hinsicht, nach der der Entwurf, obwohl ein freier, nicht freischwebend, sondern an die Geworfenheit in den das Mitgegebene verschließenden Grund gebunden ist. Was er im Eröffnen des in der Geworfenheit Sichzuwerfenden eröffnet, ist als die Offenheit einer im verschlossenen Grund mitgegebenen Möglichkeit „die vorenthaltene Bestimmung des geschichtlichen Daseins" (ebd.). Die vorenthaltene Bestimmung ist die im Grunde verschlossene, dem Dasein mitgegebene Möglichkeit seines In-der-Welt-seins. Die Bestimmung ist ihm solange vorenthalten, wie sie noch zum verschlossenen Daseinsgrund gehört. Der schenkende Entwurf wird nie in das Unbestimmte hinein vollzogen (S. 62), sondern im Rückgang auf die bislang noch vorenthaltene Bestimmung im verschlossenen Daseinsgrund. Der Entwurf kommt aus dem Nichts, sofern die eröffnete Offenheit einer Möglichkeit kein Seiendes ist und nicht aus dem Seienden abgeleitet werden kann. Derselbe Entwurf kommt aber nie aus dem Nichts, weil das Zuentwerfende nicht aus dem Leeren, sondern aus dem verschlossenen Grunde des Daseins kommt. Was der verschlossene Daseinsgrund birgt, ist nichts Seiendes, aber als solches die Möglichkeiten sich öffnender Offenheit für das Offenbarwerden von Seiendem.

c) Stiften als Anfangen

Nachdem sich die erste Weise des Stiftens als ein Entwerfen und die zweite als ein Geworfensein erwiesen hat, steht zu erwarten, daß die dritte Weise des Stiftens in einer Wesensnähe zu jenem dritten Existenzial steht, das in die Einheit der Sorge ge-

341

hört. Das schenkende und das gründende Stiften „haben in sich das Unvermittelte dessen, was wir einen Anfang nennen" (S. 63). Das Schenken für sich läßt die Unverborgenheit im Kunstwerk noch nicht geschehen. Auch das Gründen in seinem strukturalen Bezug zum Schenken bildet noch nicht das Geschehen der Unverborgenheit als Entbergung des Seienden. Hierzu bedarf es noch einer dritten Weise des Stiftens, des Anfangens. Anfangen heißt hier: Anfangen des Geschehens der Unverborgenheit. Das Geschehen kann als die Entbergung des Seienden im Ganzen nur anfangen, sofern das Schenken die Unverborgenheit eröffnet und das Gründen die zu eröffnende Offenheit einer vorenthaltenen Bestimmung (Möglichkeit) vorgibt. Das Anfangen hat für die „Anstiftung des Streites der Wahrheit" (ebd.) das, was im Schenken und Gründen geschieht, übernommen. In dieser Übernahme geschieht die Unverborgenheit aus den drei Weisen des Stiftens, die in ihrem Zusammenspiel den *strukturalen Bau des Wesens der Kunst* bilden. In dem anfangenden Stiften müssen wir jenes dritte Existenzial aus der Sorge wiedererkennen, das wir des öfteren unter dem Namen des ekstatischen Sein-bei bedacht haben. Wohl führt Heidegger in „Sein und Zeit" das ‚Sein bei den innerweltlichen Dingen' zuerst als drittes Strukturmoment der Sorge im Grundmodus des Verfallens ein. Das heißt aber nicht, daß das ekstatische Aufgeschlossenhalten der Erschlossenheit von Welt für das innerweltliche Begegnen von Seiendem nur eine Struktur des verfallenden Daseins ist, wie in der einschlägigen Heidegger-Literatur seit langem und immer wieder behauptet wird. Diese Behauptung verrät, daß man in der Auslegung von „Sein und Zeit" einem fundamentalen Mißverständnis zum Opfer gefallen ist. Hier sei eine Textstelle zitiert, die unsere Kritik an jenen falschen Deutungen belegen soll: „In sein ‚Da' geworfen, ist das Dasein faktisch je auf eine bestimmte – seine – ‚Welt' angewiesen. In eins damit sind die nächsten faktischen Entwürfe von der besorgenden *Verlorenheit* in das Man geführt. Diese kann vom je eigenen Dasein angerufen, der Anruf kann verstanden werden in der Weise der Entschlossenheit. Diese *eigentliche* Erschlossenheit modifiziert aber dann gleichursprünglich

die in ihr fundierte Entdecktheit der ‚Welt' und die Erschlossenheit des Mitdaseins der Anderen. Die zuhandene ‚Welt' wird
nicht ‚inhaltlich' eine andere, der Kreis der Anderen wird nicht
ausgewechselt, und doch ist das verstehende besorgende Sein zum
Zuhandenen und das fürsorgende Mitsein mit den Anderen jetzt
aus deren eigenstem Selbstseinkönnen heraus bestimmt" (S. u. Z.,
S. 297/298).

Der Anfang als das Anfangen des Geschehens der Unverborgenheit und Entbergung des Seienden ist das Unvermittelte, weil
nicht durch ein Anderes, nicht durch Seiendes vermittelt und
vermittelbar. Das Geschehen der Unverborgenheit fängt an als
Sprung aus dem Unvermittelbaren. Dennoch fängt dieses Geschehen nicht plötzlich und unvorbereitet an. Das Anfangen des
Geschehens bereitet sich „am längsten und ganz unauffällig"
(Holzwege, S. 63) vor. „Der echte Anfang ist als Sprung immer
ein Vorsprung, in dem alles Kommende schon übersprungen ist,
wenngleich als ein Verhülltes" (ebd.). Der Anfang ist im Zusammenspiel mit dem Schenken und dem Gründen ein Vorsprung in
bezug auf alles, was sich im Geschehen der Unverborgenheit entbergen wird. In der Bildung der Unverborgenheit im Zusammenspiel der drei Weisen des Stiftens ist eine Entscheidung gefallen, wie fortan Unverborgenheit geschieht. Der Anfang hat
als Vorsprung schon alles Kommende, d. h. alle künftige Entbergung übersprungen. Denn in ihm ist die Weise, wie künftig
das Seiende entborgen wird, vorweggenommen. Dennoch bleibt
der Anfang als der alle kommende Entbergung schon übersprin-
gende Vorsprung dem Dasein in seinem Aufenthalt inmitten des
entborgenen Seienden verhüllt. Diese Verhülltheit gehört in die
Verbergung, in der die nichtseiende geschehende Unverborgenheit für den Aufenthalt im Seienden verborgen ist. Wenn der
Anfang im Geschehen der Unverborgenheit alles Kommende
schon übersprungen hat, „enthält [er] schon verborgen das Ende"
(ebd.).

Von dieser Bedeutung des Anfanges ist die andere Bedeutung
des Anfängerhaften als des Primitiven, dem seine Entfaltung noch
bevorsteht, streng zu unterscheiden. Der anfängerhafte Anfang

steht außerhalb eines schenkenden, gründenden Anfangens im Sinne eines in die Zukunft vorspringenden Anfangens. Er ist deshalb zukunftslos. Anders der echte Anfang, der zukunftsreich ist, weil er alles Kommende, alle kommende Entbergung, aus sich entläßt.

Der echte Anfang „enthält immer die unerschlossene Fülle des Ungeheuren und d. h. des Streites mit dem Geheuren" (ebd.). Das ist die Fülle, die in der entschiedenen Weise der Unverborgenheit liegt. Diese schließt in sich eine Fülle ein, weil sie alle kommende Entbergung einschließt. Die dritte Weise des Stiftens, die nur waltet im Zusammenspiel mit den beiden anderen, das Anfangen als das Anstiften und Entfachen des Streit-Geschehens der Unverborgenheit, schließt in sich die geschichtliche Entscheidung, wie die Unverborgenheit epochal geschieht. Deshalb nennt Heidegger drei Epochen des Abendlandes, die sich voneinander unterscheiden durch drei unterschiedliche Entscheidungen im Geschehen der Unverborgenheit.

Heidegger sagt: „Immer wenn das Seiende im Ganzen als das Seiende selbst die Gründung in die Offenheit verlangt" (ebd.), d. h. wenn das Seiende im Ganzen in unberechenbarer und unableitbarer Weise in einer epochalen Weise offenbar werden soll, gelangt die Kunst als eine ausgezeichnete Weise, wie Unverborgenheit geschieht, „in ihr geschichtliches Wesen als die Stiftung" (ebd.). Das Wesen der Kunst, das dreifache Stiften, ist geschichtlich, sofern sie, wenn sie als Ursprung geschieht, sich immer schon entschieden hat, wie sie geschieht. Diese Entscheidung bildet die Einheit einer Epoche. Im Abendland geschah die Kunst zum ersten Mal im Griechentum. Sie geschah so, d. h. sie waltete als Wesensherkunft des Kunstwerkes, des Künstlers und der Bewahrenden dergestalt, daß sie maßgebend ins Werk setzte, was Sein des Seienden in der griechischen Epoche heißt. In der Weise, wie in den griechischen Kunstwerken die Entbergung des Seienden geschah, entschied sich, was Sein des Seienden für den Menschen dieser Epoche hieß. Das Seiende wurde als das Anwesende in seinem Anwesen erfahren. Der Epoche des Mittelalters liegt eine gewandelte Entscheidung im Geschehen der Unverborgenheit zugrunde. In der Weise, wie in den mittelalterlichen Kunstwerken das Seiende entborgen wurde, entschied sich, was Sein des Seienden für den Menschen des Mittelalters hieß: das von Gott Geschaffensein des Seienden. Die beginnende Neuzeit unterscheidet sich von der Epoche des Mittelalters durch eine erneute Wandlung im Geschehen der Unverborgenheit. Jetzt heißt Sein Gegenständlichkeit des rechnerisch beherrschbaren und durchschaubaren Gegenstandes. Jede dieser drei Epochen wurde dadurch begründet, daß jedesmal eine „neue und wesentliche Welt" (S. 64) aufbrach. Die jedesmal neu eröffnete Offenheit – neu durch einen Wandel im Geschehnis der Unverborgenheit – durch das Zusammenspiel der drei Weisen des Stiftens wird in das Erdhafte der Kunstwerke festgestellt.

Heidegger beschließt seine Besinnung über das *geschichtlich-epochale Wesen der Kunst* mit dem Hinweis darauf, daß immer dann, wenn Kunst als das Ins-Werk-Setzen der Unverborgenheit des Seienden geschieht, ein Anfang ist im Zusammenspiel mit der Schenkung und der Gründung. Geschieht ein solches Anfangen, dann komme in die Geschichte ein Stoß, fange Geschichte erst und wieder an. ‚Geschichte' erläutert er als „die Entrückung eines Volkes in sein Aufgegebenes als Einrückung in sein Mitgegebenes" (ebd.). Wenn der Anfang im Zusammenspiel mit dem Schenken und dem Gründen geschieht als das Geschehen der Entbergung des Seienden, dann wird das volkhafte Dasein in dieses Geschehen entrückt, d. h. dann existiert es ekstatisch aus dem Geschehen der Unverborgenheit. Weil die so geschehende Unverborgenheit die aus dem geworfenen Grund eröffnete Möglichkeit des volkhaften In-der-Welt-seins ist, wird das volkhafte Dasein in sein Mitgegebenes eingerückt.

§ 44. Die wesenhafte Zweideutigkeit in der Wesensbestimmung der Kunst als dem Ins-Werk-Setzen der Wahrheit

Wenn nunmehr das *Wesen der Kunst als Dichtung im weiten Sinne* und das Wesen dieser Dichtung als *das Stiften im dreifachen Sinne* bestimmt wurde, dann ist damit die erste und leitende Wesensbestimmung der Kunst, das Ins-Werk-Setzen der Wahrheit des Seienden, zu einer vertieften Auslegung gelangt. In bezug auf diese Leitbestimmung macht Heidegger auf eine „wesenhafte Zweideutigkeit" aufmerksam, die sich in ihr verberge (S. 64). Ihr gemäß sei die Wahrheit „zugleich das Subjekt und das Objekt des Setzens" (ebd.). Einer der „Zusätze" von 1956 bezieht sich auf diese Textstelle. Während Heidegger in der Kunstwerk-Abhandlung sagt, das Bedenken dieser wesenhaften Zweideutigkeit sei „eine Aufgabe, die nicht mehr in diese Betrachtung" gehöre (ebd.), gibt der Zusatz einen knappen Hinweis in die Richtung, in die eine Erörterung des zweideutigen Wesens hinsichtlich der Bestimmung der Kunst sich begeben muß (Reclam-Ausgabe, S. 99 f.; Gesamtausgabe Bd. 5, S. 73 f.). In der Kunstwerk-Abhandlung wurde der Zweideutigkeit stillschweigend auch dadurch Ausdruck verliehen, daß außer vom ‚Ins-Werk-Setzen' (S. 45, 59, 62, 64) auch vom ‚Sich-ins-Werk-Setzen' der Wahrheit des Seienden (S. 25, 28, 50, 59) gesprochen wurde. Der Zusatz lautet: „Ist die Wahrheit das ‚Subjekt', dann sagt die Bestimmung ‚Ins-Werk-Setzen der Wahrheit': *Sich*-ins-Werk-Setzen der Wahrheit' (...). Kunst ist so aus dem Ereignis gedacht. Sein aber ist Zuspruch an den Menschen und nicht ohne diesen. Demnach ist die Kunst zugleich bestimmt als Ins-Werk-Setzen der Wahrheit, wobei *jetzt* Wahrheit ‚Objekt' und die Kunst das menschliche Schaffen und Bewahren ist." Die Auslegung dieses Zusatzes ist zugleich die Interpretation der fraglichen Textstelle aus der Kunstwerk-Abhandlung, auf die sich der Zusatz bezieht.

Sowohl in der Kunstwerk-Abhandlung als im Zusatz betont Heidegger, daß ‚Subjekt' und ‚Objekt' hier ungemäße Namen und ungemäße Kennzeichnungen seien, weil sie „verhindern gerade dieses zweideutige Wesen zu denken" (Holzwege, S. 64). Allenfalls können sie für den Ausgang einer Erörterung der Zweideutigkeit als ein Hilfsmittel dienen, das wir nach den ersten Schritten der Erörterung wieder verwerfen müssen. Nicht von ungefähr greift Heidegger dort, wo er das erste Mal die leitende Wesensbestimmung der Kunst nennt, zur Wortfügung des Sich-ins-Werk-Setzens der Wahrheit des Seienden (S. 25). Die Kennzeichnung der Wahrheit einmal als Subjekt und zum anderen als Objekt des Setzens entstammt der Grammatik. In dem Satz: Die Wahrheit setzt sich ins Kunstwerk, ist ‚Wahrheit' das Satz-Subjekt. Aber sie ist nicht nur Subjekt, sondern in einem zumal auch Satz-Objekt. Denn von der Wahrheit wird gesagt, daß sie sich ins Kunstwerk setzt. Die Unverborgenheit setzt sich selbst ins Kunstwerk. In jedem fertig dastehenden Kunstwerk „hat sich die Wahrheit des Seienden ins Werk gesetzt" (ebd.). Das aber heißt: Im Kunstwerk hat sich die Unverborgenheit zum Stehen gebracht (ebd.). Im ersten Abschnitt der Kunstwerk-Abhandlung wurde das Geschehen der Wahrheit im Kunstwerk als Geschehen der Eröffnung des Seienden in seinem Sein, im zweiten Abschnitt als Streit-Geschehen von Welt und Erde und Urstreit-Geschehen von Lichtung und zwiefacher Verbergung zum Aufweis gebracht, und zwar noch unter Absehung des kunstschaffenden und kunst-bewahrenden Bezuges zum Geschehen der Wahrheit im Kunstwerk. Damit wurde der grundlegenden Einsicht Rechnung getragen, daß der vielfältige Geschehens-Charakter das Wesen der Wahrheit als Unverborgenheit ist, in die wie alle Verhaltungen des Menschen so auch das Schaffen und Bewahren von Kunstwerken versetzt sind. Deshalb wurden im dritten Abschnitt, der das Schaffen und Bewahren thematisiert, jene Wesenscharaktere der Unverborgenheit herausgestellt, die in spezifischer Weise das schaffende Hervorbringen und das Bewahren von Kunstwerken ermöglichen.

Die Wahrheit als ‚Subjekt' des Ins-Werk-Setzens ist das ‚Subjekt' des Geschehens, als welches die Unverborgenheit ist. Unverborgenheit geschieht als Urstreit von Lichtung und zwiefacher

Verbergung. Lichtung und Verbergung aber geschehen von ihnen selbst her als das Sichlichten und als das Sichverbergen. Das ‚Sich‘ macht deutlich, daß das ‚Subjekt‘ des Lichtens und des Verbergens die Unverborgenheit selbst ist. Im Sichlichten und zwiefachen Sichverbergen geschieht das *Sich*öffnen einer Welt und das *Sich*zurückstellen der sichöffnenden Welt auf die in die Offenheit hervorkommende Erde. Im Kunstwerk geschieht der Streit zwischen dem Sichöffnen der Welt und dem Hervorkommen der sichverschließenden Erde als der Streit zwischen dem *Sich*aufstellen einer Welt und dem *Sich*herstellen der Erde. Zum Wesen der Unverborgenheit gehört das *Sich*zurückstellen der Offenheit auf die *sich*verschließende Erde, das Bergen als das *Sich*bergen in der Offenbarkeit des zur Erde gehörenden Seienden. Das Bergen als das Sichbergen erkannten wir als den allgemeinen Grundzug im Wesen der Unverborgenheit, der zur gewöhnlichen Weise des Wahrheitsgeschehens gehört und als solcher der Grund dafür ist, daß sich die Wahrheit in den ausgezeichneten Weisen ihres Geschehens in ein ausgezeichnetes Seiendes, wie es das Kunstwerk ist, einzurichten vermag. Im Sicheinrichten bringt sich die Unverborgenheit dergestalt in das offenbarwerdende Kunstwerk, daß sie aus diesem seienden Stand heraus in werkgemäßer, ausgezeichneter, ursprünglicher Weise geschieht. Im Sicheinrichten als dem Sichrichten der Unverborgenheit in das Kunstwerk setzt *sich* die Wahrheit des Seienden ins Werk.

Das ‚Sich‘ in den aufgezählten Geschehnisweisen, die insgesamt das Geschehen der Unverborgenheit ausmachen, besagt, daß es die Wahrheit als Unverborgenheit selbst und nicht ein Anderes ist, die lichtet, zwiefach verbirgt, Welt öffnet, die sich öffnende Welt auf die sichverschließende Erde zurückstellt, die Erde als sichverschließende hervorkommen läßt, sich in das offenbarwerdende Seiende birgt, sich einrichtet und sich richtet. Alle diese Weisen des Geschehens gehören in das Sich-ins-Werk-Setzen der Unverborgenheit des Seienden. Das ‚Sich‘ besagt jedoch nicht, daß die in diesen Weisen geschehende Unverborgenheit an ihr selbst selbsthaft bestimmt ist. Die Selbstheit in der Weise der

348

selbsthaften Erschlossenheit und selbsthaften Gelichtetheit ist die spezifische und ausgezeichnete Seinsweise des Menschen.

Wenn man, wie wir es getan haben, im Sich-ins-Werk-Setzen der Unverborgenheit diese als das Satz-Subjekt und das Satz-Objekt kennzeichnet, dann muß man sagen: Subjekt und Objekt fallen hier unterschiedslos zusammen. Das Sich-ins-Werk-Setzende und das Ins-Werk-Gesetzte ist die Unverborgenheit selbst in ihrem Geschehenscharakter.

Wenn das Ins-Werk-Setzen der Wahrheit des Seienden gemeint ist als das Geschehen des *Schaffens* und *Bewahrens* des Kunstwerkes, dann ist die Wahrheit das Satz-Objekt, während das Satz-Subjekt der Mensch als Kunst-Schaffender und Kunst-Bewahrender ist. Im Zusatz sagt Heidegger: „Sein aber ist Zuspruch an den Menschen und nicht ohne diesen." ‚Sein' bedeutet hier: das Sein als Sein in seinem Wesen. Das Wesen des Seins aber ist die Unverborgenheit. Diese ist in ihrem ganzheitlichen Geschehen Zuspruch an den Menschen in seinem ekstatisch-seinsverstehenden Wesen. Die Unverborgenheit des Seins geschieht in all ihren Geschehnisweisen für den Menschen, der in seinem ekstatischen Sein versetzt ist in die geschehende Unverborgenheit. Das Versetztsein können wir in einem engeren und in einem weiteren Sinne nehmen. Der Mensch ist in seiner Existenz in die geschehende Unverborgenheit im engeren Sinne versetzt, sofern er in sie geworfen ist. Sein Geworfensein in die geschehende Unverborgenheit ist *eine* fundamentale Weise, wie er ekstatisch existiert aus der geschehenden Unverborgenheit. Geworfensein heißt: ekstatisch existieren aus der im Geworfensein sichlichtend-verbergenden Offenheit. In einem weiteren Sinne ist der Mensch in seiner Existenz auch insofern in die Unverborgenheit versetzt, als er sich zu der in seinem Geworfensein ankommenden Offenheit entwerfend-eröffnend verhält und die so eröffnete Offenheit offenhält für das Offenbarwerden des Seienden, in diesem Offenhalten das Seiende offenbarwerden läßt und im Offenbarwerdenlassen die Offenheit in die Offenbarkeit birgt. Die *Einheit* von *Geworfensein* in die geschehend-ankommende Unverborgenheit, von *Entwerfen* der so ankommenden Unverborgenheit und von *offenhaltendem-bergendem Offenbarwerdenlassen* des Seienden bildet die Ganzheit der ekstatischen Existenz, die Ganzheit des ekstatischen Bezugs des existierenden Menschen zur Unverborgenheit.

Handelt es sich um das menschliche Kunst-Schaffen, dann *modifizieren sich* alle drei fundamentalen Weisen der ekstatischen Existenz. Der Kunst-Schaffende existiert aus dem Geworfensein in die geschehende Unverborgenheit dergestalt, daß die Offenheit ankommt als solche, die ins Kunstwerk *gerichtet* sein will. Insofern ist auch das schaffende Entwerfen nicht nur ein empfangendes, das die sich zuwerfende Offenheit öffnet für das Offenbarwerdenlassen des Seienden, sondern ein empfangend-entwerfendes *Bringen.* Und auch das ekstatische Offenbarwerdenlassen als dritte fundamentale Seinsweise der schaffenden Existenz ist bestimmt durch das Bringen als den Grundcharakter des schaffenden Her-vor-bringens. Als ekstatisches Offenhalten der in der Geworfenheit sich zuwerfenden, im empfangenden Entwerfen eröffneten Offenheit läßt es, indem es die erstrittene Unverborgenheit in der Erde des Kunstwerkes feststellt, das Kunstwerk als das ausgezeichnete Seiende offenbarwerden.

Heißt es, daß Sein nicht ohne den Menschen sei, dann besagt das: Sein läßt „aus seinem Wesen her den Spielraum der Offenheit (die Lichtung des Da) geschehen" (Holzwege, S. 49), und zwar so, daß diese sich in der Geworfenheit des ekstatisch existierenden Menschen zuwirft, damit sie entwerfend eröffnet und offengehalten werde für das Offenbarwerden des Seienden. Das Sein läßt von ihm selbst her aus seinem unverfügbaren Wesen den Urstreit von Entbergung und Verbergung und, darin gründend, den Streit von Welt und Erde geschehen, aber *nicht ohne* das dreigliedrige Gefüge der ekstatischen Existenz des Menschen. Das Ankommen der Offenheit in der Geworfenheit (S. 59), das Sichzuwerfen der Unverborgenheit (S. 59), der sich in das Seiende als solches schickende Wurf der Unverborgenheit (S. 61) sagen in der Sache dasselbe, was Heidegger im Zusatz den ‚Zuspruch des Seins an den Menschen' nennt. Wohl läßt das Sein von ihm selbst her aus seinem Wesen den Streit von Entbergung-

Verbergung geschehen, aber in der Weise des sich zusprechenden Bezuges der Unverborgenheit zum Menschen. Dieser zum Wesen des Seins gehörende Bezug fordert aus ihm selbst den ekstatischen Bezug des Menschen zur Unverborgenheit, worin der Mensch dem Zuspruch des Seins entspricht. Das Entsprechen bestimmt sich aus dem ekstatischen Wesen der Existenz und ist wie dieses ein dreigliedrig-einiges. Der Mensch entspricht dem Zuspruch in seinem Geworfensein, Entwerfen und Offenbarwerdenlassen.

Das ekstatische Entsprechen ist, wenn sich die Unverborgenheit in der wesentlichen Weise der Kunst zuspricht, ein anderes als dann, wenn sich die Unverborgenheit in der gewöhnlichen Weise zuwirft. Unverborgenheit spricht sich als Kunst zu, wenn sie in das Kunstwerk gerichtet werden will. Als solche wird sie im Geworfensein empfangen, als solche wird sie im Entwerfen eröffnet, als solche wird sie in das hervorzubringende Kunstwerk so gebracht, daß sie aus der Offenbarkeit des Kunstwerkes, in der sie selbst seiend geworden ist, ursprünglich geschehen kann.

Aus dem schaffenden Bezug zur Unverborgenheit gesehen ist diese ‚Objekt' für das Schaffen als ‚Subjekt'. In dem Satz: Kunst ist das schaffende Ins-Werk-Setzen der Wahrheit, fallen nicht wie in dem Satz: Kunst ist das Sich-ins-Werk-Setzen der Wahrheit, das Subjekt des Setzens und das gesetzte Objekt zusammen. In dem Satz: Das Schaffen setzt die Wahrheit ins Werk, ist ‚Wahrheit' nur insofern ‚Objekt' des schaffenden Ins-Werk-Setzens, als sie zugleich ‚Subjekt' und ‚Objekt' des Sich-ins-Werk-Setzens ist. Und auch das schaffende Ins-Werk-Setzen kann nur ‚Subjekt' sein, sofern es versetzt ist in den sichzuwerfenden Bezug der Unverborgenheit zum ekstatischen Menschenwesen. So ungemäß die Namen ‚Subjekt' und ‚Objekt' für die phänomenologische Auslegung des Geschehens der Unverborgenheit auch sind, so läßt sich mit ihnen, behutsam angewendet, die Einheit des Sich-ins-Werk-Setzens und des schaffenden Ins-Werk-Setzens der Unverborgenheit rein formal kennzeichnen. Weil das schaffende Ins-Werk-Setzen der Unverborgenheit getragen und zu ihm selbst ermöglicht wird durch das Sich-ins-Werk-Setzen der Unverborgenheit, ist für den Aufweis und die Auslegung vom letzteren auszugehen. Die Unverborgenheit setzt sich von ihr selbst her ins Werk, so daß sie ‚Subjekt' und ‚Objekt' in einem zumal ist, aber ‚Objekt' ihrer selbst als ‚Subjekt'. Nur sofern sie von ihr selbst her geschieht als solche, die ins Kunstwerk gerichtet werden will, kann sie von der schaffenden Existenz als geworfener empfangen, als entwerfender eröffnet und als offenbarwerdenlassender in das offenbarwerdende Kunstwerk gebracht werden. Die Unverborgenheit kann nur ‚Objekt' eines schaffenden ‚Subjekts' werden, weil sie als Subjekt-Objekt des Sich-ins-Werk-Setzens den schaffenden Bezug zu ihr selbst als ‚Objekt' des schaffenden Bezuges trägt. Im Sich-ins-Werk-Setzen setzt sich die Unverborgenheit *als Kunst* ins Kunstwerk. Im Ins-Werk-Setzen setzt das menschliche Schaffen *als Kunst* die Unverborgenheit ins Werk. Kunst ist sowohl das Sich-ins-Werk-Setzen als auch das schaffende Ins-Werk-Setzen der Unverborgenheit. Das Wesen der Kunst beruht in der Einheit des Sich-ins-Werk-Setzens und des schaffenden (bewahrenden) Ins-Werk-Setzens der Wahrheit. Die Zweideutigkeit, die in dem Satz: Die Kunst ist das Ins-Werk-Setzen der Wahrheit, liegt (wobei hier das Ins-Werk-Setzen im weiten Sinne genommen ist als Einheit des Sich-ins-Werk-Setzens und des schaffenden Ins-Werk-Setzens), ist eine wesenhafte, weil beide Deutungen im Wesen der Kunst gegründet sind und eine unzerreißbare Einheit bilden.

§ 45. Kunst als Ur-sprung des Kunstwerkes: das Erspringen der Unverborgenheit des Seienden im Kunstwerk

Nachdem die Kunstwerk-Abhandlung die Frage nach dem Wesen der Kunst als Frage nach der Einheit des Sich-ins-Werk-Setzens und des schaffend-bewahrenden Ins-Werk-Setzens der Unverborgenheit gestreift hat, wendet sie sich erneut der *Geschichtlichkeit der Kunst* zu. Die wiederholte Zuwendung dient der Vorbereitung der Frage, mit der die Abhandlung schließt, ob die Kunst auch in unserem gegenwärtigen Zeitalter in ihr geschichtliches Wesen gelangt, und d. h., ob sie als Einheit des

Sich-ins-Werk-Setzens und des schaffend-bewahrenden Ins-Werk-Setzens der Unverborgenheit des Seienden geschieht. Das geschichtliche Wesen der Kunst wurde von Heidegger als das Zusammenspiel der drei Weisen des Stiftens der Unverborgenheit freigelegt. Kunst geschieht im schenkenden Stiften und d. h. im eröffnenden Entwerfen der Unverborgenheit. Die Kunst als schenkendes Stiften geschieht in Einheit mit dem gründenden Stiften, d. h. mit dem Heraufholen der mitgegebenen Möglichkeiten des volkhaften Daseins aus dem geworfenen Daseins-Grund. Die Kunst als Einheit des schenkenden und des gründenden Stiftens geschieht schließlich in Einheit mit dem anfangenden Stiften. Es ist jene dritte Weise des Stiftens der Unverborgenheit, in der die im Schenken und Gründen gestiftete Unverborgenheit übernommen und offengehalten wird für das Entbergen des Seienden. Die drei unterschiedlichen Weisen des Stiftens bilden in ihrem Zusammenspiel das geschichtliche Wesen der Kunst. Die Kunst ist geschichtlich, weil die Unverborgenheit, die sich ins Kunstwerk setzt und schaffend-bewahrend ins Kunstwerk gesetzt wird, aufgestoßen wird, weil die aufzustoßende Unverborgenheit der Möglichkeiten des volkhaften In-der-Welt-seins aus dem geworfenen Grund heraufgeholt wird, weil die heraufgeholt-eröffnete Unverborgenheit der Möglichkeiten offengehalten wird, so daß erst im Offenhalten die Unverborgenheit als Entbergung des Seienden im Ganzen geschieht. Wenn die Kunst „als geschichtliche die schaffende Bewahrung der Wahrheit im Werk" ist (S. 64), dann heißt das: Ihr geschichtliches Wesen entfaltet sich in der Einheit des Sich-ins-Werk-Setzens und des schaffend-bewahrenden Ins-Werk-Setzens der Unverborgenheit des Seienden.

Weil in der Kunstwerk-Abhandlung ‚Kunst' nicht als Oberbegriff für Kunstwerke und Künstler, nicht als Sammelname für den ästhetischen Bereich von Seiendem verwendet wird, sondern als ein ontologischer Terminus für eine ausgezeichnete Geschehnisweise der Unverborgenheit, so liegt auf der Hand, daß die Geschichtlichkeit der Kunst nicht die innerzeitliche Geschichte der Kunst meint. Wenn wir sonst von der Geschichte der Kunst sprechen, verstehen wir darunter den innerzeitlichen Wandel der Kunstwerke, des Schaffens von Kunstwerken und der Auffassung von der Kunst. Es ist Aufgabe der Kunsthistorie, den innerzeitlichen Geschichtsgang der Kunst zu erforschen. Dennoch ist die innerzeitliche Geschichte der Kunst nicht beziehungslos zur Geschichtlichkeit der Kunst. Was die Kunstgeschichte als Geschichte der mittelalterlichen Kunst untersucht, hat seinen Wesensgrund in der geschichtlich-epochalen Weise, in der das dreifach-einige Stiften in der Einheit des Sich-ins-Werk-Setzens und des schaffend-bewahrenden Ins-Werk-Setzens der Unverborgenheit die Epoche des Mittelalters bildet. Die Kunst ist geschichtlich nicht im Sinne der innerzeitlich ablaufenden Geschichte, sondern „in dem wesentlichen Sinne, daß sie Geschichte ... gründet" (ebd.). Sie gründet Geschichte, indem sie in den dreifach-einigen Geschehensweisen des Stiftens entscheidet, wie die Unverborgenheit als Entbergung des Seienden im Ganzen geschieht.

Zuerst hatte die Kunstwerk-Abhandlung *die* wesenhafte Zweideutigkeit berührt, die in der Wesensbestimmung der Kunst als der Einheit des Sich-ins-Werk-Setzens und des schaffend-bewahrenden Ins-Werk-Setzens der Unverborgenheit des Seienden liegt. Sodann wies sie darauf hin, daß die Kunst in ihrem zweideutigen Wesen geschichtlich ist. Denn das Ins-Werk-Setzen wurde vorher schon als dreifach-einiges Stiften und dieses als der Geschehnischarakter ihrer Geschichtlichkeit erkannt. Die Kunst ist aber als Einheit des Sich-ins-Werk-Setzens und des schaffend-bewahrenden Ins-Werk-Setzens der Unverborgenheit der *Ursprung*, d. h. die Wesensherkunft des Kunstwerkes und des Künstlers. Daher bedenkt jetzt die Kunstwerk-Abhandlung noch einmal den *Ursprungscharakter der Kunst*. Sie versucht, mit Hilfe der Wortbedeutung das, was bisher als Ursprungsein der Kunst erkannt wurde, weiter zu verdeutlichen. Der Satz „Die Kunst läßt die Wahrheit entspringen" (ebd.), scheint eine Schwierigkeit in sich zu bergen. Die Kunst läßt doch als Wesensherkunft das Kunstwerk in seinem Wesen entspringen. Wie kann sie dann die Wahrheit, also die Unverborgenheit des Seienden, entspringen lassen? Die Schwierigkeit löst sich auf, wenn wir beachten, daß das Kunstwerk die in das Werk gesetzte Unverborgenheit des Seienden ist. Die Kunst als Wesensherkunft des Kunstwerkes läßt als das einige Ganze des Sich-ins-Werk-Setzens und des schaffend-bewahrenden Ins-Werk-Setzens der Unverborgenheit des Seienden die Wahrheit entspringen. Ihr Entspringenlassen ist das Ins-Werk-Setzen der Wahrheit des Seienden. Das Entspringenlassen geschieht als das *Erspringen*. Deshalb kann Heidegger auch sagen: „Die Kunst erspringt als stiftende Bewahrung die Wahrheit des Seienden im Werk" (ebd.). Die Kunst „als stiftende Bewahrung" ist zu lesen als: schaffende Bewahrung. Jetzt ist aber nicht etwa nur das schaffende und bewahrende Ins-Werk-Setzen im Unterschied zum Sich-ins-Werk-Setzen der Wahrheit gemeint, sondern die Einheit von beidem. Denn das schaffende und bewahrende Ins-Werk-Setzen schließt wesenhaft das Sich-ins-Werk-Setzen der Unverborgenheit ein. Die Kunst „erspringt ... die Wahrheit des Seienden im Werk" heißt: Sie ist in ihrem Wesen das Ins-Werk-Setzen (gedacht als Einheit des Sich-ins-Werk-Setzens und des schaffend-bewahrenden Ins-Werk-Setzens) der Unverborgenheit des Seienden, wobei das Sich-Setzen und Setzen in der Weise des Erspringens geschieht. Der folgende Satz erläutert, wie das Erspringen zu denken ist: „Etwas erspringen, im stiftenden Sprung aus der Wesensherkunft ins Sein bringen, das meint das Wort Ursprung" (ebd.). Vom Sprung war schon die Rede im Zusammenhang der Erläuterung des Anfangs als der dritten Weise des Stiftens. Das Stiften ist in seinen drei zusammengehörigen Weisen das geschichtliche Wesen der Kunst, die als solche der Ursprung des Kunstwerkes ist. Der *Sprung-Charakter* der Kunst als des Ur-Sprungs ist somit aus dem Sprung-Charakter des anfangenden Stiftens zu denken. Der Anfang ist das Anfangen des Geschehens der Unverborgenheit, die Anstiftung des Streit-Geschehens der Un-verborgenheit. Das Geschehen der Unverborgenheit und Entbergung des Seienden im Ganzen kann nur anfangen, sofern das schenkende Stiften die sich öffnende Offenheit eröffnet und das gründende Stiften die zu eröffnende Möglichkeit vorgibt. Das Anfangen des Geschehens der Unverborgenheit, das das Schenken und Gründen einschließt, wurde das Unvermittelte genannt (S. 63), weil es nicht durch Anderes vermittelbar, nicht aus Anderem ableitbar ist. Das Anfangen hat als unvermitteltes den Charakter eines Sprunges. Der stiftende Anfang ist ein Sprung. Von ihm wurde gesagt (ebd.), daß er ein Vorsprung sei, sofern er aller künftigen Entbergung des Seienden vorausspringe. Denn im unvermittelten Anfang liegt die Entscheidung über das Wie der Entbergung des Seienden im Ganzen. Hieran anknüpfend heißt es jetzt, daß die Kunst als Ursprung etwas, die Wahrheit des Seienden im Werk, erspringt, – daß sie im stiftenden Sprung, im Anfangen des Geschehens der Unverborgenheit, etwas, das Kunstwerk, aus der Wesensherkunft ins Sein bringt. Wie aber geht es zu, daß die Kunst, wenn sie die Unverborgenheit des Seienden im Werk erspringt, das Kunstwerk aus seiner Wesensherkunft ins Sein bringt? Ist das, was sie ins Sein bringt, nicht das Seiende im Ganzen, da es doch heißt, sie erspringe die Unverborgenheit des Seienden im Kunstwerk? Wir entkommen dieser Aporie, wenn wir beachten, daß das Ins-Sein-bringen des Kunstwerkes und das Ins-Sein-bringen des Seienden im Kunstwerk dasselbe ist. Im Umkreis der Kunst geht es, wenn von der Unverborgenheit des Seienden im Ganzen die Rede ist, nur um die ausgezeichnete Weise, in der das Seiende im Ganzen im Kunstwerk unverborgen wird. Die Unverborgenheit des Seienden im Kunstwerk ist aber als die ins Werk gesetzte die seiend gewordene Unverborgenheit. Das Kunstwerk als ein ausgezeichnetes Seiendes ist die in die Erde festgestellte, in diesem Feststellen seiend gewordene Unverborgenheit des Seienden im Ganzen. Wenn die Kunst im stiftenden Sprung das Kunstwerk aus seiner Wesensherkunft ins Sein bringt, dann erspringt sie die Unverborgenheit des Seienden in werkgemäßer Weise. Die Wesensherkunft, aus welcher die Kunst das offenbarwerdende Kunstwerk ins Sein bringt, ist nicht etwas neben der Kunst, sondern die Kunst selbst.

Die Kunst ist als Ursprung, als Wesensherkunft, des Kunstwerkes in einem zumal Ursprung der Schaffenden und Bewahrenden, d. h. des schaffenden und des bewahrenden Bezuges zu der ins Kunstwerk gesetzten und in ihm geschehenden Unverborgenheit

356

des Seienden. Wie die Kunst Herkunft für das Wesen des schaffenden und des bewahrenden ekstatischen Bezuges zur Unverborgenheit ist, wurde früher auseinandergelegt. Inwiefern aber kann Heidegger die Schaffenden und Bewahrenden gleichsetzen mit dem geschichtlichen Dasein eines Volkes (S. 65)? Weil, wie es früher (S. 64) hieß, die Kunst als Einheit des Sich-ins-Werk-Setzens und des schaffend-bewahrenden Ins-Werk-Setzens Geschichte gründet, die Geschichte eines volkhaften Daseins, nicht das innerzeitlich ablaufende Geschehen, sondern das aus dem Geschehen der Unverborgenheit her gedachte volkhafte Innestehen in der Unverborgenheit des Seienden im Ganzen. Die Kunst ist in ihrem Wesen nichts anderes als ein Ursprung (S. 65). Zu Beginn der Kunstwerk-Abhandlung wurde die Kunst als Ursprung des Kunstwerkes und der Ursprung als Herkunft des Wesens des Kunstwerkes formal angezeigt. Im Gang der Abhandlung wurde das formal Angezeigte inhaltlich erfüllt. Die Kunst ist als Wesensherkunft des Kunstwerkes das Ins-Werk-Setzen der Unverborgenheit des Seienden, als solches ist sie Dichtung im weiten Sinne und als diese ist sie Stiftung im dreifachen Sinne. Die Wesensbestimmung der Kunst als erspringender Ursprung abschließend heißt es: Die Kunst ist „eine ausgezeichnete Weise wie Wahrheit seiend und d. h. geschichtlich wird" (ebd.). Die Kunst ist eine von mehreren ausgezeichneten Weisen, wie Unverborgenheit ‚seiend' wird, d. h. sich in einem ausgezeichneten Seienden einrichtet. Immer wieder haben wir im Laufe unserer Interpretation darauf hingewiesen, daß die ausgezeichnete, werkgemäße Weise des Geschehens der Unverborgenheit nur dann in ihrem Strukturgehalt erfaßt wird, wenn sie ausdrücklich von der gewöhnlichen Weise des Wahrheitsgeschehens abgehoben wird. In der Kunstwerk-Abhandlung wird nicht nur überhaupt von der Wahrheit als ἀλήθεια, als Unverborgenheit, gehandelt, sondern vorrangig von der Wahrheit, die als Kunst geschieht. *Wahrheit in der Weise der Kunst* kann nur erörtert werden, wenn das formal-allgemeine Wesen der Wahrheit, das sowohl die ausgezeichneten als auch die gewöhnlichen Weisen des Wahrheitsgeschehens bestimmt, in die Erörterung einbezogen wird. Die Interpretation sah sich daher immer wieder vor die Aufgabe gestellt, zwischen dem, was zum Wesen der Wahrheit *überhaupt,* und dem, was zur *ausgezeichneten* Geschehnisweise der *Wahrheit im Sinne der Kunst* gehört, zu unterscheiden. Betont Heidegger in dem „Zusatz" von 1956, daß die Besinnung auf die Kunst „ganz und entschieden nur aus der Frage nach dem Sein bestimmt" sei, dann will er nicht sagen, hier werde keine Philosophie der Kunst entworfen, sondern nur die Frage nach dem Sein gestellt. Das, was abgewehrt wird, ist nicht eine Philosophie der Kunst überhaupt, sondern die Erwartung, in der Abhandlung werde auf den überlieferten philosophisch-ästhetischen Grundlagen nach der Kunst gefragt. Auf diesen Grundlagen stehen auch die Auffassungen von der Kunst als einer Erscheinung des Geistes und als eines Leistungsbezirkes der Kultur. Was Heidegger betonen will, ist: daß die Besinnung auf die Kunst auf einen neuen Grund gebracht wird. Die *neue Grundlegung der Philosophie der Kunst* vollzieht sich „auf dem Weg der Frage nach dem Wesen des Seins" (Zusatz, Gesamtausgabe Bd. 5, S. 73, Reclam-Ausgabe S. 99).

§ 46. *Die Besinnung auf das Wesen der Kunst als vor-läufige Vorbereitung für das Werden der Kunst im gegenwärtigen geschichtlichen Dasein*

Die Kunstwerk-Abhandlung, die die Frage nach dem Wesen der Kunst auf dem Wege der Frage nach dem Ursprung des Kunstwerkes stellt, läuft aus in die Frage, warum sie nach dem Wesen der Kunst frage. Die Antwort auf diese abschließende Frage kann nicht lauten: Wir fragen nach dem Wesen der Kunst, um dieses als Wesensherkunft des Kunstwerkes sowie des schaffenden und bewahrenden Bezuges zum Kunstwerk zu begreifen. Eine Antwort dieser Art konnte auf dem zurückgelegten Weg der einzelnen Frageschritte und gewonnenen Wesensbestimmungen gegeben werden. Die jetzt gestellte Frage, warum nach dem Wesen der Kunst gefragt worden sei, könnte auch so formuliert werden: Warum suchen wir im Fragen nach dem Wesen der

Kunst den Einblick in das Wesen der Kunst als Ursprung des Kunstwerkes, des Kunst-Schaffens und des Kunst-Bewahrens? Hat es mit der Freilegung der Wesensstrukturen der Kunst, des Kunstwerkes, des Kunst-Schaffens und des Kunst-Bewahrens sein Bewenden, oder ist sie die Vorbereitung für ein neues Fragen? In der Tat. Heidegger antwortet auf die von ihm gestellte Warum-Frage: Wir fragen nach dem Wesen der Kunst, wir haben nach ihm gefragt und haben uns eine, wenn auch nicht abschließende Antwort erarbeitet, „um eigentlicher fragen zu können, ob die Kunst in unserem geschichtlichen Dasein ein Ursprung ist oder nicht, ob und unter welchen Bedingungen sie es sein kann und sein muß" (S. 65).

Einige Passagen des „Nachwortes" stehen sachlich in engem Zusammenhang mit dieser gewichtigen Frage und wiederholen diese in leicht abgewandelter Form. Wir stellen den Gedankengang dieser Passagen interpretierend dar und erläutern von ihm her die in der Abhandlung selbst nur ausgesprochene Schlußfrage.

Unser gegenwärtiges Zeitalter, geprägt vom Wesen der Technik, ist für Heidegger eine Zeit, „in der die große Kunst samt ihrem Wesen von dem Menschen gewichen ist" (S. 66). Zur Erläuterung dieses Tatbestandes zitiert er aus Hegels „Vorlesungen über die Ästhetik" jene Sätze, wonach für Hegel in unserer Zeit die Kunst nach der Seite ihrer höchsten Bestimmung ein Vergangenes ist. (In der Holzwege-Ausgabe führt Heidegger den Satz aus der Einleitung an, der von der Kunst als dem für uns Vergangenen spricht; in der Reclam-Ausgabe fügt er noch zwei erläuternde Sätze aus dem Ersten Teil „Die Idee des Kunstschönen oder das Ideal" hinzu.) Die von Heidegger angeführten Sätze Hegels verstehen wir nur aus ihrem Kontext heraus, den wir uns jetzt durch Wiedergabe einiger zentraler Passagen vergegenwärtigen.

Die schöne Kunst löst „ihre *höchste* Aufgabe, wenn sie sich in den gemeinschaftlichen Kreis mit der Religion und Philosophie gestellt hat, und nur eine Art und Weise ist, das *Göttliche*, die tiefsten Interessen des Menschen, die umfassendsten Wahrheiten des Geistes zum Bewußtseyn zu bringen und auszusprechen" (Hegel WW (Glockner) Bd. 12 I, S. 27). „Diese Bestimmung hat die Kunst mit Religion und Philosophie gemein, jedoch in der eigenthümlichen Weise, daß sie auch das Höchste sinnlich darstellt, und damit der Natur und ihrer Art der Erscheinung, den Sinnen und der Empfindung näher bringt" (ebd.). „er [der Geist] erzeugt aus sich selbst die Werke der schönen Kunst als das erste versöhnende Mittelglied zwischen dem bloß Aeußerlichen, Sinnlichen und Vergänglichen und zwischen dem reinen Gedanken, zwischen der Natur und endlichen Wirklichkeit und der unendlichen Freiheit des begreifenden Denkens" (a. a. O. S. 28). „Wenn wir nun aber der Kunst einer Seits diese hohe Stellung geben, so ist anderer Seits ebenso sehr daran zu erinnern, daß die Kunst dennoch weder dem Inhalte noch der Form nach die höchste und absolute Weise sey, dem Geiste seine wahrhaften Interessen zum Bewußtseyn zu bringen. Denn eben ihrer Form wegen ist die Kunst auch auf einen bestimmten Inhalt beschränkt. Nur ein gewisser Kreis und Stufe der Wahrheit ist fähig im Elemente des Kunstwerks dargestellt zu werden; es muß noch in ihrer eigenen Bestimmung liegen zu dem Sinnlichen herauszugehen und in demselben sich adaequat seyn zu können, um ächter Inhalt für die Kunst zu seyn, wie dieß z. B. bei den griechischen Göttern der Fall ist. Dagegen giebt es eine tiefere Fassung der Wahrheit, in welcher sie nicht mehr dem Sinnlichen so verwandt und freundlich ist, um von diesem Material in angemessener Weise aufgenommen und ausgedrückt werden zu können. Von solcher Art ist die christliche Auffassung der Wahrheit, und vor allem erscheint der Geist unserer heutigen Welt, oder näher unserer Religion und unserer Vernunftbildung als über die Stufe hinaus, auf welcher die Kunst die höchste Weise ausmacht sich des Absoluten bewußt zu seyn. Die eigenthümliche Art der Kunstproduktion und ihrer Werke füllt unser höchstes Bedürfniß nicht mehr aus; wir sind darüber hinaus Werke der Kunst göttlich verehren und sie anbeten zu können, der Eindruck, den sie machen, ist besonnenerer Art, und was durch sie in uns erregt wird, bedarf noch eines höheren Prüfsteins und anderweitiger Bewährung. Der Gedanke und die Reflexion hat die schöne Kunst überflügelt" (a. a. O. S. 30 f.). „... so ist es einmal der Fall, daß die Kunst nicht mehr diejenige Befriedigung der geistigen Bedürfnisse gewährt, welche frühere Zeiten und Völker in ihr gesucht und nur in ihr gefunden haben" (a. a. O. S. 31). „Die schönen Tage der griechischen Kunst wie die goldene Zeit des späteren Mittelalters sind vorüber" (ebd.).

Die zitierten Textstellen bilden die gedankliche Vorbereitung für den nun folgenden, oft angeführten Satz: „In allen diesen Beziehungen ist und bleibt die Kunst nach der Seite ihrer höchsten Bestimmung für uns ein Vergangenes" (a. a. O. S. 32).

Unmittelbar daran anschließend sagt Hegel: „Damit hat sie für uns auch die ächte Wahrheit und Lebendigkeit verloren, und ist mehr in unsere *Vorstellung* verlegt, als daß sie in der Wirklichkeit ihre frühere Nothwendigkeit behauptete, und ihren höheren Platz einnähme. Was durch Kunstwerke jetzt in uns erregt wird, ist außer dem unmittelbaren Genuß zugleich unser Urtheil, indem wir den Inhalt, die Darstellungsmittel des Kunstwerks und die Angemessenheit und Unangemessenheit beider unserer denkenden Betrachtung unterwerfen ... Die Kunst ladet uns zur denkenden Betrachtung ein, und zwar nicht zu dem Zwecke Kunst wieder hervorzurufen, sondern was Kunst sey wissenschaftlich zu erkennen" (ebd.). „Die Kunst nun und ihre Werke, als aus dem Geiste entsprungen und erzeugt, sind selber geistiger Art, wenn auch ihre Darstellung den Schein der Sinnlichkeit in sich aufnimmt und das Sinnliche mit Geist durchdringt" (a. a. O. S. 34). „Die Kunst aber, weit entfernt, wie wir noch bestimmter sehen werden, die höchste Form des Geistes zu seyn, erhält in der Wissenschaft erst ihre ächte Bewährung" (a. a. O. S. 35).

Die beiden anderen Kernsätze, die Heidegger in der Reclam-Ausgabe aus dem Ersten Teil der „Aesthetik" zitiert, stehen im gedanklichen Kontext folgender Bestimmungen. „Das Reich der schönen Kunst ist das Reich des *absoluten Geistes*" (a. a. O. S. 139). „Aus diesem Standpunkte, welcher der Kunst in ihrer höchsten wahrhaften Würde gebührt, erhellt sogleich, daß sie mit Religion und Philosophie sich auf demselben Gebiete befindet. In allen Sphären des absoluten Geistes enthebt der Geist sich den beengenden Schranken seines Daseyns, indem er sich aus den zufälligen Verhältnissen seiner Weltlichkeit und dem endlichen Gehalte seiner Zwecke und Interessen zu der Betrachtung seines An- und Fürsichseyns erschließt" (ebd.). „Durch die Beschäftigung mit dem Wahren, als dem absoluten Gegenstande des Bewußtseyns, gehört nun auch die Kunst der absoluten Sphäre des Geistes an, und steht deshalb mit der Religion im specielleren Sinne des Worts wie mit der Philosophie, ihrem Inhalte nach, auf ein und demselben Boden" (a. a. O. S. 147). „Bei dieser Gleichheit des Inhalts sind die drei Reiche des absoluten Geistes nur durch die *Formen* unterschieden, in welchen sie ihr Objekt, das Absolute, zum Bewußtseyn bringen. Die Unterschiede dieser Formen liegen im Begriff des absoluten Geistes selber ... Die *erste* Form nun dieses Erfassens ist ein *unmittelbares* und eben darum *sinnliches* Wissen, ein Wissen in Form und Gestalt des Sinnlichen und Objektiven selber, in welchem das Absolute zur Anschauung und Empfindung kommt. Die *zweite* Form sodann ist das *vorstellende* Bewußtseyn, die *dritte* endlich das *freie Denken* des absoluten Geistes. Die Form der *sinnlichen Anschauung* nun gehört der *Kunst* an, so daß die Kunst es ist, welche die Wahrheit in Weise sinnlicher Gestaltung für das Bewußtseyn hinstellt, und zwar einer sinnlichen Gestaltung, welche in dieser ihrer Erscheinung selbst einen höheren tieferen Sinn und Bedeutung hat, ohne jedoch durch das sinnliche Medium hindurch den Begriff als solchen in seiner Allgemeinheit erfaßbar machen zu wollen; denn gerade die *Einheit* desselben mit der individuellen Erscheinung ist das Wesen des Schönen und dessen Produktion durch die Kunst" (a. a. O. S. 148). „Wie nun aber die Kunst in der Natur und den endlichen Gebieten des Lebens ihr *Vor* hat, ebenso hat sie auch ein *Nach*; d. h. einen Kreis, der wiederum ihre Auffassungs- und Darstellungsweise des Absoluten überschreitet. Denn die Kunst hat noch in sich selbst eine Schranke, und geht deshalb in höhere Formen des Bewußtseyns über. Diese Beschränkung bestimmt denn auch die Stellung, welche wir jetzt in unserem heutigen Leben der Kunst anzuweisen gewohnt sind" (a. a. O. S. 150).

Man muß mindestens die jetzt von uns aneinandergereihten Bestimmungen Hegels vor Augen haben, um den nun folgenden zweiten von Heidegger zitierten Satz nachvollziehen zu können: „Uns gilt die Kunst nicht mehr als die höchste Weise, in welcher die Wahrheit sich Existenz verschafft" (ebd.).

„Bei fortgehender Bildung tritt überhaupt bei jedem Volke eine Zeit ein, in welcher die Kunst über sich selbst hinaus weist. ... In dieser Weise besteht das *Nach* der Kunst darin, daß dem Geist das Bedürfniß einwohnt, sich nur in seinem eigenen Innern als der wahren Form für die Wahrheit zu befriedigen. ... Ist aber der vollkommene Inhalt vollkommen in Kunstgestalten hervorgetreten, so wendet sich der weiterblickende Geist von dieser Objektivität in sein Inneres zurück und stößt sie von sich fort. Solch eine Zeit ist die unsrige" (a. a. O. S. 150/151).

Unmittelbar auf diese Textpassage folgt das dritte Zitat Heideggers: „Man kann wohl hoffen, daß die Kunst immer mehr steigen und sich vollenden werde, aber ihre Form hat aufgehört, das höchste Bedürfniß des Geistes zu seyn" (a. a. O. S. 151).

„Das nächste Gebiet nun, welches das Reich der Kunst überragt, ist die Religion. Die *Religion* hat die *Vorstellung* zur Form ihres Bewußtseyns, indem das Absolute aus der Gegenständlichkeit der Kunst in die Innerlichkeit des Subjekts hineinverlegt, und nun für die Vorstellung auf subjektive Weise gegeben ist, so daß Herz und Gemüth, überhaupt die innere Subjektivität, ein Hauptmoment werden. Diesen Fortschritt von der Kunst- zur Religion kann man so bezeichnen, daß man sagt, die Kunst sey für das religiöse Bewußtseyn nur die *eine* Seite. Wenn nämlich das Kunstwerk die Wahrheit, den Geist, als Objekt in sinnlicher Weise hinstellt, und diese Form des Absoluten als die gemäße ergreift, so bringt die Religion die Andacht des zu dem absoluten Gegenstande sich verhaltenden Innern hinzu" (ebd.). „Die *dritte Form* endlich des absoluten Geistes ist die *Philosophie*. ... aber die Innerlichkeit der Andacht des Gemüths und der Vorstellung ist nicht die höchste Form der Innerlichkeit. Als diese reinste Form des Wissens ist das freie *Denken* anzuerkennen, in

welchem die Wissenschaft sich den gleichen Inhalt zum Bewußtseyn bringt" (a. a. O. S. 152).

Wir heben jetzt den Hauptgedanken der hier zusammengestellten Sätze Hegels über die Stellung der Kunst zum absoluten Geist und über die Stufe der Kunst innerhalb der dialektischen Bewegung des absoluten Geistes heraus und stellen ihn der Heideggerschen Ortsbestimmung der Kunst gegenüber. Nur so können wir Sinn und Absicht der Zitation jener Kernsätze Hegels durch Heidegger im Zusammenhang der abschließenden Frage der Kunstwerk-Abhandlung ermessen.

Für Hegel hat die schöne Kunst ihren Wesensort im Reich des absoluten Geistes. Als eine der Sphären des absoluten Geistes, in denen der Geist sein An- und Fürsichsein betrachtet, teilt die Kunst diesen Wesensort mit der Religion und der Philosophie als den anderen Sphären. Es ist die höchste Aufgabe der Kunst wie die der Religion und der Philosophie, das Göttliche, das Wahre, das Absolute zum Bewußtsein zu bringen. Die Kunst steht mit den beiden anderen Sphären ihrem Inhalte nach auf demselben Boden. Hinsichtlich ihrer Form aber, in der eine jede der Sphären das Absolute zum Bewußtsein bringt, unterscheiden sie sich voneinander. Die drei unterschiedlichen Formen liegen selbst im Begriff des absoluten Geistes. Die erste Form, in welcher das Absolute zum Bewußtsein kommt, ist das unmittelbare, das sinnliche Wissen, worin das Absolute zur sinnlichen Anschauung und Empfindung gelangt. Es ist die Form der Kunst, die das Höchste, das Wahre, sinnlich darstellt, indem sie es in der Weise der sinnlichen Gestaltung für das Bewußtsein hinstellt. Obwohl der Kunst diese hohe Stellung zukommt, eine Sphäre des absoluten Geistes zu sein, ist sie dennoch weder der Form noch dem Inhalte nach die höchste und absolute Weise, dem Geiste seine wahrhaften Interessen, d. h. das Absolute zum Bewußtsein zu bringen. Aufgrund der Form des sinnlichen Wissens ist die Kunst trotz der Gleichheit des Inhalts mit Religion und Philosophie auf einen bestimmten Inhalt, nämlich auf einen bestimmten Kreis und eine bestimmte Stufe der Wahrheit des absoluten Geistes, beschränkt, der allein fähig ist, im Kunstwerk dargestellt zu werden. *Nach* der Kunst gibt es eine tiefere Fassung der Wahrheit, des Absoluten, als es die sinnliche Darstellung im Kunstwerk ist. Weil die Kunst in sich selbst als das sinnliche Wissen des Absoluten eine Schranke hat, geht sie dialektisch in eine höhere Form des Bewußtseins vom Absoluten über. Die zweite und höhere Form, das Absolute zum Bewußtsein zu bringen, ist das *vorstellende* Bewußtsein. Es ist die Form, in der die Religion das Absolute erfaßt. Weil dem Geiste das Bedürfnis eigen ist, sich nur in seinem eigenen Innern als der allein wahren Form für die Wahrheit zu befriedigen, wendet er sich von der sinnlichen Objektivität der Kunstgestaltung weg und zurück in sein Inneres. Aber die Religion ist nicht die höchste Form der Innerlichkeit des Geistes und somit nicht die höchste Form der Erfassung des Absoluten. Diese wird in der dritten Form, im freien Denken, erreicht, das die Form ist, in der die Philosophie das Absolute zum Bewußtsein bringt. Als Sphäre des absoluten Geistes, in der der Geist sein An- und Fürsichsein betrachtet, erfüllt die Kunst ihre höchste Aufgabe, wenn sie das Absolute zur sinnlichen Darstellung bringt. Diese Aufgabe erfüllt sie aber nicht allein, nicht zu allen Zeiten und nicht in der höchsten Form; sie erfüllt sie nur solange, bis das Absolute in vollkommener Weise im Kunstwerk hervortritt (griechische und mittelalterliche Kunst). Ist diese Stufe der Selbstbetrachtung des absoluten Geistes erreicht, dann sucht der Geist die Befriedigung des Bedürfnisses, das Absolute zum Bewußtsein zu bringen, in der eigenen Innerlichkeit des Subjekts, zunächst der Vorstellung als der Form der Religion und dann des freien Denkens als der Form der Philosophie als Wissenschaft. Die Neuzeit und mit ihr die Zeit Hegels gehört nicht mehr der Stufe des Geistes an, auf der die Kunst die höchste Weise ist, sich des Absoluten bewußt zu sein. Die höchste Bestimmung der Kunst ist, das Absolute in einer dem Geiste befriedigenden Weise zu erfassen. Hinsichtlich dieser Bestimmung ist die Kunst nach Hegel *für seine und unsere Zeit* ein *Vergangenes*. Weil inzwischen der Geist in der Innerlichkeit seiner selbst die gemäßere Form für die Bewußtwerdung des Absoluten gefunden hat, ist die Kunst nicht mehr die höchste Weise, in der sich die Wahrheit Existenz verschafft. In unserer Zeit ist es trotz der möglichen steigenden Vollendung der Kunst nicht mehr die sinnliche Form der Kunst, die das höchste Bedürfnis des Geistes, das Absolute zum Bewußtsein zu bringen, zu befriedigen vermag.

Aus dem Kontext, in welchem der Satz Hegels von der Kunst als einem für uns Vergangenen steht, wird offenkundig, daß wir uns „an diesem Satz und an all dem, was hinter ihm steht, nicht dadurch vorbeidrücken" (Holzwege, S. 66) können, daß wir in der Absicht seiner Widerlegung auf die reiche Geschichte der Kunst nach Hegel hinweisen. Wir hörten ja, daß Hegel nicht nur ein Fortbestehen der Kunst, sondern sogar ihre steigende Vollendung ausdrücklich ins Auge faßt. Wenn die Kunst nach der Seite ihrer höchsten Bestimmung „für uns" ein Vergangenes ist, dann heißt das weder, daß es in Zukunft keine Kunst mehr geben wird, noch soll damit gesagt werden, daß die künftige Kunst nur noch ein Niedergang aus ihrer einstigen Höhe ist. Im Gegenteil, mag sich die Kunst auch zu einer bisher noch nicht erreichten Höhe entwickeln, so ändert ihr Vollendungsgang für Hegel nichts daran, daß sie in unserer, aber auch in künftiger Zeit nicht mehr die höchste Weise ist, in der sich die Wahrheit, das Absolute, Existenz verschafft. Dieses ‚nicht mehr' ist kein zufälliges, sondern ein notwendiges, dessen Notwendigkeit in der dialektischen Bewegung des absoluten Geistes beschlossen liegt.

Weil sich der Wesenssatz Hegels nicht durch den Hinweis auf die Geschichte der Kunst nach Hegel widerlegen läßt, bleibt für Heidegger die Frage bestehen: „Ist die Kunst noch eine wesentliche und eine notwendige Weise, in der die für unser geschichtliches Dasein entscheidende Wahrheit geschieht, oder ist die Kunst das nicht mehr?" (S. 67). Diese Frage ist die Wiederaufnahme jener abschließenden Frage der Kunstwerk-Abhandlung: „ob die Kunst in unserem geschichtlichen Dasein ein Ursprung ist oder nicht, ob und unter welchen Bedingungen sie es sein kann und sein muß" (S. 65). Die Frage des „Nachwortes" hat zwei Adressaten. Einmal wendet sie sich an Hegel und seinen Satz über die Kunst, zum anderen und gleichzeitig wendet sie sich an uns. Die Frage: Ist die Kunst noch eine wesentliche und not-

wendige Weise, in der die für unser geschichtliches Dasein entscheidende Wahrheit geschieht, fragt von Heideggers Wesensbestimmung der Kunst her auf Hegel zu. Diese Frage ist nur möglich, weil sie von vornherein nicht auf dem Boden der Hegelschen Wesensbestimmung der Kunst steht. Heideggers Frage
wäre gründlich mißverstanden, würde man meinen, hier werde
von Hegel her und auf ihn zu gefragt, ob die Kunst für uns
vielleicht doch nicht oder noch nicht das Vergangene ist und daher möglicherweise noch eine entscheidende und sogar notwendige Weise ist, wie die für uns entscheidende Wahrheit geschieht.
In der Frage Heideggers bedeutet ‚Wahrheit' nicht das, was Hegel mit diesem Wort in diesem Zusammenhang meint, nicht das
Wahre als das Absolute, nicht die Wahrheit als Gewißheit des
absoluten Geistes, sondern die Unverborgenheit als das Streitgeschehen von Entbergung und zwiefacher Verbergung. Ist die
Kunst in unserem geschichtlichen Dasein noch ein Ursprung, ist sie
noch eine wesentliche und notwendige Weise des Geschehens der
Wahrheit, das ist eine Frage, die *so* auf Hegel zu fragt, daß sie
die Wesensbestimmung der Wahrheit als Gewißheit des absoluten
Geistes zurücknimmt in die Wesensbestimmung der Wahrheit als
Unverborgenheit. Wenn wir das Wesen der Wahrheit im Wesen
der Unverborgenheit erblicken, deren Geschehnischarakter nicht
die Dialektik ist, dann ist die Kunst als ausgezeichnete Weise des
Wahrheitsgeschehens nicht mehr an die dialektische Standorts-
bestimmung gebunden, nur die erste von drei Stufen der Wahrheit des absoluten Geistes zu sein. Aus dem Wesen der Unverborgenheit her gedacht kann und muß gefragt werden, ob die
Kunst, wenn sie in früheren geschichtlichen Epochen eine wesentliche und notwendige Weise des Geschehens und d. h. hier des
Sicheinrichtens der Wahrheit als Unverborgenheit war, das auch
noch in der gegenwärtigen Epoche ist. Allerdings wäre dann zu
fragen und zu bestimmen, welches denn die für unser gegenwärtiges geschichtliches Dasein entscheidende Wahrheit des Seienden
im Ganzen ist, die – falls es sich so verhält – in der Weise der
Kunst geschieht, indem sie sich im seienden Kunstwerk einrichtet.
Wenn sich zeigen sollte, daß die Kunst in unserer Zeit nicht

mehr eine wesentliche und notwendige Weise des Geschehens der Wahrheit ist, dann muß gefragt werden, „warum das so ist" (S. 67). Wie aber kann Heidegger sagen: „Die Entscheidung über Hegels Satz ist noch nicht gefallen" (ebd.)? Die Entscheidung darüber, ob die Kunst ein für uns Vergangenes ist, fällt für Heidegger aus der Beantwortung der von ihm gestellten Frage, ob die Kunst für unser geschichtliches Dasein noch eine wesentliche und notwendige Weise des Geschehens der Wahrheit sei. Wenn die Kunst das nicht mehr ist, dann wäre sie ein für uns Vergangenes, aber nicht mehr nur im Sinne Hegels, sondern jetzt im Sinne Heideggers. Die Kunst wäre dann nicht mehr eine wesentliche und entscheidende Weise des Geschehens der Wahrheit, aber *nicht, weil* ihr diese Bedeutung vom absoluten Geist her nur für eine, die erste, die unterste Stufe seiner Gewißheit vorgezeichnet ist, *sondern, weil* die Unverborgenheit aus ihrem Wesen her solches verweigert. Die Verweigerung aber gehörte in die Selbstverbergung der Unverborgenheit und somit in die Seinsvergessenheit.

Heidegger gibt eine Begründung dafür, daß die Entscheidung über den Wesenssatz Hegels noch nicht gefallen ist: „denn hinter diesem Satz steht das abendländische Denken seit den Griechen, welches Denken einer schon geschehenen Wahrheit des Seienden entspricht" (ebd.). Das will sagen: Hegels Wesenssatz über die Kunst ist nicht nur aus Hegels eigener Grundstellung heraus zu verstehen, sondern aus der Eingelassenheit dieser Grundstellung in das abendländische Denken überhaupt. Dieses aber ist die denkende Entsprechung einer im Wesen der Unverborgenheit gefallenen Entscheidung darüber, wie sie geschichtlich als Wahrheit des Seienden geschieht. Diese geschichtlich-geschickhafte Entscheidung besagt, daß das Seiende im Ganzen in sich wandelnden und zugleich steigernden Weisen der Selbstverhüllung der Unverborgenheit entborgen wird. Zur Geschichte des Wesenswandels der Wahrheit gehört, daß sie schließlich, als Beginn der Neuzeit, als Gewißheit des endlich erkennenden Bewußtseins und bei Hegel als Gewißheit des Absoluten erscheint. Solange aber das Wesen der Wahrheit die Gewißheit, welcher Ausprägung auch immer, ist, kann die Kunst für uns kein Ursprung, keine wesentliche und notwendige Weise sein, in der die Wahrheit als Unverborgenheit geschieht. Deshalb fährt Heidegger fort: „Die Entscheidung über den Satz fällt, wenn sie fällt, aus dieser Wahrheit des Seienden und über sie" (ebd.). Wenn die Entscheidung fallen sollte, daß die Kunst für uns nicht mehr ein Vergangenes ist, dann fällt sie aus der Unverborgenheit. Die Entscheidung würde dann darin liegen, daß die Wahrheit ihr Wesen nicht mehr in der Gewißheit hat, sondern in der Unverborgenheit.

Hier könnte man einwenden: Ist denn diese Entscheidung nicht zumindest für Heidegger schon gefallen, wenn er das Wesen der Wahrheit als Unverborgenheit bestimmt und diese als das Streitgeschehen von Entbergung und zwiefacher Verbergung denkt? Hierauf ist zu antworten: Die Entscheidung ist in der Tat insoweit schon gefallen, als sich das Wesen der Wahrheit für das Denken als Unverborgenheit gezeigt hat. Sie ist aber insofern noch nicht gefallen, als das Seiende im Ganzen nicht schon in der nicht mehr sich selbst verbergenden Unverborgenheit entborgen ist. Solange die Entscheidung aus der Wahrheit des Seienden und über sie nicht in *dieser* Weise gefallen ist, „bleibt der Satz [Hegels] in Geltung" (ebd.). Bis die Entscheidung aus der Unverborgenheit selbst fällt, bleibt in Geltung, daß die Kunst ein für uns Vergangenes ist, aber ein Vergangenes im Sinne Heideggers: daß die Kunst für uns keine wesentliche und notwendige Weise des Wahrheitsgeschehens ist. Solange die Entscheidung aus der Unverborgenheit selbst nicht gefallen ist, bleibt auch die Wahrheit in ihrem neuzeitlichen Wesen als Gewißheit in Kraft. Solange aber wäre die Kunst ein für uns Vergangenes auch im Sinne Hegels. Denn diese Bestimmung der Kunst erwächst aus der neuzeitlichen Bestimmung der Wahrheit als Gewißheit, die – aus der Sicht Heideggers – ihre eigene Notwendigkeit hat aus dem geschichtlichen Wesen der Wahrheit und insofern nicht beliebig, sondern wiederum nur aus dem geschichtlichen Wesen der Wahrheit sich wandeln kann. Dieser Wandel, den Heidegger denkend ins Auge faßt, wäre die einzige Möglichkeit, den Wesenssatz Hegels zu verabschieden als Wesensbestimmung der Kunst einer zu Ende gekommenen Epoche der Metaphysik. Solange der Wesenssatz Hegels über die Kunst in der zweideutigen Weise in Geltung bleibt, ist, wie Heidegger diesen Gedanken im „Nachwort" abschließt, „die Frage nötig, ob die Wahrheit, die der Satz ausspricht, endgültig sei und was dann sei, wenn es so ist" (ebd.). Zu fragen, ob die von Hegel ausgesprochene Wahrheit über die Kunst endgültig sei, ist nicht möglich innerhalb der Grenzen des Hegelschen Ansatzes, der eine andere Möglichkeit gar nicht zuläßt. So zu fragen, ist nur möglich außerhalb dieser Grenzen. Dann aber ist das Vergangensein der Kunst wiederum im Sinne Heideggers zu verstehen. Wenn wir fragen, ob die Wahrheit des Hegelschen Satzes endgültig sei, dann fragen wir, ob es im Wesen der Unverborgenheit dafür einen Anhalt gibt, daß die Kunst nicht mehr eine wesentliche und notwendige Weise des Wahrheitsgeschehens für uns ist. Sollte es dafür ein Anzeichen geben, dann wäre weiter zu fragen, was ein aus der Unverborgenheit her gedachtes endgültiges Vergangensein der Kunst für unser gegenwärtiges Dasein bedeutet.

Der von uns nachgedachte Gedankengang Heideggers aus dem „Nachwort" tendiert in die Richtung einer negativen Antwort auf die Frage, ob die Kunst in unserem gegenwärtigen und künftigen geschichtlichen Dasein noch ein Ursprung sein kann. Anders die letzten Passagen der Kunstwerk-Abhandlung, die auf die abschließend gestellte Frage folgen. In der Kunstwerk-Abhandlung wurde nach dem Wesen der Kunst gefragt und schließlich der Wesensbau der Kunst freigelegt, um gerüstet zu sein für die Frage, ob die Kunst auch in unserem geschichtlichen Dasein ein Ursprung in dem interpretierten Sinne ist oder nicht, „ob und unter welchen Bedingungen sie es sein kann und sein muß" (S. 65). Hier wird die konkrete Möglichkeit anvisiert, daß die Kunst auch in unserem geschichtlichen Dasein, wenn auch vielleicht nicht schon faktisch, eine wesentliche und notwendige Weise des Wahrheitsgeschehens sein kann. Wenn sie ein Ursprung sein kann, dann wären die ‚Bedingungen' zu bedenken, unter denen die Kunst nicht nur ein Ursprung sein könnte, sondern sogar sein müßte.

In welchem Verhältnis aber steht eine solche Besinnung, die

das Wesen der Kunst und die Bedingungen, unter denen die Kunst auch in unserem geschichtlichen Dasein ein Ursprung werden kann, bedenkt, zum geschichtlich-faktischen Ursprungsein der Kunst? Das Denken des Wesens der Kunst vermag aus sich heraus nicht, das Werden der Kunst, das faktische Ursprungsein, zu erzwingen. Die Kunst kann nur in unserer Zeit zu einem neuen Ursprung werden, wenn die Entscheidung, wie das „Nachwort" es sagt, aus dem geschichtlichen Wesen der Wahrheit selbst fällt. Aber sie fällt nicht ohne das Denken. Das „besinnliche Wissen" vom Wesensbau der Kunst „ist die vorläufige und deshalb unumgängliche Vorbereitung für das Werden der Kunst" (ebd.). Das Denken des Wesens der Kunst ist eine ‚vor-läufige Vorbereitung', weil es dem geschichtlich-faktischen Werden der Kunst als Ursprung vorausläuft. Dieses Vorauslaufen ist nichts Beliebiges, sondern etwas Unumgängliches, ohne das die Kunst nicht zum Ursprung werden kann. Das Denken des Wesens der Kunst hat wesentlich vorbereitenden Charakter. Es bereitet das Ursprung-Werden der Kunst vor, indem es dem Kunstwerk den Wesensraum, den Künstlern den Weg zu ihrem Kunst-Schaffen und den nicht selbst schaffenden Menschen den notwendigen Standort für ihren bewahrenden Bezug zum Kunstwerk bereitet. Die Aufgabe, die Heidegger dem Denken des Wesens der Kunst zuspricht, steht im Gegensatz zu der Aufgabe, die Hegel dem Denken der Kunst zuerkennt, wenn er sagt: Die Kunst lädt uns zur denkenden Betrachtung ein, aber nicht zu dem Zwecke, Kunst wieder hervorzurufen, sondern um wissenschaftlich (philosophisch) zu erkennen, was die Kunst sei.

Das in der Kunstwerk-Abhandlung erarbeitete Wissen von der Kunst und ihren Wesensstrukturen versteht sich nicht als ein vollständiges und abgeschlossenes, ja überhaupt nicht als ein abschließbares gemäß den Anfangsworten des „Nachwortes", daß die Kunst in ihrem Wesen ein Rätsel ist (S. 66). Das Wissen vom Wesen der Kunst kann „nur langsam wachsen" (S. 65). *In* diesem wachsenden Wissen, nicht aber durch es allein, „entscheidet sich, ob die Kunst ein Ursprung sein kann und dann ein Vorsprung sein muß" (ebd.). ‚Vorsprung' ist hier in der Bedeutung zu nehmen, wie sie Heidegger im Zusammenhang mit dem stiftenden Anfangen erläutert hat. Sollte die Kunst wieder zu einem Ursprung werden, dann müßte sie walten als die Einheit des schenkenden, gründenden und anfangenden Stiftens. In diesen drei-einigen Weisen des Stiftens bildet sich die jeweilige geschichtliche Weise der sich im Kunstwerk einrichtenden Unverborgenheit. Die so sich bildende geschichtliche Weise von Unverborgenheit ist in sich ein Vor-sprung, weil sie aller künftigen Entbergung des Seienden vorausspringt als die geschichtliche Weise, in der das Seiende entborgen wird.

Im wachsenden Wissen vom Wesen der Kunst wird sich entscheiden müssen, ob die Kunst wieder ein Ursprung im Sinne des Vor-sprunges werden kann, oder ob die Kunst „nur ein Nachtrag bleiben soll und dann nur mitgeführt werden kann als eine üblich gewordene Erscheinung der Kultur" (S. 65). Unabhängig davon, daß es in unserer Zeit bedeutende Künstler gegeben hat und noch gibt, unabhängig von der individuellen und gesellschaftlichen hohen Einschätzung der gegenwärtigen, modernen Kunst ist für Heidegger die Kunst vorerst noch kein Ursprung und Vorsprung, sondern nur ein Nachtrag und eine mehr oder weniger geachtete Kulturerscheinung. Unser gegenwärtiges Wissen von der Kunst ist aus der Sicht dieser Abhandlung kein wahres Wissen von der Kunst, sondern eine gebildete Kenntnis der Kunst als des Vergangenen, wobei dieses Wort wiederum anspielt auf Hegels Wesenssatz von der Kunst als dem für uns Vergangenen. Für die Entscheidung, ob wir „in unserem Dasein geschichtlich am Ursprung [sind]", ob wir das Wesen des Ursprungs achten und in Zukunft achten werden oder nicht, nennt Heidegger „ein untrügliches Zeichen", ein Wort Hölderlins. Von diesem Dichter sagt er, daß „dessen Werk zu bestehen den Deutschen noch bevorsteht" (S. 65). Das Wort aus der Hymne „Die Wanderung" ist hier in der Auslegungsweise Heideggers nicht mehr zu interpretieren, was eine differenziertere Einlassung mit den großen Hölderlin-Interpretationen Heideggers erforderte – von denen ebenfalls zu sagen wäre, daß sie zu bestehen den Denkenden noch bevorsteht.

372

REGISTER

Die Auswahl der Stellennachweise erfolgte unter rein sachlich-systematischen Gesichtspunkten. Der Einfachheit wegen erscheinen der Sache nach verwandte Begriffe wie z. B. ‚Aufenthalt' und ‚Sein-bei', ‚Tempel' und ‚Bauwerk' im Register unter dem Stichwort, das den genannten Sachverhalt in seiner allgemeineren Form kennzeichnet.